¶
alinea

也稱pilcrow，是一個古老的編輯符號——¶，標示出新的段落，
同時指引讀者從此將要開始新的討論或新的思緒。
以alinea命名的書系，就是要回歸到編輯的古典角色，
以我們對於閱讀的眞誠與專業熱情，
不斷爲讀者打開一個又一個不同流俗的新視野。

01

自己的國文課

略讀與精讀的祕訣

朱自清、葉聖陶——著

編者的話

享受「為自己而讀」的盛宴

閱讀的能力，並不是與生俱來的，而是人類幾千年文明發展中逐漸形成的美好資產。閱讀能力始自文字。人發明了文字，取得跨越時空保留經驗與感受的神奇突破。今日此地遭遇的事、觸發的情感、說出的話，用文字寫下來，就能去到彼處、去到未來，對不在場、不可能在場的人複製重現。

不過，文字不是完美的記錄工具。得要先學會文字蘊含的意義、指涉的事物、組構的法則，才能將經驗與感受轉寫為文字。更重要的，從文字中接收跨越時空的經驗與感受時，不只要懂得文字，還要動用自己曾有過的經驗與感受，才能讓文字記錄變得鮮活有效。

換句話說，閱讀的重點不在客觀的文字，而在讀者主動主觀解讀文字的過程。同樣的文字，不同的讀者會讀出不一樣的收穫。幾乎毫無例外，自身內在經驗與感受愈是豐沛，在閱讀上愈是有準備的讀者，就會在文字中得到愈多愈美的體會。

因而，從一個方向看，有閱讀習慣、有閱讀能力的人，很容易將由文字中得來的閱讀能力，運用在生活的其他面向上。可以用閱讀一本書的態度閱讀一幅畫、一首音樂作品、一張照片、一個建築空間、甚至一個人。閱讀意味著我們不是被動地接收訊息與刺激而已，我們積極地動用自身的經驗、感受，與被閱讀的事物對照、互證，專注好奇地叩問被閱讀事物內在或外延的意義。

閱讀一個人，我們就不只是看看他長什麼樣子，查查他的頭銜，我們將眼前所看到的人視為一組符碼，讓我們能夠循線追問：這是一個什麼樣的人？什麼樣的因素使得他形成這樣一個人，社會的、心理的、偶然的、宿命的種種因素？這樣的人和我之間存在著怎樣的異同，透過探索他、了解他，我會因而對自己增加了怎樣的認識？

換另一個方向看，會閱讀或不會閱讀，是不是願意經常動用閱讀的態度來對待周遭的世界，決定性地影響了一個人的生活。閱讀、啟動閱讀模式過日子時，主動、積極、張開記憶與感官敏銳度的方式，人就會活得格外豐富濃稠，living intensively。

為什麼我們願意讓自己渾渾噩噩單薄平板地過，而不豐富濃稠地過呢？為什麼不閱讀，為什麼不精進自己的閱讀能力呢？

正因為閱讀不是與生俱來的，閱讀可以靠著練習來精進。精進閱讀時，首要的關鍵是開發思考、感覺與想像，堅持要將書或其他閱讀對象「讀進去」，意思是觸動自己、改變自己。

在我們的社會上，很多人不喜歡閱讀，更多人不會閱讀。最大的問題在我們常常被教導「為別人而讀」，為父母讀、為老師讀、為分數讀、為畢業證書讀、為求職或升遷讀……卻鮮少「為自己而讀」。「為自己而讀」，是將閱讀當作目的，而不是工具、手段；「為自己而讀」，讀了之後得到的效果，不是去換來任何身外的東西，而是使得閱讀前和閱讀後的自己，變得不一樣。

所以，精進閱讀的第一步，其實是認清楚閱讀有多重要，閱讀能對一個人發揮的作用有多大。接下來，則是找到一些可以克服閱讀障礙的方法，深化閱讀和生活和體驗之間的關係。然後，還可以進而從不同的傑出閱讀者身上，看到種種閱讀的可能性，引發讓我們心嚮往之的追求動機。

《自己的國文課——略讀與精讀的祕訣》以大家熟悉的國文內容為領域，開展閱讀導覽。明確地將「略讀」與「精讀」區分出來，又敏感於文言與白話的不同閱讀挑戰，這樣一本書對於培養、掌握中文基礎解讀、體會能力，有著特殊的作用。當我們絕大多數時候都依靠中文來閱讀時，很明顯地，對中文愈嫻熟，閱讀中能得到的收穫，必定隨之而愈多愈厚。

《波赫士的魔幻圖書館》則呈現了「一代奇讀者」的大師閱讀精華。波赫士不只讀得多又讀得精，還總能在許多大家都讀過的書中讀出不可思議的華麗奇幻感想。進而他將他的書，他對於書的體會，書中所展現的人間視野，綜合交織成一座知識迷宮，在那裡面，你一方面被波赫士的奇想折服，另一方面又驚異於支撐他奇想的龐大人類思考，以至於自願流連於迷宮中，享受地做一個永遠的讀者，再也不想出來了。

《如何閱讀一本書》具體、分層地提出了閱讀方法的建議，循序漸進，引導我們進入閱讀的世界。在這個世界裡，讀者和作者一樣重要，以什麼態度讀一本書決定了能從書中得到什麼。作者們對於閱讀經驗的同理認知，既深且近，而且充滿了說服的熱忱，雄辯滔滔地羅列了人與書的不同關係法則。

《閱讀地圖——人類為書癡狂的歷史》以生動的方式訴說了幾千年的人類閱讀經歷，鑑古知今，讓我們領略了閱讀並非理所當然，走到能充分掌握閱讀能力、以閱讀容易且方便地豐富自己，還有一段漫長曲折的路途。路上有很多挫折、障礙，很多不經意的轉彎，當然也有各種或精巧或壯麗的奇景，以及眾多或睿智或瘋狂或愚迷的人。

我們以籌備一場盛宴的心情聚集了這四本書，邀請所有願意給閱讀一個機會，讓閱讀提升豐富生活質地的朋友們一起來享受！

享受「為自己而讀」的盛宴

目次

卷一

略讀指導舉隅

卷二

精讀指導舉隅

卷一

略讀指導舉隅

前言

提綱挈領

國文教學的目標，在養成閱讀書籍的習慣，培植欣賞文學的能力，訓練寫作文字的技能。這些事兒不能憑空著手，都得有所憑藉。憑藉什麼？就是課本或選文。有了課本或選文，然後養成培植訓練的工作得以著手。課本所收的，選文之中入選的，都是單篇短什，沒有長篇巨著。這並不是說學生讀了一些單篇短什就足夠了。只因單篇短什分量不多，要做細磨細琢的研讀工夫，正宜從此入手；一篇讀畢，又來一篇，涉及的方面既不嫌偏頗，閱讀的興趣也不致單調；所以取作「精讀」的教材。**學生從精讀方面得到種種經驗，應用這些經驗，自己去讀長篇巨著以及其他的單篇短什，不再需要教師的詳細指導，這便是「略讀」**。就教學而言，精讀是主體，略讀只是補充；但就效果而言，精讀是準備，略讀才是應用。學生在校的時候，為了需要與興趣，須在課本或選文以外閱讀旁的書籍文字；他日出校之後，為了需要與興趣，一輩子須閱讀各種書籍文字；這種閱讀都是所謂應用。使學生在這方面打定根基，養成習慣，全在國文課的略讀。如果只注意於精讀，而忽略了略讀，工夫便只做得一半兒。其可能想像的弊害：當學生遇到書籍文字的時候，也許會因沒有教師在旁做精讀那樣的詳細指導，而致無所措手。現在一般學校，忽略了略讀的似乎不少，這是必須改正的。

略讀不再需要教師的詳細指導，並不等於說不需要教師的指導。各種學科的教學都一樣，無非教師幫著學生學習的一串過程。略讀是國文課程標準裡面規定的正項工作，哪有不需要教師指導之理？不過略讀指導與精讀指導自有不同。精讀指導必須纖屑不遺，發揮淨盡；略讀指導卻提綱挈領，期其自得。何以須提綱挈領？惟恐學生對於當前的書籍文字，摸不到門徑，辨不清路向，馬馬虎虎讀下去，結果所得很少。何以不必纖屑不遺？因為這一套工夫在精讀方面已經訓練過了，依理論說，該能應用於任何時候的閱讀；現在讓學生在略讀時候應用，正是練習的好機會。學生從精讀而略讀，譬如孩子學走路，起初由大人扶著肩、牽著手，漸漸的大人把手放了，只在旁邊遮攔著、替他規定路向，防他偶或跌跤。大人在旁邊遮攔著，正與扶著肩、牽著手走一樣的需要當心；其目的惟在孩子步履純熟，能夠自由走路。**精讀時候，教師給學生纖屑不遺的指導，略讀時候，更給學生提綱挈領的指導，其目的惟在學生習慣養成，能夠自由閱讀。**

略讀指導

僅僅對學生說，你們隨便去找一些書籍文字來讀，讀得愈多愈好；這當然算不得略讀指導。就是斟酌周詳，開列個適當的書目篇目，教學生按照著自己去閱讀，也還算不得略讀指導。因為開列目錄只是閱讀以前的事兒；在閱讀一事的本身，教師沒有給一點幫助，就等於沒有指導。略讀如果只任學生自己去著手，而不給他們一點指導，很易使學生在觀念上發生誤會，以為略讀只是「粗略的」閱讀，甚而至於是「忽略的」閱讀；而在實際上，他們也會以「粗略的」甚而至於「忽略的」閱讀，就此了事。這是非常要不得的，積久養成不良的習慣，便終身不能從閱讀方面得到多大的實益。略讀的「略」字，一半係就教師的指導而言：還是要指導，但只須提綱挈領，不必纖屑不遺，所以叫做「略」。一半係就學生的工夫而言：還是要像精讀那樣仔細咬嚼，但精讀時候出於努力鑽研，從困勉達到解悟，略讀時候卻已熟能生巧，不須多用心力，自會隨機肆應，所以叫「略」。無論教師與學生，都須認清楚這個意思；在實踐方面又須各如其分，做得到家；略讀一事才會收到它預期的效果。

略讀既須由教師指導，自宜如精讀一樣，全班學生用同一的教材。假如一班學生同時略讀幾種書籍，教師就不便在課內指導；指導了略讀某種書籍的一部分學生，必致拋荒了略讀別種書籍的另一部分學生；各部分輪流指導固也可以，但每週略讀指導的時間，至多也只能有二小時，各部分輪流下來，必致每部分都非常簡略。況且同學間的共同討論，是很有幫助於閱讀能力的長進的；也必須閱讀同一的書籍，才便於彼此共同討論。在一學期中間，為求精詳周到起見，略讀書籍的數量不宜太多，大約有二三種也就可以了。好在略讀與精讀一樣，選定一些教材來讀，無非「舉一隅」的性質，都希望學生從此習得方法，養成習慣，再自己去「以三隅反」；故而數量雖少，並不妨事。學生如果在略讀教材之外，更就興趣選讀旁的書籍，那自然是值得獎勵的；並且希望能夠普遍的這麼做。或許有人要說，略讀同一的教材，似乎不能顧到全班學生的能力與興趣。其實這不成問題。精讀可以用同一的教材，為什麼略讀就不能？班級制度的一切辦法，總之以中材為標準；凡是忠於職務，深知學生的教師，必能選取適合於中材的教材，供學生略讀；這就沒有能力夠不夠的問題。同時，所取教材必能不但適應學生的一般興趣，並且切合教育的中心意義；這就沒有興趣合不合的問題。所以，略讀同一的教材是無弊的，只要教師能夠忠於職務，能夠深知學生。

課內略讀指導，包括閱讀以前，對於選定教材的閱讀方法的提示，及閱讀以後，對於閱讀結果的報告與討論。作報告與討論的雖是學生，但審核他們的報告，主持他們的討論，仍是教師的事兒；其間自不免有需要訂正與補充的地方，所以還是指導。略讀教材若是整部的書，每一堂略讀課內令學生報告並討論閱讀那書某一部分的實際經驗；待全書讀畢，然後令作關於全書的總報告與總討論。至於實際閱讀，當然在課外。學生課外時間有限，能夠用來自修的，每天至多不過四小時。在這四小時內，除了溫理旁的功課，作旁的功課的練習與筆記外，分配到國文課的自修方面的，至多也不過一小時。一小時夠少了，但精讀方面也得自修、預習、復習、誦讀、練習，都是非做不可的；故而每天的略讀時間，至多只能有半小時。每天半小時，一週便是三小時（除去星期放假）。每學期上課時間以二十週計，略讀時間僅有六十小時。在這六十小時內，如前面所說的，要閱讀二三種書籍，篇幅太多的自不相宜；如果選定的書正是篇幅太多的，那只得刪去若干，而選讀它的一部分。不然，分量太多，時間不夠，學生閱讀勢必粗略，甚而至於忽略；或者有始無終，沒有讀到完篇就此丟開了；這都足以養成不良習慣，為終身之累。所以漫無計算是要不得的；與其貪多務廣，致發生流弊，不如預作精密估計，務使在短少時間之內，把指定的教材讀完，而且把應做的工作都做得到家，絕不草率從事，藉此養成閱讀的優良習慣，來得有益得多。學生有個很長的暑假，又有個相當長的寒假；在這兩個假期內，可以自由閱讀很多的書。如果略讀時候養成了優良習慣，到暑假寒假期間，各就自己的需要與興趣，去多多閱讀，那一定比不經略讀的訓練，多得吸收的實效。歸結說起來，就是：略讀的分量不宜過多，必須顧到學生所能應用的時間；多多閱讀固宜獎勵，但得為時間所許可，故以利用暑假寒假最為合適。

書籍的性質不一，因而略讀指導的方法也不能一概而論。現在就一般說，在閱讀以前，應該指導的有以下各項。

一　版本指導

一種書往往有許多版本。從前是木刻，現在是排印；在初刻初排的時候，或許就有了錯誤，隨後幾經重刻重排，又不免輾轉發生錯誤，也有逐漸的增補或訂正。讀者讀一本書，總希望得到最合於原稿的，或最為作者自己所愜意的本子；因為惟有讀這樣的本子，才可以完全窺見作者的思想感情，沒有一點含糊。學生所見不廣，在剛與一種書接觸的時候，當然不會知道哪種本子較好；這須待教師給他們指導。現在求書不易，有書可讀便是幸事，更談不到取得較好的本子，但正惟如此，這種指導更不可少；**哪種本子校勘最精審，哪種本子是作者的最後修訂稿，都得給他們說明，使他們遇到那些本子的時候，可以取來覆按、對比。還有，有些書經各家的批評或注釋，每一家的批評或注釋自成一種本子，這中間也就有了優劣得失的分別。其需要指導，理由與前說相同。總之，這方面的指導，宜運用校勘家、目錄家的知識，而以國文教學的觀點來範圍它。學生受了這樣的薰陶，將來讀書不但知道求好書，並且能夠抉擇好本子，那是受用無窮的。**

二　序目指導

讀書先看序文，是一種好習慣。學生拿到一部書，往往立刻看本文，或者挑中間有趣味的部分來看，對於序文，認為與本文沒有關係似的；這是因為不知道序文很關重要的緣故。**序文的性質，常常是全書的提要或批評，先看一遍，至少對於全書有個概括的印象或衡量的標準；然後閱讀全書，便不至於茫無頭緒**。通常讀書，其提要或批評不在本書而在旁的地方的，尚且要找來先看，對於具有提要或批評的性質的本書序文怎能忽略過去？所以在略讀的時候，必須教學生先看序文，養成他們的習慣。序文的重要程度，各書並不一致。屬於作者的序文，若是說明本書的作意、取材、組織等項的，那無異於「編輯大意」、「編輯例言」，藉此可以知道本書的規模，自屬非常重要。有些作者在本文之前作一篇較長的序文，其內容並不是本文的提要，卻是閱讀本文的準備知識，猶如津梁或門徑，必須通過了這一關才可以涉及本文；那就是「導言」的性質，重要程度也高。屬於編訂者或作者師友所作的序文，若是說明編訂的方法，抉出全書的要旨，評論全書的得失的，那都與了解全書直接有關，重要也不在上面所說的作者自序之下。無論作者自作或他人所作的序文，有些僅僅敘一點因緣，說一點感想，與全書內容關涉很少；那種序文的本身也許是一篇好文字，但對於讀者，就比較不重要了。至於他人所作的序文，有專事讚揚而過了分寸的，有很想發揮而不得要領的；那種序文實際上很不少，詩文集中尤其多，簡直可以不必看。教師指導的時候，不但教學生先看序文，就此完事；**更須審察序文的重要程度，予以相當的提示，使他們知道注意之點與需要注意力的多少。若是無關緊要的序文，自然不教他們看，以免浪費時力。**

目錄表示一部書的骨幹，也具有提要的性質；所以如序文一樣，也須養成學生先看它的習慣。有些書籍，固然須順次讀下去，不讀第一卷，就無從著手第二卷。有些書籍卻不然，全書分做許多部分，各部分自為起訖，其前後排列，並無邏輯的根據，或僅大概以類相從，或僅依據撰作的年月，或竟完全出於編排時候的偶然；對於那樣的書籍，就不必順次讀下去；為徹底了解全書，徹底認識作者起見，顛亂全書的次第，把有關的各卷各篇作一次讀，讀過以後，再把其他有關的各卷各篇作一次讀，或許更比順次讀下去方便且有效得多。要把有關的各卷各篇聚在一起，就更有先看目錄的必要。又如選定教材若是舊小說，假定是《水滸》，因為分量太多，時間不夠，不能通體略讀，只好選讀它的一部分，如寫林沖或武松的幾回。要知道哪幾回是寫林沖或武松的，也得先看它的目錄。又如選定教材的篇目若是非常簡略，而其書又適宜於顛亂了次第來讀的，假定是《孟子》，那就在篇目之外，最好先看趙岐的「章指」。「章指」並不編列在目錄的地位；用心的讀者不妨鈔錄二百幾十章的「章指」，當它是個詳細的目錄提要。有了這詳細的目錄提要，因閱讀的目標不同，就可以把二百幾十章作種種的組合，對於每一組合作一面精心的研讀。此外，目錄的作用當然還有，可以類推，不再詳說。教師指導的時候，務須相機提示，使學生能夠充量利用目錄。

三　參考書籍指導

參考書籍，包括關於文字的音義、典故成語的來歷等所謂工具書，以及與所讀的書有關，必須藉彼而後明此的那些書籍而言。從小的方面說，閱讀一書而求其徹底了解，從大的方面說，做一種專門研究，要從古今人許多經驗中得到一種新的發見；一種系統的知識，都必須廣博的翻檢參考書籍。一般學生讀書，往往連字典辭典也懶得翻，莫說跑進圖書室去檢覽有關書籍了。這樣「讀書不求甚解」的態度，當時未嘗不可馬虎過去；但這就成了終身的病根，將永不能從閱讀方面得到多大益處；若做專門研究工作，更難有滿意的成就。所以，利用參考書籍的習慣，必須在學習國文的時候養成；精讀方面要多多參考，略讀方面還是要多多參考。在起初，學生自必嫌得麻煩，這要翻檢，那要搜尋，不如直捷讀下去來得爽快；但漸漸的成了習慣，就覺得必須這樣多多參考，才可以透切的了解所讀的書，其味道的深長，遠勝於「不求甚解」；那時候，教他們「不求甚解」也不願意了。國文課內指導參考書籍，當然不能如專家作研究時候一樣，搜羅務求廣博，凡有一語一條用得到的材料都捨不得放棄，開列個很長的書目。**第一，須顧到學生的能力**。參考書籍所以幫助理解本書，若比本書艱深，非學生能力所能利用，雖屬重要，也只得放棄。譬如閱讀某一書，須作關於史事的參考，與其教學生查《二十四史》，不如教他們翻一部近人所編的通史；再退一步，不如教他們看他們所讀的歷史課本。因為通史與歷史課的編輯方法適合於他們的理解能力；而《二十四史》本身還只是一堆材料，要在短時期間從中得到關於一件史事的概要，事實上不可能。曾見一些熱心的教師給學生開參考書目，把自己所知道的，鉅細不遺，逐一寫列，結果是洋洋大觀；學生見了一大篇的書目，惟有望洋興歎；有些學生果真去按目參考，又大半不能理解，有參考之名，無參考之實。這就是以教師自己為本位，忽略了學生的能力的弊病。**第二，須顧到圖書室的設備**。教師提示的書籍，學生從圖書室中立刻可以檢到，既不耽誤工夫，且易引起興趣。如果那參考書的確必要，又為學生的能力所能利用，但圖書室中沒有，學生只能以記憶書名了事；那就在閱讀上短少了一分努力，在訓練上錯過了一個機會。因此，消極的辦法，教師提示參考書籍，應以圖書室中所具備的為限；積極的辦法，就得有計畫的採購圖書室的圖書——各科至少有最低限度的必要參考書籍，國文科方面當然要有它的一份。這事情很值得提倡；現在一般學校，不是因為經費不足，很少買書，就是因偶然的機緣與教師的嗜好，隨便買書；有計畫的為供學生參考而採購的，似乎還不多見。還有個補救的辦法，就是：圖書室中雖沒有那書籍，而地方圖書館或私家方面卻有，教師不妨指引學生去借來參考。圖書室中購備參考書籍，即使有複本，也不過兩三本而已；一班學生同時要拿來參考，勢必爭先恐後，好不容易拿得到手，已經浪費了許多時間。為解除這種困難，可以用分組參考的辦法：假定閱讀某種書籍需要參考四部書，就分學生為四組，使每組參考一部；或待相當時間之後互相交換，或不再交換，就使每組報告參考所得，以免他組自去參考。**第三，指定了參考書籍，教師的事情並不就此完畢。如果那書籍的編製方法是學生所不熟習的，或者分量很多，學生不容易找到所需參考的部分的，教師都得給他們說明或指示。**一方面要他們練習參考。一方面又要他們不致茫無頭緒，提不起興趣；惟有如上所說相機幫助他們，才可以做到。

四　閱讀方法指導

各書因性質不同，閱讀法也不能一致。但就一般說，總得像精讀時候的預習一樣，就其中的一篇或一章一節，逐句循誦，摘出了解的處所；然後應用平時閱讀的經驗，試把那些不了解的處所自求解答；得到了解答，再看注釋或參考書，以證驗解答得對不對；如果實在無法解答，那就逕看注釋或參考書。

不了解的處所都弄清楚了，又複讀一遍，明瞭全篇或全章全節的大意。最後細讀一遍，把應當記憶的記憶起來，把應當體會的體會出來，把應當研究的研究出來。全書的各篇或各章各節，都該照此辦法。略讀原所以訓練閱讀的優良習慣，必須腳踏實地，毫不苟且，才有效益；絕不能讓學生胡亂讀過一遍就算。惟有開始腳踏實地，毫不苟且，到習慣既成之後，才會「過目不忘」，「展卷有得」。若開始就草草從事，說不定將一輩子「過目輒忘」，「展卷而無所得」了。還有一層，略讀既是國文功課方面的工作，無論閱讀何種書籍，都宜抱著研究國文的態度。平常讀一本數學課本，不研究它的說明如何正確；讀一本史地課本，也不研究它的敘述如何精當。數學課本與史地課本原可以在寫作技術方面加以研究；因作者的造詣不同，同樣是數學課本與史地課本，其正確與精當的程度，實際上確也大有高下。但是在學習數字、學習史地的立場，自不必研究那些；如果研究那些，便轉移到學習國文的立場，抱著研究國文的態度了。其他功課的閱讀都只須顧到書籍的內容；國文功課訓練閱讀，獨須內容形式兼顧，並且不把內容形式分開來研究，而認為不可分割的兩方面；經過了國文功課方面的訓練，再去閱讀其他功課的書籍，眼力自也增高。認清了這一層，對於選定的略讀書籍，自必一律作寫作技術的研究。被選的書總有若干長處；讀者不僅在記得那些長處，尤其重要的，在能看出為什麼會有那些長處。同時不免或多或少有些短處；讀者也須能隨時發見，說明它的所以然，這才可以做到讀書而不為書所蔽。——這一層也是就一般說的。

現在再分類來說，有些書籍，閱讀它的目的在從中吸收知識，增加自身的經驗；那就須運用思考與判斷，認清全書的要點，不歪曲也不遺漏，才得如願。若不能抉擇書中的重要部分，認不清全書的要點，或忽略了重要部分，卻把心思用在枝節上，所得結果就很少用處。要使書中的知識化為自身的經驗，自必從記憶入手；記憶的對象若是閱讀之後看出來的要點，因它條理清楚，印入自較容易。若不管重要與否，而把全部平均記憶，甚至以全部文句為記憶的對象；那就沒有綱領可憑，增重心思不少的負擔，結果或且全部都不記憶。所以死用記憶決不是辦法，漫不經心的讀著讀著，即使讀到爛熟，也很難有心得；必須隨時運用思考與判斷，接著擇要記憶，才合於閱讀這一類書籍的方法。

又如小說或劇本，一般讀者往往只注意它的故事；故事變化曲折，就感到興趣，讀過以後，也只記住它的故事。其實凡是好的小說或劇本，故事僅是跡象；憑著那跡象，作者發揮他的人生經驗或社會批判，那些才是精魂。閱讀小說或劇本而只注意它的故事，便是專取跡象，拋棄精魂，絕非正辦；在國文課內，要培植欣賞文學的能力，尤其不應如此。精魂就寄託在跡象之中，對於故事自不可忽略；但故事的變化曲折所以如此而不如彼，都與作者發揮他的人生經驗或社會批判有關，這一層更須注意。初學者還沒有素養，一時當然無從著手；全仗教師給他們易曉的暗示與淺明的指導，漸漸引他們入門。穿鑿附會固然要不得。但粗疏忽略同樣要不得。憑著故事的節目，逐一追求作者要說而沒有明白說出來的意思，才會與作者的精神相通；才是閱讀這一類書籍的正當方法。有些學生喜歡看低級趣味的小說之類，教他們不要看，他們雖然答應了，一轉身還是偷偷的看。這是由於沒有學得閱讀這類書籍的方法，注意力僅僅集中在故事上之故。他們如果得到適當的暗示與指導，漸漸有了素養，便將覺得低級趣味的小說之類在故事之外沒有東西，禁不起咀嚼；不待他人禁戒，自然就不喜歡看那些了。——這可以說是消極方面的效益。

又如詩集，若是個人的專集，按照著寫作的年月，順次看他意境的擴大或轉換，風格的確立或變易，是一種讀法。按題材歸類，看他對於某一類題材如何立意，如何發抒，又是一種讀法。按體式歸類，比較他對於某一類體式最能運用如意，傾吐詩心，又是一種讀法。以上都是分析研究方面的事兒，而文學這東西，尤其是詩歌，不但須分析的研究，還得要綜合的感受。所謂感受，就是讀者的心與詩人的心起了共鳴，彷彿詩人說的正是讀者自己的話，詩人宣洩的正是讀者自己的情感似的。閱讀詩歌的最大受用在此；通常說詩歌是以陶冶性情，就因為深美高妙的詩歌能使讀者與詩人同其懷抱。但這種受用不是沒有素養的人所能得到的；素養不曾憑空而至，還得從分析的研究入手。研究愈精，理解愈多，才見得紙面的文字一一是詩人心情動盪的表現；讀它的時候，心情也起了動盪，幾乎分不清那詩是詩人的還是讀者自己的。所讀的若是總集，也可應用類似前說的方法。發見各代詩人取材的異同，風格的演變；比較各家各派意境的淺深，抒寫的技巧；探討各種體式如何與內容相應，如何必須去舊而謀新：這些都是研究的事兒；惟有經過這樣研究，才可以享受詩歌。我國歷代，詩歌的產量極為豐富；讀詩一事，在知識分子中間差不多是普遍的嗜好。但就一般說，因為研究不精，感受不深，往往不很了然什麼是詩。其表現於閱讀與寫作方面的，幾乎認為凡是五字一句，七字一句，而又押韻的文字便是詩；最近二十年通行了新體詩，又有多數人認為凡是分行寫的白話便是詩了。對於什麼是詩既不能了然，哪裡談得到享受？更哪裡談得到寫作？中學生固然不必寫詩，但享受卻是他們的權利；要使他們真能享受詩歌，自非在國文課內認真指導不可。

又如古書，閱讀它而要得到真切的了解，必須明瞭古人所處的環境與所懷的抱負。陳寅恪先生作馮友蘭《中國哲學史》的審查報告，中間說：「古人著書立說，皆有所為而發；故其所處之環境，所受之背景，非完全明瞭，則其學說不易評論。而古代哲學家去今數千年，其時代之真相，極難推知。吾人今日可依據之材料，僅為當時所遺存最小之一部；欲藉此殘餘斷片，以窺測其全部結構，**必須備藝術家欣賞古代繪畫雕刻之眼光及精神，然後古人立說之用意與對象，始可以真了解**。所謂真了解者，必神遊冥想，與立說之古人處於同一境界，而對於其持論所以不得不如是之苦心孤詣，表一種之同情，始能批評其學說之是非得失，而無隔閡膚廓之論。否則數千年前之陳言舊說，與今日之情勢迥殊，何一不可以可笑可怪目之乎？」這裡說的是專家研究古代哲學應持的態度，並不為中學生而言；要達到這種境界，必須有很深的修養與學識，一般知識分子尚且不易做到，何況中學生？但指導中學生閱讀古書，不可不酌取這樣的意思，以正他們的趨向——儘淺不妨，只要趨向正，將來可以漸求深造。否則學生必致辨不清古人的是非得失，或者一味盲從古人，成個不通的「新頑固」，或者一味抹殺古人，罵古人可笑可怪，成個淺薄的妄人。這豈是教他們閱讀古書的初意呢？所謂儘淺不妨，意思是就學生所能領會的，給他們適當的指導。如讀《孟子》〈許行〉章：「或勞心，或勞力；勞心者治人，勞力者治於人。治於人者食人，治人者食於人，天下之通義也。」一節，若認孟子這個話為天經地義，而說從前君主時代，竭盡天下的人力物力以供奉君主是合理的，現代的民權思想與民主政治是要不得的；這便是糊塗頭腦。若認孟子這個話為胡言亂語，而說後代勞心者與勞力者分成兩個階級，勞心階級地位優越，勞力階級不得抬頭，都是《孟子》的遺毒；這也是偏激之論。要知道《孟子》這一章在駁許行的君臣並耕之說，他所持的論據是與許行相反的「分工互助」。勞力的百工都有專長，勞心的「治人者」也有他的專長；各出專長，分任工作，社會才會治理。這是孟子的政治理想，與現代所謂「專家政治」相近。時代到了戰國，社會關係漸趨繁複，許行那種理想當然行不通。孟子看得到這一點，自是他的識力。要怎樣才是他理想中的「治人者」？看以下「當堯之時」一大段文字便可明白，就是：像堯舜那樣一心為民，幹得有成績，才算合格。這是從他「民為貴」的根本觀點而來的，因「民為貴」，所以為民除疾苦、為民興教化的人是「治人者」的模範。於此可見他所謂「治人者」，至少含有「一心為民，幹政治具有專長的人」的意思，並不泛指處在君位的人，如古代的酋長或當時的諸侯。至於「食人」、「食於人」，在他的意想中，只是表示互助的關係而已，並不含有「注定被掠奪」、「注定掠奪人家」的意思——如此看法，大概近於所謂「了解的同情」，與前面說起的糊塗頭腦與偏激之論全然異趣。這未必深奧難知，中材的高中二三年生也就可以領會。若多作類似的指導，學生自不致走入泥古誣古的歪路。

五　問題指導

無論閱讀何種書籍，要把應當記憶的記憶起來，把應當體會的體會出來，把應當研究的研究出來，總得認清幾個問題——也可以叫做題目。如讀一個人的傳記，那個人的學問、事業怎樣呢？或讀一處地方的遊記，那地方的自然環境、社會情形怎樣呢？都是最淺近的例子。心中存著這些問題或題目，閱讀就有了標的，辨識就有了頭緒。又如閱讀《愛的教育》，可以提出許多問題或題目：作為書中主人翁的那個小學生安利柯，他的父親常常勉勵他、教訓他，父親希望他成個怎樣的人呢？書中寫若干小學生，家庭環境不同，品性習慣各異，品性習慣受不受家庭環境的影響呢？書中很有使人感動的地方，為什麼能使人感動呢？諸如此類，難以說盡。或閱讀《孟子》，也可以提出許多問題或題目：孟子主張「民為貴」，書中的哪些篇章發揮這個意思呢？孟子的理想中，把政治分為「王道的」與「霸道的」兩種，兩種的區別怎樣呢？孟子認為「王政」並不難行，他的論據又是什麼呢？諸如此類，難以說盡。這些是比較深一點的。**在善於讀書的人，一邊讀下去，一邊自會提出一些問題或題目來，作為閱讀的標的，辨識的頭緒；或當初讀時候提出一些，到重讀時候另外又提出一些**。教學生略讀，當然希望學生也能如此；但學生習慣未成，功力未到，恐怕他們提不出什麼，只隨隨便便的胡讀一陣了事，就有給他們提示問題的必要。對於一部書，可提出的問題或題目，往往如前面說的，難以說盡；提得太深了，學生無力應付，提得太多了，學生又無暇兼顧；因此，宜取學生能力所及的，分量多少又得顧到他們的自修時間。凡所提示的問題或題目，不只教他們「神遊冥想」，以求解答；還要讓他們利用所有的憑藉，就是序目、注釋、批評，及其他參考書。在教師所提示之外，學生如能自己提出，當然大可獎勵。但提得有無價值，得當不得當，還須由教師加以注意與指導。為養成學生的互助習慣與切磋精神起見，也可分組研究；令每組解答一個問題或題目，到上課時候報告給大家知道，聽同學與教師的批判。

以上說的，都是教師給學生的事前指導。以後就是學生的事情了——按照教師所指導的去閱讀，去參考，去研究。在這一段過程中，學生應該隨時作筆記。說起筆記，現在一般學生似乎還不很明白它的作用；只因教師吩咐要作筆記，他們便在空白本子上胡亂寫上一些文字交卷。這種觀念必須糾正，要讓他們認清：**筆記不是教師向他們要的賦稅，而是他們修學讀書不能不寫的一種記錄。參考得來的零星材料，臨時觸發的片段意思，都足以供排比貫穿之用**，怎能不記錄？極關重要的解釋與批評，特別欣賞的幾句或一節，就在他日還值得一再檢覽，怎能不記錄？研究有得，成了完整的理解與認識，若不寫下來，也許不久又攬忘了，怎能不記錄？這種記錄都不為應門面、求分數、討教師的好；而只為於他們自己有益——必須這麼做，他們的修學讀書才見得切實。從上面的話看，筆記大概該有兩大部分：一部分是碎屑的摘錄；一部分是整統的心得——說得堂皇一點，就是「讀書報告」或「研究報告」。對於初學，當然不能求其周密深至；但敷衍塞責的弊病必須從開頭就戒除，每鈔一條，每寫一段，總得讓他們說得出個所以然。這樣成了習慣，終身寫作讀書筆記，便將受用無窮，無論應付實務或研究學問，都可以從筆記方面得到許多助益。而在上課討論的時候，這種筆記便是參加討論的準備；有了準備，自不致茫然無從開口，或臨時信口亂說了。

學生課外閱讀之後，在課內報告並討論閱讀一書某一部分的實際經驗；待全書讀畢，然後作關於全書的總報告與總討論：這在前面已經說過。那時候教師所處的地位與應取的態度，《精讀指導舉隅》曾有提到（見本書頁二五六～二五七），不再多說。現在要說的是關於成績考查的事兒。教師指定一本書教學生閱讀，要他們從書中得到何種知識或領會，必須有個預期的標準；那標準便是判定成績的根據。完全達到了標準，成績很好，固然可喜；可是，如果達不到標準，卻不該給他們一個不及格的分數就此了事。其時教師必須研究學生所以達不到標準的原因——是教師自己的指導不完善呢？還是學生的資質上有缺點，學習上有疏漏？——竭力給他們補救或督促，希望他們下一次閱讀時成績較好，能漸近於標準。一般指導自然愈完善愈好；對於資質較差，學習能力較低的學生的個別指導，尤須有豐富的同情與熱誠。總之，教師在指導方面多盡一分力，無論優等的次等的學生，必可在閱讀方面多得一分成績。單是考查、給分數、填表格，沒有多大意義；為學生的利益而考查，依據了考查再打算增進學生的利益，那才是教育家的存心。

以上說的成績，大概指了解、領會以及研究心得而言。但還有一項，就是：閱讀的速度。處於事務紛繁的現代，讀書遲緩，實際上很吃虧；略讀既以訓練讀書為目標，自當要求他們速讀，讀得快，算是成績好，不然就差。不用說，閱讀必須以精細正確為前提；可是，既能精細正確，是否敏捷迅速，卻是判定成績時候應該注意的。

吶喊

＊編按：本文重點介紹魯迅創作《吶喊》的背景與過程，以及人物塑造的發想由來；這有利於讀者理解魯迅小說中深刻的社會內涵，和強烈的藝術效果。另外，文中也從魯迅對體裁的選擇和白描手法的運用，揭示其刻畫人物傳神的功力，使人物鮮明生動的形象，烙印在讀者心中。

〔指導大概〕

魯迅先生所寫的短篇小說，編成三本集子，一本叫做《吶喊》，一本叫做《彷徨》，又一本叫做《故事新編》。第三本是以神話、傳說及史實為題材的——如嫦娥奔月，大禹治水；以現代社會生活為題材的，是前面兩本。現在從兩本中提出《吶喊》，供大家略讀；一方面練習短篇小說的閱讀，一方面約略窺見魯迅先生的思想和藝術。《吶喊》起初由新潮社出版，後來北新書局發行；魯迅先生去世後，魯迅先生紀念委員會編纂《魯迅全集》，便收在第一卷裡。現在最容易買到的，是北新書局的本子。有些書局出版《魯迅選集》、《魯迅創作選》之類，雖不全收《吶喊》中的短篇小說，但重要的幾篇總是有的。還有各家書局所出的國文教科書，往往採選《吶喊》中的短篇小說，統計起來，也有七、八篇，所以即使不買整本的《吶喊》，還是可以各隨方便，搜集攏來，看到《吶喊》的全貌。《吶喊》共收短篇小說十四篇，目次如下：〈狂人日記〉、〈孔乙己〉、〈藥〉、〈明天〉、〈一件小事〉、〈頭髮的故事〉、〈風波〉、〈故鄉〉、〈阿Q正傳〉、〈端午節〉、〈白光〉、〈兔和貓〉、〈鴨的喜劇〉、〈社戲〉——那是按照寫作時日的先後編排的；前面有〈自序〉一文，略述自己的經歷，作小說的動機，和集子命名的由來。

短篇小說由來受西方影響

小說是什麼東西？在我國，最早的說明當推《漢書·藝文志》：「小說家者流，蓋出於稗官，街談巷語，道聽塗說之所造也。」這是說，小說是瑣屑的或不經的記載。後來人受這個觀念的影響，把性質並不相類的一些著作，都包括在「小說」這個共名之下。明朝胡應麟的《少室山房筆叢》裡，分小說為六類：（一）志怪，如《搜神記》、《述異記》之類；（二）傳奇，如《趙飛燕外傳》、《霍小玉傳》之類；（三）雜錄，如《世說新語》、《北夢瑣言》之類；（四）叢談，如《容齋隨筆》、《夢溪筆談》之類；（五）辯訂，如《鼠璞》、《雞肋》之類；（六）箴規，如《顏氏家訓》、《世範》之類。清朝編《四庫全書總目提要》，分小說為三派：（一）敘述雜事，如《西京雜記》、《世說新語》之類；（二）記錄異聞，如《山海經》、《穆天子傳》之類；（三）綴緝瑣語，如《博物志》、《述異記》之類。這些所謂小說，和我們現在的「短篇小說」都不相干。

我國從前雜戲之中，有一種叫做「說話」，在慶祝及齋會的時候，供人娛樂；操這種職業的，稱為

「說話人」。據記載，南宋時的「說話」有四種家數：一是「小說」，二是「講史」，其餘兩種，這裡從略。「小說」的必要條件大約有三項：（一）須講近世事；（二）須有「得勝頭回」（「頭回」是「冒頭」的意思，「得勝」是吉語）；（三）須引證詩詞。「講史」是講說前代書史文傳興廢爭戰之事。「說話人」的「說話」，記錄下來，稱為「話本」。宋時「小說」的「話本」，現在可以見到的，有《京本通俗小說》。明末有一部《今古奇觀》，至今還流傳得很普遍，中間保存有宋代的舊話本，也有明人的擬話本（就是說，那不是「說話人」的「說話」，只是摹擬他們「說話」的體式而寫作的）。「講史」方面，有《大唐三藏取經詩話》、《大宋宣和遺事》等，都是宋代的擬話本，其篇幅比較長，故事比較複雜，是後來「章回小說」（如《水滸傳》、《儒林外史》之類）的始祖。以上兩類，向來都稱為小說，但和我們現在的「短篇小說」也不相干。

現在所謂「短篇小說」，是從西方傳來的。胡適先生有一篇文字，叫做〈論短篇小說〉；從其中摘錄幾節如下：

「……西方的『短篇小說』，在文學上有一定的範圍，有特別的性質，不是單靠篇幅不長便可稱為『短篇小說』的。

我如今且下一個『短篇小說』的界說：短篇小說是用最經濟的文學手段，描寫事實中最精彩的一段或一方面，而能使人充分滿意的文章。這條界說中，有兩個條件最宜特別注意。今且把兩個條件分說如下：

（一）『事實中最精彩的一段或一方面』，譬如把大樹的樹身鋸斷，懂植物學的人看了樹身的『橫截面』，數了樹的『年輪』，便可以知道這樹的年紀。一人的生活，一國的歷史，一個社會的變遷，都有一個『縱剖面』和無數『橫截面』。縱面看去，須從頭看到尾，才可看到全部。橫面截開一段，若截在要緊的所在，便可把這個『橫截面』代表這個人，或這一國，或這一個社會。這種可以代表全部的部分便是我所謂『最精彩』的部分。又譬如西洋照相術未發明之前，有一種『側面剪影』，用紙剪下人的側面，便可知道是某人（此種剪像，曾風行一時，今雖有照相術，尚有人為之）。這種可以代表全形的一面，便是我所謂『最精彩』的方面，若不是『最精彩』的所在，絕不能用一段代表全體，絕不能用一面代表全形。

（二）『最經濟的文學手段』，形容『經濟』兩個字，最好是借用宋玉的話：『增之一分則太長，減之一分則太短；著粉則太白，施朱則太赤。』須要不可增減，不可塗飾，處處恰到好處，方可當『經濟』二字。因此，凡可以拉長演作章回小說的短篇，不是真正『短篇小說』；凡敘事不能暢盡，寫情不能飽滿的短篇，也不是真正『短篇小說』。

能合我所下的界說的，便是理想上完全的『短篇小說』。世間所稱『短篇小說』雖未能處處都與這界說相合，但是那些可傳世不朽的『短篇小說』，絕沒有不具上文所說兩個條件的。」

呈現「所見」與真實性

這個短篇小說的界說很扼要，但還有需要補充說明的地方。從『描寫事實中最精彩的一段』一語看來，好像短篇小說和歷史著作、報紙記載一樣，也是記錄事實的；不過不記錄全部，只描寫其中最精彩的一段罷了。如果這樣想，就錯了。短篇小說固然有記錄事實的，如《吶喊》中〈一件小事〉那一篇，說的是魯迅先生自己坐人力車，那車夫撞倒了一個老女人，便不再拉車，卻扶了那老女人一同到巡警分駐所去，這當然是事實；但大多數的短篇小說卻出於虛構，並非事實；即使有事實作底子，也絕不是依樣畫葫蘆，照錄其中最精彩的一段。世間實在不曾有過阿Q那個人，也不曾有人做過像〈阿Q正傳〉所敘的那番事。同樣情形，世間實在不曾有過〈狂人日記〉寫的那個狂人；日記前面的序文裡，雖有「今撮錄一篇，以供醫家研究」的話，好像魯迅先生只做了「撮錄」的工夫，其實那日記就是魯迅先生虛構的。我們知道，用文字記錄事實，是有實際上的需要，為的是把那事實告訴遠方或將來的人。虛構一些小說，難道也有實際上的需要嗎？小說家為什麼要不憚煩勞的寫他們的小說呢？原來小說家寫小說，就廣義說，也是有實際上的需要的；不過不像寫記錄事實的文章一樣，單把事實告訴了人家就完事；他們提起筆來，最基本的欲望卻在把他們之「所見」告訴人家。什麼叫「所見」？就是從生活經驗中得來的某種意思。那意思也許包含得很廣博，也許只是很狹小的一點兒，都沒有關係；可是必須有了它，小說家才動手寫小說。——如果沒有它，而硬要寫小說，寫下來的一定不是真正小說，只是或為實錄或為虛構的敘事文而已。——就如魯迅先生，從他生活經驗中，見到人類有許多不甚高明的品性，如「精神上的勝利法」（就是被人欺侮了，卻以見欺於小人或後輩自慰，這樣想的時候，自己儼然是君子或前輩，感到勝利的愉快了）之類，他才把這許多品性賦予阿Q，寫成〈阿Q正傳〉。又從他的生活經驗中，見到家庭制度和禮教對於人性的戕賊，他才借了狂人的口吻把它暴露出來，寫成〈狂人日記〉。「所見」是抽象的意思，寫成了小說，便是具體的故事，其中卻含蓄著，發揮著那抽象的意思：這是小說和敘事文的根本不同處。敘事文在事實本身而外，不需要作者的什麼「所見」，作者只須把事實記錄得明白得當，就算盡了責任了。凡是好的小說，其中所含蓄，所發揮的必具有真實性；就是說：世間的確有這麼一種情形或道理，一般人對它，或是沒有見到，或是見到了而並不深入透切，待小說家把它寫成了小說，大家才恍然有悟，表示同感或相信。這樣說起來，胡適先生所下界說中的「事實」兩個字，若認為「實有其事」的事實，便與短篇小說的實際不盡符合；須認為「具有真實性」的情形或道理，那才適合於一般的真正短篇小說呢。

題旨與題材發揮需融合虛實

我們有了「所見」，也可以徑直寫出來。如魯迅先生見到人類有許多不甚高明的品性，見到家庭制度和禮教對於人性的戕賊，未嘗不可以一是一，二是二，列舉例子，逐步論斷，寫成兩篇文章。但那是議論文，不是短篇小說。小說家不把自己的「所見」寫成議論文，卻借故事來發揮，讓它含蓄在故事裡頭；為的要使讀者感動，得到深切的印象；也為的要使讀者讀了故事而見到小說的「所見」，彷彿是自己發見似的，不像讀議論文那樣顯然處於被動地位。這裡所說借故事來發揮，最關重要，故事的大綱和細節，都為那「所見」而存在，不充分，不行，太嚕嗦，也不行，所以必須用「最經濟的文學手段」來組織故事。按照討論小說的用語，那「所見」便是題旨，那故事便是題材。把實有其事的事寫作題材，對於題旨，往往有不充分或太嚕囌的缺憾；不如徑自造個故事，凡足以發揮那題旨的，充分採入，與題旨沒有關涉的，絕不濫取，來得稱心得多，即使並不自造故事，而以事實作題材，也絕不能像作敘事文一樣，一律照實記錄；事實上有這個節目，可是，這個節目與題旨無關，便不能不把它去掉；事實上沒有那個節目，可是，從發揮題旨的觀點看，那個節目非有不可，便不能不把它加進去。魯迅先生有一篇〈我怎麼做起小說來〉，講他做小說的經驗，中間說：「所寫的事跡，大抵有一點見過或聽到過的緣故，但絕不全用這事實，只是採取一端，加以改造，或生發開去，到足以幾乎完全發表我的意思為止。人物的模特兒也一樣，沒有專用過一個人，往往嘴在浙江，臉在北京，衣服在山西，是一個拼湊起來的腳色。」這個話是做小說不全依事實的實例。——以上所說，都關於組織故事，就是組織題材，明白了這一層，小說為什麼常常出於虛構，或只從事實中「採取一端」，也就可以了然。原來唯有這樣做，才是發揮題旨的「最經濟的手段」，而那手段才夠得上稱為「文學手段」。

「最經濟的文學手段」，總括的說，是把抽象的題旨化為具體的題材，按照討論小說的用語，便是把題旨「形象化」，題旨是小說家從生活經驗中得來的，說給人家聽，雖也可以使人家了解；可是看不見，摸不著，不能使人家感動，得到深切的印象。必須把它裝在一個題材裡，成為某一件故事，故事之中有某一個或某幾個人物在那裡活動著，與實有其事的事實一般模樣，於是它具有了形象，彷彿看得見摸得著似的；這才能使人家感動，得到深切的印象。故事不能不是某一件，人物不能不是某一個或某幾個，否則就不成形象。形象要充分的活潑生動，有血有肉，形象後面要處處伏著抽象的題旨；這是認真的小說家所努力經營的，從形象受到了感動，得到了深切的印象，進一步去探索那伏在形象後面的東西；這是認真的小說讀者應該努力從事的。張天翼先生作過一篇〈論〈阿Q正傳〉〉，篇中「讀書筆記一則」裡的幾節。對於「形象化」說得很透徹，現在摘錄在這裡：

「阿Q之癩，說『兒子打老子』，不能反抗未莊『那夥鳥男女』而只欺侮小尼姑，以及痛惡『假洋鬼子』及其『哭喪棒』，等等，這的確是〈阿Q正傳〉裡的那個阿Q才有的花頭。這些，只是屬於這一個阿Q，……這些是特殊的東西。

但這些，只是使抽象阿Q具體化，使之形象化的一種手段。

……這是表現阿Q性本質的一種藝術手段。

換言之，那麼這篇作品裡關於阿Q的這些形象雖然是特殊的，是僅僅屬於『這一個』阿Q，但它倒正是為了表現一般的阿Q性而有的。例如『癩』，用來表現忌諱毛病，『兒子打老子』是用來表現『精神勝利法』，而調笑小尼姑則用來表現欺軟怕硬，以及排斥異端，諸如此類。

所以作品裡所表現出來的典型人物，又有特殊性，又有許多現實阿Q的一般性。而後者則居於主要地位；這是那個典型人物的靈魂，是作者在這作品中所含的哲學，是這作品的內在精神。

但那些表現成『這一個』人物的諸形象，藝術家也絕不把它忽略過去，要是忽略了這些，僅只寫出一個不可感覺的靈魂，沒有血肉，那麼就不像一個人了，不能使我們得到一個印象，不能使我們當作真有這麼一個阿Q似的那樣感受了。

並且——要是忽略了這些形象，或是隨意處置這些形象的話，那就連那個靈魂都不能充分表現出來，或是不能適如其可地表現出來。

這些形象——絕不是隨便安排的。

你看，關於阿Q的狀貌，舉動，談吐等等，哪怕只要寫一兩筆，我們就知道阿Q的地位身分，並且由此而知道阿Q之為人。

就說『癩』罷，這也正是阿Q那麼生活裡才會有的毛病，……

……別的人，只要他也是在阿Q得癩病的同樣條件之下，也會變成一個癩頭。當然，並不是一得了『癩』即成了阿Q。他跟阿Q僅僅只有這一點相同，就是他也沒法講衛生，也讓細菌在他頭上猖獗，此外他也許就跟阿Q沒有相同之點了。他並不是阿Q。這樣，他頭上的『癩』——所起的作用也就不同了，不是可以拿來表現阿Q性之一的『忌諱毛病』的了。或者呢，他的『癩』，壓根兒就不起什麼作用。

這『癩』等等，如果在這個典型人物身上是不可能有的，或者即可能有而並不是可以用來表現這阿Q性的，或是壓根兒沒有作用的——那麼這『癩』在此就不適當。那麼作者就不會把它選進去，而會另外去選上別的一些更適當的東西來表現它。

這些形象是要經過選擇的：要適當。形象也該有其典型性。」

張先生的這幾節文字只就〈阿Q正傳〉而言；其實凡是好的小說，用的都是同樣的手段。我們雖不一定要寫作小說，可是我們要閱讀小說，對於小說家所用的手段就不能不有一點知識；有了這種知識，我們才可以深入的了解每一篇好小說，也可以辨別哪些小說是好的，哪些小說卻要不得。——沒有什麼題旨的，當然不成其為小說；雖有題旨而並不「具有其真實性」的，不是好小說；題旨雖不錯而「形象化」不夠充分的，也不是好小說。

有別於傳統的文學

胡先生文中既提明「西方的『短篇小說』」（其實「西方」之上還得加上「近代」兩字），以下卻又講「中國短篇小說的略史」，記《莊子》、《列子》中的一些「寓言」，陶潛的〈桃花源記〉、杜光庭的〈虬髯客傳〉，都是很好的短篇小說，好像我國從前原也有短篇小說似的。我們要知道，那些文章只不過和近代西方的短篇小說偶爾相類而已，其作者絕不是有意識的要寫什麼短篇小說。我國人有意識的寫像先生給它下界說的那種短篇小說，並不上承「寓言」、〈桃花源記〉、〈虬髯客傳〉的系統，而是受西方文學的影響。魯迅先生是其中最早的一個。在〈我怎麼做起小說來〉裡，他說到開始寫〈狂人日記〉，以下接著說：「大約所仰仗的全在先前看過的百來篇外國作品和一點醫學上的知識」，這便是他受西方文學影響的證據。還有，我國文學向來的方式，說到一個人，往往先敘他的籍貫、家世、經歷等等，說到一件事，往往從頭至尾，交代得清清楚楚；短篇小說不一定用那些方式，卻把作者所要說明的在故事的進展中和人物的動作、對話中表現出來，這在向來是很為少見的；像魯迅先生的那篇〈明天〉，開頭就是沒頭沒腦的一句話：「沒有聲音」——「小東西怎麼了」？又像那篇〈孔乙己〉，描寫孔乙己那個人物，全從酒店小伙計的觀點出發，篇中的「我」便是酒店的小伙計：這些方式，更是向來所沒有。短篇小說所以要運用這些方式，為的是「經濟」，也是受西方文學的影響。

魯迅先生有〈自敘傳〉①一篇，現在抄錄於後：

「我於一八八一年生於浙江省紹興府城裡的一家姓周的家裡。父親是讀書的；母親姓魯，鄉下人，她以自修得到能夠看書的學力。聽人說，在我幼小的時候，家裡還有四五十畝水田，並不很愁生計。但到我十三歲時，我家忽而遭了一場很大變故，幾乎什麼也沒有了；我寄住在一個親戚家裡，有時還被稱為乞食者。我於是決心回家，而我底父親又生了重病，約有三年多，死去了。我漸至於連極少的學費也無法可想；我底母親便給我籌備了一點旅費，教我去尋無需學費的學校去，因為我總不肯學做幕友或商人，——這是我鄉衰落了的讀書人家子弟所常走的兩條路。

其時我是十八歲，便旅行到南京，考入水師學堂了，分在機關科。大約過了半年，我又走了，改進礦路學堂去學開礦，畢業之後，即被派往日本去留學。但待到在東京的預備學校畢業，我已經決意要學醫了。原因之一是因為我確知道了新的醫學對於日本的維新有很大的助力。我於是進了仙台醫學專門學校，學了兩年。這時正值俄日戰爭，我偶然在電影上看見一個中國人因做偵探而被斬，因此又覺得在中國醫好幾個人也無用，還應該有較為廣大的運動……先提倡新文藝。我便棄了

①——〈自敘傳〉，即〈魯迅自傳〉，見《魯迅全集》卷八《集外集拾遺補編》。

學籍，再到東京，和幾個朋友立了些小計畫，但都陸續失敗了。我又想往德國去，也失敗了。終於，因為我底母親和幾個別的人很希望我有經濟上的幫助，我便回到中國來；這時我是二十九歲。

我一回國，就在浙江杭州的兩級師範學堂做化學和生理學教員，第二年就走出，到紹興中學堂去做教務長，第三年又走出，沒有地方可去，想在一個書店去做編譯員，到底被拒絕了。但革命也就發生，紹興光復後，我做了師範學校的校長。革命政府在南京成立，教育部長招我去做部員，移入北京，後來又兼做北京大學、師範大學、女子師範大學的國文系講師。到一九二六年，有幾個學者到段祺瑞政府去告密，說我不好，要捕拿我，我便因了朋友林語堂的幫助逃到廈門大學做教授，十二月走出，到廣東做了中山大學的教授，四月辭職，九月出廣東，一直住在上海。

我在留學時候，只在雜誌上登過幾篇不好的文章。初做小說是一九一八年，因了一個朋友錢玄同的勸告，做來登在《新青年》上的。這時候才用『魯迅』的筆名，也常用別的名字做一點短論。現在匯印成書的有兩本短篇小說集：《吶喊》，《彷徨》，一本論文，一本回憶記，一本散文詩，四本短評，別的除翻譯不計外，印成的又有一本《中國小說史略》，和一本編定的《唐宋傳奇集》。」

魯迅先生名樹人，字豫才，〈自敘傳〉中沒有提及。此篇作於一九三〇年，以後他仍住在上海，從事著譯。到一九三六年十月十九日病歿，年五十六歲。

提倡文藝運動，為求可以「改變精神」

關於他想提倡新文藝，在《吶喊．自序》中說得比較詳細，這和他以後的寫作態度極有關係。〈自序〉中說：

「……我便覺得醫學並非一件緊要事，凡是愚弱的國民，即使體格如何健全，如何茁壯，也只能做毫無意義的示眾的材料和看客，病死多少是不必以為不幸的。所以我們的第一要著，是在改變他們的精神，而善於改變精神的是，我那時以為當然要推文藝，於是想提倡文藝運動了。在東京的留學生很有學法政理化以至警察工業的，但沒有人治文學和美術；可是在冷淡的空氣中，也幸而尋到幾個同志了，此外又邀集了必須的幾個人，商量之後，第一步當然是出雜誌，名目是取『新的生命』的意思，因為我們那時大抵帶些復古的傾向，所以只謂之《新生》。

《新生》的出版之期接近了，但最先就隱去了若干擔當文字的人，接著又逃走了資本，結果只剩下不名一錢的三個人。創始時候既已背時，失敗時候當然無可告語，而其後卻連這三個人也為各自的運命所驅策，不能在一處縱談將來的好夢了，這就是我們的並未產生的《新生》的結局。

我感到未嘗經驗的無聊，是自此以後的事。我當初是不知其所以然的；後來想，凡有一人的主張，得了贊和，是促其前進的，得了反對，是促其奮鬥的，獨有叫喊於生人中，而生人並無反應，既非贊同，也無反對，如置身毫無邊際的荒原，無可措手的了，這是怎樣的悲哀呵，於是以我所感到者為寂寞。

這寂寞又一天一天的長大起來，如大毒蛇，纏住了我的靈魂了。

然而我自有無端的悲哀，卻也並不憤懣，因為這經驗使我反省，看見自己了：就是我絕不是一個振臂一呼應者雲集的英雄。」

「改變他們的精神」，是他當初想提倡文藝運動的因由，後來他做文章，就一貫的實做這句話，不但短篇小說如此，其他許多雜文也無不如此。關於這一層，以下還要說，現在且再摘錄《吶喊・自序》的話。序中說那年他住在北京一個會館裡鈔古碑，一個老朋友跑來，問他鈔這些是什麼意思，他回答說：

「『沒有什麼意思』。

『我想，你可以做點文章……』

我懂得他的意思了，他們正辦《新青年》，然而那時彷彿不特沒有人來贊同，並且也沒有人來反對，我想，他們許是感到寂寞了，但是說：

『假如一間鐵屋子，是絕無窗戶而萬難破毀的，裡面有許多熟睡的人們，不久都要悶死了，然而是從昏睡入死滅，並不感到就死的悲哀。現在你大嚷起來，驚起了較為清醒的幾個人，使這不幸的少數者來受無可挽救的臨終的苦楚，你倒以為對得起他們麼？』

『然而幾個人既然起來，你不能說絕沒有毀壞這鐵屋的希望。』

是的，我雖然自有我的確信，然而說到希望，卻是不能抹殺的，因為希望是在於將來，絕不能以我之必無的證明，來折服了他之所謂可有，於是我終於答應他也做文章了，這便是最初的一篇〈狂人日記〉。從此以後，便一發而不可收，每寫些小說模樣的文章，以敷衍朋友們的囑託，積久就有了十餘篇。」

中間用鐵屋子作比喻的一節，是熱誠的先覺者失望以後的沉痛語。為什麼失望？因為人家對他的主張，「既非贊同，也無反對」；又因為眼見了現代我國的許多史實。關於後者，在另外一篇《自選集・自序》裡說得很明白。

「……見過辛亥革命，見過二次革命，見過袁世凱稱帝，張勳復辟，看來看去，就看得懷疑起來，於是失望，頹唐得很了。……不過我卻又懷疑於自己的失望，因為我所見過的人們，事件，是有限得很的，這想頭，就給了我提筆的力量。」

接著前面所抄的，《吶喊・自序》還有以下的話：

「在我自己，本以為現在是已經並非一個切迫而不能已於言的人了，但或者也還未能忘懷於當日自己的寂寞的悲哀罷，所以有時候仍不免吶喊幾聲，聊以慰藉那在寂寞裡奔馳的猛士，使他不憚於前驅。至於我的喊聲是勇猛或是悲哀，是可憎或是可笑，那倒是不暇顧及的；但既然是吶喊，則當然須聽將令的了，所以我往往不恤用了曲筆，在〈藥〉的瑜兒的墳上憑空添上一個花環（這一篇的副題旨是革命者的寂寞的悲哀，瑜兒因參加革命而被殺，連他的母親也不能理解他，可是他的墳上卻有一個不知是誰獻與的花環，這暗示同情他理解他的未嘗無其人），在〈明天〉裡，也不敘單四嫂子竟沒有做到看見兒子的夢（這一篇的題旨是母子之愛，寡居的單四嫂子把整個的心魂放在兒子寶兒身上，寶兒病了，求籤許願，請教地方上頂有名的醫生，樣樣都做到，可是寶兒終於死掉，於是她什麼希望也沒有了，只希望在夢裡見見她的寶兒），因為那時的主將是不主張消極的。至於自己，卻也並不願將自以為苦的寂寞，再來傳染給如我那年輕時候似的正做著好夢的青年。」

《吶喊》的名稱，取義就是如此。在《自選集‧自序》裡，也有類似的話；現在再抄在這裡，以供參看：

「……為什麼提筆的呢？想起來，大半倒是為了對於熱情者們的同感。這些戰士，我想，雖在寂寞中，想頭是不錯的，也來喊幾聲助助威罷。首先，就是為此。自然，在這中間，也不免夾雜些將舊社會的病根暴露出來，催人留心，設法加以療治的希望。但為達到這希望計，是必須與前驅者取同一的步調的，我於是刪削些黑暗，裝點些歡容，使作品比較的顯出若干亮色，那就是後來結集起來的《吶喊》，一共有十四篇。

這些也可以說，是『遵命文學』。不過我所遵奉的，是那時革命的前驅者的命令，也是我自己所願意遵奉的命令……」

在〈我怎麼做起小說來〉裡，還有以下的幾句話：

「……當我留心文學的時候，情形和現在很不同：在中國，小說不算文學，做小說的也絕不能稱為文學家，所以並沒有人想在這一條道路上出世。我也並沒有要將小說抬進『文苑』裡的意思，不過想利用他的力量，來改良社會。」

「自然，做起小說來，總不免自己有些主見的。例如，說到『為什麼』做小說罷，我仍抱著十多年前的『啟蒙主義』，以為必須是『為人生』，而且要改良這人生。我深惡先前的稱小說為『閒書』，而且將『為藝術的藝術』，看作不過是『消閒』的新式的別號。所以我的取材，多採自病態社會的不幸的人們中，意思在揭出病苦，引起療救的注意。」

作品暴露社會病根，欲促使療治

從上面抄錄的一些話看來，可見魯迅先生當時雖然失望，雖然感到寂寞的悲哀，可是熱誠絕沒有消散；所以一見前驅的猛士，便寄與同感，和他們作一夥兒。說「聊以慰藉」他們，說「喊幾聲助助威」，都是謙遜的話；在那時，他的寂寞至少減輕了若干分之一，而「改變他們的精神」的熱誠重又燃燒起來了吧。為什麼「不恤用了曲筆」？他自己說是聽從「將令」，「那時的主將是不主張消極的」，所以他在作品裡也保留著一點希望；但是他又說「不願將自以為苦的寂寞，再來傳染給……青年」，這不是他自己也願意保留著一點希望嗎？「刪削些黑暗，裝點些歡容，使作品比較的顯出若干亮色」，這三語是「不恤用了曲筆」的注腳；為什麼要如此？說是「與前驅者取同一的步調」。為什麼「必須與前驅者取同一的步調」？說是這才可以達到「將舊社會的病根暴露出來，催人留心，設法加以療治的希望」。斟酌周詳，選取了最有效的道路走，這正是熱誠的先覺者的苦心，而為的是前面懸得有希望。「改良社會」，「改良這人生」，「改變他們的精神」。話雖不同，意義也不盡一樣，但指的都是那希望。「將舊社會的病根暴露出來，催人留心，設法加以療治」；從「病態社會的不幸的人們中」取材，「揭出痛苦，引起療救的注意」：在這些方面發揮他的「所見」，便是他取的達到那個希望的手段。以上單就《吶喊》一集而言，卻可以推及其他作品；《吶喊》之外，他還有短篇小說，還有多量的雜文，取材不一定限於舊社會和不幸的人們，但揭露病根，促人注意療治，是前後一致的；希望「改良社會」，「改良這人生」，「改變他們的精神」，也是前後一致的。從這裡，便可以認識他的一貫的寫作態度，一貫的戰鬥精神。

關於做小說的手段，〈我怎麼做起小說來〉裡很說到一些；這也該抄下來看看，因為別人的說明總不及作者自己說的來得親切。做小說不全依事實的一節，前面已經抄過了，這裡便略去了。

「……我力避行文的嘮叨，只要覺得夠將意思傳給別人了，就寧可什麼陪襯拖帶也沒有。中國舊戲上，沒有背景，新年賣給孩子看的花紙上，只有主要的幾個人（但現在的花紙卻多有背景了），我深信對於我的目的，這方法是適宜的，所以我不去描寫風月，對話也絕不說到一大篇。

我做完之後，總要看兩遍，自己覺得拗口的，就增刪幾個字，一定要它讀得順口；沒有相宜的白話，寧可引古語，希望總有人會懂，只有自己懂得或連自己也不懂的生造出來的字句，是不大用的……

忘記是誰說的了，總之是，要極省儉的畫出一個人的特點，最好是畫他的眼睛。我以為這話是極對的，倘若畫了全副的頭髮，即使細得逼真，也毫無意思。我常在學學這一種方法，可惜學不好。

可省的處所，我絕不硬添，做不出的時候，我也絕不硬做……」

這些話無非說，用最經濟的文學手段，使題材充分的「形象化」；可以與前面談短篇小說的部分相印證。

有一些人，他們相信某一事應該怎麼做，或主張必須怎麼做，可是做來並不如他們所相信，所主張的；這就是心手不相應，也稱為眼高手低。原來相信或主張是知識方面的事兒，按照著實做是習行方面的事兒，從知識到習行，不是一步就跨得過去的，中間還有個努力歷練的階段；歷練不夠，兩方面就不一致了。魯迅先生的寫作態度和手段，他自己說得很明白了，這些都屬於知識方面；從他的作品看，又可知道他的歷練非常充分，所以習行方面能夠心手相應，眼光和手段一樣，就行了。剖析作品的結果，才真窺見了他的思想和藝術——僅僅讀他的〈自序〉一類文字，雖不能說無所窺見，但總之還隔著一層。

逐篇剖析，揭各種病根

魯迅先生說：「將舊社會的病根暴露出來，催人留心，設法加以療治」；就暴露病根的觀點看，《吶喊》一集是充分注意此點的。暴露得最深廣的，自然是〈狂人日記〉和〈阿Q正傳〉兩篇。前一篇差不多包括全部的歷史；所謂病根是人與人之間互相欺凌，互相壓迫（依照狂人的說法便是「吃人」），以自私為當然，不肯拿出真心來與人相見。那大家所遵從的是傳統的制度和教條（依照狂人的說法便是「古久先生的陳年流水簿子」），認為「這是從來如此」，碰也碰不得的；誰如果碰了它，便是「瘋子」，便是公眾的仇敵。給狂人診病的何先生說「不要亂想」；這句話很有意味。「不要亂想」便是不要懷疑傳統的制度和教條；一個人必須和眾人一樣，以自私為當然，不拿出一點真心來，他才不是「瘋子」。可是，人人如此，「真的人」「不吃人的人」便不會出現了，「人人太平」的日子也不會到來了。這樣的暴露，驟然看去，好像有點過分；但只要放開眼光，留心現實，便會見到家庭、社會乃至國家、民族之間，或為小事，或為大事，的確時時刻刻在那裡起糾紛；真正「吃人」當然只是狂人的「狂」想頭，而互相欺凌、互相壓迫，卻是今日極普遍的現象。那麼，魯迅先生所謂「舊社會」，豈僅指「以前的社會」（依照狂人的說法便是「四千年來」）而言；在大家還沒有「從真心改起」，「去了這心思（指「吃人」的心思），放心做事走路吃飯睡覺」以前，那社會全是他所希望改良的「舊社會」了。〈阿Q正傳〉所暴露的，差不多全是人性上的重要病根。如前面已經提到的「忌諱毛病」，「精神勝利法」，「欺軟怕硬」等，表現在阿Q身上，雖不過是些可笑的言語和行動；但只要放開眼，便會見到在莊嚴的場合裡，在體面的人物身上，也常常有類似的言語和行動。自從阿Q這個人物被魯迅先生創造出來之後，當我們聽到那些類似的言語，看到那些類似的行動的時候，便說：「這是阿Q性」；聽的人聽了這一句，也就點頭同意，不待再加解釋，已能心領神會：這可見那些病根的普遍存在，且被普遍認識了。前些年有人說，「阿Q時代」已經過去了，又有人說，且沒有過去；於是起了爭辯。依我們看來，必須現實人物的言語和行動，再沒有需要用著「這是阿Q性」這句話去批評它的了，那「阿Q時代」才算過去。在還需要用著這句話的時候，即使是將來的社會，也還是魯迅先生所希望改良的「舊社會」。

在〈孔乙己〉裡，寫孔乙己「也讀過書，但終於沒有進學，又不會營生」，於是窮困潦倒，不免「做些偷竊的事」；最後因此被打折了腿，死在不知什麼地方，在人們的記憶裡也就消失，好像他並沒有生到世上來似的。在〈白光〉裡，寫陳士成應了第十六回的考試，仍沒有進得一個秀才；舊有的精神失常症又發作了，「貴」的方面既絕了望，想在「富」的方面取得補償，便又去挖掘那相傳祖宗埋在地下的窖藏；挖掘的結果如以前一樣，毫無所得；錯亂的精神更指引他到山裡挖掘去，於是跌落湖裡，被淹而死。這兩篇暴露的是從前教育制度的病根。從前教育制度絕不注重在教育成能思想能實幹的人；那只是利祿之途，誰貪那利祿誰就往這一途碰去，碰而不得如願的當然是大多數，他們固然不一定像孔乙己似的作賊或陳士成似的發痴，但潦倒終身，虛此一生，卻和孔乙己、陳士成並無二致。

〈藥〉和〈明天〉兩篇，題旨都是親子之愛；親子之愛是最原始又最普遍的，該沒有什麼病根了，但兩篇中也暴露了一個病根，就是：因為愚昧無知，以致愛而不得其道。在〈藥〉裡，華老栓的兒子小栓害了肺癆病，老夫妻兩個不惜拿出辛苦積蓄下來的一包洋錢，去買人血饅頭（蘸的是殺頭的犯人的血）給他吃，希望他一服而癒。在〈明天〉裡，單四嫂子照料她兒子寶兒的病，「神籤也求過了，願心也許過了，單方也吃過了」，最後去診地方上最有名望的醫生何小仙，她聽了何小仙幾句莫名其妙的話，「不好意思再問」，買了一服莫名其妙的藥回來，希望它有起死回生的功效。就愛子之心而論，華老栓夫妻兩個和單四嫂子都算是至乎其極的了，可是並不能挽救他們兒子的死亡，即說盡人事，他們也實在沒有盡得到家；這都由於他們的愚昧無知。在愚昧無知的病根之下，愛子而不得其道的父母，世間正多著呢。

〈頭髮的故事〉和〈風波〉兩篇，題材都關於髮辮。前一篇記一位N先生談他剪掉髮辮以後的經歷，先是滿清還沒有推翻，到處受人的笑罵，冷淡和嚴防，有幾個學生學他的樣子，也剪掉了髮辮，立刻被學校開除；後來民國成立了，可是「元年冬天到北京，還被人罵過幾次，後來罵我的人也被警察剪去了辮子，我就不再被人辱罵了；但我沒有到鄉間去」；以下又談到當時有人嚷什麼女子的剪髮，以為這「又要造出許多毫無所得而痛苦的人」；最後他說了「造物的皮鞭沒有到中國的脊梁上時，中國便永遠是這一樣的中國，絕不肯自己改變一支毫毛」的話。〈風波〉是張勳擁了溥儀復辟那時候發生在鄉村間的故事：航船夫七斤剪掉了辮子，聽說皇帝又坐龍庭了，惴惴於自己的沒有辮子，他的妻子也同樣的惴惴，由怨恨而至於絕望，可巧鄰村的酒店主人趙七爺來了，他本來「將辮子盤在頂上，像道士一般」，這卻回復了原來的打扮，力說「沒有辮子，該當何罪」，使七斤更感到著急，可是總想不出辦法；幸而過了十多日，他看見趙七爺的「辮子又盤在頂上了」，從此推知皇帝不坐龍庭了，一場風波才算平靜下來。這兩篇中的「辮子」是「改革」的象徵，一般人對改革都抱著對辮子的態度，「絕不肯自己改變一支毫毛」，這正是我國人心理上的重要病根。N先生的辮子是自己嫌它不便當剪掉的；剪掉之後，直到民國元年的冬天，在首善之區的北京，他還受人的罵。七斤的辮子是進城時被人剪掉的；剪掉之後，在傳聞皇帝又坐龍庭了的時候，他自己家庭間和心理上不免掀起風波。看似重要而實際上無關重要的辮子問題尚且如此，其他的改革還能輕易談到嗎？

以上只是粗略的說，對於《吶喊》一集中暴露病根的部分，沒有說得精密和齊全。此外的部分，希望大家在閱讀的時候，逐一自己檢出。魯迅先生所以能夠暴露出這些病根，由於他有深廣的生活經驗，又有一腔希望加以療治的熱誠。就讀者一方面說，當然不應該一味盲從，見作者怎麼說就怎麼相信，最要緊的，得問一問：作者所暴露的是不是真際？社會間是不是確實有此病根？要回答這樣的問題，必須憑藉讀者自己的生活經驗。如果讀者對於人性和社會情形毫無所知，那簡直無從知道「是不是」。但毫無所知的人到底少有，生活經驗即沒有作者那樣深廣，也往往會涉及作者所經驗的範圍；如見向來男子實行多妻主義，卻一般的要求女子守貞操，便覺得狂人的「吃人」之說不盡是「狂」想頭；又如見敗家子潦倒頹唐不堪，卻盛稱祖宗積德，富貴功名，世間無兩，便覺得阿Q宛然如在目前。這時候，讀者和作者起了「共鳴」了，他斷言作者所暴露的是真際，斷言社會間確實有此病根，便絕不是盲從。讀者的生活經驗愈豐富，從好作品裡得到的東西便愈多愈精。

描寫「不幸的人」，旨在「改良社會」

暴露病根的作品，其中的人物自然是「不幸的人們」；在前面提到的幾篇裡，主人公如狂人、阿Q、孔乙己、陳士成，等等，都是的，他如狂人的大哥，用怪眼色看著狂人的趙貴翁，與阿Q打架的王胡，不准阿Q革命的「假洋鬼子」，等等，又何嘗不是。他們受病的情形，雖個個不同；可是，同樣的陷入那「舊社會」的大澤中，只能隨波逐流，與「勢」推移，不能跳出那大澤，另走新途徑，另闢新天地，所以同樣是「不幸」的人。看魯迅先生使用「不幸」這兩個字，便可知道他並沒有鄙薄他們，深惡他們的意思，他只側重在「改良社會」，社會改良了，一切的「勢」另換個樣子，這批人也便從「不幸」之中解放出來了。因此，描寫人物的手法，和一般譴責小說大有不同。譴責小說認定某一些人是壞人，把一切的壞事情都歸到他們身上去，而他們的壞又似乎並沒有旁的根由，只在於他們本性壞，天生是壞人。這也算是作者的一種認識，其合理與否且不論，單問作者何以要寫那樣的小說，從好一點的方面說，並非藉此發抒憤懣，從壞一點的方面說，便是藉此揭人陰私。這種認識和用意影響到讀者，第一，使讀者認為人是單獨活動的、與社會毫無關涉的生物，翻開小說來，就想查究誰是壞人，誰是好人，而得到答案也很容易，彷彿看舊戲似的，只須認那登場人物的「臉譜」，便可以明白。第二，使讀者也感到憤懣，對於所謂壞人，恨之刺骨；或者得到一種窺見了人家的秘密似的快感，彷彿說，你們這批壞東西現在是赤裸裸的顯現在我眼前了，此外就別無所得。《吶喊》一集中的短篇小說便不然。由於作者的認識和譴責小說的作者不一樣，其描寫人物，著力於人物在社會中，憑其習性，與事物接觸，內面外面起怎樣的變化這一方面。起變化的雖是這一個人物，但使他起這樣變化而不起那樣變化的因素，不完全居於他自己（前面所說「隨波逐流，與『勢』推移」，那用「波」和「流」來作比喻的「勢」，便不居於他自己）；這一點也極注意。如此寫來，好人壞人就並不劃然分明。如阿Q，總算是個極不足取的人了；他頭上有了癩瘡疤，口頭便有許多忌諱，他時常被閒人揪住了打，便發明精神上的勝利法；他與事物接觸而起這樣的變化，其因素完全屬於他嗎？如果社會間沒有把人家的缺陷作為取笑資料的風尚，阿Q該不至於諱說「癩」「賴」，從而一轉再轉，連「光」「亮」「燈」「燭」都諱說的吧？如果社會間沒有以撩打人為樂的閒人，阿Q該不會有「兒子打老子」，「我是蟲豸」，「第一個能夠自輕自賤的人，除了『自輕自賤』不算外，餘下的就是『第一個』」這些奇妙想頭吧？這樣想開去，便見得阿Q雖然不足取，但他不是壞人，而是個「不幸」的人；他的「不幸」在他的習性既不高妙，又正遇著了有這樣風尚、這樣閒人的社會。伏在背後的可以想得出來的意旨，不就是：假如社會改良了（習性雖屬於個人，但與社會牽涉之處太多了），阿Q也許會頗有可取嗎？這樣就阿Q說，無非舉個例子，指明魯迅先生描寫「不幸」的人的手法，與譴責小說描寫壞人不同，其用意則在引導讀者向「改良社會」的目標走去。

魯迅先生說：「我力避行文的嘮叨，只要覺得能夠將意思傳給別人了，就寧可什麼陪襯拖帶也沒有。」「經濟」本是短篇小說的一個重要條件，陪襯拖帶太多，便說不上「經濟」了，但必須以「夠將意思傳給別人」為度。魯迅先生對於此點，是確實能夠做到的。試以〈白光〉一篇為例。若逐一敘述主人公陳士成狀貌怎樣，處在怎樣的境況之中，一連應了多少回的考，以前應考失敗了曾有怎樣的舉動，那便是陪襯拖帶太多了；而且瑣屑蕪雜，連不成一氣。所以並不那麼寫，而從陳士成看了第十六回的榜，還是看不到自己的名字，精神重又失常開始；這精神失常便成為一條線索，全篇寫陳士成那個下午那一晚上的思想行動，都集中在此點，而必須讓讀者明白的一些事情，也就交織在其中。如寫他看榜時候，涼風「吹動他斑白的短髮」；寫他跌落在萬流湖裡之後，鄉下人將他撈上來，「那是一個男屍，五十多歲，『身中面白無鬚』（以前照相還未通行，凡需要表明狀貌的場合，只能用文字記載；這六字是『仵作』填寫在『屍單』上的，而應考時候也得同樣填寫；『身中』是中等身材，『無鬚』見得陳士成是個老童生——沒有進學的童生，年紀無論如何大，是照例不得有鬚的）」；讀者從這兩語便知道他的狀貌。關於狀貌，可寫的也很多，而只寫這兩語，因為這兩語和他的屢次失敗以致精神失常有關係的緣故。頭髮已經斑白了，還只是個只能「無鬚」的童生，在一個熱心於錦樣前程的人，怎得不發痴？又如寫他看了榜回到家裡，便把七個學童放了學；租住在他宅子裡的「雜姓」都及早關了門。為的是根據他們的老經驗，怕看見發榜後他那閃爍的眼光；讀者從這兩點，便知道他的境況的一斑。宅子裡收容一些「雜姓」，是家境凋零的最顯著的說明；僅有幾個學童為伴，生活的孤苦寂寞可想而知了。唯其如此，他對於錦樣前程盼望得愈切，然而那前程「又像受潮的糖塔一般，霎時倒塌了」；因此他萌生了圖謀另一前程（發掘窖藏而致巨富）的想頭，雖說在精神失常的當兒，卻也是非常自然的事。又如讓讀者知道他這回應考是第十六回，只從敘述他屈指計數，「十一，十三回，連今年是十六回」帶出；讓讀者知道他以前也曾發掘過窖藏，只從敘述他平時對於家傳的那個謎語的揣測帶出。這些都是不可以略的，省略了便教讀者模糊；但不使這些各自分立，成為陪襯拖帶的部分，而全給統攝在那個下午那一晚上他精神失常這一條線索之下；這便做到了「夠將意思傳給別人」，而「什麼陪襯拖帶也沒有」。——其他各篇差不多都這樣的「經濟」，大家閱讀的時候，可以各自研求。

小說背景以能傳達意圖為主

魯迅先生以舊戲與花紙為比，說他的小說也不用背景；這個話也不宜呆看。他所不用的背景，是指與傳達意思沒有關係而言。世間的確有一些短篇小說，寫自然景物（魯迅先生稱為「描寫風月」）費了許多的篇幅；寫人物來歷費了許多的篇幅；可是仔細看時，那些篇幅與題旨並沒有多大關係，去掉了也不致使讀者模糊，這就同舊戲與花紙有了不相稱的背景一樣，反而使人物見得不很顯著了。那種背景當然不用，用了便是小說本身的一種疵病。至於沒有了便不「夠將意思傳給別人」的背景，魯迅先生卻未嘗不用。如〈風波〉的開頭兩節，第一節寫臨河土場上的晚景。第二節寫農家的男女老幼準備在這土場上吃晚飯，分明是背景。這背景何以要有呢？因為下文七斤為了辮子問題發愁，趙七爺到來發表「沒有辮子，該當何罪」的大道理，以及九斤老太抒發她的不平，七斤嫂由急而恨，罵人打孩子，八一嫂替七斤辯護，致受七斤嫂辱罵，和趙七爺的威脅，等等，都發生在這個場面上，都發生在這吃晚飯的時間；先把場面和時間敘明，便使讀者格外感到親切——農村裡的許多人，只有在這個場面這個時間，大家才聚在一起，說長道短，交換意見。並且，先敘了「場邊靠河的烏桕樹」，以下敘小女孩六斤被曾祖母罵了，「直奔河邊，藏在烏桕樹後」，以及七斤嫂「透過烏桕葉，看見又矮又胖的趙七爺正從獨木橋上走來」，才見得位置分明，使讀者如看見舞台上的現代劇。先敘了大家準備在場上吃晚飯，以下敘九斤老太罵曾孫女兒的話：「立刻就要吃飯了，還吃炒豆子，吃窮了一家子！」才見得聲口妙肖，使讀者一與她接觸便有如見其人的感覺。而趙七爺一路走來，大家都招呼他「請在我們這裡用飯」；待趙七爺站定在七斤家的飯桌旁邊，周圍便聚集了許多看客；也因開頭有大家準備吃晚飯的敘述，便不覺得突兀。又如〈故鄉〉一篇，敘魯迅先生自己還鄉搬家，覺得故鄉不如記憶中的故鄉那麼好了，而全篇中心則放在一個幼年時一起玩得很熟的鄉間小朋友閏土的轉變上；藉此表達出生活的重擔壓在各人的肩上，會把人轉變得與前絕不相同的題旨。篇中於母親提起了閏土的當兒，便回憶幼年時與閏土結識的經過，敘他講述許多有趣的鄉間生活經驗，「都是我往常的朋友所不知道的」——這部分占了一千字以上的篇幅，也是背景的性質。這背景何以要有呢？因為下文閏土到來時，魯迅先生招呼他：「阿！閏土哥，——你來了？……」而他開口便是一聲「老爺！……」這一聲「老爺」暗示了他一切的轉變，所以魯迅先生接著敘道：「我似乎打了一個寒噤；我就知道，我們之間已經隔了一層可悲的厚障壁了」；而要讓讀者也明白這層意思，非把閏土當初是怎樣一個鄉下小孩子交代清楚不可，如果沒有那一千多字背景的敘述，那麼，魯迅先生聽了一聲「老爺」雖打個寒噤，而在讀者絕不會有什麼深刻的印象。

以「畫眼睛」的方法勾勒人物特點

《吶喊》一集十四篇小說中，只有〈頭髮的故事〉有大篇的對話；那是體裁如此，特意要讓N先生自言自語，發一大篇議論，議論發完，小說也就完畢。以外各篇，對話都很簡短，與魯迅先生自己說的「對話也絕不說到一大篇」的話完全應合。魯迅先生曾稱引他人的話：「要極省儉的畫出一個人的特點，最好是畫他的眼睛。」他寫對話，就用的畫眼睛的方法，簡單幾筆，便把人物的特點表現出來了。現在隨舉一些例子來說。如酒客嘲笑孔乙己偷人家的東西；孔乙己便睜大眼睛說：「你怎麼這樣憑空污人清白……」。酒客又說親眼見他偷了人家的書，被人家吊著打；孔乙己便爭辯說：「竊書不能算偷……竊書……讀書人的事，能算偷麼？」街坊孩子吃了孔乙己的茴香豆，每人一顆，還想再吃；孔乙己看一看豆，搖頭說：「不多不多！多乎哉？不多也（「君子多乎哉？不多也」是孔子的話，見《論語・子罕篇》）。」這些對話，表現出孔乙已所受於書本的教養。閏土重逢分別了近三十年的魯迅先生，劈頭便叫「老爺！」魯迅先生的母親教他不要這樣客氣，還是照舊哥弟稱呼時，他便說：「阿呀，老太太真是……這成什麼規矩。那時是孩子，不懂事……」這些對話，表現出閏土所受於習俗的教養。又如華大媽烤好了人血饅頭給小栓吃，輕輕說：「吃下去罷，——病便好了。」小栓吃過饅頭，一陣咳嗽，她就說：「睡一會罷，——便好了。」話是簡短極了，卻充分傳出了她鍾愛兒子切盼兒子病好的心情。九斤老太見曾孫女兒在晚飯前吃炒豆子，發怒說：「我活到七十九歲了，活夠了，不願意眼見這些敗家相，——還是死的好。」隨後就連說：「一代不如一代！」待聽趙七爺提到「長毛」，便對趙七爺說：「現在的長毛，只是剪人家的辮子，僧不僧，道不道的。從前的長毛，這樣的麼？我活到七十九歲了，活夠了。從前的長毛是——整匹的紅緞裹頭，拖下去，拖下去，一直拖到腳跟；王爺是黃緞子，拖下去，黃緞子；紅緞子，黃緞子，——我活夠了，七十九歲了。」這些話，具體的傳出了她賤今貴古，憤憤不平的頑固心情。阿Q既決定了投降革命黨，想得高興，便大聲嚷道：「造反了！造反了！」他見未莊人都用驚懼的眼光看他，更加高興，喊道：「好，……我要什麼就要什麼，我歡喜誰就是誰。」接著便唱起鑼鼓的音節和戲文來了：「得得，鏘鏘！悔不該，酒醉錯斬了鄭賢弟，悔不該，呀呀呀……得得，鏘鏘，得，鏘令鏘！我手執鋼鞭將你打……」正在懼怕革命的趙家人見他走過，想從他那裡探聽一點關於革命的消息，欲說不好說，卻問他：「現在……發財麼？」他便回答：「發財？自然。要什麼就是什麼……」趙家人又說：「像我們這樣窮朋友是不要緊的……」他便說：「窮朋友？你總比我有錢。」這些話，把阿Q預料前程無限的得意心情，活潑潑的烘托出來；而他意識中的革命是怎麼一回事，也就同時點出。

又如康大叔把人血饅頭交給華老栓，說：「喂！一手交錢，一手交貨！」只此一句，便傳出了當劊子手的粗人的神態。駝背五少爺走進華老栓的茶館，正是華大媽在灶下烤人血饅頭的時候，他便說：「好香！你們吃什麼點心呀？炒米粥麼？」只此三句，便傳出了閒得無聊愛管閒事的茶客的神態。趙七爺聽七斤嫂問起「皇恩大赦」，便說：「皇恩大赦？——大赦是慢慢的總要大赦罷。但是你家七斤的辮子呢，辮子？這倒是要緊的事。你們知道：長毛時候，留髮不留頭，留頭不留髮，……」只此數句，便傳出了頗負時望，但實際上並不了了的鄉村學問家的神態。在〈社戲〉裡，魯迅先生敘他在北京看舊戲，因為不知道台上唱老旦的那個名角是誰，就去問擠在左邊的一個胖紳士；那胖紳士「很看不起似的斜瞥了我一眼，說道：『龔雲甫！』」如果是到過北京的人，用北京人的聲調念起來，便會覺得只這「龔雲甫」三個字，已經傳出了北京的「老戲迷」的神態。——以上所舉例子，用簡短的對話，把人物的教養、心情、神態等表現出來，使讀者直覺的感到；比較用瑣細的敘述加以說明，更為有效。所有各篇的對話，差不多都是這樣；與人物的教養、心情、神態等無關而徒然占去篇幅的對話，幾乎可以說沒有。唯其如此，自也不會有與人物不相稱的對話，為鄉村中人而作都會中人的口吻，勞動階級而用知識分子的詞語之類。對話與人物不相稱，人物的形象便不明確生動，不能使讀者當作真有這麼一個人物似的那樣感到：那是小說的大毛病。對話與人物相稱了，然而是些普普通通的話，有固可以，沒有也無妨；那樣的對話只是拖帶的部分，足以破壞「經濟」的條件，也還是小說的疵病。必須每句對話都有它的作用，直接的，為表現人物的特點而存在，間接的，為傳達整個的題旨而存在，才夠得上精粹。魯迅先生的小說便是這樣的；閱讀的時候，應當追求每句對話所以要這麼寫的作用。

不僅寫對話，就是寫動作，也用畫眼睛的方法，使讀者知道人物有某種動作之外，更知道一點別的什麼。如華老栓夫妻兩個準備去買人血饅頭，「華大媽在枕頭底下掏了半天，掏出一包洋錢，交給老栓，老栓接了，抖抖的裝入衣袋，又在外面按了兩下」。這就字面看，是說取錢藏錢的動作；然而老夫妻兩個積錢不易，把錢看得特別鄭重，為了兒子的病，才肯花掉這一包洋錢，這心理，也就在這上頭傳出來了。又如單四嫂子的兒子寶兒死了，對門的「王九媽便發命令，燒了一串紙錢；又將兩條板凳和五件衣服作抵，替單四嫂子借了兩塊洋錢，給幫忙的人備飯」。藍皮阿五願意幫單四嫂子籌措棺材，「王九媽卻不許他，只准他明天抬棺材的差使」。當寶兒入殮的時候，單四嫂子哭一回，看一回，總不肯讓棺蓋蓋上，「幸虧王九媽等得不耐煩，氣憤憤的跑上前，一把拖開她，才七手八腳的蓋上了」。事後單四嫂子以為待她的寶兒已經盡了心，再沒有什麼缺陷，「王九媽掐著指頭仔細推敲，也終於想不出一些什麼缺陷」。這些就字面看，是說王九媽種種的動作；然而一個自以為能幹有經驗，愛替人家作主張的鄉間老婦的性格，也就在這上頭傳出來了。又如閏土簡略的說了他景況的艱難，「沉默了片時，便拿起煙管來默默的吸煙了」。這就字面看，是說吸煙的動作；然而閏土為生活的重擔所壓，致變得木訥陰鬱，這意思，也就在這上頭傳出來了。又如阿Q和小D打架，互扭著頭顱，彼此彎著腰，「阿Q進三步，小D便退三步，都站著；小D進三步，阿Q便退三步，又都站著。大約半點鐘，他們的頭髮裡便都冒煙，額上便都流汗，阿Q的手放鬆了，在同一瞬間，小D的手也正放鬆了，同時直起，同時退開，都擠出人叢去」。這就字面看，是說打架的動作；然而兩個人並非勇於戰鬥，只因實逼此處，不得不作出戰鬥的姿態，這意思，也就在這上頭傳出來了。——以上所舉例子，都在寫人物的動作之外，還有別的作用。集中寫動作之處差不多都是如此，讀者也不宜忽略過去。

善於描寫的小說技法，使作品出色

此外寫人物的感覺和思想之處，也有可以說的。如〈狂人日記〉，狂人吃了蒸魚，便記道：「這魚的眼睛，白而且硬，張著嘴，同那一夥想吃人的人一樣。」狂人受了何先生的診脈，聽何先生說了「不要亂想，靜靜的養幾天，就好了」的話，便記道：「不要亂想，靜靜的養！養肥了，他們是自然可以多吃；我有什麼好處，怎麼會『好了』？」這些都表現狂人的精神失常，神經過敏，因他一心認定「吃人」兩個字，便把一切都聯想到這上頭去。又如寫華老栓在天剛亮時出去買人血饅頭，所見的路人，護送犯人的兵丁，看「殺人」的看客，以及「殺人」的場面，都朦朧恍惚，不很清楚。這表現華老栓從半夜起來，作不習慣的曉行，精神不免異樣；更因心有所注，專一放在又覺害怕又存有絕大希望的那件事情（買人血饅頭）上，所以所見都成了奇景。又如寫寶兒的棺材抬了出去之後，單四嫂子忽然覺得屋子太靜，太大，太空了，包圍著她，壓迫著她，使她喘氣不得。這表現單四嫂子似的粗笨女人喪了唯一的愛子之後的感覺，最是真切；若寫她有種種的敏銳感覺，有思前顧後的許多想頭，便不成其為粗笨女人了。又如〈一件小事〉，寫那車夫扶著自稱「我摔壞了」的老女人向巡警分駐所走去，「我這時突然感到一種異樣的感覺，覺得他滿身灰塵的後影，霎時高大了，而且愈走愈大，須仰視才見。而且他對於我，漸漸的又幾乎變成一種威壓，甚而至於要榨出皮袍下面藏著的『小』來。」這表現車夫對事認真，絆倒了人，生意也不顧了，定須照例到巡警局去理會，這是他的「大」；而「我」卻對事苟且，見老女人並沒有受什麼傷，便教車夫「走你的罷」，替自己趕路，這是「我」的「小」；和「大」相形，便彷彿覺得車夫的後影非常高大，而且對「我」有壓迫之感了。

如以上所說，可見寫人物的動作和感覺，思想的部分，也和對話一樣，直接的，為表現人物的特點而存在，間接的，為傳達整個的題旨而存在。這種筆墨，就一方面說，也是敘述，因為它把對話、動作、感覺、思想等寫在紙面，讓讀者知道，與一切文字的敘述相同；但就另一方面說，便是描寫，因為它把人物生動的勾勒出來，把故事生動的表現出來，讓讀者感受，與繪畫、戲劇有同樣的作用。談論小說的人常常使用「描寫」一詞，便指這種筆墨而言。魯迅先生善於描寫，他說：「可省的處所，我絕不硬添」；反面的話沒有說，其實不該省的處所，他也絕不硬省；因此，他的小說無不是精粹之作。

魯迅先生自己說：「沒有相宜的白話，寧可引古語，希望總有人會懂。」他所謂古語便是文言。在《吶喊》一集中，引用文言的處所其實極少，只有〈阿Q正傳〉一篇是例外。關於〈阿Q正傳〉中引用文言一層，張天翼先生〈論〈阿Q正傳〉〉的「關於〈序〉及其他」一節裡，曾經提及，頗有所發明；現在摘抄在這裡。那一節是用主客對話的形式寫成的。

> 「主：『創作裡面總不該用那些非現代語的句子和詞兒』，——我完全同意。記得魯迅先生在一篇文章裡談過，說有人要是寫山，拿『崚嶒』，『巉岩』之類的詞兒來形容它……（談到這裡，客人不明白這兩個詞兒是哪四個字，主人就在紙上寫給他看。客人笑了起來。）你看這樣的詞兒！讀者讀了，那簡直不知道這山到底是個什麼樣子，連作者自己也不知道。這些詞兒只是他從舊書上

抄下來的。魯迅先生批評了這種寫法。真的，這類詞兒實在沒有表現出什麼來。舊句舊詞拿來這麼用法，那是三家村老學究式的創作方法：活人說死話。然而〈阿Q正傳〉裡那些舊句舊詞的用法，那正也是我們剛談過的——正是拿來示眾，拿來否定它的。

客：（接嘴。）也跟他的雜感文一樣，是諷刺那些死話的。跟那些什麼『崚嶒』的用法——絕對是兩回事。

主：是的，是一個諷刺。不單是諷刺了那些死話的形式，而且還諷刺了那些話裡所含的意義。（接過《吶喊》來。）例如，『夫文童者，將來恐怕要變秀才者也』，我想世界上絕不會有這樣的傻瓜，就以為這是作者的正面文章，要叫天下的人都去尊敬文章。也絕不會有人把『不孝有三無後為大』，『若敖之鬼餒而』這些，以為是作者要說的話。這些句子在這篇作品裡所起的作用，也跟（指著書上）『即此一端，我們便可以知道女人是害人的東西』一樣：作用是相同的。這並不是作者自己的意見，也不是作者自己所要說的話。這些——是透過這作品中那些人物來說的，是用了那些人物的口氣來說的。這些意見，是未莊文化圈子裡那些人物的意見。作者對未莊文化是否定的，諷刺的。而這些詞句的拿來用到這裡，也就是對它的涵義和形式加以否定和諷刺的。換一句話說，那麼作者所寫下的這些詞句，倒恰好是一種反語。

客：（微笑。）這種舊詞兒還很多哩。（一面翻著書找著，一面說。）比如——『立言』，『引車賣漿者流』，『著之竹帛』，『深惡而痛絕之』，『誅心』，『而立』，『庭訓』，『敬而遠之』，『斯亦不足畏也已』，『神往』，『咸與維新』……這些這些——用在這裡就顯得極其可笑，正也跟引用『先前闊』，『假洋鬼子』，『一定想引誘野男人』的女人，『假正經』，『媽媽的』這類的話一樣可笑。

主：作者正是要我們笑它：To laugh is to kill。

客：（想起了一件事。）哦，對了！喜歡引用舊句舊詞的這種作風，的確不僅是因為讀了舊書而已。（自言自語似的。）唔，如果這僅僅只是因為讀多了舊書的話，那麼三家村老學究和寫『崚嶒』的作者也都是讀多了舊書，可是一寫出來，態度各不相同：一種是把那些舊句舊詞當作正派角兒上台，一種可是把它當作歹角和丑角上台。不錯，魯迅先生歡喜引用舊句舊詞的這種作風，他的這種引用法——正是出於他的思想和情感，出於他那是非善惡的判斷；這正表現了他對未莊文化的批評態度。

主：我認為這一點比『讀多了舊書』那個原因還重要得多，這一點，是構成這種作風的更主要因素。（稍停。）我認為我們要把一個詞兒，一句話，一個舉動的描寫等等——全都孤零零地單獨提出來看，那就無所謂作風不作風。我們一定要看看這作者用起這些東西來，是怎樣一個態度，他把它用在什麼地方，怎樣用法，等等，這才看得到他的作風。」

愛的教育

＊編按：這部義大利作者愛德蒙多得．亞米契斯（Edmondo de Amicis）的作品，藉一個叫做安利柯的小學生的心情日記與眼光，寫下他對生活片斷的觀察與真誠的童心與關懷，有期勉讀者能培養愛家人、愛朋友和師長的高貴品格之用意。本文從時代背景到小說人物的性態、主人公的特點與心理一一剖析，除了愛，還有時代精神，讓讀者可深受感染，並將書中佳句引出以供參照。

〔指導大概〕

充滿愛國情緒，表現時代精神之書

本書初版，在民國十五年發行。過了十多年，又經譯者修改過一遍，把一些帶有翻譯調子的語句改得近乎通常的口語，其他選詞造句方面也有修潤，這便是修正本。現在買得到的，大概是修正本；所以本篇指稱頁數和引用原文，都依據著它。修正本有幾處顯然排錯的地方，先在這裡提出一下，諸位同學可以改正了再看。第三十頁第八行「母親」該是「父親」；這「我的母親」一節，所記的話完全是父親說的。第二百七十二頁第十一行下方漏掉「父親」兩字，這「格里勃爾第將軍」一節也完全是父親的話；照本書的格式，凡是記錄父親、母親或姊姊的整篇的話，都低一格寫，這一節沒有低一格，也是錯誤。第二百七十五頁第八行下方也漏掉「父親」兩字；這「意大利」一節也低一格寫。第二百九十七頁第十行下方漏掉「母親」兩字，看「母親的末後一頁」這個題目便可以知道。

本書命名的來歷，看卷首〈譯者序言〉便能明白。原作者亞米契斯的生平，可看卷首〈作者傳略〉。這是作者作品中間銷行最廣的一部書；在意大利兒童讀物中間，也算是最普遍的。意大利為什麼會產生這樣一部書？意大利人又為什麼歡迎這樣一部書？都和意大利當時的社會情形、政治情形有關係。關於意大利當時的社會情形、政治情形，現在先約略說一說，使諸位同學對於本書的立意可以多一點了解。本書中有少數幾節是關涉到意大利的歷史的，也必須略知意大利的情形，讀下去才不至於茫無頭緒。

作品之時代背景概述

歐洲各國打敗了法國的拿破崙（公元一八一五年）之後，三十多年間，奧大利（編按：今奧地利）的勢力最為強盛，由首相梅特涅掌握大權，在國際間占著主人公的地位。當時各國因受美國獨立（公元一七七六年）和法國革命（公元一七八九年）的影響，民權思想已很普遍；一般新黨對於在梅特涅領導下的社會、政治制度很不滿意，都想起來革命。且說意大利，其時絕對沒有政治上的統一，各邦的君主都依附著奧大利，把舊時的種種苛政恢復過來。這使愛國志士非常痛心，便有許多祕密團體組織起來，從事革命運動。「燒炭黨」是其中最有名而且最有力量的一個。但因奧大利派遣軍隊到來，革命運動暫時被鎮壓下去了。這是公元一八二〇年到一八二一年間的事。到了公元一八四八年，奧大利民眾起來革命，把梅特涅趕走。意大利人聞風響應，強迫撒地尼亞王查理阿爾柏特出任抗奧大利的領袖，想把奧大利的勢力完全驅逐出境。但戰爭失敗了，不得已與奧大利訂立停戰條約，把軍隊退出業已取遠的隆巴爾地。下一年春天，意大利各地的民權運動盛極一時；撒地尼亞的民主黨人重張旗鼓，用武力驅逐奧大利人。但這運動不久又失敗了。於是查理阿爾柏特讓位於他的兒子維多利亞愛馬努愛列二世。維多利亞愛馬努愛列二世得到三個人的幫助，終於在公元一八六一年成立了統一的意大利王國。那三個人便是加富爾、馬志尼和加里波的。

加富爾是現代歐洲史上一個偉大的政治家，向來反對專制政體，羨慕英國的國會制度。他長於解決實際問題，不肯但憑理想。自從任了首相以後，極得愛馬努愛列二世的信任，他便專心致志於發展國內的富源，提倡教育的普及，改良軍隊的組織。因此之故，撒地尼亞不久就成為一個富強而且開明的國家，一方面足以驅逐奧大利人，另一方面足以吸引國內其他各邦的傾慕。內政上既有相當成效，又從事外交上的工作，聯絡英法兩國。結果得到法國拿破崙三世的援助，在公元一八五九年，意法兩國聯軍把奧大利人打得大敗。

馬志尼是意大利當時革命黨人中間最有名的一個。他原是個文學家，曾經加入燒炭黨。後來看見燒炭黨人大都口是心非，大不滿意，便另行組織一個「少年意大利黨」。這個黨的潛勢力非常之大，使國內人才在精神上集合攏來。他們和當時各國的革命黨人一樣，不但抱持民權主義，且也抱持民族主義；以愛國、愛民族為高於忠君的美德，以全國民眾大團結為非實現不可的目標，他們要建設一個統一的民族的國家。愛馬努愛列二世和加富爾所以能夠成功，實在得力於馬志尼所領導的少年意大利黨人為多。

加里波的是個軍事天才。他早年就從事革命工作，屢次失敗，逃往國外，常常往來於南北美洲。公元一八五九年，撒地尼亞和奧大利戰爭，他才回國加入軍隊服務。下一年，意大利中部各地併入撒地尼亞王國；南部的西西里人也起來背叛西班牙方面的波旁族的統治勢力。加里波的便乘機統率他的紅衣志願軍一千人，由熱那亞南下援助，不到三個月工夫，就把西西里島征服。於是再渡海登陸，把那不勒斯王趕走。由西西里王國的人民公決把本國領土併入撒地尼亞王國。其年十一月間，加里波的和愛馬努愛列二世並轡進那不勒斯城，沿路人民無不歡聲雷動。

公元一八六一年二月，意大利統一後的國會，在首都丘林，開第一次會議，議決以意大利國王的尊號上給愛馬努愛列二世。現代的意大利王國於是正式成立。自從對奧戰爭到這時候，僅有兩年的短時間，一般都認為是現代世界史上少見的偉蹟。到了公元一八六六年，普魯士、奧大利兩國戰爭；意大利得到普魯士的援助，乘機向奧大利收回威尼西亞地方。公元一八七〇年，法國拿破崙三世因屢次敗於普魯士，把駐防羅馬城的法國兵士召回；意大利又乘機進占羅馬城。於是意大利半島完全統一，首都也從丘林遷到了羅馬。

諸位同學手頭如果有世界地圖，最好翻出來，看一看意大利的形勢。

從前面所說的意大利建國略史，可以知道作者所處的是怎樣一個時代。**本書中充滿著愛國、愛民族的情緒，對於教育、對於軍事，都極端推崇，幾乎到了虔敬的地步；這正是所謂時代精神的表現**，何況如〈作者傳略〉裡所引「近代意大利文學」的話，他「自稱為馬志尼的弟子，他的信仰，他的癖性，都屬於馬志尼派」。本書初版出於何年，不得而知。但據第四卷「維多利亞愛馬努愛列王的大葬」一節，可知本書是從公元一八八一年十月起記，到公元一八八二年七月為止（愛馬努愛列二世死於公元一八七八年，這一節裡說「四年前今日」國王大葬，可證其年是公元一八八二年）。假定本書的撰作就在這年（其年作者三十七歲），這以後正是意大利人從奮鬥中得到滿足，意興非常發皇的一段時期，說到愛國、愛民族，主張教師神聖、軍人神聖，誰又不中心激動，五體投地？這便是本書所以受普遍歡迎的原由了。

一

書中人物的性態立體化呈現

本書算是一個小學生在校一學年，共十個月的日記。那個小學生名叫安利柯；父親亞爾培脫勃諦尼，是個技師。日記並不每天都記；最多的是二月，記了十三節；最少的是七月，只有四節；十個月共一百節。除了最後一個月（七月），九個月中都有一篇「每月例話」，是教師講給學生聽的關於高尚的少年的故事，由學生筆記下來的。「每月例話」用的旁敘法；就是說，作者但作客觀的敘述，自己並不在文中露臉。「每月例話」以外各節，如通常日記一樣，用的自敘法；就是說，所敘思想情感都是屬於安利柯的，所聞所見都是透過了安利柯的耳目的。後一節和前一節，往往互相聯繫，使讀者不覺得突兀。如第一節「始業日」敘述換了個新先生，結尾說「學校也不如以前的有趣味了」；第二節「我們的先生」便用「從今天起，現在的先生也可愛起來了」開頭，描寫新先生的性態，記載新先生的談話，便是一例。

這一學年的日記不再記學校生活，也有校外的種種事故，個人的、家庭的，乃至社會的，總之以安利柯為線索。除安利柯是主人公以外，屬於家庭的，有安利柯的父親、母親和姊妹。屬於學校的，有男教師、女教師和同學，都在書中擔任重要角色。對於父親、母親和姊姊，並不特別提敘，只在涉及他們的處所，描寫他們的性格和姿態。對於男教師，第一卷的「我們的先生」和第二卷的「校長先生」兩節是提敘；全校八位男教師都講到了，而特別詳於安利柯那一級的教師和校長先生。對於女教師，第一卷的「我的女先生」、第二卷的「弟弟的女先生」和第三卷的「女教師」三節是提敘。對於同學，第一卷的「同窗朋友」一節是提敘；一級中間共有五十五個學生，而這一節裡只敘了十五個，以後提到的就是這十五個（還有一個在第一卷「災難」一節裡敘及的因救人而受傷的洛佩諦）。以上所說提敘的幾節都須仔細看，把各人的大概情形記住，看下去才不至於搞不清楚。書中在提敘的時候，不一定把其人名字點明，以後再行提到時，名字方才出現；如「同窗朋友」一節裡只說「有一個小孩綽號叫做『小石匠』的」，那個小孩名叫安東尼阿拉勒柯，要看了第三卷「小石匠」一節才知道：這一層也須注意。

仔細看過提敘的幾節，你就對於書中的重要角色有個扼要的印象了；於是一節節讀下去，可以看他們種種的活動。那種種的活動，猶如一把刻刀在你的心上一回又一回的刻著，使你對於他們的性格和姿態，印象愈來愈深。原來作者先想定了這麼些人物，他們的性格和姿態，都宛然如在目前，然後下筆；所以能夠前後一貫，在讀者心上留下深刻的印象。在有些長篇小說裡，人物的性態往往有轉變，前後不盡一樣；其所以轉變的因素，在外的是環境，在內的是心理，環境和心理有移動，性態自也轉變。本書的體裁雖是日記，實際也是一部長篇小說，人物的性態卻是很少轉變的；只有潑來可西的父親，那個鐵匠，先是虐待兒子，習慣不良，自從兒子得了獎賞（第五卷「賞牌授與」），他的脾氣改好了，和以前竟如兩人，是個顯著的例外。這因為本書所敘，時間僅占十個月，不能算長。在這十個月中間，安利柯和一班同學，所處的環境無非平靜的丘林地方的學校、家庭和社會，他們心理上雖不能說絕無移動，但還不至於使性態有顯然的轉變的緣故。知道了這一層，便可以明白本書和前面提及的有些長篇小說不同；那些小說描寫人物的性態，打個譬喻說，是沿著一條線進展的；而本書卻注重在性態的某幾點，並不注重在進展。一個人的性態不容易一下子描寫盡致，所以分開幾處寫；在不同的事件和場合上，把性態的某幾點再三刻劃，於是性態不是平面的，而是立體的了。

主人公摹寫的特點

本書為什麼以技師的兒子安利柯為主人公？這有可以說的。像技師一類人物，在社會上屬於所謂中層階級，不如富貴之家那樣占有特殊地位，也不如勞苦之家那樣處處遜人一籌。從所受的教養和生活的經驗上，他們最深切感到愛國、愛民族的必要（主張革命維新的人大多出於中層階級）；其他公民道德方面，也是他們知道的多、實踐的多。作者寫作本書，根本意旨在教訓小學生乃至一般人；其教訓的內容是中層階級的愛國、愛民族的思想，以及種種公民道德。這惟有用一個中層階級的兒童作主人公，讓他應付各事，就在敘述各事的時候，把教訓傳達出來，最為方便。還有許多在故事中沒有傳達得盡的教訓，也可以借指導的口吻，逕直的發揮一陣；所以本書各節，除了敘事而外，特別有「記言」一體，專記父親、母親和姊姊的教訓。大凡教訓人家，不宜擺起教訓的架子來；說個故事，談陣閒天，使人家自能悟出其中所含的教訓，不但悟出而已，且能深深感動，這是最高妙的。逕直的發揮一陣，是擺起教訓的架子來了，效果要差一點。本書雖用記言體，而並不多（用占全書五分之一不到一點），其故在此。記言的各節都與故事密切關聯，彷彿就是故事之中的一部分，靠這辦法，直接教訓的氣味也就減輕不少。〈譯者序言〉裡說：

「書中敘述親子之愛、師友之情、朋友之誼、鄉國之感、社會之同情，都已近於理想的世界；雖是幻影，使人讀了覺到理想世界的情味，以為世間要如此才好。」

這差不多說本書的寫法屬於理想一派，並非寫實一派。大概從教訓的動機寫下來的東西，不能沒有「要如此才好」的意味，一有這個，自然入於理想一派。但本書敘述各人的思想行動，都切近人情，事實上未必盡有，而人情上可能有；描寫人貌物態，又根據細密的觀察和深入的體會；所以能像寫實一派的作品一樣，給人一種親切之感。

以「善推的心」感染讀者

閱讀本書的時候，可就全書一百節順次在題目上加個數目。這樣，深究起來就方便多了。譬如，你把涉及卡隆的各節的節數都記下來，第二回彙看那九節，就可以看出卡隆的性態的整個，以及作者用什麼方法描寫卡隆的性態。又如，你把涉及可萊諦、潑來西可、克洛西等家庭狀況的各節的節數都記下來，第二回彙看那幾節，就可以看出中層階級的安利柯對那些家庭作何感想，以及作者所表現的家庭給予兒童的影響又是怎樣。又如，你把有關捨己助人的各節的節數都記下來，第二回彙看那幾節，就可以看出作者心目中的義勇觀念是怎樣，又可以推求那種義勇觀念的動機是什麼。你要研究作者怎樣描寫人情，摹狀物態，都可以用這樣方法；那是說不盡的。記下節數的時候，如果順便記下閱讀當時的印象或意見，自然更好。把零星的印象或意見彙集攏來，你的深究就有了憑藉，有了線索，絕不至於全著拍了。

本書原名 *Coure*，這個意大利字是「心」的意思。「心」字的確可以統攝本書；書中人物不少，故事很多，人與人之間有各個不同的關係，但無非相感以「心」，相愛以「心」的具體例子。單說個「心」字還不免籠統；若說得精切些，作者在本書中所表現的乃是「善推的心」。什麼叫做「推」？就是推己及人，推近及遠。書中人物的見解和行動，差不多都從「推」字出發。

如父親給與安利柯的教訓：勉勵他勤學，從全世界的兒童如果停止了求學的活動，人類就將退回野蠻的狀態著想（第一卷「學校」）；教他同情窮苦的人，以丐婦不得人幫助時的難過心情著想（第二卷「貧民」）；教他敬愛教師，以意大利五萬小學教師，為國民的進步、發達而勞動著想（第三卷「感恩」）；給他說明愛國的理由，以國人的血統、祖墓、語言、文字、人物、環境都是屬於意大利的，彼此構成個不可分的整體著想（第四卷「愛國」）；都是顯著的例。又如，校長要鼓勵學生向軍隊致感，向軍旗致敬，便說軍隊之中，意大利各處的人都有，意即說這便是意大利全國人的縮影，足見全國人都熱烈的保衛國家；旗還是一八四四年當時的旗，為了國家，其下曾戰死了不知多少的人（第二卷「兵士」）。安利柯看見曾為罪犯的人叫住了代洛西，問代洛西為什麼愛護他的兒子（克洛西），其時代洛西臉紅得像火一樣，沒有回答；安利柯便想像代洛西心中要說的話道：「我的愛他，因他不幸的緣故；又因為他父親是不幸的人，是忠實地償了罪的人，是有真心的人的緣故。」（第六卷「七十八號的犯人」）這些見解，也從「推」字而來，與安利柯的父親頗相一致。至於人物的行動，凡讀過本書的人，該會注意到書中特多關於體貼人情的描寫。體貼人情，就是「己所弗欲，勿施於人」，反過來，就是：他人所願欲的，務須努力使他滿足，他人的滿足，也就是自己的滿足。若不是「善推」，就不會有那種行動。安利柯跟了母親去布施貧民，發覺那人家的兒子是自己的同學（克洛西），輕輕的告訴了母親；母親就教他不要作聲，說：「如果他覺到自己的母親受朋友的布施，多少難為情呢！」（第一卷「貧民窟」）「小石匠」訪問安利柯，把衣上沾著的白粉沾在椅背上，安利柯想用手去拍，被父親按住了手；過了一會，父親卻偷偷的把它拭去了。事後父親說明道：「在朋友前面如果撲了，那就無異於罵他說：『你為甚麼把這弄齷齪了？』」（第三卷「小石匠」）代洛西去探訪害著重病的「小石匠」，把新近得到的掛在胸前的賞牌取下，放入袋裡；同去的安利柯問他為什麼，他說：「我自己也不知道，總覺得還是不掛的好。」（第六卷「病牀的小石匠」）卡隆新遭母喪；那一天放學的時候，安利柯看見母親來了，就跑過去想求撫抱，母親卻把他推開；他起初莫名其妙，及見卡隆的悲哀孤獨的神情，才悟出了母親推開他的緣故（第七卷「卡隆的母親」）。這些例子，都是屬於「己所弗欲，勿施於人」一類的。可萊諦當安利柯往訪的時候，忙著用鋸截柴，說要在父親回家以前把柴鋸完，使父親見了歡喜（第二卷「朋友可萊諦」）。卡洛斐擲雪球，誤傷了一個老人的眼睛，他去探訪那老人，把自己費盡心血、搜集而成的郵票帖送給他，作為禮物；後來那老人把郵票帖送還卡洛斐，並且加黏二張瓜地瑪拉的郵票，那是卡洛斐搜求了三個月還沒有得到的（第三卷「堅忍心」）。潑來可西來到安利柯家裡，在安利柯的玩具中間，很像特別中意那小火車，安利柯心想把小火車贈他，父親也示意於安利柯，要他贈他；於潑來可西帶了那小火車回去（第五卷「玩具的火車」）。安利柯和姊姊聞知家裡要沒有錢了，大家願意犧牲，特地向母親說明，先前答應他們購買的扇子和顏料盒都不要了，可是第二天早晨就餐時候，安利柯的食巾下面藏著新買的顏料盒，姊姊的食巾下面藏著新買的扇子（第八卷「犧牲」）。這些例子，都是屬於「以他人的滿足為滿足」一類的。以上不過隨便舉出，使諸位同學對於所謂「善推的心」有個明晰的觀念。這種例子多得很，不能也不必盡舉。本書作者把這種「善推的心」賦與書中的人物，編成許多故事，以傳達他的教訓。愛父母、愛師、愛朋友、愛軍人、愛勞動者、愛窮苦的人、愛殘廢的人、愛死了的人、愛學校、愛社會、愛國家民族，倫理方面的許多項目差不多都提到了。因為一切的愛都出於「推」，「推」根本就是感覺和情緒方面的事兒，所以本書對於一切現象，多從感覺和情緒方面發揮，很少用剖析之筆。有一類小說用了剖析之筆寫故事，在故事的背後，往往隱伏著關於人生、社會的問題，待讀者自己去解答。本書並不屬於那一類；它注重在引起讀者的感覺和情緒，以「善推的心」感染讀者。

對人物的心理描繪

試舉一個例子。克洛西的父親的故事，見於第五卷「囚犯」和第六卷「七十八號的犯人」兩節。那人是個細木工，因為主人虐待他，發起火來，把鉋子擲過去，誤中了主人的頭部，主人致命，於是犯了罪。他被禁在監獄中六年，才得釋放出來。若用剖析之筆，他被虐待當時的憤怒心情，以及在監獄中六年心情上的變動，多少要刻劃一點。但本書並不刻劃，對於他的犯罪，只說「與其說他是惡人，毋寧說他是個不幸者」（第一一一頁）；對於監獄生活給予他的影響，只說「學問進步，性情因以變好，已覺悟自己的罪過，自己痛悔了」（同頁）；都是尋常的述說。而於一個墨水瓶的贈與，卻費了許多筆墨，成為「囚犯」一節的中心。原來作者意在藉此一事，引起讀者感恩的情緒和同情於罪犯的情緒。那人的性情，以前是否完全不好？到出獄時候知道感恩，是否由於監獄把他改好了？這些是作者不想去剖析的。作者又寫代洛西發覺了克洛西的父親是罪犯，就要安利柯務守秘密，不要讓克洛西知道（第一一三頁）；及安利柯和代洛西看見了那父親，兩人和克洛西告別，都把手托在頤下，又寫道：「克洛西的父親雖親切的看著我們，臉上卻呈露出若干不安和疑惑的影子來，我們自己覺得好像胸裡正在澆著冷水。」（第一一四頁）後來又遇見了，那父親問代洛西為什麼那樣愛護他的兒子，代洛西沒有回答，安利柯解釋其故道：「大約是因眼見著曾殺過人，曾住過六年監牢的犯人，心裡不免恐懼了罷。」（第一五二頁）最後，「克洛西的父親走近攏去，想用腕勾住代洛西的項頸，終於不敢這樣，只是把手指插入那黃金色的頭髮裡撫摸了一會，又打淚汪汪地對著代洛西，將自己的手放在口上接吻，其意好像在說，這接吻是給你的」（同頁）。**這些都是告訴讀者一種感覺：普通人和罪犯之間，心理上總存著一條界限**；一方面雖具有十二分同情，但「心裡不免恐懼」；另一方面雖「已覺悟自己的罪過」，但不敢去勾住同情於他的人的項頸。這條界限何從而來？是不是在感覺上可以撤除？也是作者不想去剖析的。

敘寫兼注感覺和情緒

從感覺和情緒方面發揮，可以說是本書的根本手法。父親、母親的直接教訓如此；安利柯記他的經歷見聞如此；插進去的九節「每月例話」也如此。如**寫卡隆的正直**：如果有人說他說謊，「他立刻火冒起來，眼睛發紅，一拳打下來，可以擊得椅子破」（第二四頁）。**寫女先生的辛苦**：既已費盡心力對付學生，「學生的母親還要來說不平：甚麼『先生，我兒子的鋼筆頭為甚麼不見的』，甚麼『我的兒子一些都不進步，究竟為甚麼』，甚麼『我的兒子成績那樣的好，為什麼得不到賞牌』，甚麼『我們配羅的袴子，被釘穿破了，你為甚麼不把那釘去了的。』」（第二七至二八頁）**寫校長的終於不願放棄教育事業**：當他要辭職躊躇未決的時候，忽有一個人領了孩子來請許轉學，校長把那孩子的臉和桌上的亡兒的照片比較打量好久，說了一聲「可以的」，隨後就把預備好的辭職書撕了（第三五頁）。**寫父親的體貼人情**：當安利柯想拍去「小石匠」沾在椅背上的白粉的時候，「不知為了甚麼，忽然父親抑住我的手，過了一會，父親自己卻偷偷的把它拭了」（第五五頁）。**寫代洛西的熟悉地理**：他閉了眼講給朋友聽道：「我現在眼前好像看見全意大利。那裡有亞配那英山脈突出愛盎尼安海中，河水在這裡那裡流著，有白色的都會，有灣，有青的內海，有綠色的群島。」（第八二頁）**寫斯帶地的鎮靜**：當他打勝了欺侮他妹子的勿蘭諦之後，檢點書包裡的書冊筆記簿。用衣袖拂過，又數一數鋼筆的數目，放好了，「然後像平常的態度，向妹子說：『快回去罷！我還有一題算術沒有演出哩！』」（第一四七至一四八頁）以上所舉，都就感覺著筆，使讀者如聞其聲，如見其態。

又如教師請學生各給他一顆真心，說：「我現在並不是想你們用口來答應我，我確已知道你們已在心裡答應我『背的』了。」（第四頁）教師給全班學生介紹格拉勃利亞的小孩，說格拉勃利亞是名所，是名人的出生地，是產生強健的勞動者和勇敢的軍人的地方，又是風景之區（第六頁）。潑來可西明明是常被父親打的，當同學勸他告訴校長，請校長替他向父親勸說的時候，他卻「跳立起來，紅著臉，戰抖了怒聲說：『這是沒有的事，父親是不打我的！』」（第八〇頁）勿蘭諦因為不守校規，被斥退了；他的母親跑到學校裡，哭著向教師懇求道：「我為了這孩子，不知受了多少苦楚！如果先生知道，必能憐憫我罷。對不起！我怕不能久活了，先生！死是早已預備了的，但總想見了這孩子改好以後才死。」（第九八頁）街上抬過受傷的勞動者，勿蘭諦擠在人群中閒看；一個紳士怒目向著勿蘭諦，用手更把他帽子掠落在地上，說：「除去帽子！蠢貨！因勞動而負傷的人正在通過哩！」（第一一〇頁）以上所舉，都就情緒著筆，是情的噴吐；多少有些壓迫的力量，使讀者不得不被它感動。

本書中有好些節，敘寫兼注於感覺和情緒兩方面，對某一題旨造成一種空氣，把讀者包圍在那空氣中間。現在舉兩節為例。一是第六卷「賞品授與式」一節。其中寫授與賞品的會場，寫參與該會的各色人物，寫七百個小孩的合唱，寫代表意大利全國十二區的少年的登台受賞，寫樂隊的奏樂，寫滿場觀眾的喝彩和拋擲花朵，都是從感覺方面把一個規模盛大、精神奮發的集會烘托出來，使讀者的「耳目之官」彷彿親自接受到那些感覺。接受賞品的少年是十二個，是代表意大利全國十二區的，這在讀者已經知道了；而在十二個少年上了台，一列排立的時候，忽然場中有人叫喊：「請看意大利的氣象！」雖只是一句話，其中蘊蓄著多少愛國的情緒啊！讀者讀到這一句，想到國家的前途繫於少年，想到全國各區少年齊集在一起所含的象徵意義，更想到其他，他雖不是意大利人，對於他自己的國家，必將深深的愛著了。給賞之後，判事演說；演說辭不全記，只記末了幾句：「但是，你們要在離開這裡以前，對於為你們費了非常勞力的人們，應該致謝！有為你們盡了全心力的，為你們而生存，為你們而死亡的許多人哩！這許多人現在那裡？你們看！」這幾句話蘊蓄著多少敬師的情緒啊！讀者讀到這裡，對於通常認為卑卑不足道的小學教師，必將另有個看法；他們是關係國家前途的少年們的教導者，他們是神聖。「請看意大利的氣象」那句話雖只由一個人叫喊出來，敬師的幾句話雖只是判事個人的演說，但從會場的熱烈情形上，很可以想見他們二人實在吐出了全場的心聲。若沒有熱烈情形的描寫，他們二人的話是無法安插的，寫了下來也是沒有效果的。惟其兼注於感覺情緒兩方面，如上所說，結果乃造成一種空氣，表達出愛國的題旨（敬師也為的愛國）。

又一例是第八卷「詩」一節。那是父親的教訓，題旨是學校生活的情味好像詩。篇中隨舉從教室裡傳出來的教師講話的片段，又從靜的瞬間寫，說「靜得像這大屋中已無一人一樣」，更從動的瞬間寫，說「小孩們從教室門口水也似的向大門瀉出」，又隨舉學生家屬見著他們孩子時問話的片段；這些是人人經驗過的對於學校的感覺。把這些綜合起來，加上想像，於是教師的熱情教育、家屬的殷勤期望、那一批孩子當前的生意蓬勃、將來的未可限量，都宛然如在目前。想像到這些，愛學校的情緒自然引起來了；學校不僅是許多孩子與若干教師聚集的場所，而是一首充溢著生命的詩，其精神的美，永遠值得歌詠讚歎。——這一節就文字上看固然專從感覺方面著筆，但所寫感覺有喚起情緒的作用，所以也是感覺和情緒雙方兼注。

二

愛國純憑感覺，往往流於狂妄

本書中九節「每月例話」是插入的故事。其中「少年愛國者」、「少年偵探」、「少年鼓手」三節，題旨都是愛國。後兩節沒有什麼，讀了「少年愛國者」那一節，卻該知道一點：那種愛國未免偏於感情，即此為止，也還沒有弊病；若順此發展開來，以為本國的一切都是好的，不容他國人批評的，那就要不得了。那節故事很簡單：一個窮苦的意大利少年在海輪中，受了三個外國人周濟他的錢，那三個外國人喝醉了，批評意大利種種的不好，甚至於說意大利人是強盜。當「強盜」兩個字剛說出口的時候，那少年把得來的純金丟到他們身上，怒叫說：「拿回去！我不要那說我國壞話的人的東西。」故事就此完了。那末了的動作與話語，就是通常談小說的所謂「頂點」；人家侮辱我的同國人，我動怒而加以訶斥，確是人情之常；若再加上一些敘說，表明聽取他國人的批評，不能純憑感情，有時很要理智，那自然同於蛇足。但純憑感情的愛國，往往流於狂妄，從唯我最好到唯我獨尊，勢必至於蔑視他國，排斥他國。現代世界的紛擾不安，未嘗不是此種愛國心作祟。惟有知道己國的可愛在哪裡，忠心誠意的愛著；又知道己國的缺失在哪裡，與同國人共同努力，彌補此缺失，直到絕無缺失為止；那才是現代公民應持的態度。而那種態度，是不憑理智不會有的。

此外，「洛馬格那的血」、「少年受動章」、「難船」三節，題旨都是捨己救人。捨己救人的動機，從一方面說，由於人己一體的觀念。既認定人己一體，他人將要遇到的災害，就如自己的災害一樣，若不竭力抵禦，不是對不起他人，簡直是對不起自己：這樣想時，自然表現出捨己救人的行動來。從另一方面說，由於災害寧歸於我的觀念。這種觀念的反面，便是樂利寧歸於人；許多聖賢豪傑的存心，實在也不外於此。既見災害到來，測其結果，必將有人受難，與其讓人受難，不如由我來受。這樣想時，自然也表現出捨己救人的行動來。以上兩種觀念原是相通的，不過前者著眼於己的方面較多，後者著眼於人的方面較多罷了。三節故事中的主人公都抱著捨己救人的精神，顯然的，作者意欲教訓讀者，使讀者實踐這種人類社會間的美德，至少也得理解這種美德。

「洛馬格那的血」一節，故事是這樣的：一個深夜裡，洛馬格那街附近的一所屋子裡，費魯喬和他的外祖母（書中作祖母，但據「我是你母親的母親」一語，應該是外祖母）兩個人留著，父親母親都有事出去了。費魯喬是個歡喜賭錢常常和人打架的孩子，這時剛才回來；外祖母詢知他又幹了惡事，便一面哭著一面用溫和的言辭勸戒他。可是他生性剛強，聽了外祖母的話，只是默不作聲，並沒有認錯的表示。這使外祖母更痛傷了；於是說到她自己的將死，說到他幼小時怎樣的柔順，但願他能夠回復到那時的柔順。費魯喬感動了，「心中充滿了悲哀，正想把身子投到祖母的懷裡去」，兩個強盜進來了。當其中一個的面幕偶而落下來的時候，外祖母認出是一個熟人，叫出他的名字。那強盜便「擎起短刀撲近前去；老婦人立時嚇倒了。費魯喬見這光景，悲叫起來，一壁跳上前去，用自己的身體覆在祖母身上。強盜在桌子上碰了一下逃走了，燈被碰翻，也就熄滅了」。在黑暗之中，費魯喬才說出強盜未來以前的心中言語，請求外祖母饒恕他；外祖母說她已經饒恕他了。於是費魯喬再也不作聲，原來他代替了外祖母，背部被強盜的短刀戳穿，他死了。

這故事無非說費魯喬的惡行只是一時的過誤，骨子裡卻如書中所說，有著「壯美的靈魂」。嚴格說起來，故事並不能算寫得好；前半節的外祖母責備費魯喬，和後半節的費魯喬被殺，有些勉強牽合攏來似的。費魯喬和外祖母沒有一點仇恨（當時也不過不肯認錯而已，怨恨外祖母的心是沒有的），卻有十多年來依依膝下的情意，看見強盜擎起短刀向外祖母撲去，當然會不假思索跳上前去保護；先前的責備不責備，與此並沒有多大關係。而一篇理想的完美的小說，猶如一個有機體，是不容許有沒有多大關係的部分存在的。其所以有前半節文字，還是由於作者一貫的作風，可使費魯喬在將死的時候，與外祖母作一番關於饒恕過錯的對話，藉以激動讀者的感情。

「少年受勳章」一節，和前面提及的「賞品授與式」一節一樣，描寫一個盛大的會場，以喚起讀者的感覺和情緒。故事是簡單不過的：那作為篇中主人公的少年在河中救起了一個將要淹死的孩子，因而由市長以意大利國王的名堂，授與他勳章。他的行為的高尚，在市長的演說辭中有所說明。「勇敢在大人已是難能可貴的美德，至於在沒有名利之念的小孩，在體力怯弱、無論做什麼都非有十分熱心不可的小孩，在並無何等的義務責任，就使不做什麼，只要能瞭解人所說的，不忘人的恩惠，已是受人愛悅的小孩，勇敢的行為，真是神聖之至的了。」這麼長的一句話，無非說那少年救人是「無所為而為」。「無所為而為」比較起「有所為而為」來，結果縱使相同，價值可高得多了，這一節只是一篇記敘文字，不能算是一篇類似小說的東西；因為小說常常寫人和事相遇時，心理上行為上的發展過程，其過程或簡或繁都可以，但不能絕對沒有，而這一節裡卻絕對沒有。「難船」一節就不同了。故事也很簡單：少年馬利阿和少女寇列泰同乘一條海船，遇到了風浪，船沉沒了；逃命的舶板上只賸一個位置，馬利阿很慷慨的把它讓給了寇列泰。在開頭，先敘兩人相遇，彼此拿出食品來，一同吃著。次敘兩人關於身世的問答，馬利阿的父親近在客中逝世，他回去預備依靠親戚；寇列泰的離家原想承受叔母的遺產，可是沒有如願，現在是回到父母那裡去。次敘風浪來了，馬利阿被震倒，頭都撞出了血；寇列泰照料他，把自己的頭巾替他包在頭上。然後敘到作為「頂點」的馬利阿讓寇列泰逃生的一幕。前面的那些敘寫，都與末後馬利阿的英勇行為有照應，因為同食同談，彼此之間就有了情感；因為身世不同，馬利阿就覺得寇列泰比起他自己來，是更不容死的；因為有過的替包頭部創傷的事兒，馬利阿又覺得對於這樣一個好同伴，是非讓她活命不可的。關於這些，只要讀時稍稍留心，很容易看出來。看出了這些，便會感到馬利阿抱起寇列泰，把她擲給舶板上的水手，這個行動非常的自然。為什麼非常的自然？就在於切合心理，近於人情。

著力描述對父母的愛

「每月例話」的另外三節——**「少年筆耕」**、**「爸爸的看護者」**、**「六千哩尋母」**，**題旨都是對於父母的愛**。其中「爸爸的看護者」一節，那主人公少年西西洛在醫院中看護的實在不是他的父親，而是個不相識的老人。他父親離家已一年，回到國土就得病，西西洛接了信跑去看他，可巧醫院中人給他指錯了一個人；那病人的容貌原來全不像他父親，但病了變了樣子是可能的，那病人又病得很重，不能開口；因此他就認為真是他父親，留在醫院裡看護他了。到了第五天，他自己的父親病癒出院了，無意中彼此遇見，西西洛才知認錯了人。但當父親教他一同回去的時候，他卻說不能丟棄那當作爸爸看護了他五天的孤身病人，他願意再留在這裡。於是像以前一樣，又看護了兩天，直到那病人死去。他在離開病房的當兒，「那五日來叫慣了的稱呼，不覺脫口而出：『再會！爸爸！』」——這篇故事帶著喜劇情味（關鍵在於誤會），而意義非常嚴肅。對於錯認為父親而看護他的病人，即使在弄明白之後，情感還是深摯，這並非奇蹟，正是人情。若是前五天盡心竭力的看護，到發覺了錯誤之後，便把那病人看得如不相干的人一樣，頭也不回的離開了他，那才不近人情了。

「少年筆耕」是少年敘利亞因年老的父親傭書養家，心上過不去，便每夜起來私自代替父親繕寫的故事。父親以為自己的工作成績增多，覺得高興，可是看了敘利亞的疲態神態，不能努力用功（他每夜起來寫字太困乏了），又深深的煩惱，嚴厲的責備著他。在敘利亞，屢次想向父親說明原由，但是給幫助父親的念頭戰勝了，終於不曾出口。在父親，見兒子總是不肯改好，憤怒愈甚，竟至說出了「我早已不管他了」的話。這樣的情緒是很自然的。敘利亞既已存了私自幫助父親的意念，惟有一直幫助下去最是正辦。假若說破了，父親便將不讓他深夜裡起來，那就無法再幫了。並且，父親正為了自己的工作成績增多而高興，若讓他明白了所以然，他那高興便將轉而為懊惱了；所以想說而終於不說。再說父親，因為經常收入不夠家用，至於另做工作來補貼，他的心情一定是非常鬱悶的；若是一家人能夠體諒他，大家努力奮勉，那還足以自慰；而眼前偏有一個不肯用功只想打瞌睡的敘利亞；他或許還這樣想，目前收入增多，若沒有別的煩心的事，生活也還不算錯；而敘利亞的事偏來煩他的心，使他不得舒快，所以他對於敘利亞愈來愈恨，幾乎不當他做兒子。發展到了這地步，於是達到故事的「頂點」；在敘利亞下了決心，想不再起來的那一夜，由於「習慣的力」，他又起來繕寫了。不一會，父親閃進室中來了，看見了敘利亞的作為，便恍然於從前的一切。在互說「原恕我」的聲音中，父子兩個的愛如火一般燃燒起來，兩個靈魂融合在一塊了。——這故事組織完美，有動人的力量。

「六千哩尋母」是少年瑪爾可到美洲去尋訪斷了消息的母親的故事。他的母親原在叫做愛列斯的地方，他到愛列斯，探知母親跟了主人家到可特淮去了。尋到可特淮，又知遷到杜克曼去了。尋到杜克曼，又知遷到賽拉地羅去了。在賽拉地羅才見到他的母親。這樣屢次轉換目的地，無非要使瑪爾可多跋涉些路程，藉此見出他的孝心；然而在故事的結構上，未免有重複呆板之嫌。當尋到賽拉地羅的時候，他母親正患著重病（內臟起了致命的癌腫），一因家信阻梗，二因對於自己的身體沒有信心，悲傷和畏怯使她拒絕醫生動手術的主張，她寧願就此死去。但在聞知瑪爾可老遠跑來看她的當兒，她的希望勇氣突然鼓起來了，她情願受醫生的手術了。於是她有救了；醫生對瑪爾可說：「救活你母親的，就是你！」這裡見出兒子是母親的生命的光，為了兒子，母親重又熱愛著生命；反過來，也就見出兒子對於母親的愛，是本於天性，莫知其然而然的；然而在故事的結構上，未免太湊巧了。此篇寫美洲的景物，都從瑪爾可（一個意大利少年）的眼光著筆，又攙入瑪爾可的淒惶焦灼的心情，一切景物便帶著奇幻的色彩。瑪爾可所到之處，常常受著同國人的幫助，這雖說是常情，卻也是作者極欲著力敘寫的一個項目；從這個項目，很易激起讀者的愛國心的。

三

佳句俯拾皆是，足供賞析

讀這一本《愛的教育》，若是想「摘錄佳句」的話，其中佳句可真不少。**什麼叫做佳句呢？就是情味豐富，經得起咀嚼，愈咀嚼愈覺得有意思的句子**。如果讀的時候不加咀嚼，只是逐字逐句的讀下去，那就雖遇佳句，也辨認不出來。所以咀嚼工夫是不可少的。咀嚼不是憑空的冥想，須從揣摩故事的情景出發；在如此這般的情景中，看這麼一句，或傳出一種深至的心情，或表出一種生動的姿態，或顯出一種鮮明的印象，那無疑的是佳句了。現在略舉幾個例子在此，待諸位同學自己去「反三」。

先生講盲童學校的情形給學生聽（第五卷「盲孩」），說到因病盲目的比較生來就盲目的痛苦更深，他舉一個盲童的話道：

「就是一瞬間也好，讓我眼睛再亮一亮，再看看我母親的臉孔，我已記不清母親的面貌了！」

這是佳句，中間含著不知多少的哀酸。這盲童所希望的並不奢，只要一瞬間，一瞬之後，再回入黑暗的世界，直到終身，他也情願；但是這一瞬間事實上不會有了。事實上不會有而仍希望著，那心情的傷痛不言可知了。

「石匠」的父親進了夜學校（第六卷「夜學校」），總愛坐在自己兒子的座位上（夜學校就設在小學校裡）。當他第一夜進學校，就和校長商量道：

「校長先生！讓我坐在我們『兔頭』的位子裡罷！」

這是佳句，細細咀嚼時，可以辨出多種意味。他自己是早年失學，他的兒子卻在學齡得入學校，比他幸福得多，這在他自是一種安慰，但安慰之中不免帶著羨妒。現他也得上學了，而且正坐在兒子的座位了。他的羨妒之心也就得到滿足了。這是一。他入夜學校，自以為回返到幼年時代了。他要坐在兒子的位子裡，就是要處在兒子的觀點上感受一切，嘗嘗那兒子經歷已慣而自己還沒有經歷到的趣味。這是二。他對校長稱自己的兒子，不叫他的名字，不說「我的孩子」，而用平時叫慣的他的諢名「兔頭」。在這兩個字上，透露著多少天真和喜愛孩子的心情啊！這是三。

諾琵斯性情傲慢，待同學沒有和氣，先生勸誡了他一番，問他還有什麼要說的（第五卷「傲慢」）。

「他衹是冷淡地回答：『不，沒有甚麼。』」

這是佳句，把傲慢者的神態和心情都表出來了。傲慢者不肯接受別人的意見，尤其不肯接受別人勸誡自己的意見；表現在外面，便是任別人說得如何詳懇親切，總是回答他一個冷淡。諾琵斯聽了先生的話，心裡果真沒有什麼話要說嗎？不，他心裡的話多著呢。他自以家庭地位比別的同學好，別的同學都不在他眼裡，對於他們，他認為沒有親愛和氣可言的。先生教他和大家要好，那無異教他辱沒自己。但這些道理先生是不會明白的，對他說也徒然。所以負氣的說「沒有甚麼」就完了。讀者把這些辨認出來，一個傲慢的諾琵斯就如在目前了。

安利柯去參觀幼兒院（第七卷「幼兒院」），許多幼兒正進食堂就餐。就餐之前，按照習俗，須作祈禱。

「祈禱的時候，頭不許對著食物的，他們心為食物所繫，總常拉轉頭來看後面，大家合著手，眼向著屋頂，心不在焉地述畢祈禱的話，才開始就食」。

這是佳句，描繪出幼兒的天真神態。拉轉頭頸來看後面，該是看先生是不是在注意他們吧；如果先生不注意的話，也許回轉頭來對著將要到嘴的食物偷看一眼吧。行祈禱的儀式，若在大人，即使心裡並沒有宗教的信仰，也會假裝出非常虔敬的神態的。而在幼兒，沒有那矜飾的習慣，要他們祈禱，他們只能「眼向著屋頂」，只能「心不在焉」。試想，「眼向著屋頂」五個字，包含著多少無聊意味？他們對祈禱既是「心不在焉」，他們的心到哪裡去了？不是說他們在這個時候，除了放在面前的食物，什麼都不想了嗎？

安利柯記「弟弟的女先生」（第二卷），說她：

「有時對於小孩，受不住氣鬧，不覺舉起手來，終於用齒咬住了自己的指，把氣忍住了。她發了怒以後，非常後悔，就去抱慰方纔罵過的小孩。也曾把頑皮的小孩趕出教室過，趕出以後，自己卻噙著淚」。

安利柯記潑來可西得了賞牌，

「大家都向他道賀：有的去抱他，有的用手去觸他的賞牌」（第五卷「賞牌授與」）。

安利柯記春天到了的時候，

「一吸著窗外來的新鮮空氣，就聞得出泥土和木葉的氣息，好像身已在鄉間了」（第七卷「春」）。

寫巴拉那河岸的景色，說：

「港口泊著百艘光景的各國的船隻，旗影亂落在波下」（第八卷「六千哩尋母」）。

這些都是佳句，給讀者一個宛然自己感受到的印象。

諸位同學如果把以上所舉的為例，自己去推求，將發現許多的佳句，每句足供良久的欣賞。

胡適文選

＊編按：此作品擷取《胡適文存》之精華輯錄而成，全書分為五部分，共二十二篇，泛論思想、人生觀、中西文化、中國文學，以及對整理國故問題的態度與方法，用意是作為「給少年學生作課外讀物」。本指導文說明胡適先生受赫胥黎、杜威的哲學思想啟發，以科學方法與精神省思舊有學術與東西文化，並主張白話文學，致力文學革命。此外也將他秉持科學精神為小說考證開闢新路、評判史料的方法，以及他在文字上運用排語、對稱、嚴詞等特點舉例詳述，期勉青年人一讀。

本書是三集《胡適文存》的選本，選者是胡先生自己。上海亞東圖書館印行，民國十九年十二月初版，二十二年二月三版。本篇便根據三版的本子。本書後方極少見，究竟已經出到幾版，現在還不能查出。這部選本是特意預備給少年人讀的，胡先生自己說得明白：

我在這十年之中，出版了三集《胡適文存》，約計有一百四五十萬字。我希望少年學生能讀我的書，故用報紙印刷，要使定價不貴。但現在三集的書價已在七元以上，貧寒的中學生已無力全買了。字數近百二十萬，也不是中學生能全讀的了。所以我現在從這三集裡選出了二十二篇論文，印作一冊，預備給國內的少年朋友們作一種課外讀物。如有學校教師願意選我的文字作課本的，我也希望他們用這個選本。（〈介紹我自己的思想〉，一面）

這個選本裡的二十二篇論文代表胡先生各方面的思想。他顧念少年學生的財力和精力，苦心的從三集文存裡選出了這二十二篇，足以代表他的各方面的思想的論文，成為這部文選，給少年學生作課外讀物，並希望學校教師選他的文字，作課本的也用這個足以代表他的思想的選本。預備給少年學生讀的書雖然不算少，好的卻不多。本書是一部值得讀的好書。現在我們介紹給高中學生，作為略讀的書。書中論文，除第五組各篇有些也許略略深些之外，都合於高中學生的程度，相信他們讀了可以得著益處。全書約二十二萬字。

新文化運動領袖與文學革命提倡者

胡先生名適，號適之，安徽省績溪縣人，今年五十歲。他是美國哥倫比亞大學哲學博士，大思想家杜威先生的學生。回國後任國立北京大學教授多年，先後辦《新青年》雜誌、《每週評論》、《努力週報》、《獨立評論》等。現任駐美大使。他有一本《四十自述》（原由新月書店出版，版權現歸商務），是一本很有趣味的自傳，可惜沒有寫完就打住。他的著作很多，這裡只想舉出一部分重要的，高中學生可以看懂的。胡適文存、胡適文存二集、胡適文存三集（亞東版），包括各方面的論文，是本書的源頭。《中國古代哲學史》（原名《中國哲學史大綱》上卷，商務）是第一部用西洋哲學作「比較的研究」（參看三三二至三三四面）而寫成的中國哲學史。《白話文學史》上卷（新月版，現歸商務）是第一部專敘近於白話的文學的中國文學史。《嘗試集》是第一部白話詩集。這些都可以說是劃時代的著作，影響非常廣大。還有他翻譯的《短篇小說》（亞東版），也有廣大的讀眾；差不多每種國文教科書都選了的〈最後一課〉和〈二漁夫〉，便出在這個譯本裡。

胡先生是新文化運動的領袖之一。新青年時代他的影響最大。文學革命，他可以說是主帥。他的〈文學改良芻議〉（文存）實在是文學革命的第一聲號角。在那篇論文裡，他提出了他的「八不主義」（參看一九三至一九四面，又二三五至二三六面），是單從消極的破壞的一方面下手（一九三面）。後來又作〈建設的文學革命論〉（見本書）。但「這篇文章名為『建設的』，其實還是破壞的方面最有力」（二八七面）。胡先生說過：「文學革命的運動，不論古今中外，大概都是從『文的形式』一方面下手，大概都是先要求語言、文字、文體等方面的大解放。……這一次中國文學的革命運動，也是先要求語言、文字和文體的解放。」（〈談新詩〉第二段，文存）解放正是消極的破壞的工作。胡先生的大成功就在他的破壞的工作達到了那解放的目的。胡先生又是思想革命的一員大將。他用評判的態度「重新估定一切的價值」（五七面）；他擁護科學，提倡健全的個人主義，頌揚西洋的近代文明（參看〈介紹我自己的思想〉第二段、第三段）。這裡建設的比破壞的多。可是他的最大的建設的工作還在整理國故上。《中國古代哲學史》、《白話文學史》，以及許多篇舊小說的考證，都是「用評判的態度、科學的精神，去做一番整理國故的工夫」（六七面）。這些對於舊有的學術思想給了一道新的光。胡先生「認定民國六年以後的新文化運動的目的是再造中國文明」（〈介紹我自己的思想〉，四面，參看正文六八面），以上種種便是他對於再造文明的貢獻。但是他從辦《努力週報》起，對實際政治的興趣漸漸濃厚。那時他的朋友有反對他的，有贊成他的。他曾經寫過一篇〈我的歧路〉（文存二集），說明他的政治的興趣不致妨礙他在學術思想方面的工作。不過《努力週報》還附刊「讀書雜誌」，《獨立評論》卻差不多是純粹政治性的刊物，他顯然偏向那一條路了。現在作了駐美大使，簡直是在那一路上了。他在文學革命和整理國故方面的功績，可以說已經是不朽的；對於實際政治的貢獻，目前還難以定論。

〔指導大概〕

「不受人惑」的主張，以科學方法省思舊有的思想

本書開端是「介紹我自己的思想」，胡先生專給本書寫的。他說：

> 我選的這二十二篇文字，可以分作五組。
> 第一組六篇，泛論思想的方法。
> 第二組三篇，論人生觀。
> 第三組三篇，論中西文化。
> 第四組六篇，代表我對於中國文學的見解。

第五組四篇，代表我對於整理國故問題的態度與方法。

為讀者的便利起見，我現在給每一組作一個簡短的提要，使我的少年朋友們容易明白我的思想的路徑。（一至二面）

讀本書，自然該從這一篇入手。胡先生在第一段裡道：

我的思想受兩個人的影響最大：一個是赫胥黎，一個是杜威先生。赫胥黎教我怎樣懷疑，教我不信任一切沒有充分證據的東西。杜威先生教我怎樣思想，教我處處顧到當前的問題，教我把一切學說理想都看作待證的假設，教我處處顧到思想的結果。這兩個人使我明瞭科學方法的性質與功用。（三面）

科學方法是胡先生的根本的思想方法；他用科學方法評判舊有的種種思想學術以及東西文化，「重新估定一切的價值」。結果便是他的文存、哲學史、文學史等——他創作白話詩，也是一種實驗，也是「科學的精神」，這是他的「文學的實驗主義」（正文二三二面）。他又說作詩也得根據經驗，這是他的「詩的經驗主義」（見《嘗試集》裡「夢與詩」的跋語）。在他，科學的精神真可以算得「一以貫之」。他編選這部書的用意，在篇尾說得很明白：

從前禪宗和尚曾說：「菩提達摩東來，只要尋一個不受人惑的人。」我這裡千言萬語，也只是要教人一個不受人惑的方法。被孔丘、朱熹牽著鼻子走，固然不算高明；被馬克斯、列寧、斯大林牽著鼻子走，也算不得好漢。我自己絕不想牽著誰的鼻子走。我只希望盡我微薄的能力，教我的少年朋友們學一點防身的本領，努力做一個不受人惑的人。

這個「不受人惑的方法」便是科學的方法，也便是赫胥黎和杜威先生所教人的。

教人如何懷疑與不知主義

赫胥黎教人怎樣懷疑。懷疑是評判的入手處。胡先生在〈新思潮的意義〉裡說「評判的態度含有幾種特別的要求」：

一、對於習俗相傳下來的制度風俗，要問：「這種制度現在還有存在的價值嗎？」
二、對於古代遺傳下來的聖賢教訓，要問：「這句話在今日還是不錯嗎？」
三、對於社會上糊塗公認的行為與信仰，都要問：「大家公認的，就不會錯了嗎？人家這樣做，我也該這樣做嗎？難道沒有別樣做法比這個更好，更有理，更有益的嗎？」（五七面）

這是懷疑，這是「不信任一切沒有充分證據的東西」。存疑和懷疑不同，但「不信任一切沒有充分證據的東西」的態度是從赫胥黎的存疑主義來的。胡先生道：

達爾文與赫胥黎在哲學方法上最重要的貢獻，在於他們的「存疑主義」。存疑主義這個名詞，是赫胥黎造出來的，直譯為「不知主義」。孔丘說：「知之為知之，不知為不知，是知也。」這話確是存疑主義的一個好解說。但近代的科學家還要進一步，他們要問，「怎樣的知，才可以算是無疑的知？」赫胥黎說，只有那證據充分的知識，方才可以信仰，凡沒有充分證據的，只可存疑，不當信仰。這是存疑主義的主腦。（〈演化論與存疑主義〉，七面）

又道：

赫胥黎是達爾文的作戰先鋒，從戰場上的經驗裡認清了科學的唯一武器是證據，所以大聲疾呼的把這個無敵的武器提出來，叫人認為思想解放和思想革命的唯一工具。自從這個「拿證據來」的喊聲傳出以後，世界的哲學思想就不能不起一個根本的革命——哲學方法上的大革命。於是十九世紀前半的哲學實證主義就一變而為十九世紀末年的實驗主義了。（同上，一二面）

教人如何思想與實驗主義

杜威先生教人怎樣思想。胡先生在〈杜威先生與中國〉裡特別指出：

杜威先生不曾給我們一些關於特別問題的特別主張——如共產主義，無政府主義，自由戀愛之類——，他只給了我們一個哲學方法，使我們用這個方法去解決我們自己的特別問題。他的哲學方法，總名叫做「實驗主義」。（一四面）

實驗主義是存疑主義的影響所形成，它和存疑主義可以說是一貫的。杜威先生的實驗主義分開來可作兩步說：

一、**歷史的方法**——「祖孫的方法」。他從來不把一個制度或學說看作一個孤立的東西，總把他看作一個中段：一頭是他所以發生的原因，一頭是他自己發生的效果；上頭有他的祖父，下面有他的子孫。捉住了這兩頭，他再也逃不出去了！這個方法的應用，一方面是很忠厚寬恕的，因為他處處指出一個制度或學說所以發生的原因，指出他的歷史的背景，故能了解他在歷史上占的地位與價值，故不致有過分的苛責。一方面，這個方法又是最嚴厲的，最帶有革命性質的，因為他處處拿一個學說或制度所發生的結果來評判他本身的價值，故最公平，又最厲害。這種方法是一切帶有評判精神的運動，一個重要武器。

二、**實驗的方法**——實驗的方法至少注重三件事：（一）從具體的事實與境地下手；（二）一切學說理想，一切知識，都只是待證的假設，並非天經地義；（三）一切學說與理想都須用實行來試驗過；實驗是真理的唯一試金石。第一件（注意具體的境地），使我們免去許多無謂的假問題，省去許多無意義的爭論。第二件（一切學理都看作假設），可以解放許多「古人的奴隸」。第三件（實驗），可以稍稍限制那上天下地的妄想冥想。實驗主義只承認那一點一滴做到的進步——步步有智慧的指導，步步有自動的實驗——才是真進化。（一四至一六面）

胡先生指出「特別主張的應用是有限的，**方法的應用是無窮的**」。（一六面）

培養思想力，靠「活的學問知識」再造文明

在〈杜威論思想〉裡，胡先生說「杜威的哲學基本觀念是：『知識思想是人生應付環境的工具』」。「杜威哲學的最大目的，只是怎樣能使人類養成那種『創造的智慧』，使人應付種種環境充分滿意。換句話說，杜威的哲學的最大目的是怎樣能使人有創造的思想力。」（一九面）「杜威所指的思想……有兩大特性。（一）須先有一種疑惑困難的情境做起點。（二）須有尋思搜索的作用，要尋出新事物或新知識來解決這種疑惑困難。」（二〇面）「杜威論思想，分作五步說：（一）疑難的境地；（二）指定疑難之點究竟在什麼地方；（三）假定種種解決疑難的方法；（四）把每種假定所涵的結果，一一想出來，看哪一個假定能夠解決這個困難；（五）證實這種解決，使人信用，或證明這種解決的謬誤，使人不信用。」（二一面）胡先生特別指出：

> 杜威一系的哲學家論思想的作用，最注意「假設」。試看上文所說的五步之中，最重要的就是第三步。……我們研究這第三步，應該知道這一步在臨時思想的時候是不可強求的；是自然湧上來，如潮水一樣，壓制不住的；他若不來時，隨你怎樣搔頭抓耳，挖盡心血，都不中用。……所以

思想訓練的著手工夫在於使人有許多活的學問知識。活的學問知識的最大來源在於人生有意識的活動。使（從）活動事業得來的經驗，是真實可靠的學問知識。這種有意識的活動，不但能增加我們假設意思的來源，還可訓練我們時時刻刻拿當前的問題來限制假設的範圍，不至於上天下地的胡思亂想。還有一層，人生實際的事業，處處是實用，處處用效果來證實理論，可以養成我們用效果來評判假設的能力，可以養成我們實驗的態度。養成了實驗的習慣，每起一個假設，自然會推想到他所涵的效果，自然會來用這種推想出來的效果來評判原有的假設的價值。這才是思想訓練的效果，這才是思想能力的養成。（二八至二九面）

「創造的智慧」、「創造的思想力」主要得靠「活的學問知識」養成。所以先生自己雖然只將赫胥黎、杜威的方法應用在文學革命和整理國故等等上，但他看一班少年人跟著他們向故紙堆去亂鑽，卻以為「是最可悲嘆的現狀」。他「希望他們及早回頭多學一點自然科學的知識與技術」。他說「那條路是活路，這條故紙的路是死路」（四八九面）。自然科學的知識是「活的學問知識」；從自然界的實物下手，可以造成科學文明，工業世界（參看四八七面）。這便是胡先生所希望再造的文明。

一

胡先生的科學的精神是一貫的。他所信仰的新人生觀（包括宇宙觀）便是「建築在二三百年的科學常識之上的一個大假設」（九四面）。他總括吳稚暉先生的「一個新信仰的宇宙觀及人生觀」（在〈科學與人生觀〉裡）的大意，加上一點擴充和補充，提出了這個新人生觀的輪廓：

一、根據於天文學和物理學的知識，叫人知道空間的無窮之大。

二、根據於地質學及古生物學的知識，叫人知道時間的無窮之長。

三、根據於一切科學，叫人知道宇宙及其中萬物的運行變遷皆是自然的、自己如此的——正用不著什麼超自然的主宰或造物者。

四、根據於生物的科學的知識，叫人知生物界的生存競爭的浪費與慘酷——因此，叫人更可以明白那「有好生之德」的主宰的假設是不能成立的。

五、根據於生物學、生理學、心理學的知識，叫人知道人不過是動物的一種，他和別種動物只有程度的差異，並無種類的區別。

六、根據於生物的科學及人類學、人種學、社會學的知識，叫人知道生物及人類社會演進的歷史和演進的原因。

七、根據於生物的及心理的科學，叫人知道一切心理的現象都是有因的。

八、根據於生物學及社會學的知識，叫人知道道德禮教是變遷的，而變遷的原因都是可以用科學方法尋求出來的。

九、根據於新的物理化學的知識，叫人知道物質不是死的，是活的；不是靜的，是動的。

十、根據於生物學及社會學的知識，叫人知道個人（「小我」）是要死滅的，而人類（「大我」）

是不死的，不朽的；叫人知道「為全種萬世而生活」就是宗教，就是最高的宗教；而那些替個人謀死後的「天堂」「淨土」的宗教，乃是自私自利的宗教。（〈科學與人生觀序〉，九二至九四面）

這種新人生觀原可以算得「科學的人生觀」，但胡先生「為避免無謂的爭論起見」。主張叫他做「自然主義的人生觀」。「在那個自然主義的宇宙裡，在那無窮之大的空間裡，在那無窮之長的時間裡，這個平均高五尺六寸，上壽不過百年的兩手動物——人——真是一個渺乎其小的微生物了。」然而「這個渺小的兩手動物卻也有他的相當的地位和相當的價值。他用兩手和一個大腦，居然能做出許多器具，想出許多方法，造成一點文化。」（九四面）「這個自然主義的人生觀裡，未嘗沒有美，未嘗沒有詩意，未嘗沒有道德的責任，未嘗沒有充分運用『創造的智慧』的機會。」（九五面）

胡先生雖然說小我是要死滅的，「但個人自有他的不死不滅的部分：他的一切作為，一切功德罪惡，一切語言行事，無論大小，無論善惡，無論是非，都在那大我上留下不能磨滅的結果和影響。我們應該說，『說一句話而不敢忘這句話的社會影響，走一步路而不敢忘這步路的社會影響。』這才是對於大我負責任。能如此做，便是道德，便是宗教。」（〈介紹我自己的思想〉，一一至一二面，參看「不朽」）「這樣說法，並不是推崇社會而抹殺個人。這正是極力抬高個人的重要。個人雖渺小，而他的一言一動都在社會上留下不朽的痕跡，……這不是絕對承認個人的重要嗎？」懂得個人的重要，便懂得胡先生在「易卜生主義」裡所提倡的「一個健全的個人主義的人生觀」（〈介紹我自己的思想〉，四面）。這和自然主義的人生觀並不相反，反而相成。那文中引易卜生給他的朋友白蘭戴的信道：

我所最期望於你的是一種真實純粹的為我主義。要使你有時覺得天下只有關於我的事最要緊，其餘的都算不得什麼。……你要想有益於社會，最好的法子莫如把你自己這塊材料鑄造成器。……有的時候我真覺得全世界都像海上撞沉了船，最要緊的還是救出自己。

胡先生說：「這便是最健全的個人主義。救出自己的唯一法子便是把你自己這塊材料鑄造成器。把自己鑄造成器，方才可以希望有益於社會。真實的為我，便是最有益的為人。把自己鑄造成了自由獨立的人格，你自然會不知足，不滿意於現狀，敢說老實話，敢攻擊社會上的腐敗情形，做一個『貧賤不能移，富貴不能淫，威武不能屈』的斯鐸曼醫生。」（〈介紹我自己的思想〉，九面）他又很帶情感的指出：

這個個人主義的人生觀一面教我們學娜拉，要努力把自己鑄造成個人，一面教我們學斯鐸曼醫生，要特立獨行，敢說老實話，敢向惡勢力作戰。少年的朋友們，不要笑這是十九世紀維多利亞的陳腐思想！我們去維多利亞時代還老遠哩。歐洲有了十八九世紀的個人主義，造出了無數愛自由過於麵包，愛真理過於生命的特立獨行之士，方才有今日的文明世界。（同上，九至一〇面）

這也是胡先生所希望再造的文明。

二

胡先生思想的間架大概如此。存疑主義和實驗主義是他的方法論，自然主義和個人主義是他的人生觀。但他不是空談外來進口的偏向紙上的主義的人，他說主義應該和實行的方法合為一件事。他做到了他所說的。他指出：

> 凡「主義」都是應時勢而起的。某社會，到了某時代，受了某種的影響，呈現某種不滿意的現狀。於是有一些有心人，觀察這種現象，想出某種救濟的法子。這是主義的原起。主義初起時，大都是一種救時的具體主張。後來這種主張傳播出去，傳播的人要圖簡便，便用一兩個字來代表這種具體的主張，所以叫他做「某某主義」。主張成了主義，便由具體的計畫，變成一個抽象的名詞，主義的弱點和危險，就在這裡。因為世間沒有一個抽象名詞能把某人某派的具體主張都包括在裡面。（〈問題與主義〉，三三至三四面）

多研究具體問題，少空談

他曾在《每週評論》裡說過：「現在輿論界的大危險，就是偏向紙上的學說，不去實地考察中國今日的社會需要究竟是什麼東西。」又道：「輿論家的第一天職，就是細心考察社會的實在情形。一切學理，一切主義，都是這種考察的工具。有了學理作參考材料，便可使我們容易懂得所考察的情形，容易明白某情形有什麼意義，應該用什麼救濟的方法。」（三一至三二面引）所以他勸人：

多研究些具體的問題，少談些抽象的主義。一切主義，一切學理，都該研究，但是只認作一些假設的見解，不可認作天經地義的信條；只可認作參考印證的材料，不可奉為金科玉律的宗教；只可用作啟發心思的工具，切不可用作蒙蔽聰明，停止思想的絕對真理。如此方才可以漸漸養成人類的創造的思想力，方才可以漸漸使人類有解決具體問題的能力，方才可以漸漸解放人類對於抽象名詞的迷信。（〈問題與主義〉，五〇面）

在〈新思潮的意義〉裡，胡先生曾說新思潮的手段有兩項：「一方面討論社會上、政治上、宗教上、文學上種種問題。一方面是介紹西洋的新思想、新學術、新文學、新信仰。前著是研究問題，後者是輸入學理。」（五九面）但是「新思潮運動的最大成績差不多全是研究問題的結果。新文學的運動便是一個最明白的例。」（六二面）而「從研究問題裡面輸入的學理，最容易消除平常人對於學理的抗拒力，最容易使人於不知不覺之中受學理的影響」。所以他希望新思潮的領袖人物「能把一切學理應用到我們自己的種種切要問題上去，能在研究問題上面做輸入學理的工夫，能用研究問題的工夫來提倡研究問題的態度。」（六四面）他說「再造文明的下手工夫，是這個那個問題的研究。再造文明的進行，是這個那個問題的解決」。「文明不是籠統造成的，是一點一滴的造成的。進化不是一晚上籠統進化的，是一點一滴的進化的。」（六八面）

胡先生的貢獻，大部分也在問題的研究上。文學革命是一些具體問題，整理國故也是一些具體問題，中西文化，問題與主義，都是一些具體問題。他討論問題與主義，只因「當時（民國八年）承『五四』、『六三』之後，國內正傾向於空談主義」（〈介紹我自己的思想〉，五面）。這問題「是與許多人有密切關係的」（六二面）。他討論中西文化，也只為「今日最沒有根據而又最有毒害的妖言是譏貶西洋文明為唯物的，而尊崇東方文明為精神的」（一三九面）。他說：

這本是很老的見解，在今日卻有新興的氣象。從前東方民族受了西洋民族的壓迫，往往用這種見解來解嘲，來安慰自己。近幾年來，歐洲大戰的影響使一部分的西洋人對於近世科學的文化起一種厭倦的反感，所以我們時時聽見西洋學者有崇拜東方的精神文明的議論。這種議論，本來只是一時的病態的心理，卻正投合東方民族的誇大狂；東方的舊勢力就因此增加了不少的氣燄。（〈我們對於西洋近代文明的態度〉，一三七面）

因此他覺得「不能沒有一種鮮明的表示」（一三七面）。他研究的結果是這樣：

東方的文明的最大特色是知足。西洋的近代文明的最大特色是不知足。
知足的東方人自安於簡陋的生活，故不求物質享受的提高；自安於愚昧，自安於「不識不知」，故不注意真理的發見與技藝器械的發明；自安於現成的環境與命運，故不想征服自然、只求樂天安命，不想改革制度；只圖安分守己，不想革命，只做順民。

這樣受物質環境的拘束與支配，不能跳出來，不能運用人的心思智力來改造環境、改良現狀的文明，是懶惰不長進的民族的文明，是真正唯物的文明。這種文明只可以遏抑，而絕不能滿足人類精神上的要求。

西方人大不然。他們說「不知足是神聖的」。物質上的不知足產生了今日的鋼鐵世界、汽機世界、電力世界。理智上的不知足產生了今日的科學世界。社會政治制度上的不知足產生了今日的民權世界、自由政體、男女平權的社會、勞工神聖的喊聲、社會主義的運動。神聖的不知足是一切革新、一切進化的動力。

這樣充分運用人的聰明智慧來尋求真理以解放人的心靈，來制服天行以供人用，來改造物質的環境，來改革社會政治的制度，來謀人類最大多數的最大幸福　這樣的文明應該滿足人類精神上的要求；這樣的文明，是精神的文明，是真正理想主義的文明，絕不是唯物的文明。（同上，一五四至一五五面）

因此他說我們自己要認錯，我們必須承認我們自己不如人。「肯認錯了，方才肯死心塌地的去學人家。」他說：**「不要怕模倣，因為模倣是創造的必要預備工夫。」**（〈介紹我自己的思想〉，一六面）

三

胡先生的文學革命論的基本觀念是「歷史的文學進化觀」（參看二二四面）。他有一篇〈歷史的文學觀念論〉（見「文存」，本書未選）說得很詳細：

居今日而言文學改良，當注重「歷史的文學觀念」。一言以蔽之曰：一時代有一時代之文學。此時代與彼時代之間，雖皆有承前啟後之關係，而絕不容完全鈔襲；其完全鈔襲者，絕不成為真文學。……縱觀古今文學變遷之趨勢，……白話之文學，自宋以來，雖見屏於古文家，而終一線相承，至今不絕。……豈不以此為吾國文學趨勢自然如此，故不可禁遏而日以昌大耶？……吾輩之攻古文家，正以其不明文學之趨勢，而強欲作一千年二千年以上之文。此說不破，則白話之文學無有列為文學正宗之一日，而世之文人將猶鄙薄之，以為小道邪徑而不肯以全力經營造作之。……夫不以全副精神造文學而望文學之發生，此猶不耕而求穫，不食而求飽也，亦終不可得矣。施耐庵、曹雪芹諸人所以能有成者，正賴其有特別毅力，能以全力為之耳。（〈文學革命運動〉引，二八三至三八四面）

這裡最重要的是將白話文學當作中國文學正宗（參看〈文學改良芻議〉，文存，又本書二八三面引）。這一點他在〈建設的文學革命論〉裡說得更明白：

自從三百篇到於今，中國的文學凡是有一些價值，有一些兒生命的，都是白話的，或是近於白話的。其餘的都是沒有生氣的古董，都是博物院中的陳列品！

這確是一個劃時代的看法，即使欠公平些。他說：

死文言絕不能產出活文學。……中國若想有活文學，必須用白話，必須用國語，必須做國語的文學。（一九七面）

他在《嘗試集》自序裡道：

我們也知道單有白話未必就能造出新文學；我們也知道新文學必須要有新思想做裡子。但是我們認定文學革命須有先後的程序：先要做到文學體裁的大解放，方可以用來做新思想、新精神的運輸品。我們認定白話實在有文學的可能，實在是新文學的唯一利器。（《嘗試集》自序，二三九面）

主張用白話作各種文學——解放文體，走向新文學

文學革命是得從「文字體裁的大解放」下手，真是一針見血。胡先生的大成功就在他能看出這個「先

後的程序」。他和他的朋友們集中力量在這一步上，加上五四運動的影響，兩三年間白話文的傳播便已有一日千里之勢（參看二九四至二九五面）。胡先生所謂「文學」，範圍是很廣的。他主張「用白話作各種文學」，說：「我們有志造新文學的人，都該發誓不用文言作文：無論通信、作詩、譯書、做筆記、做報館文章、編學堂講義、替死人作墓誌、替活人上條陳……都該用白話來做。」（二〇四面）這裡「文學」和「文」只是一個意義。「用白話作各文學」也是解放文字體裁的工作。但是一節話中所舉的「各文學」，除作詩和譯書外，其實都是應用的文字；這種種文字體裁的解放卻遠在詩、小說戲劇、小品散文以及長篇議論文之後，直到近年才開始。胡先生自己大體上倒在照他所主張的做著，但就一般社會而論，這部分文體的解放工作還須要努力才能完成。

文體的解放究竟只是破壞的工作。胡先生的文學革命論「其實還是破壞的方面最有力」（一八七面），他自己的評判沒有錯。但他的「建設的文學革命論」在「建設的」方面「也有一點貢獻」：

若要造國語，先須造國語的文學。有了國語的文學，自然有國語。……真正有功效有勢力的國語教科書，便是國語的文學，便是國語的小說、詩文、戲本。國語的小說、詩文、戲本通行之日，便是中國國語成立之時。試問我們今日居然能拿起筆來做幾篇白話文章，居然能寫得出好幾百個白話的字，可是從什麼白話教科書上學來的？可不是從《水滸傳》、《西遊記》、《紅樓夢》、《儒林外史》……等書學來的嗎？……我們今日所用的「標準白話」都是這幾部白話的文學定下來的。我們今日要想重新規定一種「標準國語」，還須先造無數國語的《水滸傳》、《西遊記》、《儒林外史》、《紅樓夢》。

所以我以為我們提倡新文學的人，儘可不必問今日中國有無標準國語。我們儘可努力去做白話的文學。我們可儘量採用《水滸傳》、《西遊記》、《儒林外史》、《紅樓夢》的白話，有不合今日用的，便不用他；有不夠用的，便用今日的白話來補助，有不得不用文言的，便用文言來補助。這樣做去，絕不愁語言文字不夠用，也絕不用愁沒有標準白話。中國將來的新文學用的白話，就是將來中國的標準國語。造中國將來白話文學的人，就是製定標準國語的人。（一九七至一九九面）

胡先生說：這篇文章把從前他和陳獨秀先生的種種主張歸納到「國語的文學——文學的國語」十個字，「其實又只有『國語的文學』五個字。旗幟更明白了，進行也就更順利了。」（二八八面）這話是不錯的。他在破壞的解放字體的工作裡安置了製造將來的標準國語的基石；這是建設的工作。他首先指出「我們今日所用的標準白話」是怎樣來的。在〈文學革命運動〉（這是〈五十年來中國之文學〉的末段，全文見文存二集）裡他有更詳細的說明：

這五百年之中，流行最廣，勢力最大，影響最深的書……乃是那幾部「言之無文行之最遠」的「水滸」、「三國」、「西遊」、「紅樓」。這些小說的流行便是白話的傳播；多賣得一部小說，便添得一個白話教員。所以這幾百年來，白話的知識與技術都傳播的很遠，超出平常所謂「官話疆域」之外。試看清朝末年南方作白話小說的人，如李伯元是常州人，吳沃堯是廣東人，便可以想見

白話傳播之廣遠了。……中國國語的寫定與傳播兩方面的大功臣，我們不能不公推這幾部偉大的白話小說了。（二八〇面）

這種「家喻戶曉的水滸、西遊文字」（二三三面）確是我們的新文學的基礎，也是我們的標準國語的基礎。但是：

一個時代的大文學家至多只能把那個時代的現成語言，結晶成文學的著作；他們只能把那個時代的語言的進步，作一個小小的結束；他們是語言進步的產兒，並不是語言進步的原動力。……至於民間日用的白話，正因為文學學者不去干涉，故反能自由變遷，自由進化。（〈國語的進化〉，二五八面）

自由變遷之中，「卻有個條理次序可尋；表面上很像沒有道理，其實仔細研究起來，都是有理由的」，「都是改良，都是進化！」（二五八面）「白話是古文的進化呢？還是古文的退化呢？」——這個問題「是國語運動的生死關頭！這個問題不能解決，國語文與國語文學的價值便不能確定。」（二五二面）惟其白話是進化的，它的應用的能力在不斷的增加著，所以「國語的文學」才能成立和發展。胡先生教我們「莫要看輕了那些無量數的『鄉曲愚夫，閭巷婦稚』，他們能做那些文學專門名家所不能做又不敢做的革新專業！」（二六七面）那是不錯的。可是話說回來，要使國語成為「文學的國語」，還得

「那些文學專門名家」努力做去。胡先生教人「努力去做白話的文學」，「儘量採用水滸、西遊記、儒林外史、紅樓夢的白話」，再用今日的白話和文言來輔助。這便是到「文學的國語」的路。但他後來敘述「文學革命運動」，提到「直譯的方法，嚴格的儘量保全原文的文法與口氣，說「這種譯法，近年來很有人倣效，是國語的歐化的一個起點」（二八九面）。他至少不反對「國語的歐化」。到了現在，這已經從「一個起點」發展為一個不可抵抗的趨勢，成了到「文學的國語」的一條大路了。

保存國粹先得整理國故

胡先生的文學革命論「只是進化論和實驗主義的一種實際應用」（〈介紹我自己的思想〉，一八面），他的整理國故也「不過是赫胥黎、杜威的思想方法的實際應用」（同上，二一一面）。他在〈新思潮的意義〉裡道：

> 現在有許多人自己不懂得國粹是什麼東西，卻偏要高談「保存國粹」。……這種人如何配談國粹？若要知道什麼是國粹，什麼是國渣，先須要用評判的態度，科學的精神，去做一番整理國故的工夫。（六七面）

他說明整理國故的意義道：

整理就是從亂七八糟裡面尋出一個條理脈絡來；從無頭無腦裡面尋出一個前因後果來；從胡說謬解裡面尋出一個真意義來；從武斷迷信裡面尋出一個真價值來。為什麼要整理呢？因為古代的學術思想向來沒有條理、沒有頭緒、沒有系統，故第一步是條理系統的整理。因為前人研究古書，很少有歷史進化的眼光的，故從來不講究一種學術的淵源，一種思想的前因後果，所以第二步是要尋出每種學術思想怎樣發生，發生之後有什麼影響效果。因為前人讀古書，除極少數學者以外，大都是以訛傳訛的謬說，……故第三步是要用科學的方法，作精確的考證，把古人的意義弄得明白清楚。因為前人對於古代的學術思想，有種種武斷的成見，有種種可笑的迷信，……故第四步是綜合三步的研究，各家都還他一個本來真面目，各家都還他一個真價值。（六六至六七面）

評判的態度，科學的精神以及這四個步驟，正是「赫胥黎、杜威的思想的實際應用」。

胡先生說：「『國故』這個名詞，最為妥當；因為他是一個中立的名詞，不含褒貶的意義。『國故』包含『國粹』；但他又包含『國渣』。我們若不了解『國渣』，如何懂得『國粹』？」（三二〇至三二一面）他道：

「國學」在我們的心眼裡，只是「國故學」的縮寫。中國的一切過去的文化歷史，都是我們的「國故」；研究這一切過去歷史文化的學問，就是「國故學」，省稱為「國學」。……所以我們現在要擴充國學的領域，包括上下三四千年的過去文化，打破一切的門戶成見：拿歷史的眼光來整統一切，認清了「國故學」的使命是理整中國一切文化歷史，便可以把一切狹陋的門戶之見都掃空了。（《國學季刊》發刊宣言，三二〇至三二一面）

又道：

歷史是多方面的：單記朝代興亡，固不是歷史；單有一宗一派，也不成歷史。過去種種，上自思想學術之大，下至一個字，一隻山歌之細，都是歷史，都屬於國學研究的範圍。（同上，三二二面）

為小說考證開闢新路

胡先生用歷史的眼光將整理國故的範圍擴大了（參看三三五面）。他「要教人知道**學問是平等的，思想是一貫的**」（〈介紹我自己的思想〉，二三面引文存三集裡的話）。他的「幾十萬字的小說考證」（〈介紹我自己的思想〉，二二一面）都是本著這個意思寫的。他的《中國古代哲學史》和《白話文學史》上卷，固然是劃時代的，這些篇舊小說的考證也是劃時代的。而將嚴格的考據方法應用到小說上，胡先生是第一個人。他的收穫很多，而開闢了一條新路，功勞尤大。這擴大了也充實了我們的文學史。

這些小說考證的本身價值是不朽的。胡先生在〈紅樓夢考證〉的末尾道：

我自信：這種考證的方法，除了〈孟蒓蓀先生的〉〈董小宛考〉之外，是向來研究《紅樓夢》

> 的人不曾用過的。我希望這一點小貢獻，能引起大家研究《紅樓夢》的興趣，能把將來的《紅樓夢》研究引上正當的軌道去：打破從前種種穿鑿附會的「紅學」，創造科學方法的《紅樓夢》研究！（四一二面）

這便是這種考證本身的價值。但胡先生更注重「這種考證的方法」，也就是科學方法，他說：

> 少年的朋友們，莫把這些小說考證看作我教你們讀小說的文字。這些都只是思想學問的方法的一些例子。在這些文字裡，我要讀者學得一點科學精神，一點科學態度，一點科學方法。科學精神在於尋求事實，尋求真理。科學態度在於撇開成見，擱起感情，只認得事實，只跟著證據走。科學方法只是「大膽的假設，小心的求證」十個字。沒有證據，只可懸而不斷；證據不夠，只可假設，不可武斷；必須等到證實之後，方才奉為定論。（〈介紹我自己的思想〉，二四面）

胡先生的考證文字裡創見——「大膽的假設」——頗多，可是真能嚴格的做到「擱起感情，只認得事實，只跟著證據走」，真能嚴格的做到「大膽的假設、小心的求證」十個字的，似乎得推這些小說考證為最。他在〈紅樓夢考證〉裡道：「自從我第一次發表這篇考證以來，我已經改正了無數大錯誤了——也許有將來發現新證據後即須改正的。」（四一二面）又在〈介紹我自己的思想〉裡舉曹雪芹的生卒年代問題作例，說「考證兩個年代，經過七年的時間，方才得著證實」（二一至二三面）。這才真是「小心的求證」。這種小說考證，高中學生乍一翻閱，也許覺得深奧些。其實只是生疏些。若能耐心順次讀下去，相信必會迎刃而解，他們終於會得著受用的。

胡先生的小說考證還有一個重大的影響，便是古史的討論。這是二十年來我們學術界一件大事，發難的是顧頡剛先生。胡先生道：

> 顧頡剛先生在他的《古史辨》的自序裡，曾說他從我的〈水滸傳考證〉和〈井田辨〉等文字裡得著歷史方法的暗示。這個方法便是用歷史演化的眼光來追求每一個傳說演變的歷程。我考證水滸的故事、包公的傳說、狸貓換太子的故事、井田的制度，都用這個方法。顧先生用這方法來研究中國古代，曾有很好的成績。（〈介紹我自己的思想〉，二〇面）

水滸的故事、包公的傳說、狸貓換太子的故事，都是小說考證。顧先生自己承認從這些文字和〈井田辨〉裡得著歷史方法的暗示，正見得「學問是平等的，思想是一貫的」。本書選了一篇〈古史討論的讀後感〉，胡先生說在他的「文件裡要算是最精采的方法論」。「這裡面討論了兩個基本方法：一個是用歷史演變的眼光來追求傳說的演變，一個是用嚴格的考據方法來評判史料。」（〈介紹我自己的思想〉，一九至二〇面）這第一個方法便是顧先生《古史辨》自序裡所提到的。他用這方法研究中國古史，得到「層累地造成的古史」這個中心的見解。顧先生自己「層累地造成的古史」有三個意思：

一、可以說明時代愈後，傳說的古史期愈長。
二、可以說明時代愈後，傳說中的中心人物愈放愈大。
三、我們在這上，即不能知道某一件事的真確的狀況，也可以知道某一件事在傳說中的最早狀況。（三四〇面）

胡先生將他的方法的細節總括成下列的方式：

一、把每一件史事的種種傳說，依先後出現的次序排列起來。
二、研究這件史事在每一個時代有什麼樣子的傳說。
三、研究這件史的逐漸演進：由簡單變為複雜，由陋野變為雅馴，由地方的（局部的）變為全國的，由神變為人，由神話變為史事，由寓言變為事實。
四、遇可能時，解釋每一次演變的原因。（三四二面）

關於第二個基本方法，就是評判史料的方法，這篇文字裡舉出五項標準。胡先生道：

我們對於「證據」的態度是：一切史料都是證據。但史家要問：（一）這種證據是在什麼地方尋出的？（二）什麼時候尋出的？（三）什麼人尋出的？（四）依地方和時候上看起來，這個人有

做證人的資格嗎？（五）這個人雖有證人資格，而他說這句話時有作偽（無心的，或有意的）的可能嗎？（三四五面）

研究古史，高中學生的程度是不夠的，他們知道這一些輪廓也就行了。

四

〈文學革命運動〉寫於民國十一年，胡先生在這段文字裡論到「五年以來白話文學的成績」，指出四個要點。第三是：「白話散文很進步了。長篇議論文的進步，那是顯而易見的。」（二九九至三〇〇面）他自己的文字便是很顯著的例子。他早就「自信頗能用白話作散文」（二三四面，引民國五年答任叔永先生的信），他的自信是不錯的。他的散文，特別是長篇議論文，自成一種風格，成就遠在他的白話詩之上。他的長篇議論文尤其是白話文的一個大成功。一方面「明白清楚」；一方面「有力能動人」，可以說是「達意達得好，表情表得妙」。胡先生以為「達意達得好，表情表得妙」的便是文學。文學有三個要件：一是「懂得性」，便是「明白清楚」；二是「逼人性」，便是「有力能動人」；三是「美」，是前二者「加起來自然發生的結果」（見〈什麼是文學〉，文存；參看此書一九六面）。這個文學的界說也許太廣泛些，可是，他的散文做到了他所說的。他在民國七年說過，我們今日所用的「標準白話」都是《水滸傳》、《西遊記》、《儒林外史》、《紅樓夢》幾部白話的文學定下來的。他的文字用的就是這種「標準白話」。如「好漢」（〈介紹我自己的思想〉，二四面）、「頂天立地的好漢」（一二三面）、「列位」（一九七面）、「一言表過不提」（一六七面）、「一筆表過，且說正文」（一九三面）等舊小說套語，他有時都還用著。但他那些長篇議論文在發展和組織方面，受梁啟超先生等的「新文體」的影響極大，而「筆鋒常帶情感」，更和梁先生有異曲同工之妙。

筆鋒帶情感，讓思路更清晰

在〈介紹我自己的思想〉裡，胡先生說他的〈易卜生主義〉那篇文章「在民國七八年間所以能有最大的興奮作用和解放作用，也正是因為他所提倡的個人主義，在當日確是最新鮮又最需要的一針注射」（八面）。這種「最大的興奮作用和解放作用」一方面也由於他那帶情感的筆鋒。他那筆鋒使他的別的文字也常有興奮的作用，所謂「有力能動人」。他那筆鋒是怎樣帶情感的呢？我們分析他的文字，看出幾種他愛用的格調。**第一是排語**，翻開本書，幾乎觸目都是的，上面引文裡也常見。這裡且抄幾個例。如〈介紹我自己的思想〉的最後：

> 抱著無限的愛和無限的希望，我很誠摯的把這一本小書貢獻給全國的少年朋友！（二五面）

又如：

> 我要教人疑而後信，考而後信，有充分證據而後信。（二三面，引文存三集）

因為我們從不曾悔禍，從不曾徹底痛責自己，從不曾徹底認錯。（一八八面）

我這幾年來研究歐洲各國國語的歷史，沒有一種國語不是這樣造成的。沒有一種國語是教育部的老爺們造成的。沒有一種是言語學專門家造成的。沒有一種不是文學家造成的。（一九九面）

又如：

諸位，千萬不要說「為什麼」這三個字是很容易的小事。你打今天起，每做一件事，便問一個為什麼——為什麼不把辮子剪了？為什麼不把大姑娘的小腳放了？為什麼大嫂子臉上搽那麼多的脂粉？為什麼出棺材要用那麼多叫化子？為什麼娶媳婦也要用那麼多叫化子？為什麼罵人要罵他的爹媽？為什麼這個？為什麼那個？——你試辦一兩天，你就會覺得這三個字的趣味真是無窮無盡，這三個字的功用也無窮無盡。（〈新生活〉五三面）

又如〈易卜生主義〉裡：

這種理想是社會所最忌的。大多數人都罵他是「搗亂分子」，都恨他「擾亂治安」，都說他「大逆不道」：所以他們用大多數的專制威權去壓制那「搗亂的理想志士」，不許他開口，不許他行動自由；把他關在監牢裡，把他趕出境去，把他殺了，把他釘在十字架上活活的釘死，把他綑在柴草上

活活燒死。」（一二四面）

排語連續的用同樣的詞和同樣的句式，藉著複沓與均齊加急語氣，加強語氣，興奮讀者的情感。**第二是對稱**。上面所鈔〈新生活〉一段，可以作例。此外如：

但是列位仔細想想便可明白了。（一九七面）

你們嫌我用「聖人」這個字嗎？（一六〇面）

他（指「假設」）若不來時，隨你怎樣搔頭抓耳，挖盡心血，都不中用。（二九面）

又如：

有人對你說，「人生如夢」。就算是一場夢罷，可是你只有這一個做夢的機會，豈可不振作一番，做一個痛痛快快、轟轟烈烈的夢？

有人對你說，「人生如戲」。就說是做戲罷，可是，吳稚暉先生說的好：「這唱的是義務戲，自己要好看才唱的；誰便無端的自己扮做跑龍套，辛苦的出台，止算做沒有呢？」

其實人生不是夢，也不是戲，是一件最嚴重的事實。你種穀子，便有人充飢；你種樹，便有人砍柴，便有人乘涼；你拆爛污，便有人遭瘟，你放野火，便有人燒死。你種瓜便得瓜，種豆便得豆，種荊棘便得荊棘。

少年的朋友們，你愛種什麼？你能種什麼？（〈介紹我自己的思想〉，一三面）

末一節不但用對稱，並且同時在用排語。又如上文引過的「自從這個『拿證據來』的喊聲傳出以後」（一二面）一語中的「拿證據來」也是對稱，不過用法變化罷了。對稱有如面談，語氣親切，也是訴諸讀者的情感的。

第三是嚴詞。古語道，「嫉惡如仇」，嚴詞正是因為深嫉的原故。如：

自由平等的國家不是一群奴才建造得起來的（〈介紹我自己的思想〉，一〇面）。

這樣又愚又懶的民族，成了一分像人九分像鬼的不長進民族（同上，一五面）

空談好聽的「主義」，是極容易的事，是阿貓阿狗都能做的事，是鸚鵡和留聲機器都能做的事（三二面）

又如：

坐禪主敬，不過造成許多「四體不勤，五穀不分」的廢物！（一四九面）

《晉書》說王衍少時，山濤稱贊他道：「何物老嫗，生寧馨兒！」後來不通的文人把「甯馨」

當作一個古典用，以為很「雅」很「美」。其實「寧馨」即是現在蘇州上海人的「那哼」。但是這班不通的文人一定說「那哼」就「鄙俗可噱」了！（二五七面）

和嚴詞相近的是故甚其詞。故甚其詞，惟恐言之不盡，為的是表達自己深切的信仰。如：

至於錢（靜方）先生說的納蘭成德的夫人即是黛玉，似乎更不能成立。……錢先生引他（成德）的悼亡詞來附會黛玉，其實這種悼亡的詩詞在中國舊文學裡，何止幾千首？況且大致都是千篇一律的東西。若幾首悼亡詞可以附會林黛玉，林黛玉真要成「人盡可夫」了！（三六四面）

這是不信。又如：

我……到了哈爾濱。在此地我得了一個絕大的發現；我發現了東西文明的交界點。

…………

我到了哈爾濱，看了「道裡」與「道外」的區別，忍不住嘆口氣，自己想道：這不是東方文明與西方文明的交界點嗎？東西洋文明的界線只是人力車文明與摩托車文明的界線　這是我的一大發現。（一五八、一五九面）

我們當此時候，不能不感謝那發明蒸氣機的大聖人，不能不感謝那發明電力的大聖人，不能不祝福那製作汽船汽車的大聖人。……你們嫌我用「聖人」這個字嗎？孔夫子不說過嗎？「制而用之

謂之法。利用出入，民咸用之，謂之神。」孔老先生還嫌「聖」字不夠，他簡直要尊他們為「神」呢！（一六〇面）

這些是信仰。為了強調這些信仰，所以「忍不住」故甚其詞——後一節同時在用排語。還有：

我們可以大膽地宣言：西洋近代文明絕不輕視人類的精神上的要求。我們還可以大膽地進一步說：西洋近代文明能夠滿足人類心靈上的要求的程度，遠非東洋舊文明所能夢見。（一四二面）

我們可以武斷地說；美國是不會有社會革命的，因為美國天天在社會革命之中。（一六五面）

這些信仰，胡先生是有充分證據的。他用「大膽地」、「武斷地」，只是為了強調他的信仰。他彷彿在說：「即使你們覺得我的證據不充分，我還是信仰這些。」

胡先生在運用帶情感的筆鋒，卻不教情感矇矓了理智，這是難能可貴的。讀他的文字的人往往不很覺得他那筆鋒，卻只跟著他那「明白清楚」的思路走。他能駕馭情感，使情感只幫助他的思路而不至於跑野馬。但他還另有些格調，足以幫助他的文字的明白清楚。如比喻就是的。比喻是舉彼明此，因所知見所不知，可以訴諸理智，也可以訴諸感情。胡先生用的比喻差不多都是前者。例如：

科學家明知真理無窮，知識無窮，但他們仍然有他們的滿足：進一寸有一寸的愉快，進一尺有

一尺的滿足。（四四面）

這種種過去的「小我」，和種種現在的「小我」，和種種將來無窮的「小我」，一代傳一代，一點加一滴；一線相傳，連綿不斷；一水奔流，滔滔不絕：這便是一個「大我」。（一〇五面）

又如〈易卜生主義〉裡：

社會國家是時刻變遷的，所以不能指定哪一種方法是救世的良藥。十年前用補藥，十年後或者須用泄藥了；十年前用涼藥，十年後或者須用熱藥了。（一三五面）

這些同時在用排語。又如：

真理是深藏在事物之中的；你不去尋求探討，它絕不會露面……。「自然」是一個最狡猾的妖魔，只有敲打逼拶可以逼他吐露真情。（一四三面）

考證的方法好有一比，比現今的法官判案：他坐在堂上靜聽兩造的律師把證據都呈上來了，他提起筆來，宣判道：某一造的證據不充足，敗訴了；某一造的證據充足，勝訴了。他的職務只在評判現成的證據，他不能跳出現成的證據之外，實驗的方法也有一比，比那偵探小說裡的福爾摩斯訪案：他必須改裝微行，出外探險，造出種種機會來，使罪人不能不呈獻真憑實據。他可以不動筆，

但他不能不動手動腳，去創造那逼出證據的境地與機會。（四八四面）

又如：

到現在他（指人）居然能叫電氣給他趕車，以太給他送信了。（九五面，參看一四五面）

這也同時在用排語。以上三例都是有趣味的比喻。還有〈易卜生主義〉裡：

社會對個人道：「你們順我者生，逆我者死；順我者有賞，逆我者有罰。」（一二二面）

這是將「社會」人化，也是一種比喻。這種種比喻雖也訴諸情感，但主要的作用還在說明。其實胡先生所用的種種增強情感的格調，主要的作用都在說明，不過比喻這一項更顯而易見罷了。

文字不但得條理分明，還得嚴密

文字的「明白清楚」，主要的還靠條理。條理是思想的秩序。條理分明，讀書才容易懂，才能跟著走。長篇議論文更得首尾一貫，最忌的是「朽索馭六馬，遊騎無歸期」。胡先生的文字大都分項或分段；間架定了，自然不致大走樣子。但各項各段得有機的聯繫著，邏輯的聯繫著，不然還是難免散漫支離的毛病。胡先生的文字一方面綱舉目張，一方面又首尾連貫，確可以作長篇讀論文的範本。有些複雜的題材，條理不但得分明，還得嚴密，那就更需要組織的力量。本書中如〈問題與主義〉（二）、〈新思潮的意義〉、〈我們對於西洋近代文明的態度〉、〈紅樓夢考證〉及〈附錄〉，都頭緒紛繁，可是寫來條分縷析，絲毫不斷，當得起「嚴密」兩個字。長篇議論文的結尾，最應注重，有時得提綱挈領，總括全篇，給讀者一個簡要的觀念，幫助他的了解和記憶。如〈不朽〉的末尾說，「以我個人看來，這種『社會的不朽』觀念很可以做我的宗教了」。接著道：

> 我的宗教的教旨是：
>
> 我這個現在的「小我」，對於那永遠不朽的「大我」的無窮過去，須負重大的責任；對於那永遠不朽的「大我」的無窮未來，也須負重大的責任。我須要時時想著，我應該如何努力利用現在的「小我」，方才可以不辜負了那「大我」的無窮過去，方才可以不遺害那「大我」的無窮未來？（一一〇面）

又如〈新思潮的意義〉的結尾：

> 這是這幾年新思潮運動的大教訓！我希望新思潮的領袖人物以後能了解這個教訓，能把全副精力貫注到研究問題上去；能把一切學理不看作天經地義，但看作研究問題的參考材料；能把一切學理應用到我們自己的種種切要問題上去；能在研究問題上面做輸入學理的工夫；能用研究問題的工

夫來提倡研究問題的態度，來養成研究問題的人才。

這是我對於新思潮運動的解釋。這也是我對於新思潮將來的趨向的希望（六四面）。

〈易卜生主義〉的結尾最為特別：

他（易卜生）彷彿說道：「人的身體全靠血裡面有無量數的白血輪時時刻刻與人身的病菌開戰，把一切病菌撲滅乾淨，方才可使身體健全，精神充足。社會國家的健康也全靠社會中有許多永不知足、永不滿意、時刻與罪惡分子、齷齪分子宣戰的白血輪，方才有改良進步的希望。我們若要保衛社會的健康，須要使社會時時刻刻有斯鐸曼醫生一般的白血輪分子。但使社會常有這種白血輪精神，社會絕沒有不改良進步的道理。」（一三五至一三六面）

接著還引譯了易卜生給朋友的信裡的一節話，說社會的少數人「總是向前去」，多數人總是趕不上。這更是好整以暇，筆有餘妍了。

有人說胡先生太注重「明白清楚」，有時不免犧牲了精細和確切，說他有時不免忽略了那些雖然麻煩卻有關係的材料或證據。即如〈易卜生主義〉那篇，在民國七、八年間雖曾「有最大的興奮作用和解放作用」，後來卻就有人覺得粗淺了。他有一些整理國故的文字，有人覺得也不免粗淺的地方。胡先生是文學革命和思想革命的領袖，他的文字不能不注重宣傳的作用，他偏重「懂得性」，也是當然。他的文字可沒有一般宣傳的叫囂氣；他的議論、他的說明都透徹而乾脆，沒有一點渣滓。——他所謂「長篇議論文」包括說明文而言。——就是這些，儘夠青年學生學的。況且精細確切的文字，胡先生也常有，上節所舉〈問題與主義〉（二）等四篇便是的，而〈紅樓夢考證〉及〈附錄〉更見如此。**高中學生學習議論文和說明文，自然該從條理入手。比喻也練習。至於那些增強情感的格調，用時卻得斟酌。大概排語不妨隨便用，只要不太多不呆板就成。胡先生用對稱，雖是為了親切，卻帶著教訓的口氣。青年學生用不到教訓的口氣，只消就親切上著眼。但得留意，對稱也容易帶輕佻的口氣，輕佻就失了文格了。故甚其詞可以用，但得配合上下文的語氣，才覺自然。**嚴詞能夠不用最好；胡先生的嚴詞有時也還不免有太過的地方。——這些年很有些人攻擊胡先生的思想，青年學生以耳代目，便不大去讀他的書。這不算「一個不受人惑的人」。胡先生說過：

> 就是那些反對白話文學的人，我也奉勸他們用白話來做文字。為什麼呢？因為他們若不能做白話文字，便不配反對白話文學。（二〇四面）

這是「評判的態度」。青年學生若不用胡先生的書，也不配反對他的思想。況且就是反對他的思想，他的文字也還是值得學的。無論贊成胡先生的思想的也罷，反對他的也罷，我們奉勸高中學生先平心靜氣的細讀這本書。

蔡子民先生言行錄

＊編按：此作品針對教育、文化、藝術，社會政治等諸多方面提出了見解和主張，其見解通達通徹，主張客觀明晰，是當時青年後學揣摩究察，以為立身必讀之書。本指導文從蔡子民生平對教育的不遺餘力，到受西方思潮影響，提出其對大同理想、博愛及互助等人道主張，他在培育大學人才上，著重哲學、科學、美學之外，也強調思想與信仰自由。此外，文中也對書中語言運用的獨到處加以剖析。

本書是新潮社編輯的新潮叢書第四種，出版在民國九年。新潮社早已不存在，這部書也早已絕版了。但書的版權已歸開明書店所有，我們希望開明能夠繼續印行（刪去〈致汪精衛書〉和〈華工學校講義〉汪序），因為這是一部有益於青年（特別是中學生）的書，在文字上，也在思想上。本書分上下二冊，約十七萬字。前有凡例，第一條道：

蔡先生的道德學問和事業，用不著我們標榜。不過我們知道國內外尚有許多急欲明白先生言行的人，極希望一部有系統的先生言行錄：這便是我們編印本書的一點微意。

蔡先生去年死了（編者注：蔡元培先生逝於民國二十九年）。蓋棺論定，他老人家一生的道德學問和事業的確可以作青年人的模範；他的言行，青年人更該「急欲明白」。這部書的繼續印行真是必要的。聽說劉開渠先生還給他編了一部全集，似乎沒有付印。全集的篇幅一定很多，而且不免有些「與社會無甚關係的」（見凡例第四條）文字。為青年人（特別是中學生）閱讀，本書該是更適宜些。

凡例第二條道：

> 本書內容共計先生傳略一篇，言論八十四篇，附錄三篇。言論大別為六類。分類本是不容易的事；歸入甲類的，同時也與乙丙有關。故本書沒有標明分類的名目。不過我們可以在這裡略為說明的：第一類大約關於最重大普遍的問題；第二類關於教育；第三類關於北京大學；第四類關於中西文化的溝通；第五類為普遍的問題；第六類為範圍較小，關係較輕的問題。「附錄」第一篇內〈華工學校講義〉四十小篇……為先生大部分道德精神所寄。其餘兩篇，係大學改制的提案，也與先生事業很有關係。

〔指導大概〕

第一類共十八篇，論世界觀與人生觀、哲學與科學、勞工神聖、國文的趨勢等等。**第二類共十六篇**，論教育方針、新教育與舊教育、美育、平民教育、五四運動等等。**第三類共十八篇**，說明辦北京大學的宗旨和對於學生的期望，還有提倡學生課外活動（音樂、書法、新聞學等）的文字。關係重大的〈致公言報並答林琴南君函〉便在這一類裡。**第四類共十一篇**，所論以中法文化的溝通為主。**第五類共十一篇**，雜論修養、學術教育。**第六類共十篇**，雜論學術、時事、教育，其中有四篇是民國紀元前舊作。〈華工學校講義〉三十篇論德育，十篇論智育。這些文字差不多都和教育有關；教育是蔡先生的終身事業，所以他全神貫注，念念不忘。讀這部書不妨將第六類和附錄的二篇略去，別的都得細看。第三類都是些關於當時的北京大學的文字，似乎不能引起現在中學生讀者的興味。但是不然。民國八年的五四運動，北京大學是領導者，那時正是蔡先生作校長。五四運動是政治運動，同時是新文化運動，影響的重大，青年人都知道。再說改進北京大學也是蔡先生平生最重大的教育事業，值得後來人景仰。所以這一類文字，興趣絕不會在別的幾類以下。

本書的文言較恰合現在的應用

本書六類文字中，文言文五十六篇，白話文二十八篇，共八十四篇。〈華工學校講義〉四十篇，全是文言，連前共一百二十四篇，文言文共九十六篇，占全書百分之八十弱。全書按體裁分，又有論文、演說詞、序（包括發刊詞）、書信、日記、啟事等類。論文六十四篇、演說詞三十八篇、序十五篇、書信五篇，日記、啟事各一篇。這些又都只是說明文和論說文兩類。演說詞占全書百分之三十，卻是文言多於白話；三十八篇裡有二十四篇是文言，占百分之六十弱。這中間有三篇註明是別人筆記的，一篇是文言，兩篇是白話。還有一篇，題目下註著「八年十二月三日改定」，不知道是不是先經別人筆記後來再改定的。蔡先生是個忙人，該常有些文牘或祕書幫他擬稿。本書所收的文字，除註明別人筆記的三篇演說詞以外，原也不一定全出於他的親手，但大部分該是的。〈華工學校講義〉四十篇都是他「手撰」，有明文可據。論文、序、書信裡，至少那些重要的是他自己動筆。那篇日記和那條啟事更該是他自己寫的。別的即使有人擬稿，也該是他的意思，並且經他手定的。全書所收的文字，思想是如此一致，風格也是如此一致，他至少逐篇都下過工夫來看。無論如何，這問題並不影響書的價值；在文字上，在思想上，本書無疑的是青年人——特別是中學生——有益的讀物。現在中學生的讀物裡最缺乏簡短的說明文和議論文，無論文言或白話。再說文言方面有的是古書、唐宋八家文、明人小品文，以及著述文等等，這些卻都不能幫助學生學習應用的文言。梁啟超先生的文言可以算是應用的了，但只在清末合適，現在看來，卻還嫌高古似的。只有本書的文言，樸實簡明，恰合現在的應用；現在報紙上的文言便是這文言，這是最顯著的標準。我們說應用，蔡先生也說應用（〈國文之將來〉），又稱為「實用」（〈論國文的趨勢及國文與外國語及科學之關係〉）都是廣義的。一般所謂「應用文」卻是狹義的，指公文、書信、電報、商業文件等。那些都有一定的程式。程式為的求經濟，求確當，是一種經驗的傳統，滲透在我們所謂應用的文言裡。學會了應用的文言，學那些程式便不難。應用的文言才是真正的基礎。所以我們特別推薦這部書。

一

蔡先生名元培，字孑民，浙江省紹興縣人，死時年七十四歲。本書裡的傳略，是江西黃世暉先生記的。黃先生是蔡夫人家裡人，記得很確實，雖說是「傳略」，卻也夠詳的。蔡先生曾做到清廷的翰林院編修，後來盡力教育，運動革命，又到德國遊學。辛亥革命後，回國任教育總長。他覺得當時的總統袁世凱不能合作，不久便辭職再到德國遊學。後來又到法國遊學，並幫助李石曾先生等辦留法儉學會，組織華法教育會。民國六年回國任北京大學校長。五四運動，辭職出京，不久又回任。過了一年多，便出國考察，從此沒有回北京大學。國民革命後，任大學院院長。後來改任中央研究院院長，直到去年逝世時止。本書出版在民國九年，所以傳略只記到北京大學校長時代。統觀蔡先生的一生事業，可以說他是一個革命家，又是一個教育家。辛亥以前，他是革命家。那時雖也盡力教育，卻似乎只將教育當手段，達到革命的目的。傳略裡說他以為戊戌變法康、梁「所以失敗，由於不先培養革新之人才，而欲以少數人弋取政權，排斥頑舊，不能不情見勢絀。此後北京政府無可希望，故拋棄京職，而願委身於教育。」（五面）可見他的動機是在那裡。他辦教育，提倡民權（參看五面，八面，九面），提倡進化論（參看六面），提倡俄國的虛無主義（參看一四面，一七面）。但他當時雖以教育為手段，卻真相信教育的永久的價值。他的遊學便為的是充實自己的教育。他在德國研究哲學、文明史等，尤其注重實驗心理學和美學。曾進實驗心理學研究所參加實驗工作（一九面、二四面）。他傾向哲學，而對於科學的訓練也不忽略。辛亥以後，他是教育家。他特別提倡公民道德的教育，以及世界觀教育、美感教育（〈對於教育方針之意見〉）。他提倡中西文化的溝通，而特別注重歐化（參看第四類各篇）。他辦大學，主張純粹研究學問，思想自由（參看〈北京大學開學式之演說〉、〈北京大學月刊發刊辭〉等）。對於中學，反對文理分科，主張「高等普通」的教育（〈德國分科中學之說明〉）。他又提倡工學（參看〈工業互助團的大希望〉等），提倡平民教育（參看〈在平民夜校開學日的演說〉等）。他不但是個理想家，並且是個實行家。這些主張都曾相當的實現，留下強大的影響。他尤其注重砥礪德行，提倡進德會，〈華工學校講義〉裡有三十篇論德育，以及提倡公民道德的教育，是他一致的態度。他是個躬行實踐的人，能做到他所說的，他的話是有重量的。

提倡中西文化交流

蔡先生雖做過翰林院編修，但在歐洲研究考察得很久，對於西洋文化認識得很清楚。他看出中國必須歐化，他說：

> 吾國古代文明，有源出巴比侖之說，迄今尚未證實。漢以後，天方、大秦之文物，稍稍輸入矣，而影響不著。其最著者，為印度之文明。漢季，接觸之時代也；自晉至唐，吸收之時代也。吾族之哲學、文學及美術，得此而放一異彩。自元以來，與歐洲文明相接觸，逾六百年矣，而未嘗大有所吸收，如球莖之植物，冬蟄之動物，恃素所貯蓄者以自贍。日趣羸瘠，亦固其所。至於今日，始有吸收歐洲文明之機會；而當其衝者，實為我寓歐之同人。（〈文明之消化〉）

又說：

西人之學術所以達今日之程度者，自希臘以來，固已積二千餘年之進步而後得之。吾先秦之文化無以遠過於希臘，當亦吾同胞之所認許也。吾與彼分道而馳，既二千餘年矣，而始有羨於彼等所等（得）之一，則循自然公例，取最短之途徑以達之可也。乃曰吾必舍此捷徑，以二千餘年前之所詣為發足點，而奔軼絕塵以追之，則無論彼我速率之比較如何，苟是由是而彼我果有同等之一日，我等無益於世界之耗費，已非巧曆所能計矣。不觀日本之步趨歐化乎，彼固取最短之徑者也。行之且五十年，未敢曰與歐人達同等之地位也。然則吾即取最短之徑以往，猶懼不及，其又堪迂道焉？（〈學風雜誌發刊詞〉）

二

他主張歐化，而且主張急起直追的歐化。他也提到中印文化對於歐洲的影響（三六一面），也提到東西文化的媒合（四〇二面），但他總「覺得返憶舊文明的興會，不及歡迎新文明的濃至」（四〇三面）。蔡先生所謂「文明」似乎和「文化」同一意思。——**他尤其傾慕法國的文化**，因為法國沒有「紳民階級，政府萬能，宗教萬能等觀念」（三七八面），而「科學界之大發明家，多屬於法，德人則往往取法人所發明而更為精密之研究」，「法人科學程度，並不下於德人」（三七八面、三七九面）。

以世界觀為根據的人生觀

蔡先生信仰法國革命時代所標揭的自由、平等、博愛三大義（參看一九一面、三七三面），加上哲學、科學、美學，便見出他的一貫的思想。他說人生觀必得有世界觀作根據：

> 世界無涯涘也，而吾人乃於其中占有數尺之地位。世界無終始也，而吾人乃於其中占有數十年之壽命。世界之遷流如是其繁變也，而吾人乃於其中占有少許之歷史。以吾人之一生較之世界，大小久暫之相去既不可以數量計，而吾人一生又絕不能有幾微遁出於世界以外。則吾人非先有一世界觀，絕無所容喙於人生觀。（〈世界觀與人生觀〉）

有本體世界，有現象世界。本體世界是世界的本性或本質，是哲學或玄學研究的對象。現象世界是我們感覺的世界。現象世界「最後之大鵠的」是「合世界之各份子息息相關，無復有彼此之差別」（三八至三九面）。但這個大鵠的須漸漸達成，大地的進化史便顯示著向這個大鵠的的路：

> 統大地之進化史而觀之，無機物之各質點，自自然引力外，殆無特別相互之關係。進而為有機之植物，則能以質點集合之機關共同操作，以行其延年傳種之作用。進而為動物，則又於同種類間為親子朋友之關係，而其分職通功之例視植物為繁。及進而為人類，則由家庭而宗族，而社會，而國家，而國際，其互相關係之形式既日趨於博大，而成績所留，隨舉一端，皆有自閡而通，自別而同之趨勢。……昔之同情，及最近者而止耳。……今則四海兄弟之觀念為人類所公認。……夫已往之世界，經其各份子經營而進步者其成績固已如此，過此以往，不亦可比例而知之歟？（同上）

那個大鵠的便是大同主義，進化史便是大同主義的發展。蔡先生的大同的理想，來源不止一個，「博愛」的信念無疑的給了他很大的影響。他曾引孔子的話「聖人以天下為一家，中國為一人」，子夏的話「四海之內皆兄弟」，張載的話「民吾同胞」，以為「尤與法人所唱之博愛主義相合」（三七四至三七五面），可以為證。

從進化史看「人類之義務」

蔡先生既從進化史裡看出「人類之義務，為群倫不為小己」，他又看出人類之義務，「為將來不為現在」（四二二面）：

> 自進化史考之，……人滿之患雖自昔藉為口實，而自昔探險新地者率生于好奇心，而非為飢寒所迫。南北極苦寒之所，未必于吾儕生活有直接利用之資料，而冒險探極者踵相接。由推輪而大輅，由桴槎而方舟，足以濟不通矣，乃必進而為汽車，（即火車）汽船及自動車（即汽車）之屬。近則飛機飛艇更為競爭之的。其構造之初必有若干之試驗者供其犧牲，而初不以及身之不及利用而生悔。文學家美術家最高尚之著作，被崇拜者或在死後，而初不以及身之不得信用而輟業。用以知：為將來而犧牲現在者，又人類之通性也。（同上）

他又看出人類之義務「為精神之愉快，而非為體魄之享受」（四二二面）：

人生之初，耕田而食，鑿井而飲，謀生之事至為繁重，無暇為高尚之思想。自機械發明，交通迅速，資生之具日趨於便利。循是以往，必有菽粟如水火之一日，使人類不復為口腹所累，而得專致力于精神之修養。今雖尚非其時，而純理之科學，高尚之美術，篤嗜者固已有甚于飢渴，是即他日普及之朕兆也。科學者，所以祛現象世界之障碍（礙），而引致于光明。美術者，所以寫本體世界之現象，而提醒其覺性。人類精神之趨向既毗于是，則其所達到之點，蓋可知矣。（同上）

美術雖用現象世界作材料，但能使人超越利害的興趣，對於現象世界無厭棄也無執著，只有渾然的美感。這就是「與造物為友」，這就接觸到本體世界了（參看一九八面，二七三面）。所謂「寫本體世界之現象而提醒其覺性」，便是這番意思。

三

蔡先生提倡哲學、科學、美術，便因「為將來」、「為精神之愉快」是人類之義務。他以為哲學、科學、美術的研究是大學的責任。但這種研究得超越利害的興趣才成。他說：「大學為純粹研究學問之機關，不可視為養成資格之所，亦不可視為販賣知識之所。學者當有研究學問之興趣，尤當養成學問家之人格。」（二九六面）要做到這地步，首先得破除專己守殘的陋見：

吾國學子，承舉子文人之舊習，雖有少數高才生知以科學為單純之目的，而大多數或以學校為科學，但能教室聽講，年考及格，有取得畢業證書之資格，則他無所求。或以學校為書院，暖暖姝姝，守一先生之言而排斥其他。於是治文學者，恆蔑視科學；而不知近世文學全以科學為基礎。治一國文學者，恆不肯兼涉他國；不知文學之進步，亦有資於比較。治自然科學者，局守一門，而不肯稍涉哲學；而不知哲學即科學之歸宿，其中如自然哲學一部，尤為科學家所需要。治哲學者以能讀古書為足用，不耐煩於科學之實驗；而不知哲學之基礎不外科學，即最超然之玄學，亦不能與科學全無關係。（〈北京大學月刊發刊詞〉）

這是說大學要養成通才。要養成通才，還得有思想自由：

大學者，囊括大典，網羅眾家之學府也。《禮記》〈中庸〉曰：「萬物並育而不相害，道並行而不相悖」，足以形容之。如人身然，官體之有左右也，呼吸之有出入也，骨肉之有剛柔也，若相反而實相成。各國大學，哲學之惟心論與惟物論，文學美術之理想派與寫實派，計學（經濟學）之干涉論與放任論，倫理之動機論與功利論，宇宙論之樂天觀與厭世觀，常樊然並峙於其中：此思想自由之通則，而大學之所以為大也。（同上）

還有，哲學、科學、美術「最完全不受他種社會之囿域，而合於世界主義」，所以研究這些，足以增進世界的文化（三六〇面）。

思想自由之外，蔡先生最注意的是信仰自由。民國初年「論者往往有請定孔教為國教之議」（四五面）。蔡先生以為「孔子之說，教育耳、政治耳、道德耳。其所以不廢古來近乎宗教之禮制者，特從宜從俗之作用，非本意也。」（四七面）「而一宗教之中，可以包含多數國家之人民」，「國教亦不成名詞」（四八面、四九面）。他說「各國憲法，均有信仰自由一條，所以解除宗教之束縛」（四七面）。信仰為甚麼該自由呢？

若夫信仰則屬之吾心，與他人毫無影響，初無遷就之必要。昔之宗教本初民神話、創造萬物、末日審判諸說，不合科學。在今日信者蓋寡。而所謂與科學不相衝突之信仰，則不過玄學問題之一假定答語。不得此答語，則此問題終梗於吾心而不快。吾又窮思冥索而不得，則且於宗教哲學之中，擇吾所最契合之答語，以相慰藉焉。孔之答語可也，耶之答語可也，其他無量數之宗教家、哲學家之答語亦可也。信仰之為用如此。既為聊相慰藉之一假定答語，吾必取其與我最契合者，則吾之決擇有完全之自由，且亦不能限於現在少數之宗教。故曰，信仰期於自由也。（〈在清華學校高等科演說詞〉）

蔡先生在另一處說：「舊宗教之主義不足以博信仰。其所餘者，祈禱之儀式、僧侶之酬應而已。而人之信仰心，乃漸移於哲學家之所主張。」（四七面）可以跟這一段話互證。他並且更進一步，主張「**以美代宗教**」：

無論何等宗教，無不有擴張己教攻擊異教之條件。……宗教之為累，一至於此，皆激刺感情之作用為之也。鑒激刺感情之弊，而專尚陶養感情之術，則莫如舍宗教而易以純粹之美育。純粹之美育，所以陶養吾人之感情，使有高尚純潔之習慣，而使人我之見，利己損人之思念，以漸消沮者也。蓋以美為普遍性，絕無人我差別之見能參入其中。食物之入我口者，不能兼果他人之腹；衣服之在我身者，不能兼供他人之溫；以其非普遍性也。美則不然。即如北京左近之西山，我遊之，人亦遊之，我無損於人，人亦無損於我也。「隔千里兮共明月」，我與人均不得而私之。中央公園之花石，農事試驗場之水木，人人得而賞之。埃及之金字塔、希臘之神祠、羅馬之劇場，瞻望賞歎者若干人，且歷若干年而價值如故。各國之博物院，無不公開者，即私人收藏之珍品，亦時供同志之賞覽。各地方之音樂會演劇場，均以容多數人為快。所謂獨樂樂不如與人樂樂，與寡樂樂不如與眾樂樂，以齊宣王之惛，尚能承認之。美之為普遍性可知矣。且美之批評，雖間亦因人而異，然不曰是於我為美而曰是為美。是亦以普遍性為標準之一證也。美以普遍性之故，不復有人我之關係，遂亦不能有利害之關係。……則所以陶養性靈，使之日進於高尚者，固已足矣。又何取乎侈言陰騭，攻擊異派之宗教，以刺激人心，而使之漸喪其純粹之美感為耶？（〈以美育代宗教說〉）

蔡先生引孔子的「匹夫不可奪志」，孟子的「大丈夫者，富貴不能淫，貧賤不能移，威武不能屈」，說就是自由，古時候叫做「義」（一九一面），仁義禮智信的「義」便是這個（三一九面）。他又引這兩句話說是堅忍（五二二面）。惟其堅忍，才能真自由。所以他又說「人之思想不縛於宗教，不牽於俗尚，而以良心為準，此真自由也」。各種自由都為了個性的發展（二五六面），但都有一定的程度。「自由者，就主觀而言之也。然我欲自由，則亦當尊人之自由，故通于客觀。」（一九一面）自由和放縱是不同的：

自由，美德也。若思想，若身體，若言論，若居處，若職業，若集會，無不有一自由之程度。若受外界之壓制，而不及其度，則盡力以爭之，雖流血亦所不顧，所謂「不自由毋寧死」是也。然若過於其度，而有愧於己，有害於人，則不復為自由，而謂之放縱。放縱者，自由之敵也。（〈自由與放縱〉）

提倡互助之人道主義

蔡先生雖然信仰進化論，卻不提倡互競而提倡互助：

從陸謨克、達爾文等發明生物進化論後，就演出兩種主義：一是說生物的進化全恃互競，弱的競不過，就被淘汰了，凡是存的都是強的，所以世界上止有強權，沒有公理。一是說生物的進化全恃互助，無論甚（怎）麼強，要是孤立了沒有不失敗的。但看地底發現的大鳥大獸的骨，他們生存時何嘗不強，但久已滅種了。無論甚（怎）麼弱，要是合群互助，沒有不能支持（的）。但看蜂蟻也算比較的弱極了，現在全世界都有這兩種動物。可見生物進化，恃互助不恃強權。（〈黑暗與光明的消長〉）

他最佩服克羅巴金的「互助論」：

克氏集眾說的大成，又加以自己歷史的研究，於一千八百九十年公布動物的互助，於九十一年公布野蠻人的互助，九十二年公布未開化人的互助，九十四年公布中古時代自治都市之互助，九十六年公布新時代之互助，於一千九百零二年成書。於動物中，列舉昆蟲鳥獸等互助的證據。此後各章，從野蠻人到文明人，列舉各種互助的證據。於最後一章，列舉同盟罷工、公社、慈善事業，種種實例，較之其他進化學家所舉「互競」的實例更為繁密了。……克氏的互助主義，主張聯合眾弱，抵抗強權，叫強的永不能凌弱的。不但人與人如是，即國與國亦如是了。（〈大戰與哲學〉）

承認「凡弱者亦有生存及發展之權利，與強者同，而且無論其為各人，為各民族，在生存期間，均有互助之義務」，就是人道主義（三七三面），也是蔡先生所提倡的。

四

蔡先生的政治思想和經濟思想都跟互助主義聯繫著。他不大談政治，但我們可以看出，**他主張人道主義，反對帝國主義**。他論第一次歐洲大戰，以為「與帝國主義及人道主義之消長，有密切關係」，「使協約方面而勝利，則必主張人道主義而消滅軍國主義，使世界永久和平」。他說：「吾人既反對帝國主義，而渴望人道主義，則希望協約國之勝利也，又復何疑？」（五五面，五六面）協約國果然勝利了，他又說這是「武斷主義消滅，平民主義發展」。「從美國獨立，法國革命後，世界已增加了許多共和國。國民雖知道共和國的幸福，然野心的政治家，很嫌他不便。」大戰中俄國已改為共和國了。大戰停止，德國也要改共和國了。「這就是武斷主義的末日，平民主義的新紀元了。」（八七至八八面）所謂「平民」的意思，便是「人人都是平等的」（二八二面）。平等只是破除階級，「絕非減滅個性」（二五三面）。說到破除階級，就牽涉到蔡先生的經濟思想。他的理想的社會是「各盡所能，各取所需」。各文中常常提及（一七五面、一七九面、三八六面、四六六面）。

> 盡所能，便是工；不管他是勞力，是勞心，凡是有益於人類的生存、文化的進步的，都是。所需有兩種：一是體魄上的需要，如衣食住等是。一是精神上的需要，如學術是。現在有一部分的人，完全不作工；有一部分的人，作了不正當的工；所以正當的工人不能不特別勞苦，延長他工作時間。而且除了正當的工人以外，都是靠著特殊的勢力，把人類所需的，逾量攫取，逾量的消耗。所以正當的工人，要取所需，常恐不足。就是體魄上的需要勉強得到了，精神上的需要，或者一點沒有。這不是文化的大障礙麼？我們要除去這個障礙，就要先來實行工學並進的生活。（〈國外勤工儉學會與國內工學互助團〉）

他感覺現在的經濟組織不合理，「為了貧富不均，與財產權特別占有，不知犧牲了多少人的權利與生命」（四六六面）。他主張人人作工，「人不能為生而工，是為工而生的」（一七〇面）。「勞工神聖！」「此後的世界，全是勞工的世界」（一六八面、一六九面）。他所謂勞工，兼包用體力的和用腦力的（一六八面，並參看上節），所以工學並重。工而且學才是新生活：

> 要是有一個人肯日日作工，日日求學，便是一個新生活的人；有一個團體裡面的人，都是日日作工，日日求學，便是一個新生活的團體；全世界的人都是日日作工，日日求學，那就是新生活的世界了。（〈我的新生活觀〉）

蔡先生的思想系統，大概如此。他的教育主張便以這個系統為根據。他說：

> 教育有二大別：曰隸屬於政治者，曰超軼乎政治者。專制時代（兼立憲而含專制性質者言之），教育家循政府之方針以標準教育，常為純粹之隸屬政治者。共和時代，教育家得立於人民之地位以定標準，乃得有超軼政治之教育。（〈對於教育方針之意見〉）

他將軍國民主義、實利主義、德育主義列為隸屬於政治之教育，世界觀、美育列為超軼政治之教育，說這五者都是今日之教育所不可偏廢的（一九八面）。他雖覺得今日之中國不能不採用軍國民教育，原則上卻並不以國家主義的軍國民教育為然。他還是反對紳士教育、宗教教育、資本家教育，而**主張教育平等。教育平等，同時得兼顧個性的發展和群性的發展**：

群性以國家為界，個性以國民為界，適於甲國者不必適於乙國。於是持軍國民主義者，以軍人為國民教育之標準。持貴族主義者，以紳士為標準。持教會主義者，以教義為標準。持實利主義者，以資本家為標準。個人所有者，為「民」權而非「人」權；教育家所行者，為「民權的」教育而非「人格的」教育。自人類智德進步，其群性漸溢乎國家以外，則有所謂世界主義若人道主義；其個性漸超乎國民以上而有所謂人權若人格。科學研究也、工農集會也、慈善事業之進行也，既皆為國際之組織，推之於一切事業將無乎不然。而個人思想之自由，則雖臨之以君父，監之以帝天，囿之以各種社會之習慣，亦將無所畏葸而一切有以自申。蓋群性與個性之發展，相反而適以相成，是今日完全之人格，亦即新教育之標準也。持個人的無政府主義者，不顧群性，持極端的社會義主者，不顧個性。是為偏畸之說，言教育者真慎之。（〈教育之對待的發展〉）

白話符合實際的需要

蔡先生對於語言文字的意見，很有獨到的地方，值得詳細研究一番。現在卻只想介紹他自己的一些話。關於白話與文言的競爭，他斷定「白話派一定占優勝。但文言是否絕對的被排斥，尚是一個問題」。照他的觀察，「將來應用文一定全用白話，但美術文或者有一部分仍用文言」（一五六面）。應用文他又稱為實用文：

實用文又分兩種：一種是說明的。譬如對於一樣道理，我的見解與人不同，我就發表出來，好給大家知道。或者遇見一件事情，大家討論討論，求一個較好的辦法。或者有一種道理，我已知道，別人還有不知道的，因用文章發表出來，如學校的講義就是。一種是敘述的。譬如自然界及社會的現象，我已見到，他人還沒有見到的，因用文章敘述出來，如科學的記述和一切記事的文章皆是。（〈論國文的趨勢及國文與外國語及科學之關係〉）

應用文「止要明白與確實，不必加新的色彩，所以宜於白話」。司馬遷記古人的事，改用今字。譯佛經的人，別創一種近似白話的文體。禪宗的語錄全用白話，宋儒也如此。「可見記載與說明，應用白話，古人已經見到，將來的人自然更知道了」（一五六至一五七面）。

美術文大約可分為詩歌、小說、劇本三類。小說從元朝起多用白話。劇本，元時也有用白話的，現在新流行的白話劇，更不必說了。詩歌如《擊壤集》等，古人也用白話，現在有幾個人能做很好的白話詩，可以料到將來是統統可以用白話的。但是美術有兼重內容的，如圖畫、造像等。也有專重形式的，如音樂、舞蹈、圖畫等。專重形式的美術，在乎支配均齊，節奏調適。舊式的五七言律詩與駢文，音調鏗鏘，合于調適的原則，對仗工整，合乎均齊的原則，在美術上不能說毫無價值。就是白話文盛行的時候，也許有特別傳習的人。譬如我們現在通行的是楷書、行書，但是寫八分的，寫小篆的，寫石鼓文或鐘鼎文的，也未嘗沒有。將來文言的位置，也是這個樣子。（〈國文之將來〉）

不過中學校或師範學校學生都是研究學問的，是將來到社會上做事的。「因研究的學問的必要，社會生活上的必要」，他們的國文應以實用為主（一四六面）。蔡先生這一個意見是很切實的，但當時學生都愛創作，都將工夫費在美術文的嘗試上，成為風氣，他的話沒有發生影響。直到現在，大家漸能看出中等學校學生不訓練應用文寫作，便不能適應實際的需要，風氣已在轉變。蔡先生的話值得我們仔細吟味；我們佩服他的先見之明。

蔡先生以為白話文是自然的進化：

文章的開始，必是語體。後來為要便于記誦，變作整齊的句讀，抑揚的音韻，這就是文言文。古人沒有印刷，抄寫也苦繁重，不得不然。孔子說言之不文，不能行遠，就是這個緣故。但是這種句調音調，是與人類審美的性情相投的，所以愈演愈精，一直到六朝人駢文，算是登峰造極了。物極必反，有韓昌黎、柳柳州等提倡古文，這也算文學上一次革命，與歐洲的文藝中興一樣。看韓柳的傳誌，很看得出表示特性的眼光與手段，比東漢到唐初的碑文進步得多了。這一次進步，彷彿由圖案畫進為山水畫實物畫的樣子，從前是拘定均齊節奏與顏色的映照、現在不拘拘此等，要按著實物實景來安排了。但是這種文體，傳到宋元時代，又覺得與人類的性情不能適應。所以又有《水滸》、《三國演義》等語體小說與演義。羅貫中的思想與所描寫的模範人物，雖然不見得高妙，但把他所描寫的同陳承祚的原文或裴注所引的各書對照，覺得他的文體是顯豁得多。把《水滸》同唐人的文言小說比較，那描寫的技能，更顯出大有進步。這彷彿西洋美術從古典主義進到寫實主義的樣子，繪影繪光，不像從前單寫通式的習慣了。但是許多語體小說裡面，要算《石頭記》是第一部。……《石頭記》是北京語，雖不能算是折衷的說體，但是他在文學上的價值，是沒有別的書比得上他。（〈在國語講習所的演說〉）

蔡先生主張「折衷的語體」，說現在通行的白話文就是這一體，這也就是吳稚暉先生所謂「近文的語」。蔡先生以為國語便該以此為標準，「絕不能指定一種方言」（一六〇面）：

用那一語言作國語？有人主張用北京語。但北京也有許多土語，不是大多數通行的。有主張用漢口話的（章太炎）。有主張用河南話的，說洛陽是全國的中心點。也有主張用南京話的，俗語有「藍青官話」的成語，「藍青」就是南京。也有主張用廣東話的，說是廣東話聲音比較的多。但我們現在還沒有一種方言比較表，可以指出那一地方的話是確占大多數，就不能武斷用那一地方的。且標準地方最易起爭執，即如北京是現在的首都，以地方論，比較的可占勢力，但首都的話不能一定有國語的資格。德國的語言是以漢堡一帶為準，柏林話算是土話。北京話沒有入聲，是必受大多數反對的。（同上）

後來政府公布以北平語為國語，但是通行的白話文還只是所謂「近文的語」，直到如今。

五

蔡先生在民國紀元前十年就已注意「文變」，他選了一個總集，就用這兩個詞作名字。序言道：

先儒有言，「文以載道」。道不變也，而見道之識，隨世界之進化而屢變；則載道之書，與夫載道之言之法，皆不得不隨之而變。……自唐以來，有所謂古文專集，繁矣。拔其尤而為篡錄，評選之本，亦不尟。自今日觀之，其所謂體格，所謂義法，糾纏束縛，徒便摹擬，而不適於發揮新思想之用；其所載之道，亦不免有迂謬窒塞，貽讀者以麻木腦筋，風痺手足之效者焉。……不揣固陋，搴富世名士著譯之文，彙為一冊，而先哲所作於新義無忤者，亦間錄焉。讀者尋其義而知世界風會之所趨，玩其文而知有曲折如意應變無方之效用，以無為三家村夫子之頭巾氣所範圍，則選者之所厚望焉爾。

「新義」便是那「隨世界之進化而屢變」的「見道之識」，「曲折如意，應變無方」便是那隨見到之識而變的「載道之言與夫載道之言之法」。清末文體的變化從「新名詞」起頭。新事物新知識輸入了，帶來了大批新調彙，就是所謂新名詞。古文裡還可以不用這些新名詞；用的大概只為了好奇。但是應用的文言裡便無法避免。從前應用的文言跟古文原沒有多大差別，只不打起調子，不做作情韻就是了。自從新名詞夾雜到應用的文言裡以後，應用的文言跟古文的差別便一天大似一天。古文家雖然疾首蹙額，只落得無可奈何。到了梁啟超先生，提倡「新文體」（詳見他的《清代學術概論》），不但用新名詞，還用新句調。新文體風靡一時，古文反倒黯淡起來。梁先生的新文體，「筆鋒常帶情感」（見同書），又多用典故。他的情感是奔放的，跟古文裡的蘊藉的情韻迴乎不同。因為情感奔放達意便不免有粗疏的地方。而一般讀者在古典的訓練上下的工夫，也漸漸不能像從前人那樣深厚，對於那些典故，往往不免茫然。我們所謂一般讀者，是以中等學校畢業生為標準。本書所收的蔡先生的文言，都是應用的文言，也是新文體之一。但只重達意的清切，不帶感情，又不大見典故，便更合用些。白話文興起以來，古文的勢力越見衰微，真可以說不絕如縷。應用的文言暫時還能生存，卻都只以達意清切為主；這一體差不多成了文言的正宗。而本書的文言正是當行的樣本。

因事而作的文字，首重「貼切」

本書正編裡的文字大部分因事而作，自由發揮的極多。附錄的〈華工學校講義〉四十篇卻可以說全是自由發揮的。因事而作的文字，貼切事情是第一著。如〈就任北京大學校長演說詞〉，可說的話很多，所謂千頭萬緒。但蔡先生只舉出三件事告學生：一曰抱定宗旨，二曰砥礪德行，三曰敬愛師友。又舉出所計畫的兩件事：一曰改良講義，二曰添購書籍。這些都針對著當時北京大學的缺點說話，雖然並不冠冕堂皇，卻切實有重量。但如「勤工儉學傳序」，原傳各自成篇，一一的貼著說，便不能成為一篇序。於是只可先行概論勤工儉學，次說勤工儉學會，最後說到傳。作傳的用意本在鼓起勤工儉學的興會，先從概論入手，也還是貼切的。不過說到傳的部分就不能再作概括語。原文道：

其（李石曾先生）所演述，又不僅據事直書，而且於心跡醇疵之間，觀察異同之點，悉之（？）以至新至正之宗旨，疏通而證明之，使勤工儉學之本義，昭然揭日月而行，而不致有歧途之誤，意至善也。

這便貼切各篇，跟前面的概論部分相調劑相勻稱了。接著道：「余既讀其所述樊克林敷來爾盧梭諸傳，甚贊同之，因以所見述勤工儉學會之緣起及其主義，以為之序。」勤工儉學會是樞紐，概論部分是它的緣起和主義，並非泛泛落筆，傳的部分是它的例證或模範人物。這樣，全篇便都貼切事情了。

貼切事情的另一面是要言不煩，得扼要，才真貼切。還就上引兩例看。第一例「抱定宗旨」項下道：「外人每指摘本校之腐敗，以求學於此者，皆有做官發財思想。故畢業預科者，多入法科，入文科者甚少，入理科者尤少。蓋以法科為干祿之終南捷徑也。」全節只就這一義發揮下去。「砥礪德行」項下道：「為諸君計，莫如以正當之娛樂，易不正當之娛樂，庶於道德無虧，而於身體有益」，指給學生砥礪德行的一條積極的路。第二例論勤工的「勤」和儉學的「儉」道：

現今社會之通工易事，乃以工人之工作，取得普遍之價值，而後以之購吾之所需。兩者之間，往往不能得平均之度；於是以吾工之所得，易一切之需要，當惴惴然恐其不足焉。吾人於是濟之以勤。勤焉（也）者，冀吾工之所得，倍蓰於普通，而始有餘力以求學也。儉勤之度終有際限，而學之需要或相引而日增，則其道又窮。吾人於是又濟之以儉。儉焉（也）者，得由兩方而實行之。一

> 則於吾人之日用，務撙節其不甚要者，使有以應用於學而不匱。……一則於學問之途，用其費省而事舉者。……

這種勤儉是有特殊性的，跟一般的勤儉不盡同。第一例裡的「抱定宗旨」、「砥礪德行」也是有特殊性的，而「抱定宗旨」一項尤其如此。指出事情的特殊性，而不人云亦云，是扼要；能扼要，貼切才算到家。貼切是綱，扼要是目。

得體是貼切的另一目。得體是恰合分際的意思。一方面得恰合說話人或作者的身分，一方面得恰合話中人或文中人的身分，一方面也得恰合聽話人或讀者的身分。不亢不卑，不驕不諂，稱贊人得給自己留地步，責備人得給人家留地步，這才成。如「北京大學授與班樂衛氏等名譽學位禮開會辭」第二段道：

> 北京大學第一次授與學位，而受者為班樂衛先生，可為特別紀念者有兩點：第一，大學宗旨，凡治哲學文學及應用科學者，都要從純粹科學入手。治純粹科學者，都要從數學入手。所以各系次序，列數學為第一系。班樂衛先生為世界數學大家，可以代表此義。第二，……北京大學既設在中國，於世界學者共通研究之對象外，對於中國特有之對象，尤負特別責任。班樂衛先生最提倡中國學問的研究，又可以代表此義。

第一點，「凡治哲學、文學及應用科學者，『都』要從純粹科學入手」不一定是普遍的真理，但「大學宗旨」不妨如此。從此落到班樂衛氏身上，便很自然。一方面提出「大學宗旨」，也見出大學校長的身分。第二點不但給自己占身分，同時更給北京大學和中國占身分。又如「法政學報週年紀念會演說辭」第二段道：

兄弟將貴報第一期翻閱，見劉先生及高先生的發刊詞，都是對於社會上看不起法政學生發出一番感慨。社會上所以看不起法政學生，也有原故的。但觀一年來的法政學報，也可以去從前的病根了。

接著兩段都說社會上看不起法政學生的原故，又接著一段說他自己「兩年前到北京的時候，還受了外來的刺激，對於法政學生，還沒有看得起他」。他說他「常時對法科學生，已經揭穿這個話了」。話到這裡才拐彎，下一段便道：「後來兄弟讀了貴報的發刊詞，見得怎麼的痛心疾首（？），纔曉得諸君的一番自覺。兄弟以為這就是可以一洗從前法政學生的污點了。……法政學生能出學報，就是把從前的病根都除去了。」社會上看不起法政學生是當時的事實，蔡先生看不起法科學生的話是「兩年前」的事實（參看前引「就任北京大學校長演說詞」，那兒他只說「外人每指摘」云云，為的是顧到學生的身分）。他不願抹殺一般事實，更不願抹殺自己的話。好在《法政學報》的發刊詞裡曾經提到那一般的事實，他就索性發揮一下。但他既肯參加這紀念會，這會多少總有些意義的。意義便在「法政學生能辦學報」這一點上。他指出法政學生確有這些那些污點或病根，可只是「從前」如此。只「從前」一個詞便輕輕的將種種的污點或病根開脫了，給他自己、法政學生和聽眾，都留下了地步，占住了身分。

又如〈皮公言報並答林琴南君函〉裡道：

公所舉「斥父母為自感情慾，於己無恩」，謂隨園文中有之。弟則憶《後漢書》〈孔融傳〉，路粹枉狀奏融有曰：「前與白衣禰衡跌蕩放言云，父之於子，當有何親？論其本意，實為情欲發耳。子之於母，亦復奚為？譬如寄物瓶中，出則離矣。」孔融、禰衡並不以是損其聲價，而路粹則何如者？且公能指出誰何教員，曾於何書、何雜誌，述路粹或隨園之語，而表其極端贊成之意者？

林氏只知父母於己無恩一說見於袁枚文中，不知早已見於《後漢書》。蔡先生引〈孔融傳〉見出林氏的陋處。北大教員並無「述路粹或隨園之語，而表其極端贊成之意者」，而林氏云云。蔡先生引路粹枉奏孔融、禰衡的話，說「孔融、禰衡並不以是損其聲價，而路粹則何如者？」路粹誣人，林氏也誣人，誣人的只是自損聲價罷了。這兩層都是鋒利的諷刺，但能出以婉約，便保存著彼此的身分。又如「燕京大學男女兩校聯歡會的演說」首段道：

今日我承司徒校長招與男女兩校聯歡會。我知道這個會是為要實行男女同校的預備。我得參與，甚為榮幸，甚為感謝。但秩序單上卻派我作北京男校的代表。我要說句笑，我似乎不好承認。為什麼呢？因為我有幾個關係的學校，都不是專收男生的。……這幾個學校，可以叫作男校麼？

第二段說「大學本來沒有女禁」。末段卻道：

> 所以我的本意，似乎不必有男校女校的分別。但燕京大學，歷史的演進，校舍的限制，當然男女分校。就是北京的學校，事實上大都是男女分校的。況且今日代表北京女校的毛夫人，已經演說過了。我的不肯承認男校代表，只好算一句笑話。我現在仍遵司徒校長之命，代表北京男校敬致祝賀之意。

用了「一句笑話」、「歷史」、「事實」等等，既表明了自己主張，又遵了主人的命，人我兼顧，可以說是「曲折如意、應變有方」的辭令。

六

作文或演說一般都以受過中等教育的人為對象。有時候對象是教育程度較低的人，便得降低標準，向淺近處說去。這件事並不易，得特別注意選用那些簡明的詞彙和句調，才能普及。本書裡如〈黑暗與光明的消長〉、〈洪水與猛獸〉、〈勞工神聖〉、〈北京大學校役夜班開學式演說〉、〈平民夜校開學日的演說〉、〈我的新生活觀〉等篇，詞彙和句式都特別簡明，大學都是為了普及一般民眾的。其中只有第三篇是文言，別的都是白話。一般的說，白話比較文言容易普及些；但許多白話文，許多演說，一般民眾還不能看懂聽懂，也是事實，所以也需要特別注意。這幾篇裡，〈勞工神聖〉影響最大，許多種中學國文教科書裡都選錄。讀者將這幾篇跟別些篇仔細比較，可以知道普及一般民眾的文字或演說怎樣下手。〈華工學校講義〉四十篇是給華工讀的，也該是普及的文字；但因為是講義，有人教，所以普及之中兼有提高作用。各文中常常引證經史，便是為此。講義裡，德育三十篇以公德為主，智育十篇其實關係美育的居大多數，這兩者可以說原是歐化。蔡先生卻引證經史，一方面是溝通中西文化，使華工感覺親切些，也使他們不至於忘本，另一方面是使他們接觸些古典，可以將文字的修養提高些。

自由發揮的文字，須重層次或條理

這四十篇可以算是自由發揮的文字，跟〈世界觀與人生觀〉、〈哲學與科學〉、〈大戰與哲學〉、〈美術的起源〉、〈教育之對待的發展〉、〈文明之消化〉等篇相同。這種自由發揮的文字，得特別注意層次或條理。語言文字都得注意層次或條理，但如那些因事而作的文字，有「事」管著，層次或條理似乎容易安排些，不至於亂到那兒去。這種自由發揮的文字，自由較多，便容易有氾濫無歸、輕重倒置，以及瑣碎紛歧等毛病——長篇尤其如此。所以得特別注意。本書文字，可以說都沒有這些毛病。在自由發揮的一類中，如〈世界觀與人生觀〉、〈哲學與科學〉、〈美術的起源〉（最長）等篇，題材都很複雜，而蔡先生說來卻頭頭是道——因事而作的一類中，層次謹嚴或條理完密的更多——這就見出他分析的力量。他的分析的力量又表現在分辨意義上。〈華工學校講義〉德育類從〈文明與奢侈〉直到最末的〈有恆與保守〉止，共十六篇，差不多每篇都在分辨兩個相似而不同的、容易混淆的詞的意義——〈理信與迷信〉也是分析「信」這個詞的意義的，只有「尚潔與太潔」是例外。有些詞的意義的分辨，影響人的信念和行為很大（特別是那些抽象名詞），從這十幾篇裡可見。一方面分析詞義也是一不可少的文字的訓練，可以增進了解和寫作的確切。這四十篇講義都是蔡先生本人精心結撰的，中學為了學習文言，該先細讀了這些，再讀別的。

本書各文雖然常有引證的地方，而作為技巧的典故，用的卻極少。比喻是用的，如〈黑暗與光明的消長〉、〈洪水與猛獸〉等題目，以及〈教育之對待的發展〉和〈堅忍與頑固〉〈華工學校講義〉的頭一段等，可是也少。蔡先生的文字原只注重達意的清切，少用典故，少用比喻，都是為了清切。比喻有時也可以幫助傳達那些不經常的意思，可還是表示情感的作用大。梁啟超先生的新文體，用比喻就很多，「筆鋒常帶情感」，這是一個因子。本書〈教育之對待的發展〉頭一段道：

> 吾人所處之世界，對待的世界也。磁電之流，有陽極則必有陰極，植物之生，上發枝葉，則下苗根荄：非對待的發展乎？初民數學之知識，自一至五而已；及其進步，自五而積之，以至於無窮大；抑亦自一而折之，以至於無窮小：非對待的發展乎？古人所觀察之物象，上有日月星辰，下有動植水土而已；及其進步，則大之若日局之組織，恆星之光質，小之若微生物之活動，原子電子之配置，皆能推測而記錄之；非對待的發展乎？

第二段第一句接著道，「教育之發展也亦然」。三排比喻跟著複沓的三個詰問句都為的增強「吾人所處之世界，對待的世界也」一句話的力量。接連拋擲三層排語，逼得人不能不信這句話。這種比喻的作用在表示信念，表示情感。這種作風顯然是梁先生新文體的影響。但本書這種例子極少。蔡先生用比喻，還是幫助達意的較多。如〈對於教育方針之意見〉裡有一段道：

譬之人身：軍國民主義，筋肉也，用以自衛；實利主義，胃腸也，用以營養；公民道德者，呼吸機、循環機也，周貫全體；美育者，神經系也，所以傳導；世界觀者，心理作用也，附麗于神經系，而無跡象之可求。此即五者不可偏廢之理也。（參看前引〈北京大學月刊發刊詞〉）

這五者相關的情形是不經常的理，必得用一些具體的比喻表明，才可以想像得之。這種比喻是為了增加知識，不是為了增強情感，跟上一例的分別，細心人不難看出。蔡先生的文字既不大用典故，又不大用比喻，只求樸實簡明，我們可以套用吳稚暉先生的調子，說是「近語的文」。近語的文，或文求近語，便是現在文言的趨勢。

本書各篇偶有不熟練的詞句（以白話文裡為多），上引各條中有些括弧問號和括弧字，可見一斑。此外如，「應用文，不過記載與說明兩種作用。前的是要把……後的是要把……」（一五六面），兩「的」字該是「者」字。又，「近來有人對於第三位代名詞，一定要分別，有用她字的，有用伊字的。但是覺得這種分別的是沒有必要。」（一六三面）末句，「的」移到句末，便合文法了。又，「甚至有寫封信還要講人去寫。」（二八二面）或刪「有」字，或改「有」字為「於」字，或在句末加「的」字。文言如「以後處世，即使毫無權利，則義務亦在所應盡。」（四一六面）「則」字宜刪去。別的還有些，讀者可以自己留心去分辨。這些地方大概是擬稿人或記錄人的責任，蔡先生覆閱的時候大概也看漏了。白話文錯誤的地方較多，該是因為那時期白話文剛在發展，一般人還讀得少，寫得少的原故。

唐詩三百首

＊編按：本文提到讀唐詩有調平情感、陶冶性情的益處，而這部選本收錄的名作，藉由註釋說明，很適合作為中學生略讀的教材。文中分析品讀唐詩的方法，詳述各種體製，並從格律體裁入手，由典故及比喻深入探究，將詩的組織特點與選詩的時代性和變遷，全面加以介紹，使中學生能確實掌握閱讀唐詩的要領。

有些人在生病的時候或煩惱的時候，拿過一本詩來翻讀，偶爾也朗吟幾首，便會覺得心上平靜些，輕鬆些。這是一種消遣，但跟玩骨牌或紙牌等等不同，那些大概只是碰碰運氣。跟讀筆記一類書也不同，那些書可以給人新的知識和趣味，但不直接調平情感。讀小說在這些時候大概只注意在故事上，直接調平情感的效用也不如詩。詩是抒情的，直接訴諸情感；又是節奏的，同時直接訴諸感覺；又是最經濟的，語短而意長。具備這些條件，讀了心上容易平靜輕鬆，也是當然。自來說，詩可以陶冶性情，這句話不錯。

但是詩絕不祇是一種消遣，正如筆記一類書和小說等也不是一樣。詩調平情感，也就是節制情感。詩裡的喜怒哀樂跟實生活裡的喜怒哀樂不同，這是經過「再團再煉再調和」的。詩人正在喜怒哀樂的時候，絕想不到作詩。必得等到他的情感平靜了，他才會吟味那平靜了的情感想到作詩，於是乎運思造句，作成他的詩，這才可以供欣賞。要不然，大笑狂號只教人心緊，有什麼可欣賞的呢？讀詩所欣賞的便是詩裡所表現的那些平靜了的情感，假如是好詩，說的即使怎樣可氣可哀，我們還是不厭百回讀的。在實生活裡便不然，可氣可哀的事我們大概不願重提。這似乎是有私、無私或有我無我的分別。詩裡無我，實生活裡有我。別的文學類型也都有這種情形，不過詩裡更容易見出。讀詩的人直接吟味那無我的情感，欣賞它的發而中節，自己也得到平靜，而且也會漸漸知道節制自己的情感。一方面因為詩裡的情感是無我的，欣賞起來得設身處地，替人著想。這也可以影響到性情上去。節制自己和替人著想這兩種影響都可以說是人在模倣詩。詩可以陶冶性情，便是這個意思。所謂溫柔敦厚的詩教，也只該是這個意思。

部定初中國文課程標準「目標」裡有「養成欣賞文藝之興趣」一項，略讀教材裡有「有註釋之詩歌選本」一項。高中國文課程標準「目標」裡又有「培養學生欣賞中國文學名著之能力」一項，關於略讀教材也有「選讀整部或選本之名著」的話。欣賞文藝，欣賞中國文學名著，都不能忽略讀詩。讀詩家專集不如讀詩歌選本。讀選本雖只能「嘗鼎一臠」，卻能將各家各派鳥瞰一番；這在中學生是最適宜的，也最需要的。有特殊的選本，有一般的選本。按著特殊的作派選的是前者，按著一般的品味選的是後者。中學生不用說該讀後者。《唐詩三百首》正是一般的選本。這部詩選很著名，流行最廣，從前是家絃戶誦的書，現在也還是相當普遍的書。但這部選本並不成為古典，它跟《古文觀止》一樣，只是當年的童蒙書，等於現在的小學用書。不過在現在的教育制度下，這部書給高中學生讀才合適。無論它從前的地位如何，現在它卻是高中學生最合適的一部詩歌選本。唐代是詩的時代，許多大詩家都在這時代出現，各種詩體也都在這時代發展。**這部書選在清代中葉，入選的差不多都是經過一千多年淘汰的名作，差不**

多都是歷代公認的好詩。雖然以明白易解為主，並限定詩篇的數目，規模不免狹窄些，卻因此成為道地的一般的選本。高中學生讀這部書，靠著註釋的幫忙，可以吟味欣賞，收到陶冶性情的益處。

〔指導大概〕

本書是清乾隆間一位別號「蘅塘退士」的人編選的。卷頭有「題辭」，末尾記著「時乾隆癸未年春日，蘅塘退士題」。乾隆癸未是公元一七六三年，到現在快一百八十年了。有一種刻本「題」字下押了一方印章，是「孫洙」兩字，也許是選者的姓名。孫洙的事跡，因為眼前書少，還不能考出、印證。這件事只好暫時存疑。題辭說明編選的旨趣，很簡短，鈔在這裡：

> 世俗兒童就學，即授《千家詩》，取其易於成誦，故流傳不廢。但其詩隨手掇拾，工拙莫辯。且止五七律絕二體，而唐宋人又雜出其間，殊乖體製。因專就唐詩中膾炙人口之作，擇其尤要者，每體得數十首，共三百餘首，錄成一編，為家塾課本。俾童而習之，白首亦莫能廢。較《千家詩》不遠勝耶？諺云：「熟讀唐詩三百首，不會作詩也會吟。」請以是編驗之。

這裡可見**本書是斷代的選本，所選的只是「唐詩中膾炙人口之作」，就是唐詩中的名作**。而又只「擇其尤要者」，所以只有三百餘首，實數是三百一十首。所謂「尤要者」大概著眼在陶冶性情上。至於以明白易解的為主，是「家塾課本」的當然，無須特別提及。本書是分體編的，所以說「每體得數十首」。引諺語一方面說明為什麼只選三百餘首，但編者顯然同時在模倣「三百篇」。《詩經》三百零五篇，連那有目無詩的六篇算上，共三百一十一篇；本書三百一十首，絕不是偶然巧合。編者是怕人笑他僭妄，所以不將這番意思說出。引諺語另一方面教人熟讀，學會吟詩。我們現在也勸高中學生熟讀，熟讀才真是吟味，才能欣賞到精緻處。但現在卻無須再學作舊體詩了。

　本書流傳既廣，版本極多。原書有註釋和評點，該是出於編者之手。註釋只註事，頗簡當，但不釋義。讀詩首先得了解詩句的文義；不能了解文義，欣賞根本說不上。書中各詩雖然比較明白易懂，又有一些註，但在初學還不免困難。書中的評，在詩的行旁，多半指點作法，說明作意，偶然也品評工拙。點只有句圈和連圈，沒有讀點和密點——密點和連圈都表示好句和關鍵句，並用的時候，圈的比點的更重要或更好。**評點大約起於南宋，向來認為有傷雅道，因為妨礙讀者欣賞的自由，而且免不了成見或偏見。但是謹慎的評點對於初學也未嘗沒有用處。這種評點可以幫助初學了解詩中各句的意旨，並培養他們欣賞的能力**。本書的評點似乎就有這樣效用。

　但是最需要的還是詳細的註釋。道光間，浙江省建德縣（？）人章燮鑒於這個需要，便給本書作註，成《唐詩三百首註疏》一書。他的自跋作於道光甲午，就是公元一八三四年，離蘅塘退士題辭的那年是六十九年。這註本也是「為家塾子弟起見」，很詳細。有詩人小傳，有事註，有義疏，並明作法，引評語。其中李白詩用王琦《李太白集註》，杜甫詩用仇兆鰲《杜詩詳註》。原書的評也留著，但連圈沒有——原刻本並句圈也沒有。書中還增補了一些詩，卻沒有增選詩家。以註書的體例而論，這部書可以說是駁雜不純，而且不免繁瑣疏漏傅會等毛病。書中有「子墨客卿」（名翰，姓不詳）的校正語十來條，都確切可信。但在初學，卻是一部有益的書。這部書我只見過兩種刻本。一種是原刻本。另一種是坊刻本，四川常見。這種刻本有句圈，書眉增錄各家評語，並附道光丁酉（公元一八三七年）印行的**江蘇金壇于慶元的《續選唐詩三百首》**。讀唐詩三百首用這個本子最好。此外還有商務印書館鉛印本《唐詩三百首》，根據蘅塘退士的原本而未印評語。又，世界書局石印《新體廣註唐詩三百首讀本》，每詩後有「註釋」和「作法」兩項。「註釋」註事比原書詳細些；兼釋字義，卻間有誤處。「作法」兼說明作意，還得要領。卷首有「學詩淺說」，大致簡明可看。書中只絕句有連圈，別體只有句圈。絕句連圈處也跟原書不同，似乎是鈔印時隨手加上，不足憑信。

一

本書編配各體詩，計五言古詩三十三首，樂府七首，七言古詩二十八首，樂府十四首，五言律詩八十首，七言律詩五十首，樂府一首，五言絕句二十九首、樂府八首，七言絕句五十一首，樂府九首，共三百一十首。五言古詩和樂府，七言古詩和樂府，兩項總數差不多。五言律詩的數目超出七言律詩和樂府很多；七言絕句和樂府卻又超出五言絕句和樂府很多。這不是編者的偏好，是反映著唐代各體詩發展的情形。五言律詩和七言絕句作的多，可選的也就多。這一層下文還要討論。五、七、古、律、絕的分別都在形式，樂府是題材和作風不同。樂府也等下文再論，先說五七古律絕的形式。這些又大別為兩類：古體詩和近體詩。五七言古詩屬於前者，五七言律絕屬於後者。所謂形式，包括字數和聲調（即節奏），律詩再加對偶一項。五言古詩全篇五言句，七言古詩或全篇七言句，或在七言句當中夾著一些長短句。如李白〈廬山謠〉開端道：

我本楚狂人，狂歌笑孔丘。手持綠玉杖，朝別黃鶴樓。
五岳尋山不辭遠，一年好入名山遊。

又如他的〈宣州謝朓樓餞別校書叔雲〉開端道：

棄我去者，昨日之日不可留。亂我心者，今日之日多煩憂。
長風萬里送秋雁，對此可以酣高樓。

這些都是七言古詩。**五七古全篇沒有一定的句數。古近體詩都得用韻，通常兩句一韻，押在雙句末字；有時也可以一句一韻，開端時便多如此**。上面引的第一例裡，「丘」、「樓」、「遊」是韻，兩句間見；第二例裡，「留」和「憂」是逐句韻，「憂」和「樓」是隔句韻。古體詩的聲調比較近乎語言之自然，七言更其如此，只以讀來順口聽來順耳為標準。但順口順耳跟著訓練的不同而有等差，並不是一致的。**近體詩的聲調卻有一定的規律。五七言絕句還可以用古體詩的聲調，律詩老得跟著規律走**。規律的基礎在字調的平仄；字調就是平上去入四聲，上去入都是仄聲。五七言律詩基本的平仄式之一如次：

五律

仄仄平平仄　平平仄仄平　平平平仄仄　仄仄仄平平
仄仄平平仄　平平仄仄平　平平平仄仄　仄仄仄平平

七律

平平仄仄仄平平　仄仄平平仄仄平
仄仄平平平仄仄　平平仄仄仄平平
平平仄仄平平仄　仄仄平平仄仄平
仄仄平平平仄仄　平平仄仄仄平平

二

即使不懂平仄的人也能看出律詩是兩組重複、均齊的節奏所構成，每組裡又自有對稱、重複、變化的地方。節奏本是異中有同，同中有異，律詩的平仄式也不外這個理。即使不懂平仄的人只默誦或朗吟這兩個平仄式，也會覺得順口順耳；但這種順口順耳是音樂性的，跟古體詩不同，正和語言跟音樂不同一樣。律詩既有平仄式，就只能有八句，五律是四十字，七律是五十六字（排律不限句數，但本書裡沒有）。絕句的平仄式照律詩減半（七絕照七律的前四句），就是只有一組的節奏。這裡所舉的平仄式只是最基本的，其中有種種繁複的變化。懂得平仄的自然漸漸便會明白。不懂平仄的，只要多讀、熟讀、多朗吟，也能欣賞那些聲調變化的好處。恰像聽戲多的人不懂板眼也能分別唱的好壞，不過不大精確就是了。四聲中國人人語言中有，但要辨別某字是某聲，卻得受過訓練才成。從前的訓練是對對子跟讀四聲表，都在幼小的時候。現在高中學生不能辨別四聲也就是不懂平仄的，大概有十之八九。他們若願意懂，不妨試讀四聲表。這只消從《康熙字典》卷首附載的〈等韻切音指南〉裡選些容易讀的四聲如「巴把霸捌」、「庚梗更格」之類，得閒就練習，也許不難一旦豁然貫通（中華書局出版的《學詩入門》裡有一個四聲表，似乎還容易讀出，也可用）。律詩還有一項規律，就是中四句得兩兩對偶，這層也在下文討論。

初學人讀詩，往往給典故難住。他們一回兩回不懂，便望而生畏，因畏生懶；這會斷了他們到詩去的路。所以需要註釋。但典故多半只是歷史的比喻和神仙的比喻；用典故跟用比喻往往是一個理，並無深奧可畏之處。不過比喻多取材於眼前的事物，容易了解些罷了。**廣義的比喻連典故在內，是詩的主要的生命素；詩的含蓄、詩的多義、詩的暗示力，主要的建築在廣義的比喻上。**那些取材於經驗和常識的比喻（一般所謂比喻只指這些），可以稱為事物的比喻，跟歷史的比喻、神仙的比喻鼎足而三。這些比喻（廣義，後同）都有三個成分：一、**喻依**，二、**喻體**，三、**意旨**。喻依是作比喻的材料，喻體是被比喻的材料，意旨是比喻的用意所在。先從事物的比喻說起。如「**天邊樹若薺**」（五古，孟浩然〈秋登蘭山寄張五〉），薺是喻依；天邊樹是喻體；登山望遠樹，只如薺菜一般，只見樹的小和山的高，是意旨。意旨卻沒有說出。**又，「今朝為此別，何處還相遇？世事波上舟，沿洄安得住！」**（五古，韋應物〈初發揚子寄元大校書〉）世事是喻體，沿洄不得住的波上舟是喻依，惜別難留是意旨——也沒有明白說出。**又，「吳姬壓酒勸客嘗」**（七古，李白〈金陵酒肆留別〉），當壚是喻體，壓酒是喻依。壓酒的「壓」

和所謂「壓裝」的「壓」用法一樣，壓酒是使酒的分量加重，更值得「盡觴」（原詩，「欲行不行各盡觴」）。吳姬當壚，助客酒興是意旨。這裡只說出喻依。又，「**辭嚴義密讀難曉，字體不類隸與蝌。年深豈免有缺畫？快劍斫斷生蛟鼉。鸞翔鳳翥眾仙下，珊瑚碧樹交枝柯。金繩鐵索鎖紐壯，古鼎躍水龍騰梭。**」（七古，韓愈〈石鼓歌〉）「快劍」以下五句都是描寫石鼓的字體的。這又分兩層。第一，專描寫殘缺的字。缺畫是喻體，「快劍」句是喻依，缺畫依然勁挺有生氣是意旨。第二，描寫字體的一般。字體便是喻體，「鸞翔」以下四句是五個喻依「古鼎躍水」跟「龍騰梭」各是一個喻依。意旨依次是雋逸、典麗、堅壯、挺拔（末兩個喻依只一個意旨），都指字體而言，卻都未說出。又，「**大絃嘈嘈如急雨，小絃切切如私語；嘈嘈切切錯雜彈，大珠小珠落玉盤。間關鶯語花底滑，幽咽泉流冰上難**」（原作「水下灘」，依段玉裁說改——七古，白居易〈琵琶行〉）。這幾句都描寫琵琶的聲音。大絃嘈嘈跟小絃切切各是喻體，急雨跟語各是喻依，意旨一個是高而急，一個是低而急。「嘈嘈」句又是喻體，「大珠」句是喻依，圓潤是意旨。「間關」二句各是一個喻依，喻體是琵琶的聲音；前者的意旨是明滑，後者是幽澀。頭兩層的意旨未說出，這一層喻體跟意旨都未說出。事物的比喻雖然取材於經驗和常識，卻得新鮮，才能增強情感的力量；這需要創造的工夫。新鮮還得入情入理，才能讓讀者消化；這需要雅正的品味。

三

有時全詩是一套事物的比喻，或者一套事物的比喻滲透在全詩裡。前者如朱慶餘〈近試上張水部〉（七絕）：

洞房昨夜停紅燭，待曉堂前拜舅姑，
妝罷低聲問夫婿，「畫眉深淺入時無？」

唐代士子應試，先將所作的詩文呈給在朝的知名人看。若得他讚許宣揚，登科便不難。宋人詩話裡說：「慶餘遇水部郎中張籍，因索慶餘新舊篇什，寄之懷袖而推贊之，遂登科。」這首詩大概就是呈獻詩文時作的。全詩是新嫁娘的話，她在拜舅姑以前問夫婿，畫眉深淺合適否？這是喻依。喻體是近試獻詩文給人，朱慶餘是在應試以前問張籍，所作詩文合適否？新嫁娘問畫眉深淺，為的請夫婿指點，好讓舅姑看得入眼。朱慶餘問詩文合適與否，為的請張籍指點，好讓考官看得入眼。這是全詩的主旨。又，駱賓王〈在獄詠蟬〉（五律）：

西陸蟬聲唱，南冠客思深。不堪玄鬢影，來對白頭吟。
露重飛難進，風多響易沈。無人信高潔，誰為表予心！

這是聞蟬聲而感身世。蟬的頭是黑的，是喻體，玄鬢影是喻依，意旨是少年時不堪回首。「露重」一聯是蟬，是喻依，喻體是自己，身微言輕是意旨。詩有長序，序尾道：「庶情沿物應，哀弱羽之飄零，道寄人知，憫餘聲之寂寞」，正指出這層意旨。「高潔」是蟬，也是人、是自己；這個詞是雙關的，多義的。又，杜甫〈古柏行〉（七古）詠夔州武侯廟和成都武侯祠的古柏，作意從「君臣已與時際會，樹木猶為人愛惜」二語見出。篇末道：

大廈如傾要梁棟，萬牛迴首丘山重。
不露文章世已驚，未辭翦伐誰能送？
苦心豈免容螻蟻？香葉終經宿鸞鳳。
志士幽人莫怨嗟，古來材大難為用。

大廈傾和梁棟雖已成為典故，但原是事物的比喻。兩者都是喻依。前者的喻體是國家亂；大廈傾會壓死人，國家亂人民受難，這是意旨。後者的喻體是大臣，梁棟支柱大廈，大臣支持國家，這是意旨。古柏是棟梁材，雖然「不露文章世已驚」，也樂意供世用，但是太重了，太大了，誰能送去供用呢？無從供用，漸漸心空了，螞蟻爬進去了；但是「香葉終經宿鸞鳳」，它的身分還是高的。這是喻依。喻體是懷才不遇的志士幽人。志士幽人本有用世之心，但是才太大了，無人真知灼見，推薦入朝；於是貧賤衰老，為世人所揶揄，但是他們的身分還是高的。這是才大難為用，是意旨。

四

典故只是故事的意思。這所謂故事包羅的卻很廣大。經史子集等等可以說都是的；**不過詩文裡引用，總以常見的和易知的為主。典故有一部分原是事物的比喻，有一部分是事跡，另一部分是成辭。**上文說典故是歷史的比喻和神仙的比喻，是專從詩文的一般讀者著眼，他們覺得詩文裡引用史事和神話或神仙故事的地方最困難。這兩類比喻都應該包括著那三部分。如前節所引〈古柏行〉裡的「**大廈如傾要梁棟**」、「**大廈之傾，非一木所支**」（見《文中子》）、「**栝柏豫章雖小，已有棟梁之器**」是袁粲嘆美王儉的話，見《晉書》。大廈和梁棟都是歷史的比喻，同時可還是事物的比喻。又「**乾坤日夜浮**」（五律，杜甫〈登岳陽樓〉）是用《水經注》。《水經注》道：「洞庭湖廣五百里，日月若出沒其中。」乾坤是喻體，日夜浮是喻依。天地中間好像只有此湖；湖蓋地，人蓋湖，天地好像只是日夜飄浮在湖裡。洞庭湖的廣大是意旨。又「**古調雖自愛，今人多不彈**」（五絕，劉長卿〈彈琴〉），用魏文侯聽古樂就要睡覺的話（見《禮記》）。兩句是喻依，世人不好古是喻體，自己不合時宜是意旨。這三例不必知道出處便能明白；但知道出處，句便多義，詩味更厚些。

引用事跡和成辭不然，得知道出處，才能了解正確。如「**聖代無隱者，英靈盡來歸。遂令東山客，不得顧采薇。**」（五古，王維〈送綦毋潛落第還鄉〉）謝安曾隱居會稽東山。東山客是喻依，喻體是綦毋潛，意旨是大才隱處。〈采薇〉是伯夷叔齊的故事，他們義不食周粟，隱於首陽山，采薇而食。采薇是喻依，隱居是喻體，自甘淡泊是意旨。又，「**客心洗流水**」（五律，李白〈聽蜀僧濬彈琴〉），流水用俞伯牙、鍾子期的故事。俞伯牙彈琴，志在流水。鍾子期就聽出了，道：「洋洋乎，若江河！」詩句是倒裝，原是說流水洗客心。流水是喻依，喻體是蜀僧濬的琴曲，意旨是曲調高妙。洗流水又是雙關的，多義的。洗是喻依，淨是喻體，高妙的琴曲滌淨客心的俗慮是意旨。洗流水又是喻依，喻體是客心；聽琴而客心清淨，像流水洗過一般，是意旨。又，錢起〈送僧歸日本〉（五律）道：「……**浮天滄海遠**，

去世法舟輕。……惟憐一燈影，萬里眼中明。」一燈影用《維摩經》。經裡道：「有法門，名無盡燈。譬如一**燈燃百千燈**，冥者皆明，明終不盡。夫一菩薩開導千百眾生，令發阿耨多羅三藐三菩提心（譯言『無上正等正覺心』），其於道意亦不滅盡。是名無盡燈。」這兒一燈是喻依，喻體是覺者；一燈燃千百燈，一覺者造成千百覺者，道意不滅是意旨。但在詩句裡，一燈影卻指舟中禪燈的光影，是喻依；喻體是那日本僧；意旨是他回國傳法，輾轉無盡（「惟憐」是「最愛」的意思）。**又，「後來鞍馬何逡巡，當先下馬入錦茵。楊花雪落覆白蘋，青鳥烈去銜紅巾。炙手可熱勢絕倫，慎莫近前丞相嗔！」**（七古，樂府，杜甫〈麗人行〉）全詩詠三月三日長安水邊遊樂的情形，以楊國忠兄妹為主。詩中上文說到虢國夫人和秦國夫人，這幾句說到楊國忠——他那時是丞相。「楊花」二語正是暮春水邊的景物。但是全詩裡只在這兒插入兩句景語，奇特的安排暗示別有用意。北魏胡太后私通楊華作〈楊白花歌〉，有「**楊花飄蕩入南家**」、「**願銜楊花入窠裡**」等語。白蘋，舊說是楊花入水所化。楊國忠也和虢國夫人私通。「楊花」句一方面是個喻依，喻體便是這件事實。楊國忠兄妹相通，都是楊家人，所以用楊花覆白蘋為喻，暗示譏刺的意旨。三青鳥是西王母傳書帶信的侍者。當時總該有些侍婢是給那兄妹二人居間。「青鳥」句一方面也是喻依，喻體便是這些居間的侍婢，意旨還是譏刺楊國忠不知恥。青鳥是神仙的比喻。這兩句隱約其辭，雖志在譏刺，而言之者無罪。又杜甫〈登樓〉（七律）：

花近高樓傷客心，萬方多難此登臨。
錦江春色來天地，玉壘浮雲變古今。

北極朝廷終不改，西山寇盜具相侵。
可憐後主還祠廟，日暮聊為〈梁父吟〉。

五

舊註說本詩是代宗廣德二年在成都作。元年冬，吐蕃陷京師，郭子儀收復京師，請代宗反正。所以有「北極」二句。本篇組織用賦體，以四方為骨幹。錦江在東，玉壘山在西，「北極」二句是北眺所思。當時後主附祀先主廟中，先主廟在成都城南。「可憐」二句正是南瞻所感（羅庸先生說見《國文月刊》九期）。可憐後主還有祠廟，受祭享，他信任宦官，終於亡國，辜負了諸葛亮出山一番。《三國志》裡說「**亮躬耕隴畝，好為〈梁父吟〉**」，〈梁父吟〉的原辭不傳（流傳的「梁父吟」絕不是諸葛亮的「梁父吟」），大概慨嘆小人當道。這二語一方面又是喻依，喻體是代宗和郭子儀；代宗也信任宦官，杜甫希望他「親賢臣，遠小人」（諸葛亮〈出師表〉中語），這是意旨。「日暮」句又是喻依，喻體是杜甫自己；想用世是意旨。**又，「今朝郡齋冷，忽念山中客。澗底束荊薪，歸來煮白石」**（五古，韋應物〈寄全椒山中道士〉），煮白石用鮑靚事。《晉書》：「靚學兼內外，明天文河洛書。嘗入海，遇風，飢甚，取白石煮食之。」煮白石是喻依，喻體是那山中道士，他的清苦生涯是意旨。這也是神仙的比喻。又，**「總為浮雲能蔽日，長安不見使人愁」**（七律，李白〈登金陵鳳凰台〉），兩句一貫，思君的意思似甚明白。但樂府〈古楊柳行〉道：「讒邪害公正，浮雲蔽白日。」古句也道：「浮雲蔽白日，遊子不顧反。」本詩顯然在引用成辭。陸賈《新語》說：「邪官之蔽賢，猶浮雲之鄣日月。」本詩的「浮雲能蔽日」一方面也是喻依，喻體大概是楊國忠等遮塞賢路。意旨是邪臣蔽君誤國；所以有「長安句」歷史的比喻和神仙的比喻引用故事，得增減變化，才能新鮮入目。宋人所謂「以舊為新」，便是這意思。所引各例可見。

典故滲透全詩之例

典故滲透全詩的，如孟浩然〈臨洞庭上張丞相〉（五律）：

> 八月湖水平，涵虛混太清。氣蒸雲夢澤，波撼岳陽城。
> 欲濟無舟楫，端居恥聖明。坐觀垂釣者，徒有羨魚情。

張丞相是張九齡，那時在荊州。前四語描寫洞庭湖，三四是名句。後四語蟬聯而下，還是就湖說，只「端居」一句露出本意，這一語便是《論語》「邦有道，貧且賤焉，恥也」的意思。「欲濟」句一方面說想渡湖上荊州去，卻沒有船，一方面是一喻依。偽《古文尚書》〈說命〉殷高宗命傅說道，若濟巨川，「用汝作舟楫」。本詩用這喻依，喻體卻是欲用世而無引進的人，意旨是希望張丞相援手。「坐觀」二語是一喻依。《漢書》用古人言：「**臨淵羨魚，不如退而結網**。」本詩裡網變為釣。這一聯的喻體是羨人出仕而得行道。自己無釣具，只好羨人家釣的魚，自己不得仕，只好羨人家行道。意旨同上。

全詩用典故最多的。本書中推杜甫〈寄韓諫議〉一首（七古）：

今我不樂思岳陽，身欲奮飛病在床。
美人娟娟隔秋水，濯足洞庭望八荒。
鴻飛冥冥日月白，青楓葉赤天雨霜。
玉京群帝集北斗，或騎麒麟翳鳳凰。
芙蓉旌旗煙霧落，影動倒景搖瀟湘。
星宮之君醉瓊漿，羽人稀少不在旁。
似聞昨者赤松子，恐是漢代韓張良。
昔隨劉氏定長安，帷幄未改神慘傷。
國家成敗吾豈敢，色難腥腐餐楓香。
周南留滯古所惜，南極老人應壽昌。
美人胡為隔秋水！焉得置之貢玉堂！

韓諫議的名字事跡無考。從詩裡看，他是楚人，住在岳陽。肅宗平定安史之亂，收復東西京，他大約也是參與機密的一人。後來去官歸隱，修道學仙。這首詩是愛惜他，思念他。第一節說思念他，是秋日，自己是在病中。美人這喻依見《楚辭》，但在這兒喻體是韓諫議，意旨是他的才能出眾。「鴻飛冥冥，弋人何篡焉！」見揚雄《法言》。這兒一方面描寫秋天的實景，一方面是喻依；喻體還是韓諫議，意旨是他已逃出世網。第二節說京師貴官聲勢煊赫而韓諫議不在朝。本節差不多全是神仙的比喻，各有來歷。「玉京」句一喻依，喻體是集於君側的朝廷貴官，意旨是他們承君命掌大權。「或騎」二語一套喻依（「煙霧落」就是落在煙霧中），喻體同上句，意旨是他們的騎從儀衛之盛。影是芙蓉旌旗的影。「影動」句一喻依，喻體是聲勢煊赫，從京師傳遍天下；意旨是在瀟湘的韓諫議也必聞知這種聲勢。星宮之君就是玉京群帝，醉瓊漿的喻體是宴飲，意旨是徵逐酒食。羽人是飛仙，羽人稀少就是稀少的羽人，全句一喻依，喻體是一些遠引的臣僚不在這繁華場中，意旨是韓諫議沒有分享到這種聲勢。第三節說韓諫議曾參預定亂收京大計，如今卻不問國事，修道學仙。全節是神仙的比喻夾著歷史的比喻。昨者是從前的意思。如今的赤松子，昨者「恐是漢代韓張良」。韓張良的跟赤松子的喻體都是韓諫議，前者的意旨是他有謀略，後者的意旨是他修道學仙。別的喻依可以準此類推下去。第四節說他閒居不出很可惜，祝他老壽，希望朝廷再起用他來匡君濟世。太史公司馬談因病留滯周南，不得參與漢武帝的封禪大典，引為生平恨事。詩中「周南留滯」是喻依，喻體是韓諫議，意旨是他閒居鄉里。南極老人就是壽星，是喻依，喻體同，意旨便是「應壽昌」。以上只闡明大端，細節從略。

六

詩和文的分別，一部分是在詞句篇段的組織上，詩的組織比文的組織要經濟些。引用比喻或典故，一個原因便是求得經濟的組織。在舊體詩裡，有字數、聲調、對偶等制限，有時更不得不鑄造一些特別經濟的組織來適應。這種特殊的組織在文裡往往沒有，至少不常見。初學遇到這種地方也感困難，或誤解、或竟不懂。這得去看詳細的註釋。但讀詩多了，常常比較著看，也可明白。這種特殊的組織也常利用比喻或典故組成，那便更複雜些。如劉長卿〈送李中丞歸漢陽別業〉（五律）：

> 流落征南將，曾驅十萬師。罷歸無舊業，老去戀明時。
> 獨立三邊靜，輕生一劍知。茫茫江漢上，日暮欲何之！

「輕生一劍知」就是一劍知輕生的意思，輕生是說李中丞作征南將時不顧性命殺敵人。一劍知就是自己知：劍是殺敵所用，是自己的一部分，部分代全體是修辭格之一。自己知又有兩層用意：一是問心無愧，忠可報君；二是只有自己知，別人不知。上下文都可印證。又，「即此羨閒逸，悵然吟式微」（五古，王維〈渭川田家〉），式微用《詩經》〈式微〉篇道：「式微，式微，胡不歸！」本詩的式微是篇名，指的是這篇詩。吟式微只是取「胡不歸」那一語，用意是「何不歸田呢」。又，「惟將遲暮供多病，未有涓埃答聖朝」（七律，杜甫〈野望〉），「恐美人之遲暮」見《楚辭》，遲暮是老大無成的意思。「惟將」一句是說自己已老大，不曾有所建樹報答聖朝，加上遲暮的年光又都消磨在多病裡，雖然「海內風塵」（見本詩第三句），卻絲毫的力量也不能盡。「供」是喻依，杜甫自是喻體，消磨在裡面是意旨。這三例都是用辭格（也是一種比喻）或典故組成的。又如李頎〈送陳章甫〉（七古）末尾道：「聞道故林相識多，罷官昨日今如何？」昨日罷官，想到就要別了許多朋友歸里，自然不免一番寂寞；但是「聞道故林相識多」，今日臨行，想到就要會見著那些故林相識的朋友，又覺如何呢？——該不會寂寞了罷？昨今對照，用意是安慰（昨日是日前的意思）。又劉長卿〈尋南溪常道士〉：

一路經行處，莓苔見屐痕。白雲依靜渚，芳草閉閒門。
過雨看松色，隨山到水源。溪花與禪意，相對亦忘言。

去尋常道士，他不在寓處：「隨山到水源」才尋著。對著南溪邊的花和常道士的禪意，卻不覺忘言。相對是和「溪花與禪意」相對著。禪意給人妙悟，溪花也給人妙悟（禪家有拈花微笑的故事，那正是妙悟的故事），所以說「與」。妙悟是忘言的。尋著了常道士，卻被溪花與禪意吸引住！只顧欣賞那無言之美，不想多交談，所以說「亦」忘言。又，韋應物〈送楊氏女〉（五古），是送女兒出嫁楊家，前面道：「女子今有行，大江溯輕舟。爾輩苦無恃，撫念益慈柔。幼為長所育，兩別泣不休。」篇尾道：「歸來視幼女，零淚緣纓流。」全詩不曾說出楊氏女是長女，但讀了這幾句關係自然明白。

倒裝這特殊的組織，詩裡也常見。如「竹喧歸浣女，蓮動下漁舟」（五律，王維〈山居秋暝〉），「歸浣女」、「下漁舟」就是浣女歸，漁舟下。又，「家書到隔年」（五律，杜牧〈旅宿〉）就是家書隔年到。又，「東門酤酒飲我曹」（七古，李頎〈送陳章甫〉），「飲我曹」就是我曹飲，從上下文可知。又，「名豈文章著，官應老病休」（五律，杜甫〈旅夜書懷〉），就是文章豈著名，老病應休官。又，「幽映每白日」（五律，劉眘虛〈闕題〉）就是白日每幽映。又，「徒勞恨費聲」（五律，李商隱〈蟬〉），就是費聲恨徒勞。又，「竹憐新雨後，山愛夕陽時」（五律，錢起〈谷口書齋寄楊補闕〉）就是憐新雨後之竹，愛夕陽時之山——憐愛同意。又「獨夜憶秦關，聽鐘未眠客」（五古，韋應物〈夕次盱眙縣〉）就是聽鐘未眠客，獨夜憶秦關。這些倒裝句裡純然為了適應字數、聲調、對偶等制限的卻沒有，它們主要的作用還在增強語氣。此外如「何因不歸去，淮上對秋山？」（五律，韋應物〈淮上喜會梁州故人〉）這是詰問自己，「何因」直貫下句，二語合為一句。這也為了經濟的緣故。至如「少陵無人謫仙死」（七古，韓愈〈石鼓歌〉），「無人」也就是「死」。這是求新，求驚人。又，「百年多是幾多時」（七律，元稹〈遣悲懷〉之三）是說百年雖多，究竟又有多少時候呢？這也許是當時口語的調子。又如「雲中君不見」（五律，馬戴〈楚江懷古〉），雲中君是一個詞；這句詩上三字下二字，跟一般五言句上二下三的不同，但似乎只是個無意為之的例外，跟古詩裡「出郭門直視」一般。可是如「永夜角聲悲自語，中天月色好誰看」（七律，杜甫〈宿府〉），「五更鼓角聲悲壯，三峽星河影動搖」（七律，杜甫〈閣夜〉），都是上五下二，跟一般七言句上四下三或上二下五的不同。又，「近寒食雨草萋萋，著麥苗風柳映堤」（七絕，無名氏〈雜詩〉），每句上四字作一二一，而一般作二二或三一。這些卻是有意變調求新了。

選詩可見時代縮影

本書選詩，各方面的題材大致都有，分配又勻稱，沒有單調或瑣屑的弊病。這也是唐代生活小小的一個縮影。可是題材的內容雖反映著時代，題材的項目卻多是漢魏六朝詩裡所已有。只有音樂、圖畫似乎是新的。賦裡有以音樂為題材的，但晉以來就少。唐代音樂、圖畫特別發達，反映到詩裡，便增加了題材的項目。這也是時勢使然。在各種題材裡，「出處」是一重大的項目。從前讀書人唯一的出路是出仕，出仕為了行道，自然也為了衣食。出仕以前的隱居、干謁、應試、（落第）等，出仕以後的恩遇、遷謫，乃至憂民、憂國、思林棲、思歸田等，乃至真個辭官歸田，都是常見的詩的題目，本書便可作例。仕君行道是儒家的思想，隱居和歸田都是道家的思想。儒道兩家的思想合成了從前的讀書人。但是現在時勢變了，讀書人不一定出仕，林棲、歸田等思想也絕無僅有。有些人讀這些詩，也許會覺得不真切；青年學生讀書，往往只憑自己的狹隘的興趣，更容易有此感。但是會讀詩的人，多讀詩的人，能夠設身處地，替古人著想，依然覺得這些詩真切。這是情感的真切，不是知識的真切。這些人不但對於現在有情感，對於過去也有情感。他們知道唐人的需要、唐人的得失和現代人不一樣，可是在讀唐詩的時候，只讓那對於過去的情感領著走；這種無私、無我、無關心的同情教他們覺到這些詩的真切。這種無關心的情感需要慢慢調整自己、擴大自己，才能養成。多讀史，多讀詩，是一條修養的途徑。就是那些比較有普遍性的題材，如相思、離別、慈幼、慕親、友愛等也還是需要無關心的情感。這些題材的節目多少也跟著時代改變一些，固執「知識的真切」的人讀古代的這些詩，有時也不能感到興趣。

至於詠古之作，如唐玄宗〈經魯祭孔子而歎之〉（五律），是古人敬慕古人，紀時之作。如李商隱〈韓碑〉（七古），是古人論當時事。雖然我們也敬慕孔子，替韓愈抱屈，但知識的看，古人總隔一層。這些題材的普遍性比前一類低減些，不過還在「出處」那項目之上。還有，朝會詩，如岑參，王維〈和賈至舍人早朝大明宮之作〉（七律），見出一番堂皇富麗的氣象；又，宮詞，往往見出一番怨情，宛轉可憐。可是這些題材現代生活裡簡直沒有。最彆扭的是邊塞和從軍之作，唐人很喜歡作這類詩，而憫苦寒飢饋武的居多數，跟現代人冒險尚武的精神恰恰相反。但荒寒的邊塞自是一種新境界，從軍苦在當時也是一種真情的流露；若能節取，未嘗沒有是處。要能欣賞這幾類詩，都得靠無關心的情感。此外，唐人酬應的詩很多，本書裡也可見。有些人覺得作詩該等候感興，酬應的詩不會真切。但佇興而作的人向來大概不多，據現在所知，只有孟浩然是如此。作詩都在情感平靜了的時候，運詩造句都得用到理智。佇興而作是無所為，酬應而作是有所為，在功力深厚的人其實無多差別。酬應的詩若能恰如分際，也就見得真切。況是這種詩裡也不短至情至性之作。總之，讀詩得除去偏見和成見，放大眼光，設身處地看去。

七

明代高編選《唐詩品彙》，將唐詩分為四期。後來雖有種種批評，這分期法卻漸被一般沿用。初唐是高祖武德元年（公元六一八）至玄宗開元初（公元七一三—），約一百年。盛唐是玄宗開元元年至代宗大曆初（公元七六六—），五十多年。中唐是代宗大曆元年至文宗太和九年（公元八三五），七十年。晚唐是文宗開成元年（公元八三六）至昭宗天祐三年（公元九〇六），八十年。**初唐詩還是齊梁的影響，題材多半是豔情和風雲月露，講究聲調和對偶。**到了沈佺期、宋之問手裡，便成立了律詩的體製。這是唐代詩壇一件大事，影響後世最大。當時有個陳子昂，獨主張復古，擴大詩的境界。但他死得早，成就不多。**盛唐詩李白努力復古，杜甫努力開新。所謂復古，只是體會漢魏的作風和借用樂府詩的題目，並非模擬詞句。**所以陳子昂、李白都能夠創一家，而李白的成就更大。他的成就主要的在七言樂府，絕句也獨步一時。杜甫卻各體詩都是創作，全然不落古人窠臼。他以時事入詩，議論入詩，使詩散文化，使詩擴大境界；一方面研究律詩的變化，用來表達各種新題材。他的影響的久遠，幾乎沒有一個詩人比得上。這時期作七古體的最多，為的這一體比較自由，又剛在開始發展。而王維、孟浩然專用五律寫山水，也能變古成家。**中唐詩韋應物、柳宗元的五古以復古的作風創作，各自成家。古文家韓愈繼承杜甫，更使詩向散文化的路上走。宋詩受他的影響極大。**他的門下作詩，有詞句冷澀的，有題材詭僻的，本書裡只選了賈島一首。另一面有些人描寫一般的社會生活；這原是樂府精神，卻也是杜甫開的風氣。元稹、白居易主張詩該寫社會生活而有規諷的作意，才是正宗。但他們的成就卻不在此而在情景親切，明白如話。他們不避俗，跟韓愈一派恰相對照，可也出於杜甫。**晚唐詩刻畫景物，雕琢詞句，題材又回到風雲月露和豔情上，只加了一些雅事。詩境重趨狹窄，但精緻過於前人。**這時期的精力集中在近體詩。精緻的只是詞句，全篇組織往往配合不上。其中李商隱、溫庭筠雖詠豔情，卻有大處奇處，不跼蹐在綺靡的圈子裡；而李商隱學杜學韓境界更廣闊些。學杜、韓而兼受溫、李薰染的是杜牧，豪放之餘，不失深秀。本書選詩七十七家，初唐不到十家，盛中晚三期各二十多家。入選的詩較多的八家。盛唐四家：杜甫的三十六首，王維三十首，李白二十九首，孟浩然十五首。中唐二家：韋應物十二首，劉長卿十一首。晚唐二家：李商隱二十四首，杜牧十首。

詩家概述

　　李白詩，書中選五古三首、樂府三首、七古四首、樂府五首、五律五首，七律一首、五絕二首、樂府一首、七絕二首、樂府三首。各體都備，七古和樂府共九首，最多；五七絕和樂府共八首，居次。李白，字太白，蜀人，玄宗時作供奉翰林，觸犯了楊貴妃，不能得志。他是個放浪不羈的人，便辭了職，遊山水，喝酒，作詩。他的態度是出世的，作詩全任自然。當時稱他為「天上謫仙人」，這說明了他的人和他的詩。他的樂府很多，取材很廣；他其實是在抒寫自己的生活，只借用樂府的舊題目而已。他的七古和樂府篇幅恢張，氣勢充沛，增進了七古體的價值。他的絕句也奠定了一種新體製。絕句最需要經濟的寫出，李白所作，自然含蓄，情韻不盡。書中所收〈下江陵〉一首，有人推為唐代七絕第一。**杜甫詩，計五古五首、七古五首、樂府四首、五七律各十首、五七絕各一首。只少五言樂府，別體都有**。律詩共二十首，最多；七古和樂府共九首，居次。杜甫，字子美，河南鞏縣人。安祿山陷長安，肅宗在靈武即位。他從長安逃到靈武，作了左拾遺的官。後因事被放，輾轉流落到成都，依故人嚴武，作到「檢校工部員外郎」。世稱杜工部。他在蜀住得很久。他是儒家的信徒，一輩子惦著仕君行道；又身經亂離，親見民間疾苦。他的詩努力描寫當時的情形，發抒自己的感想。唐代用詩取士，詩原是應試的玩意兒；詩又是供給樂工歌伎唱來伺候宮廷和貴人的玩意兒。李白用來抒寫自己的生活，杜甫用來抒寫那個大時代；詩的境界擴大了，地位也增高了。而杜甫抓住了廣大的實在的人生，更給詩開闢了新世界。他的詩可以說是寫實的；這寫實的態度是從樂府來的。他使詩歷史化，散文化，正是樂府的影響。七古體到他手裡正式成立，律詩到他手裡應用自如——他的五律極多，差不多窮盡了這一體的變化。

王維詩，計五古五首、七言樂府三首、五律九首、七律四首、五絕五首、七絕和樂府四首，五律最多。王維，字摩詰，太原人，試進士，第一，官至尚書右丞。世稱王右丞。他會草書、隸書，會畫畫。有別墅在輞川，常和裴迪去遊覽作詩。沈宋的五律還多寫豔情，王維改寫山水，選詞造句都得自出心裁。從前雖也有山水詩，但體製不同，無從因襲。蘇軾說他「詩中有畫」。他是苦吟的，宋人筆記裡說他曾因苦吟走入醋缸裡；他的〈渭城曲〉（樂府），有人也推為唐代七絕壓卷之作。他的詩是精緻的。**孟浩**

然詩，計五古三首、七古一首、五律九首、五絕二首，也是五律最多。孟浩然，名浩，以字行，襄州襄陽人。隱居鹿門山，四十歲才遊京師。張九齡在荊州，召為僚屬。他用五律寫江湖，卻不苦吟，佇興而作。他專工五言，五言各體都擅長。山水詩不但描寫自然，還欣賞自然。王維的描寫比孟浩然多些。

韋應物詩，五古七首、五律二首、七律一首、五七絕各一首，五古多。韋應物，京兆長安人，作滁州刺史，改江州，入京作左司郎中，又出作蘇州刺史。世稱韋左司或韋蘇州。他為人少食寡欲，常焚香掃地而坐。詩淡遠如其人。五古學古詩，學陶詩，指事述情，明白易見——有理語也有理趣，正是陶淵明所長。這些是淡處。篇幅多短，句子渾含不刻畫，是遠處。朱子說他的詩無一字造作，氣象近道。他在蘇州所作〈郡齋中雨與諸文士燕巢〉詩開端道：「兵衛森畫戟，宴寢凝清香；海上風雨至，逍遙池閣涼。」詩話推為一代絕唱，也只是為那肅穆清華的氣象。篇中又道：「自慚居處崇，未瞻斯民康」，〈寄李儋元錫〉（七律）也道：「邑有流亡愧俸錢」，這是憂民；識得為政之體，才能有些忠君愛民之言。

劉長卿詩，計五律五首、七律三首、五絕三首，五律最多。劉長卿，字文房，河間人，登進士第，官終隨州刺史。世稱劉隨州。他也是苦吟的人，律詩組織最為精密整鍊；五律更勝，當時推為「五言長城」。上文曾舉過兩首作例，可見出他的用心處。

李商隱詩，計七古一首、五律五首、七律十首、五絕一首、七絕七首。七律最多，七絕居次。李商隱，字義山，河內人，登進士第。王茂元鎮河陽，召他掌書記，並使他作女婿。王茂元是李德裕的黨，李德裕和令狐楚是政敵。李商隱和令狐本有交誼，這一來卻得罪了他家。後來令狐楚的兒子令狐綯作了宰相，李商隱屢次寫信表明心跡，他只是不理。這是李商隱一生的失意事，詩中常常涉及，不過多半隱約其辭。後來柳仲郢鎮東蜀，他去作過節度判官。他博學強記，又有隱衷，詩裡的典故特別多。他的七律裡有好些「無題」詩，一方面像是相思不相見的豔情詩，另一方面又像是比喻，詠嘆他和令狐綯的事，寄託那「不遇」的意旨。還有那篇〈錦瑟〉，雖有題，解者也紛紛不一。那或許是悼亡詩，或許也是比喻。又有些詠史詩，如〈隋宮〉，或許不止是詠古，還有刺時的意旨。他的詩語既然是一貫的隱約，讀起來便只能憑文義、典故、他的事跡作一些可能的概括的解釋。他的七絕裡也有這種詠史或遊仙詩，如〈隋宮〉、〈瑤池〉等。這些都是奇情壯采之作（一方面七律的組織也有了進步），所以入選的多。他的七絕最著名的可是〈寄令狐郎中〉一首。**杜牧詩，五律一首、七絕九首，幾乎是專選一體**。杜牧，字牧之，登進士第。牛僧孺鎮揚州，他在節度府掌書記，又作過司勳員外郎。世稱杜司勳，又稱小杜（杜甫稱老杜）。他很有政治的眼光，但朝中無人，終於是個失意者。他的七絕感慨深切，情辭新秀。〈泊秦淮〉一首也曾被推為壓卷之作。

五言詩與樂府詩的發展變化

唐以前的詩，可以說大多數是五古，極少數是七古。但那些時候並沒有體製的分類。那些時候詩的分類，大概只從內容方面看；最顯著的一組類別是五言詩和樂府詩。五言詩雖也從樂府演變而出，但從阮籍開始，已經高度的文人化，為獨立的抒情寫景的體製。樂府原是民歌，敘述民間故事，描寫各社會的生活，有時也說教。東漢以來文人仿作樂府的很多，大都沿用舊題舊調，也是五言的體製。漢末舊調漸亡，文人仿作，便只沿用舊題目；但到後來詩中的話也不盡合於舊題目。這些時候有了七言樂府，不過少極；漢魏六朝間著名的只有曹丕的〈燕歌行〉，鮑照的〈行路難〉十八首等。樂府多樸素的鋪排，跟五言詩的渾含不露有別。五言詩經過漢魏六朝的演變，作風也分化。阮籍是一期，陶淵明、謝靈運是一期，「宮體」又是一期。阮籍抒情，「志在刺譏而文多隱避」（顏延年、沈約等註詠懷詩語），最是渾含不露。陶、謝抒情、寫景、說理，漸趨詳切，題材是田園、山水。宮體起於梁簡文帝時，以豔情為主，漸講聲調對偶。

初唐五古還是宮體餘風。陳子昂、張九齡、李白主張復古，雖標榜「建安」（漢獻帝年號，建安體的代表是曹植），實是學阮籍，本書張九齡〈感遇〉二首便是例子。但盛唐五古，張九齡以外，連李白（所作〈古風〉除外）在內，可以說都是陶謝的流派。中唐韋應物、柳宗元也如此。陶、謝的詳切本受樂府的影響。樂府的影響到唐代最為顯著。杜甫的五古便多從樂府變化。他第一個變了五古的調子，也是創了五古的新調子。新調子的特色是散文化。但本書所選他的五古還不是新調子，讀他的長篇才易見出。這種新調子後來漸漸代替了舊調子。本書裡似乎只有元結〈賊退示官吏〉一首是新調子；可是散文化太過，不是成功之作。至於唐人七古，卻全然從樂府變出。這又有兩派。一派學鮑照，以慷慨為主；另一派學「晉白紵（舞名）歌辭」（四首見《樂府詩集》）等，以綺豔為主。李白便是著名學鮑照的，盛唐人似乎已經多是這一派。七言句長，本不像五言句的易加整鍊，散文化更方便些。〈行路難〉裡已有散文句，李白詩裡又多些，如「我欲，因之夢吳越」（〈夢遊天姥吟〉），又如上文舉過的「棄我去者」二語。七古體夾長短句原也是散文化的一個方向。初唐陳子昂〈登幽州臺歌〉全首道：「前不見古人，後不見來者。念天地之悠悠，獨愴然而涕下。」簡直沒有七言句，卻也可以算入七古裡。到了杜甫，更有意的以文為詩，但多七言到底，少用長短句。後來人作七古，多半跟著他走。他不作舊題目的樂府而作了許多敘述時事、描寫社會生活的詩。這正是樂府的本來面目。本書據《樂府詩集》將他的〈哀江頭〉、〈哀王孫〉等都放在七言樂府裡，便是這個理。從他以後，用樂府舊題作詩的就漸漸的稀少了。另一方面，元稹、白居易創出一種七古新調，全篇都用平仄調協的律句，但押韻隨時轉換，平仄相間，各句安排也不像七律有一定的規矩。這叫做長慶體。長慶是穆宗的年號，也是元白的集名。本書白居易的〈長恨歌〉、〈琵琶行〉都是的。古體詩的聲調本來比較近乎語言之自然，長慶體全用律句，反失自然，只是一種變調，但卻便於歌唱。〈長恨歌〉可以唱，見於記載，可不知道是否全唱。五七古裡律句多的本可歌唱，不過似乎只唱四句，跟唱五七絕一樣。古體詩雖不像近體詩的整鍊，但組織的經濟也最著重。這也是它跟散文的一個主要的分別，前舉韋應物〈送楊氏女〉便是一例。又如李白〈宣州謝朓樓餞別校書叔雲〉裡道：「蓬萊文章建安骨，中間小謝又清發。」一方面說謝朓（小謝），一方面是比喻。且不說喻旨，只就文義看。「蓬萊」句又有兩層比喻，全句的意旨是後漢文章首推建安詩。「中間」句說建安以後「大雅久不作」（見李白〈古風〉第一首），小謝清發，才重振遺緒。「中間」、「又」三個字包括多少朝代，多少詩家，多少詩，多少議論！組織有時也變換些新方式，但得出於自然。如李白〈夢遊天姥吟留別〉（七古）用夢遊和夢醒作綱領；韓愈〈八月十五夜贈張功曹〉同唱歌跟和歌作綱領，將兩篇歌穿插在裡頭。

五律與七律評析

律詩出於齊梁以來的五言詩和樂府。何遜、陰鏗、徐陵、庾信等的五言都已講究聲調和對偶。庾信的〈烏夜啼〉樂府簡直像七律一般；不過到了沈宋才成定體罷了。律首聲調，前已論及。對偶在中間四句，就是第一組節奏的後兩句，第二組節奏的前兩句，也是異中有同，同中有異。這樣，前四句由散趨整，後四句由整復歸於散，增前兩組節奏的往復迴還的效用。這兩組對偶又得自有變化，如一聯寫景，一聯寫情，一聯寫見，一聯寫聞之類，才不致板滯，才能和上下打成一片。所謂情景或見聞，只是從淺處舉例，其實這中間變化很多，很複雜。五律如「地猶鄹氏邑，宅即魯王宮。歎鳳嗟身否，傷麟怨道窮。」（唐玄宗〈經魯祭孔子而嘆之〉）四句雖兩兩平列，可是前一聯上句範圍大，下句範圍小；後一聯上句說平時，下句說將死，便見流走。又，「為我一揮手，如聽萬壑松。客心洗流水，餘響入霜鐘。」（李白〈聽蜀僧濬彈琴〉）前聯一彈一聽，後聯一在彈，一已止，各是一串兒。又，「遙憐小兒女，未解憶長安；香霧雲鬟溼，清輝玉臂寒。」（杜甫〈月夜〉）「遙憐」直貫四句。「小兒女未解憶長安」固然可憐，「香霧」云云的人（杜甫妻）解得憶長安，也許更可憐些。前聯只是一句話，後聯平列；兩相調劑著。律詩多在四句分段，但也不盡然，從這一首可見。又，前面引過的劉長卿〈尋南溪常道士〉次聯「白雲依靜渚，芳草閉閒門」，似乎平列，用意卻側重尋常道士不遇，側重在下句。三聯「過雨看松色，隨山到水源」，上句景物，下句動作，雖然平列而不是一類。再說「過雨」暗示忽然遇雨；雨住後松色才更蒼翠好看；這就兼著敘事，跟單純寫景又不同。

七律如「雲邊雁斷胡天月，隴上羊歸塞草煙。回日樓臺非甲帳，去時冠劍是丁年。」（溫庭筠〈蘇武廟〉）前聯平列，但不是單純的寫景句；這中間引用著《漢書》〈蘇武傳〉，上句意旨是和漢朝音信斷絕（雁足傳書事），下句意旨是無歸期（匈奴使蘇武放牡羊，說牡羊有乳才許歸漢）。後聯說去漢時還是冠劍的壯年，回漢時武帝已死。「丁年奉使」見〈李陵答蘇武書〉；甲帳是頭等帳，是武帝作來敬神的，見《漢武故事》。這一聯是倒裝，為的更見出那「不堪回首」的用意。又，「玉璽不緣歸日角，錦帆應是到天涯。於今腐草無螢火，終古垂楊有暮鴉。」（李商隱〈隋宮〉）日角是額骨隆起如日，是帝王之相，這兒是根據《舊唐書》，用來指太宗。錦帆指隋煬帝的遊船，見《開河記》。這一聯說若不因為太宗得了天下，煬帝還該遊得遠呢！上句是因，下句是果。放螢火，種垂楊，都是煬帝的事。後聯平列，上句說不放螢火，下句說垂楊棲鴉，一有一無，卻見出「而今安在」一個用意。又，李商隱〈籌筆驛〉中二聯道：「徒令上將揮神筆，終見降王走傳車。管樂有才元不忝，關張無命欲何如！」籌筆驛在綿州綿谷縣，諸葛武侯曾在那裡駐軍籌畫。上將指武侯，降王指後主；管樂是管仲、樂毅，武侯早年曾自比這二人。前聯也是倒裝，因為「終見——」，才覺「徒令」。但因「籌筆」想到「降王」，即景生情，雖倒裝還是自然。後聯也將「有」「無」對照，見出本詩末句「恨有餘」的用意。七律對偶用倒裝句、因果句，到晚唐才有。七言句長，整鍊較難，整鍊而能變化如意更難。唐代律詩剛創始，五言比較容易些，發展得自然快些。作五律的大概多些，好詩也多些，本書五律多，便是這個緣故。律詩也有不對偶或對偶不全的，如李白〈夜泊牛渚懷古〉（五律），又如崔顥〈黃鶴樓〉（七律）的次聯，這些只算例外。又有不調平仄的，如〈黃鶴樓〉和王維〈終南別業〉（五律），也是例外。也有故意這樣作的，後來稱為拗體，但究竟是變調。本書不選排律。七言排律本來少，五言的卻多，也推杜甫為大家。

排律將律詩的節奏重複多次，便覺單調，教人不樂意讀下去。但本書不選，恐怕是為了典故多。晚唐律詩著重一句一聯，忽略全篇的組織，因此後人評論律詩，多愛摘句，好像律詩篇幅完整的很少似的。其實不然，這只是偏好罷了。

唐人絕句的鋪排與含蓄

絕句不是截取律詩的四句而成。五絕的源頭在六朝樂府裡。六朝五言四句的樂府很多，〈子夜歌〉最著名。這些大都是豔情之作，詩中用諧聲辭格很多。諧聲辭格如「蟢子」諧「喜」聲，「藁砧」就是「鐵」（鍘刀）諧「夫」聲。本書選了權德輿〈玉臺體〉一首，就是這種詩。也許因為詩體太短，用這種辭格來增加它的內容，這也是多義的一式。但唐代五絕已經不用諧聲辭格，因為不大方，範圍也窄。唐代五絕有調平仄的，有不調平仄而押仄聲韻的；後者聲調上也可以說是古體詩，但題材和作風不同。所以容許這種聲調不諧的五絕，大約也是因為詩體太短，變化少；多一些自由，可以讓作者多一些迴旋的地方。但就是這樣，作的還是不多。七言四句的詩，唐以前沒有，似乎是唐人的創作。這大概是為了當時流行的西域樂調而作；先有調，後有詩。五七絕都能歌唱，七絕歌唱的更多。該是因為聲調曼長，好聽些。作七絕的比五絕的多得多，本書選得也多。唐人絕句有兩種作風：一是鋪排，一是含蓄。前者如柳宗元〈江雪〉：

> 千山鳥飛絕，萬境人蹤滅。孤舟簑笠翁，獨釣寒江雪。

又，韋應物〈滁州西澗〉：

獨憐幽草澗邊生，上有黃鸝深樹鳴。
春潮帶雨晚來急，野渡無人舟自橫。

柳詩鋪排了三個印象見出「江雪」的幽靜，韋詩鋪排了四個印象見出西澗的幽靜；但柳詩有「千山」、「萬境」、「絕」、「滅」等詞，顯得那幽靜更大些。所謂鋪排，是平排（或略參差，如所舉例）幾個同性質的印象，讓它們集合起來，暗示一個境界。這是讓印象自己說明，也是經濟的組織，但得選擇那些精印象。後者是說要從淺中見深，小中見大；這兩者有時是一回事。含蓄的絕句，似乎是正宗，如杜牧〈秋夕〉：

銀燭秋光冷畫屏，輕羅小扇撲流螢。
天街夜色涼如水，臥看牽牛織女星。

是說宮人秋夕的幽怨，可作淺中見深的一例。又劉禹錫〈烏衣巷〉：

朱雀橋邊野草花，烏衣巷口夕陽斜。

舊時王謝堂前燕，飛入尋常百姓家。

烏衣巷是晉代王導、謝安住過的地方，唐代早為民居。詩中只用野花、夕陽、燕子，對照今昔，便見出盛衰不常一番道理。這是小中見大，也是淺中見深。又，王之渙〈登鸛雀樓〉：

白日依山盡，黃河入海流。欲窮千里目，更上一層樓。

鸛雀樓在平陽府蒲州城上。白日依山，黃河入海，一層樓的境界已窮，若要看得更遠，更清楚，得上高處去。三四句上一層樓，窮千里目，是小中見大；但另一方面，這兩句可能是個比喻，喻體是人生，意旨是若求遠大得向高處去。這又是淺中見深了。但這一首比較前二首明快些。

論七絕的稱含蓄為「風調」。風飄搖而有遠情，調悠揚而有遠韻，總之是餘味深長。這也配合著七絕的曼長的聲調而言，五絕字少節促，便無所謂風調。風調也有變化，最顯著的是強弱的差別，就是口氣否定肯定的差別。明清兩代論詩家推舉唐人七絕壓卷之作共十一首，見於本書的八首。就是：王維〈渭城曲〉（樂府），王昌齡〈長信怨〉或〈出塞〉（皆樂府），王翰〈涼州詞〉，李白〈下江陵〉，王之渙〈出塞〉（樂府，一作〈涼州詞〉），李益〈夜上受降城聞笛〉，杜牧〈泊秦淮〉。這中間四首是樂府，樂府的措辭總要比較明快些。其餘四首雖非樂府，也是明快一類。只看八首詩的末二語便可知道。現在依次鈔出：

勸君更盡一杯酒，西出陽關無故人。
玉顏不及寒鴉色，猶帶昭陽日影來。
但使龍城飛將在，不教胡馬度陰山。
醉臥沙場君莫笑，古來征戰幾人回？
兩岸猿聲啼不住，輕舟已過萬重山。
羌笛何須怨楊柳？春風不度玉門關。
不知何處吹蘆管，一夜征人盡望鄉。
商女不知亡國恨，隔江猶唱後庭花。

這些都用否定語作骨子，所以都比較明快些，這些詩也有所含蓄，可是強調。七絕原來專為歌唱而作，含蓄中略求明快，聽者才容易懂，適應需要，本當如此。弱調的發展該是晚點兒。——不見於本書的三首，一首也是強調，二首是弱調。十一首中共有九首調強，可算是大多數。

多用對稱的口氣

當時為人傳唱的絕句見於本書的，五言有王維的〈相思〉，七言有他的〈渭城曲〉，王昌齡的〈芙蓉樓送辛漸〉和〈長信怨〉，王之渙的〈出塞〉。〈相思〉道：

紅豆生南國，春來發幾枝？願君多采擷！此物最相思。

〈芙蓉樓送辛漸〉道：

寒雨連江夜入吳，平明送客楚山孤。
洛陽親友如相問，一片冰心在玉壺。

除〈長信怨〉外，四首都是對稱的口氣。王之渙的「羌笛」句是說「你何須吹羌笛的折柳詞來怨久別？」那不見於本書的高適的〈開篋淚霑臆，見君前日書〉一首也是的（這一首本是一首五古的開端四語，歌者截取，作為絕句）。歌辭用對稱的口氣，唱詩好像在對聽者說話，顯得親切。絕句用對稱口氣的特別多，有時用問句，作用也一般。這些原都是樂府的老調兒，絕句只是推廣應用罷了。風調轉而為才調，奇情壯采依託在豔辭和故事上，是李商隱的七絕。這些詩雖增加了些新類型，卻非七絕的本色。他又有〈夜雨寄北〉一絕：

君問歸期未有期，巴山夜雨漲秋池。
何當共翦西窗燭，卻話巴山夜雨時！

這也是對稱的口氣。設想歸後向那人談此時此地的情形，見出此時此地思歸和想念的心境，迴環含蓄，卻又親切明快。這種重複的組織極精鍊可喜。但絕句以自然為主。像本詩的組織，精鍊不失自然，是可遇而不可求的。

朱寶瑩先生有《詩式》（中華版），專釋唐人近體詩的作法作意，頗切實；邵祖平先生有〈唐詩通論〉（《學衡》十二期）頗詳明，都可參看。

孟子

＊編按：此書為記言體，記載孟子一家的思想言論，長於辯論，善用比喻和寓言，其學說出發點為性善論，提出「仁政」、「王道」等主張。本指導文提及閱讀《孟子》要掌握人性本善的觀點才不會失焦，可擇論仁政、性善說的篇章先讀，並以了解其思想梗概，藉此養成讀文言能力為目標。而使文字鋪排暢達的方法共五點，也值得參見。

閱讀《孟子》，可取兩種本子。一種是宋代朱熹的《孟子集注》。一種是清代焦循的《孟子正義》。兩種都有商務印書館的國學基本叢書本（《孟子集注》與《大學章句》、《中庸章句》、《論語集注》合稱《四書章句集注》；中華書局也有；又，這四種是宋代以來至今通行的讀本，各地都有木刻本），後一種又有世界書局的諸子集成本，定價不高，而且容易買到。《四書章句集注》是朱熹一生心力所萃，其發揮處表示宋學的精神——宋學，指宋代的道學，也就是現代所謂哲學。朱熹是宋代的大哲學家，他注這四部儒書，實即發揮二程（程顥、程頤）與他自己對於儒家思想的認識，所以表示宋學的精神。他的訓詁考證雖不免有粗疏闕略之處，還待後來好些專家給他正補；但就一般說，簡單扼要，篇幅不多，便於省覽。《孟子正義》是依據後漢趙岐《孟子章句》的注，逐一給它作詳密的疏，所採清代顧炎武以下六十餘家之說：「於趙氏之說或有所疑，不惜駁破以相規正；至諸家或申趙義，或與趙殊，或專翼孟，或雜他經，兼存備錄，以待參考。」（見《孟子篇敘》篇末疏中）這是集大成的工作，一般批評都說它當得「精博」兩字。但篇幅繁多，訓詁考證又偏於專門，初學者未必能夠消化。現在不妨把《孟子集注》作為大家案頭閱讀的本子，而從圖書室中檢出一部《孟子正義》來，供偶爾的參考；能力較強，素養較深的同學，自可兼看正義。

參考書不擬多舉，只提以下四種。一**是歷史課內所用的本國史課本**。要讀《孟子》，不可不明瞭孟子所處的時代；關於這一點，無論何種本國史課本，多少總有述及。二**是馮友蘭的《中國哲學史》**（商務印書館本）。這部書的第六章講孟子思想極簡要。閱讀古代所謂諸子，必然牽涉思想問題，這就關係到哲學。哲學不一定微妙難知；就簡單方面說，只是哲學家所抱的一種見解，「持之有故，言之成理」而已。所以，國文課內的閱讀，也可取關於哲學的書籍來作參考。三**是錢穆的《論語要略》**（商務印書館本）。這是一本研究《論語》也就是研究孔子的書；孟子自負繼承孔子，他的思想與孔子關係最密切，理解《論語》當然可以幫助理解《孟子》。但所以提出這本書，尤其重要的，在它的方法。《論語》只是散亂的記述孔子的言行，這本書卻從其中採輯相關的材料，分題研究；因為材料是本身的，排比在一起，其結論也就顯然可知，沒有穿鑿附會的弊病。這種研究方法，對於《孟子》也極為合適。**四是裴學海的《古書虛字集釋》**（商務印書館本）。《孟子》一書，雖與後代的文言相差不遠，但還有若干虛字，是後代文言所不常用的。這種虛字的訓釋，《孟子正義》收集得很齊備；恐怕一般同學無力看《正義》，所以提出這一本書。其體例與字典相似；對於每一個虛字，從實例中歸納出若干訓釋來，在每一個訓釋之下，就列舉古書中的那些例句。只是各字的排列次第，與尋常字典不同；它不依各字的形體，按部首排列，而依各字的聲音，按音母編次。起初使用它，不免感覺不便；但音母實在並不難辨，少加注意，漸即熟悉，若是記得注音符號注音的人，一經指點便明白了。

以上所舉，除第一種外，通常認為大學適用的；拿來給高中同學參考，似乎是躐等。但所謂某種書適宜於某種程度的讀者，原是大概的說法；高中二三年的同學，距離大學的階段已經不遠，若能多努力，多用心，便是大學用書，又何嘗不可參考？況且這三種書都是現代人編撰的，條理明白，文字流暢，比較參考從前人編撰的書，閱覽上可以省力不少，理解上也有親切之感。這是提出它們來的又一層理由。

〔指導大概〕

讀書人思想言行，以孟子為本

《孟子》一書，記載孟子一家的思想言論，與《荀子》、《莊子》等書同類，應當歸入「子」部。《漢書．藝文志》、《隋書．經籍志》、《舊唐書．經籍志》都把它列在儒家，正是認孟子為諸子之中的一家。**但是到了宋代，《孟子》一書卻被選拔出身，升到了「經」部。**清代何紹基《東洲草堂詩集中有〈寄題丁儉卿新獲嘉祐二體石經冊〉七言古詩一首，題目下記道：「丁儉卿舍人凡新得宋嘉祐二體石經三百七十餘紙，為易、書、詩、春秋、禮記、周易、孟子七經。玉海等書述汴石經，不言有孟子。表章亞聖，自此刻始。是足補史志之闕。」以前的石經不收《孟子》，這嘉祐石經卻收了，可見把《孟子》歸入經部是從宋仁宗時候開始的。而南宋陳振孫作《直齋書錄解題》，把《孟子》列入經類，是目錄家對孟子移易觀點的開頭。「經」字原指六藝（詩、書、樂、易、禮、春秋）而言（這樣用得最早的，當推《禮記》中的〈經解〉）。六藝都是孔子以前的舊籍，孔子教人，這些就是他的教科書。他教的時候，也許加點兒選擇，又或隨時引申，算是他的講義。後來人所說孔子刪正六經，情形大概如此。孔子以後的儒家效法孔子，繼續用六藝教人，而他家卻只講自己的思想學說，不講舊籍，因此，六藝就似乎是儒家所專有。到漢武帝時候，罷黜百家，專尊儒術，立詩、書、禮、易、春秋於學官（或說樂經其時已亡失，或說樂本沒有專書），定名為五經；於是「經」字開始含有特別高貴的意味。唐代以三禮（儀禮、禮記、周禮）三傳（左傳、公羊傳、穀梁傳）含詩、書、易為九經。唐文宗開成年間，在國子學刻石，又把《孝經》、《論語》、《爾雅》加進去，為十二經。到了宋代，如前面所說，《孟子》又被加進去，便成十三經。現在用平心的看法，經部書實在就是儒家的書；孟子雖是諸子之中的一家，但如陳振孫所說：「自韓文公稱『孔子傳之軻，軻死不得其傳』，天下學者咸曰孔孟，孟子之書，固非荀楊以降所可同日語也。」那麼被列入「經」部確是應該的。

《孟子》又是《四書》之中的一部。朱熹取《禮記》中的〈大學〉、〈中庸〉兩篇，以配《論語》、《孟子》，為作章句集注，定名為四書。他在《大學章句》的開頭記道：「子程子曰：〈大學〉，孔氏之遺書，而初學入德之門也。於今可見古人為學次第者，獨賴此篇之存。而《論》、《孟》次之。學者必由是而學焉，則庶乎其不差矣。」他的〈中庸章句序〉說：「〈中庸〉何為而作也？子思子憂道學之失其傳而作也。……若吾夫子，則雖不得其位，而所以繼往聖，開來學，其功反有賢於堯舜者。然當是時，見而知之者，惟顏氏、曾氏之傳得其宗。及曾氏之再傳，而復得夫子之孫子思，則去聖遠而異端起矣。子思懼夫愈久而愈失其真也，於是推本堯舜以來相傳之意，質以平日所聞父師之言，更互演繹，作為此書，以詔後之學者。」可見他編輯四書，宗旨在供給研究道學的人一套有系統的教科書。**他的意思，先讀〈大學〉，懂了為學次第，才可以盡論、孟的精微；對於論、孟既能融會貫通，再讀〈中庸〉，才可以窮道學的旨趣（現在四書次第，〈中庸〉在〈大學〉之後，乃以篇幅多少排列，並非朱熹的原意）**。這套教科書，元仁宗延祐年間開始據以取士，明代清代因仍不改，凡讀書的人必須誦習，勢力最為廣遍。因此，四書幾乎成為知識分子的常識課本，無論習行方面、思想方面、言語方面，都不免與它發生關係。現在讀《孟子》，這一層也是應該知道的。

編撰工作出於一人之手

《孟子》一書，**漢人都以為孟子自作**。司馬遷《史記》〈孟子荀卿列傳〉裡說：「孟軻……游事齊宣王，宣王不能用。適梁，梁惠王不果所言，則見以為迂遠而闊於事情。……所如者不合。退而與萬章之徒序《詩》、《書》，述仲尼之意，作《孟子》七篇。」趙岐《孟子題辭》裡說：「孟子閔悼堯舜湯文周孔之業將遂湮微，……於是則慕仲尼，周流憂世，遂以儒道遊於諸侯，思濟斯民。由不肯枉尺直尋，時君咸謂之迂闊於事，終莫能聽納其說。……於是退而論集所與高弟弟子公孫丑、萬章之徒難疑答問，又自撰其法度之言，著書七篇。」這都說孟子如現在的教師一樣，自編講義，自訂學生所作的筆記，集合起來，成為一部學術講錄。到唐代韓愈，始以為其書出於弟子之手。韓愈〈答張籍書〉裡說：「孟軻之書，非軻自著；軻既歿，其徒萬章、公孫丑相與記軻所言焉耳。」這是說《孟子》一書只是學生的筆記集，孟子自己並沒有動筆。後人給後一說找證據，提出兩點。一點是：《孟子》書中，對於孟子所見諸侯大都稱謚，而諸侯之中，有可斷言死在孟子之後的（如魯平公），孟子絕不能豫知他死後的謚；可證其書並非孟子自作。又一點是：《孟子》書中，對於孟子弟子大都稱「子」，這是尊稱，非師對弟子所宜用；可證其書並非孟子自作。對於前一點，有人解釋說，書是孟子自己所作，但後來又經弟子編定；當編定的時候，於當時諸侯，就其可知的，一律加謚，以便識別。對於後一點，有人解釋說，「子」是男子的通稱，不一定是尊稱，師對弟子也常用；在《孟子》書中，就有「子誠齊人也」、「我明語子」的話，都是孟子稱他的弟子可以為證。前一解釋是可能的，後一解釋是確鑿的；但只能證明那兩個證據不很堅強，並不能就此證明《孟子》書確係自作。大概自作的確據是找不到的；清代閻若璩《孟子生卒年月考》裡說：「論語成於門人之手，故記聖人容貌甚悉，七篇成於己手，故但記言語或出處耳。」也只是想像之辭——不記容貌，豈便是自作的確據？現在只能信從較古且較可靠的材料，如朱熹一樣，認為「史記近是」（見《孟子集注》卷首的〈孟子序說〉）。但有一點可以斷言的，就是：無論是孟子自作或弟子所記，其編撰工作總之出於一人之手，不像大多數的子書那樣，是一派中前後許多學者的著作的結集。這從文字方面看，便可以知道。朱熹說：「《論語》多門弟子所集，故言語時有長短不類處；《孟子》疑自著之書，故首尾文字一體。無些子瑕疵，不是自下手，安得如此好？若是門弟子集，則其人亦甚高。」（《朱子語類》）首尾文字一體，讀過《孟子》的人都有這種感覺；若不是出於一人之手，怎能一體呢？朱熹答人疑問，又說：「熟讀七篇，觀其筆勢，如鎔鑄而成，非綴緝所就也。」（宋代王應麟《困學紀聞》引）非綴緝所就，也說明出於一手的意思。還有一層，私人著作的古書，據現在所知，最早是《論語》。《論語》是記言體，極為簡約。及到《孟子》、《莊子》等書，便由簡約的記言進而為鋪排的記言，更有設寓的記言；這是戰國諸子文體的初步。此後乃有不用記言體而據題抒論的，如《荀子》書中的一部分；這是戰國諸文體演進的第二步（以上馮友蘭《中國哲學史》引傅斯年說）。這也是文字觀點上的話；要把《孟子》與其他子書比較，應先有這樣的概念。

現在的《孟子》凡有七篇，是趙岐作《孟子章句》以後的本子。以前所傳的《孟子》卻有十一篇。趙岐《孟子題辭》裡說：「又有外書四篇——〈性善〉、〈辯文〉、〈說孝經〉、〈為政〉，其文不能宏深，不與內篇相似；似非孟子本真，後世依放而託也。」後來傳孟子的都依據趙本，外書四篇於是亡失。但他書中稱引《孟子》的話，為七篇中所沒有的，現在還可以見到。清代顧炎武《日知錄》裡說：「《史記》、《法言》、《鹽鐵論》等所引《孟子》，今《孟子》書無其文，豈俱所謂外篇者邪？」大概是不錯的。至於七篇編排的次序，趙岐以為具有意義的。他在《孟子篇敘》裡說：「孟子以為聖王之盛，惟有堯舜，堯舜之道，仁義為上；故以梁惠王問利國，對以仁義為首篇也。仁義根心，然後可以大行其政；故次之以公孫丑問管晏之政，答以曾西之所羞也。政莫美於反古之道，滕文公樂反古；故次以文公為世子，始有從善思禮之心也。奉禮之謂明，明莫甚於離婁；故次之以離婁之明也。明者當明其行，行莫大於孝；故次以萬章問舜往於田號泣也。孝道之本，在於情性；故次以告子論情性也。情性在內，而主於心；故次以盡心也。盡己之心與天道通，道之極者也；是以終於盡心也。」這樣從散亂之中看出個條理來的辦法，大概模仿《易經》的〈序卦〉」，說得通時，未嘗不新奇可喜。但這完全依據主觀，只是讀者的一種看法，絕非作者當時編排的原意。現在不用主觀的眼光，那麼，《孟子》每篇中的各章以及七篇的次序，只能說是大概以類相從，從政治經濟的實跡方面進到心性存養的抽象方面。〈梁惠王〉篇、〈滕文公〉篇中，大都是與當時諸侯及人事的談話；〈萬章〉篇中，大都談堯舜禹湯以及孔子的故事；〈離婁〉篇、〈盡心〉篇，彙集許多短章：所以說它大概以類相從。在前面的幾篇中，談政治經濟的話居多，一貫的宗旨在闡明「王政」；到第六篇〈告子〉，卻有許多章發揮對於「性」的見解，第七篇〈盡心〉開頭一章便說盡心知性；所以說它大概以政治經濟的實跡方面進到心性存養的抽象方面。而第七篇〈盡心〉的末了一章，說從堯舜到孔子，每「五百有餘歲」而有「知」道的聖人出世：以下接說孟子自己所處的時地：「去聖人之世，若孔其未遠也；近聖人之居，若此其甚也。」結末說：「然而無有乎爾，則亦無有乎爾！」歎息沒有人繼孔子而起，隱然以繼承孔子之業為己任。這一章表明自家宗旨，與他書的「自敘」性質相近；編在末了，卻不能說它沒有意義。總之，《孟子》書的編排，並沒有嚴密的邏輯的次序，所以不必按著次序一章章的讀；為充分了解起見，還是顛亂了次序，把相關各章（如論「王政」的各章、闡明「民為貴」的各章）作一次讀，來得有益。

一

《孟子》幾乎是一部辯論集，擁護儒家精神

孟子的出處，《史記》〈孟子荀卿列傳〉記載得很簡略，生卒也不詳。後來經許多人考證，其說互有異同。大概他先事齊宣王，後見梁惠王、梁襄王，又事齊宣王；年壽很高，在八十歲以上，卒於距今

二千二百三十年前後。他那時代是所謂戰國之世。我國古代，從春秋到漢初，是社會組織的大改變時期。在春秋以前，社會上顯分兩個階級，一是貴族，一是庶人。貴族之中又有層層階級，都握有政治權與經濟權，而且世代相襲；庶人只是貴族的奴僕，平時替貴族服種種勞役，戰時便替貴族打仗拚命。這在當時人的意念中，認為當然之事，故而大家相安過去。可是到了春秋之世，貴族階級開始崩壞了。其時諸侯上僭於天子，卿大夫上僭於諸侯，陪臣也上僭於卿大夫；貴族階級不能各自守其階級的制限，本身就大亂起來。同時庶人崛起而為大地主、大商人，他們有了經濟上的勢力，也便有政治上的勢力，足以威脅貴族。這是個全新的局面，以前不曾有過。有心人遇到了，自然要精思深慮，求得一個有條理的理論，以為自己及他人應付這新局面的標準。所謂諸子書，就是這樣來的；諸子都是處在新局面中的有心人。社會組織的大改變，到漢代而漸漸停止，對於由自然趨勢產生出來的新制度，大家又能相安；於是諸子也就沒有了。以上說明我國古代特別有「諸子爭鳴」這個現象的原因。再說處在新局面中的有心人，孔子是最早的一個；他卻是擁護舊制度的。馮友蘭《中國哲學史》裡說：「在一社會之舊制度日即崩壞之過程中，自然有傾向於守舊之人，目睹『世風不古，人心日下』，遂起而為舊制度之擁護者，孔子即此等人也。不過在舊制度未搖動之時，只其為舊之一點，便足以起人尊敬之心；若其既已動搖，則擁護之者，欲得時君世主及一般人之信從，則必說出其之所以擁護之理由，與舊制度以理論上的根據。此種工作孔子已發其端，後來儒家者流繼之。」「為舊制度之擁護者」、「與舊制度以理論上的根據」，這兩語說明了孔子的精神，也就是儒家的精神；現在讀《孟子》書，應當特別記住。孟子距離孔子一百多年，其時思想界情形，與孔子時候有所不同。在孔子時候，還沒有其他有勢力的學派，與孔子對抗；及到孟子時候，思想派別已極複雜。他惟恐「孔子之道不著」（〈滕文公下〉「外人皆稱夫子好辯」章），所以對於他派的學說，盡力攻擊；除他自己明說的「距楊墨」（同在前章）以外，又駁斥「為神農之言者許行」（〈滕文公上〉「許行」章），崇拜公孫衍、張儀的景春（〈滕文公下〉「公孫衍張儀」章）、譏諷他的淳于髡（〈離婁上〉「男女授受不親」章、〈告子下〉「先名實者為人也」章）、主張薄稅自誇有水利經驗的白圭（〈告子下〉「吾欲二十而取」章、「丹之治水也愈於禹」章）等人的主張或議論；對於法家、名家、陰陽家、兵家等，也都有反對的論調（「省刑罰」——〈梁惠王上〉「晉國天下莫強焉」章——抵拒法家言；「生之謂性也，猶白之謂白歟？」——〈告子上〉「生之謂性」章——抵拒名家言；「天時不如地利」——〈公孫丑下〉「天時不如地利」章——抵拒陰陽家言；抵拒兵家言的篇章尤其多，這裡不列舉了。）《孟子》書幾乎是一部辯論集，這是孟子所處的時代使然。而他辯論的一貫精神，只是擁護舊制度，「與舊制度以理論上的根據」。

孟子以為舊時的政治經濟制度都是要得的，他把它稱為「仁政」或「王政」或「王道」；而當世的各國紛爭，民生困苦，全由於諸侯不能行那種「仁政」，一般「游事諸侯」發言立說的人不懂得那種「仁政」。在事實上，舊時的政治經濟制度只是自然趨勢的產物，不一定含有什麼道理；可是，他要把它作為當世的標準，自當說出道理來。這種道理是他想像出來的，推論出來的，不盡是舊制度的本真；用現在的說法，是他個人的「心得」，而不是「客觀的敘說」；他講堯舜禪讓（〈萬章上〉「堯以天下與有諸」章），井田制度（〈滕文公上〉「滕文公問為國」章），以及解釋故事，稱引詩書，無不如此。「仁政」為什麼要得？因為王者「以德行仁」（〈公孫丑上〉「以力假仁者霸」章），一切施為都為民眾著想，顧到民眾的全部利益。民眾為什麼這樣怠慢不得？因為「民為貴」（〈盡心下〉「民為貴」章）。他用這些道理來解釋舊制度，這些道理其實是他的新理論。在孔子並不看輕霸者，對於齊桓公與管仲，曾經深表讚美（《論語》〈憲問〉篇）；孟子卻不惜說得歪曲一點，「仲尼之徒，無道桓文之事者」（〈梁惠王上〉「齊桓晉文之事」章），政治分為「王」「霸」兩種，貴王而賤霸。在孔子主張正名，只說「君君，臣臣，父父，子子」（《論語》〈顏淵〉篇），處什麼地位的人各盡他應盡的本分；孟子卻更進一步，說「賊仁者謂之賊，賊義者謂之殘，殘賊之人，謂之一夫；聞誅一夫紂矣，未聞弒君也」（〈梁惠王下〉「湯放桀」章），不盡君的本分的人簡直不是君，不妨誅滅他。從他「民為貴」與「仁政」為民的觀點，自不得不達到這樣的結論。孔子自稱「述而不作」（《論語》〈述而〉篇），孟子師法孔子也是述而不作；其實他們並非不作，並非沒有自己的新見解；只是以述為作，在稱說古制，傳述舊聞的當兒，就將自己的新見解參和其中而表達出來。孔子把春秋的「書法」歸納為「正名」兩字；孟子把舊時的政治經濟制度描寫成為民的「仁政」。從他們依據舊材料之點來說，那是「述」；從他們將舊材料理論化之點來說，便是「作」了。儒家給予後代的影響，在其「述」的方面小，在其「作」的方面大；換句話說，古制與舊聞的本身，對後代並沒多大影響，其影響後代極大的，乃是儒家對古制與舊聞所加的理論。自從孟子把政治分為「王」「霸」兩種，直到如今，談政治的人的心目中常常存著這種區別：無論國體是什麼，政體是什麼，總覺得「王道」是值得仰慕的，「霸道」是不足齒數的。可見孟子理論影響後代的大了。

發揮「不忍人之心」便是「仁政」

「仁政」為什麼必須施行？又為什麼能夠施行？這是孟子所必須說明的。他主張「仁政」，目的原在遏止當世的紛亂，解除民生的困苦；用現在的說法，他抱著一腔救世的熱誠。若不說明這兩點，怎能得到人家的信從？若不能得到人家的信從，又怎能達到他的目的？他說明這兩點，把根據完全放在人的心理方面。他說：

> 「人皆有不忍人之心。先王有不忍人之心，斯有不忍人之政矣。以不忍人之心，行不忍人之政，治天下可運之掌上。」（〈公孫丑上〉「人皆有不忍人之心」章）

「人皆有不忍人之心」，社會紛亂，民生困苦，是「不忍人之心」所難堪的；所以「仁政」必須施行。這種心是人人皆有的，只要根據了這種心，發揮出來便是「不忍人之政」，便是「仁政」；所以「仁政」能夠施行——非但能夠施行，而且容易得很，一定辦到，「可運之掌上」。他因齊宣王不忍見一條牛「觳觫而就死地」（〈梁惠王上〉「齊桓晉文之事」章），便斷定他可以「保民而王」，意思就是如此。這可以說，他要說明他的政治見解才有他的心理見解；也可以說，他根據他的心理見解才有他的政治見解。總之，他的政治見解與心理見解是一貫的。在心理見解方面，他發揮得更為深廣。因「人皆有不忍人之心」，自然見得人性都善。從性善之說推行開來，便構成了他關於修養方面以及崇高人格的一套理論。

孟子說：

「所以謂人皆有不忍人之心者，今人乍見孺子將入於井，皆有怵惕惻隱之心；非所以內交於孺子之父母也，非所以要譽於鄉黨朋友也，非惡其聲而然也。」（〈公孫丑上〉「皆有不忍人之心」章）

「怵惕惻隱之心」就是現在所謂同情心，並無所為，而自然流露。以下接著說：

「由是觀之，無惻隱之心，非人也。無羞惡之心，非人也。無辭讓之心，非人也。無是非之心，非人也。」

對於羞惡、辭讓、是非之心，沒有如對於惻隱之心那樣舉出例證；但他的意思，必以為這三種心也是並無所為，而自然流露，看「由是觀之」一語便可推知。他說過「人之所以異於禽獸者幾希」（〈離婁下〉「人之所以異於禽獸者幾希」章）。惻隱、羞惡、辭讓、是非之心便是那「幾希」的部分。所以說沒有這四種心就不是人。以下接著說：

「惻隱之心，仁之端也。羞惡之心，義之端也。辭讓之心，禮之端也。是非之心，智之端也。人之有是四端，猶其有四體也。」

這「端」字可以比做萌芽，植物有萌芽，乃是自然機能，只需營養得宜，不加摧殘，自會發榮滋長；人的「四端」正與相同，像四體一樣，「我固有之也」（〈告子上〉「告子曰性無善無不善也」章）只須「擴而充之」，不為「自賊」，自會完成具有仁義禮智四德的崇高的人格。人人皆有「四端」，是《孟子》性善之說的根據。但事實上確有不善的人，這由於他們不能擴而充之，不把「四端」積極發展的緣故。所以他說：

「求則得之，舍則失之；或相倍蓰而無算者，不能盡其才者也。」（同在前章）

「才」就是現在所謂本質，指人人有善性而言；一般人不能發展他們的本質，「舍則失之」，便流於惡；善與惡之間，才有倍蓰乃至計算不清的距離，因此，光是有這「四端」，而任其自然，是不行的；人要合於所以為人的道理，而不致同於禽獸，必須「盡其才」，擴充這「四端」。這是孟子對於修養的根本觀點。修養到了極致，當然是崇高的人格；可是，依他的說法，「聖人與我同類者」（〈告子上〉「富歲子弟多賴」章）；「堯舜與人同耳」（〈離婁下〉「王使人瞯天子」章），聖人真有崇高的人格，堯舜是他心目中的標準聖人，卻說得這麼平常，毫不希奇，見得聖人也不過擴充到了家，無論什麼人原都可以擴充到家的。

研讀需著眼人性本善的觀點

以上所說，大部分根據馮友蘭《中國哲學史》，為篇幅所限，只能扼要提出；諸同學要知道得詳細，可以參看原書。但讀《孟子》一書，有了上述的一些概念也就夠了。**孟子的政治見解與心理見解是一貫的，無非從人性本善的觀點出發。記住了這一層，讀他的二百幾十章便能左右逢源，而不至於迷離恍惚，不明白他何所為而云然。**不過，剛著手讀過三遍，只能知道孟子思想的大概而已，絕不能說已經讀通了《孟子》；往後每多讀一回，必將多一分了解，多一層領會，其了解與領會的增多且將永無止境。這不但讀《孟子》書如此，讀古典或具有永久價值的文學作品，大都如此。因為這些東西不比數學的定理或化學的方程式，除非不懂，要懂就完全懂；這些東西是要用生活經驗去對付的，生活經驗愈豐富，愈能夠咀嚼其中的意味。一個人的生活經驗沒有止境，所以一部古典或文學作品，可以終身閱讀而隨時有心得。《孟子》書是宋代以來勢力很廣遍的一部古典，幾乎成為知識分子的常識課本，諸同學現在讀它只是個開端，將來自當隨時讀它。抱著拘泥的態度讀它當然流為迂腐（如相信今世必須有仁者出來王天下才行），但抱著融通的態度讀它卻是真實的受用（如相信人必須合於所以為人的道理）。

《孟子》七篇，據今本共三萬五千二百二十六字，諸同學要以兩個月的課外略讀時間完全仔細讀過，事實上恐怕辦不到。那只好取尤其重要的來讀，如與當時諸侯人士論仁政的，以及發揮性善之說的若干章。**讀的時候，須認定兩個目標：一是知道孟子思想的大概；一是藉此養成閱讀雖古而並不艱深的文言的能力。**知道某人的思想，當然不就是信從某人的思想；但知道得既已真切，把自己的生活經驗來印證，又覺此時此地仍還適合的時候，便不妨信從。古典之中，《孟子》的文學較易通曉，議論的發展，語調的呼應，都與現在人相近；超曠飄逸的文字如《莊子》，簡奧費解的文字如《墨經》，儘可以讓具有哲學興趣的文學者與考據者去研究，一般人不一定要閱讀；而如《孟子》那樣的文字，卻是受教育的人所必須通曉的。若還不能通曉，就可以說不懂文言，吃虧自不必說。——以上是對於兩個目標的說明。

前面說過把相關的各章作一次讀的話。**所謂相關的各章，就是各章同屬於某一個題目的意思**。題目由讀者的觀點而定；對於《孟子》的二百幾十章，可取的觀點無數，所以題目也無數，各章的組合方式也無數。現在只能舉一個例子來說。孟子對於修養，根本見解在擴充「四端」，其擴充的條目怎樣呢？這便是一個觀點，一個題目。假如擇定了這個題目，至少得把以下各章排比起來讀。〈公孫丑上〉「人皆有不忍人之心」章說明人皆有「四端」，〈告子上〉「告子曰性無善無不善也」章也說明人皆有「四端」；前章以「苟能充之，足以保四海，苟不充之，不足以事父母」作結，僅說及能否擴充的後果；後章卻有「弗思耳矣」與「求則得之，舍則失」的話，見得那些不能擴充的人，其病在於「弗思」。能思便能擴充，〈告子上〉「公都子問曰」章即說明此意。那章裡說：「耳目之官不思而蔽於物，物交物，則引之而已矣。心之官則思，思則得之，不思則不得也。」人有與禽獸同具的「耳目之官」，又特別有禽獸所不具的能思的「心之官」；「心之官」當其職而能思，「耳目之官」就不為外物所蔽，善端自能盡量擴充了。因此，講求擴充，從消極方面說，必須寡欲，必須求放心。前一層意思見〈盡心下〉「養心莫善於寡欲」章，後一層意思見〈告子上〉「仁人心也」章。從積極方面說，必須慎於擇術，存心為仁；這可看〈公孫丑上〉「矢人豈不仁於函人哉」章。必須把「有所不忍」、「有所不為」的心推廣開來，遍及於「所忍」、「所為」；這可看〈盡心下〉「人皆有所不忍」章。必須在倫常之間實踐，使善端自然擴充，各方面都無欠缺；這可看〈離婁上〉「仁之實事親是也」章。必須在實踐上辨別人的「所欲」、「所惡」到底是什麼，抱持著「舍生而取義」的精神；這可看〈告子上〉「魚我所欲也」章。而〈萬章下〉「一鄉之善士」章所說的「尚友」古人，〈公孫丑上〉「子路人告之以有過則喜」章所說的「與人為善」。也是講求擴充的人應有的事兒。在擴充的過程中，要在「自得」，才可以「取之左右逢其源」；這可看〈離婁下〉「君子深造之以道」章。又要在繼續不間斷，才可以積久而成熟，這可看〈盡心下〉「孟子謂高子曰」章。擴充而不得所欲，譬如我愛人而人不愛我，我敬人而人不敬我，那不必怨人，只當向自己方面加功，「反求諸己」；〈公孫丑上〉「矢人豈不仁於函人哉」章，〈離婁上〉「愛人不親反其仁」章，〈離婁下〉「君子所以異於人者」章，都說到這層意思。「反身而誠」，如〈離婁上〉「居下位而不獲於上」章所說，「至誠而不動者，未之有也」。到得這個地步，便如〈滕文公下〉「公孫衍張儀豈不誠大丈夫哉」章與〈盡心上〉「孟子謂宋句踐曰」章所說，無論「達」或「窮」，「得志」或「不得志」，總之無往而不善；又如〈盡心上〉「萬物皆備於我矣」章所說，人生的「樂莫大焉」。——與前面所舉的題目有關的，除了這裡所指出的各章，當然還有；這裡只是個簡約的組合罷了。這樣把若干章貫串起來讀，比較單讀一章易於了悟，且也富有趣味。貫穿起來必須有一條線索，那線索便是讀者的理解力，理解若不透切，貫穿起來就將流於穿鑿，那非但不能增進了悟，反而把自己攪糊塗了。**因此，讀的時候該分兩個步驟：每章仔細體會，理解它的要旨，是前一個步驟；然後把相關各章貫穿起來，看出它們彼此照應、互相發明之點，是後一個步驟。古典原不妨閱讀一輩子；現在閱讀《孟子》，取兩個步驟，實在不是徒勞無益之舉。**

二

文字傾向鋪排，力求暢達詳盡

前面說過，**《孟子》書是鋪排的記言體，其中更有設寓的記言。所謂鋪排，就是說得暢達詳盡；惟恐對方不感動，不了解，不相信，故用暢達詳盡來取勝**。這在較長的各章都可以看出。**其所用方法，一種是逐層疏解**。如〈梁惠王上〉「孟子見梁惠王」章中「萬乘之國弒其君者」、「不奪不饜」若干語，只是上文「上下交征利而國危矣」的意思，不過說得更明白一點。又如〈告子下〉「五霸者三王之罪人也」章開首提出「五霸者，三王之罪人也；今之諸侯五霸之罪人也；今之大夫，今之諸侯之罪人也」三個判斷，以下便逐一說明，說明完畢而文字也完畢。又如〈滕文公上〉「有為神農之言者許行」章說「或勞心，或勞力；勞心者治人，勞力者治於人」便接上「當堯之時……」一段，這不過是「豈無所用其心哉？亦不用於耕耳」的實例，為上文「勞心者治人」的解釋；以下說了陳相倍他的師，便接上「昔者孔子沒有……」一段，這不過說倍師是要不得的，藉以襯托出陳相的荒唐。

第二種方法是不憚反覆——說了正面，再說反面；說了反面，又回到正面。如〈梁惠王下〉「莊暴見孟子」章曰論樂，「今王鼓樂於此……」，「今王田獵於此……」。先從「不與民同樂」的方面說；接著反過來，「今王鼓樂於此……」，「今王田獵於此……」，又從「與民同樂」的方面說。又如〈公孫丑上〉「仁則榮」章先提出「仁則榮，不仁則辱」的原則，以下「今惡辱而居不仁」與原則不相應，是反面；「如惡之，莫如……」才與原則相應，是正面；可是「今國家閒暇……」，又說到反面去了。

第三種方法是多用排語。如〈梁惠王上〉「齊桓晉文之事」章的「為肥甘不足於口與？輕煖不足於體與？抑為色不足視於目與？聲音不足聽於耳與？便嬖不足使令於前與？」列舉種種嗜欲。又如〈梁惠王下〉「所謂故國者」章從「左右皆曰賢」到「然後殺之」，語作三排，其意無非說任賢誅罪，一切得從民意。又如〈公孫丑上〉「人皆有不忍人之心」章從「無惻隱之心，非人也」到「無是非之心，非人也」，從「惻隱之心，仁之端也」到「是非之心，智之端也」；書中說及仁義禮智的地方，往往作排語，不可盡舉。

第四種方法是插入譬喻——用具體的事例來顯明抽象的理論。如〈梁惠王上〉「齊桓晉文之事」章的「緣木而求魚」，〈梁惠王下〉「為巨室」章的「教玉人彫琢玉」，〈公孫丑上〉「仁則榮」章的「惡溼而居下」，〈滕文公上〉「滕定公薨」章的「君子之德，風也；小人之德，草也」，都是單純的譬喻。又如〈梁惠王上〉「寡人之於國也」章以戰喻為政，同篇「齊桓晉文之事」章以力舉百鈞，明察秋毫喻仁心足以王天下，〈公孫丑下〉「孟子平陸」章以受人之牛羊喻牧民，〈滕文公下〉「戴盈之曰」章以攘雞喻關市之征，都用譬喻來啟發對方，使對方自然領悟，不得不首肯作者所持的理論。

第五種方法是償言申明。如〈梁惠王上〉「王曰叟」章的答語，開頭說「何必曰利」，結尾又說「何必曰利」。〈滕文公下〉「外人皆稱夫子好辯」章的答語，開頭說「予豈好辯哉？予不得已也」，結尾又說「予豈好辯哉？予不得已也」。

應用以上五種方法，文字自然見得暢達詳盡，與日常談話差不多了。現在，一個善於談話的人的言辭，或一個善於演說的人的講辭，聽者覺得暢達詳盡；如果留意一下，便知道多少與這裡所說的五種方法有關。至於所謂設寓，與上面所舉譬喻例子兩類之中的後一類相近；但並不明白表示說的是譬喻，彷彿那故事真有事似的；這便是寓言。〈公孫丑上〉「夫子加齊之卿相」章的「宋人揠苗」，〈離婁下〉「齊人有一妻一妾」章的「齊人乞墦」，都是例子。說了宋人揠苗的故事，以下便說「助長」無益而有害；說了齊人乞墦的故事，以下便說求富貴利達而不以其道的可羞。這樣把設寓的意思點明，是寓言的原始的形式。

《孟子》文字傾向於鋪排，而其書是記言體，可見孟子當時的說話本來就那麼鋪排。這是時代的影響。那時候遊說之風大盛，遊士立談可以取卿相，全靠辯論的技術，暢達詳盡，說得人動聽。孟子雖自視甚高，不屑將自己排在遊士的隊伍裡；可是他要「正人心，息邪說，距詖行，放淫辭」（〈滕文公下〉「外人皆稱夫子好辯」章），就不得不與遊士一樣，利用辯論的技術；一利用，自然走入鋪排一路了。他說：「予豈好辯哉？予不得已也。」可見他自己也承認，他的說辭與遊士的辯是相仿的；不過遊士的辯為的富貴利達，他的辯為的「不得已」，是二者的分別。大概辯論不會十分渾厚，多少要露點兒鋒芒。朱熹《孟子集注》卷首的孟子序說裡，記著程子的話說：「孟子有些英氣；纔有英氣、便有圭角；英氣甚害事。如顏子便渾厚不同。」這是在修養的造詣上所下的批評。現在不比較二人修養的造詣，單說《孟子》的文字，其英氣是極易感覺到的。英氣何從而來：就在於孟子好辯，具有遊士的舌鋒。

就學習語文的觀點說，暢達詳盡的具有英氣的文字，與簡約渾厚的文字，雖不能說二者有優劣之判，入手卻有難易之不同，讀了見效，也有遲速的分別。這就是說，前一類文字，閱讀比較容易；要增進語文方面的素養，也以閱讀前一類文字比較方便。現在讀《孟子》，如果不是敷衍塞責的讀，而是認認真真的讀，其效果至少可以使思路開展，言辭順適，沒有枯窘、梗阻的毛病。尤其因為《孟子》文字與現在人說話相近，如果翻譯為白話，大都與口頭的白話差得不遠，所以易於得到上述的效果。最好能夠熟讀，不去強記，而自然背誦得出。通體熟讀也許不容易辦到，選定其中較長的若干章，把它熟讀，卻是必要的。

《孟子》文字雖說與現在人說話相近，卻也有些字句是後來文言中所不常用的。如「願比死者一洒之」（〈梁惠王上〉「晉國天下莫強焉」章）的「比」字，作「為」字、「代」字解；「君為來見也」（〈梁惠王下〉「魯平公將出」章）的「為」字，作「將」字解；「夫子加齊之卿相」（〈公孫丑上〉「夫子加齊之卿相」章）的「加」字，作「居」字解；這些都不可滑過，致文義含糊；若仔細看注釋，體會語意，自也不致含糊。又如「則苗浡然興之矣」（〈梁惠王上〉「孟子見梁襄王」章）的「之」字，不作代名詞用而與助詞「焉」字相當；「吾不惴焉」（〈公孫丑上〉「夫子加齊之卿相」章）的「焉」字，不作表決定的助詞用而與表反詰的助詞「乎」字相當；「舍皆取諸其宮中而用之」（〈滕文公上〉「有為神農之言者許行」章）的「舍」字，作「止」作「不肯」解都很牽強，而作「任何」作「什麼」解，同於現在的「啥」字（見《責善》半月刊第一卷第十一期，李行之〈孟子書中之方俗語〉），便非常順適；這些也須仔細揣摩，才能得其神情。又如「苗則槁矣」（〈公孫丑上〉「夫子加齊之卿相」章），用現在的話說，就是「苗可枯了」或「苗卻枯了」；「木若以美然」（〈公孫丑下〉「孟子為卿於齊」章），用現在的話說，就是「棺木彷彿太好了一點似的」；「人之有道也」（〈滕文公上〉「其為神農之言者許行」章）同於「人之為道也」，用現在的話說，就是「人的情形是這樣的」；這樣用貼切的今語來理解，便見得較生的句式都是生動有致的了。

研究文字技法，一窺時代變遷

楊樹達《高等國文法》的總論裡說：「從孔子到孟子的二百年中間，文法的變遷已就很明顯了。孔子稱他弟子為『爾』、『汝』，孟子便稱『子』了。孔子時代用『斯』，孟子時代便不用了。〈陽貨〉稱孔子用『爾』，子夏曾子相稱亦用『爾』、『汝』，孟子要人『充無受爾汝之實』（〈盡心下〉「人皆有所不忍」章），可見那時的『爾』、『汝』已變成輕賤的稱呼了。」這是讀《孟子》書注意到文法方面的例子。又如稱名，《論語》中無論他稱自稱，往往於單名之下加個助詞「也」字，以表提示，「回也」、「賜也」、「由也」、「雍也」，不一而足；《孟子》中卻極為少見，僅有「求也為季氏宰」（〈離婁上〉「求也為季氏宰」章）、「軻也請無問其詳」（〈告子下〉「宋牼將之楚」章）等幾處。在對話裡，自稱名字的有「克告於君」（〈梁惠王〉「魯平公將出」章）、「丑見王之敬子也」（〈公孫丑下〉「孟子將朝王」章）、「比非距心之所得為也」（同篇「孟子之平陸」章）、「前日虞聞諸夫子曰」（同篇「充虞路問曰」章）、「丹之治水也愈於禹」（〈告子下〉「丹之治水也愈於禹」章）等例子；可是稱呼對手，便用代名詞「子」字而不直呼其名。這可以看出語氣與稱謂的變遷。又如「然」字、「如」字，同樣可以作形容詞副詞的語尾，但《論語》以用「如」字為多，《孟子》以用「然」字為多。《論語》中這種用法的「如」字，最多見於〈鄉黨〉篇，他如「翕如也，……純如也，皦如也，繹如也」（〈八佾〉篇），「申申如也，夭夭如也」（〈述而〉篇），「誾誾如也，……行行如也，……侃侃如也」（〈先進〉篇）都是。用「然」字的，只有「斐然成章」（〈公冶長〉篇），「顏淵喟然歎曰」（〈子罕〉篇）、「硜硜然小人哉」（〈子路〉篇）等少數幾處。《孟子》中這種用法的「然」字，如「填然鼓之」（〈梁惠王上〉「寡人之於國也」章），「天油然作雲，沛然下雨，則苗浡然興之矣」（同篇「孟子見梁襄王」章），「舉欣欣然有喜色而相告曰」（〈梁惠王下〉「莊暴見孟子曰」章），「豈不綽綽然有餘裕哉」（〈公孫丑下〉「孟子謂蚳鼃曰」章），「予然後浩然有歸志」、「悻悻然見於其面」（同篇「孟子去齊尹士語人曰」章），「使民盻盻然終歲勤動」（〈滕文公上〉「滕文公問為國」章），「何為紛紛然與百工交易」（同篇「有為神農之言者許行」章），「夷子憮然為閒曰」（同篇「墨者夷之」章），「如其自視欿然」（〈盡心上〉「附之以韓魏之家」章）都是。用「如」字的，只有「則皇皇如也」（〈滕文公下〉「周霄問曰」章），「驩虞如也，……皞皞如也」（〈盡心上〉「霸者之民」章）等少數幾處。兩書這兩個字，規律實相一致，就是：在語中用「然」，在語末用「如」，又加上個助詞「也」字。但從多用少用上，也就可以看出孟子時代的語言習慣與孔子時代不盡相同了。以上不過略發其凡。諸同學如能自定觀點，將《孟子》書作文法方面的研究，是很有意思的事兒；而且可研究處不會嫌少的。

顧炎武《日知錄》（卷十九）裡說：

> 時子因陳子而以告孟子，陳子以時子之言告孟子。（〈公孫丑下〉「孟子致為臣而歸」章）
>
> 此不須重見而意已明。
>
> 齊人有一妻一妾而處室者，其良人出，則必饜酒肉而後反。其妻問所與飲食者，則盡富貴也。

其妻告其妾曰：「良人出，則必饜酒肉而後反。問其與飲食者，盡富貴也。而未嘗有顯者來。吾將瞷良人之所之也。」（〈離婁下〉「齊人有一妻一妾」章）

有饋生魚於鄭子產，子產使校人畜之池。校人烹之，反命曰：「始舍之，圉圉焉；少則洋洋焉，攸然而逝。」子產曰：「得其所哉！得其所哉！」校人出，曰：「孰謂子產智！予既烹而食之，曰：『得其所哉！得其所哉！』」（〈萬章上〉「詩云娶妻如之何」章）此必須重疊而情事乃盡。此孟子文章之妙。

這是讀《孟子》書注意到文字技巧方面的例子。

又如「殺人以挺與刃，有以異乎？……以刃與政，有以異乎？」（〈梁惠王上〉「寡人願安承教」章），「王之臣有託其妻子於其友，而之楚遊者，比其反也，則凍餒其妻子，則如之何？……士師不能治士，則如之何？……四境之內不治，則如之何？」（〈梁惠王下〉「王之臣」章），都是遠遠引起，漸入題旨，對方感愧而無所逃遁。又如「伊尹以割烹要湯」章（〈萬章上〉）描寫伊尹對於出處的心理，「伯夷目不視惡色」章（〈萬章下〉）描寫伯夷、伊尹、柳下惠、孔子四人各不相同的品格，都有抓住要點、傳神阿堵的好處。諸同學如能按此類推，也將會有不少的心得。

史記菁華錄[2]

*編按：《史記》卷帙龐大，內容廣泛，難以閱讀，故《史記菁華錄》特別擷取菁華採選，以便於讀者閱讀。本文以《史記》名稱由來，體例、以及描繪人物事蹟的特色先做概述，再以此部採選之菁華錄的編者用意，與所加評語的類型加以說明，能更容易領略《史記》的文學之美。

司馬遷著書為的是繼承先志

讀《史記菁華錄》，不可不知道《史記》的大概。《史記》的作者司馬遷的傳敘，有《史記》的末篇〈自序〉。那篇歷敘他的家世，傳述他父親的學術見解和著述志願，又記載他自己的遊覽各地和繼承先志，然後說到《史記》的編例和內容。《漢書》裡的〈司馬遷傳〉，就直鈔那篇的原文，不過加入了「遷報任安」的一封書信罷了。現在為便利讀者起見，作司馬遷傳略如下：

司馬遷，字子長，生於龍門（龍門是山名，在今山西省河津縣西北，陝西省韓城縣東北，分跨黃河

②—本篇前半部談「史記」的部分，有許多意見是從朱東潤先生的〈史記講錄〉（武漢大學講義）和〈傳敘文學與史傳之別〉（《星期評論》第三十一期）採來的，不敢掠美，特此聲明。

兩岸，形如門闕）。他的生年有兩說：一說是漢景帝中元五年（公元前一四五年），一說是漢武帝建元六年（公元前一三五年），相差十年；據近人考證，前一說為是。他的父親談，於各派學術無所不窺，當武帝建元元封之間，為太史令。談死於元封初年（元封元年當公元前一一〇年），遷即繼職為太史令。因此，《史記》中稱父親，稱自己，都作「太史公」（〈天官書〉裡有「太史公推古天變」一說，〈封禪書〉裡有「有司與太史公祠官寬舒議」、「太史公祠官寬舒等曰」兩語，其中的「太史公」，和〈自序〉前篇用了六次的「太史公」，都是稱父親；各篇後面「贊」的開頭「太史公曰」的「太史公」，都是稱自己。官是太史令，為什麼稱「太史公」呢？關於此點，解釋很多。有的說；「太史公」是官名，其位極尊；駁者卻說，《漢書》〈百官公卿表〉中並沒有這個官。有的說，稱「令」為「公」，同於邑令稱「公」；駁者卻說，這是僭稱，用來稱呼別人猶可，那裡有用來自稱的？有的說，遷尊其父，故稱為「公」；駁者卻說，明明自稱的地方也作「公」，為什麼對自己也要「尊」？有的說，尊父為「公」，是遷的原文，尊遷為「公」，是後人所改；駁者卻說，後人這一改似乎有點愚。有的說，這個「公」字並沒有特別表示尊重的意思，只如古代著書，自稱為「子」或「君子」而已；此說用來解釋稱父和自稱，都比較圓通，但得其真際與否，還是不可知）。遷在青年時期出去遊覽；〈自序〉裡說：

「二十而南游江淮，上會稽，探禹穴，闚九疑，浮於沅湘，北涉汶泗，講業齊魯之都，觀孔子之遺風，鄉射鄒嶧，戹困鄱薛彭城，過梁楚以歸。」

黃河、長江流域的大部分，他都到過。回來之後，作「郎中」的官。元封元年，「奉使西征巴蜀以南，南略邛笮昆明」，便又遊覽了西南地方。及繼任了太史令，於太初元年（公元前一〇四年）開始他的著作。〈自序〉裡說：

「余嘗掌其官，廢明聖盛德不載，滅功臣世家賢大夫之業不述，墮先人所言，罪莫大焉。……於是論次其文。」

可見他從事著作為的是繼承先志。「論次其文」是就舊聞舊文加以整理編排的意思；他既受了父親的薰陶，又讀遍了皇室的藏書，觀察了各地的山川風俗，接觸了在朝在野的許多人物，自然能夠取精用宏、肆應不窮。天漢二年（公元前九九年），李陵與匈奴戰，矢盡力竭，便投降了匈奴。消息傳來，一班朝臣都說陵罪很重；武帝問到遷，遷獨替李陵辯白。他說：

「陵事親孝，與士信，常奮不顧身，以殉國家之急，其素所畜積也；有國士之風。今舉事一不幸，全軀保妻子之臣，隨而媒糱其短，誠可痛也！且陵提步卒不滿五千，深輮戎馬之地，抑數萬之師，虜救死扶傷不暇，悉舉引弓之民，共攻圍之；轉鬥千里，矢盡道窮，士張空拳，冒白刃，北首爭死敵。得人之死力，雖古名將不過也，身雖陷敗，然其所摧敗，亦足暴於天下。彼之不死，宜欲得當以報漢也。」（見《漢書》〈李陵傳〉，〈報任安書〉中也提到這一層，大致相同。）

這是說李陵人品既好，將才又出眾，戰敗是不得已，投降是有所待。武帝以為遷誣罔，意在誹謗貳師將軍李廣利（那一次打匈奴，李廣利將三萬騎，為主力軍，但沒有與單于大軍相遇，因此少有功勞），並替李陵說好話；便治他的罪，處以最殘酷的腐刑（割去生殖器）。這不但殘傷了他的身體，同時也打擊了他的精神；〈報任安書〉中說：

「禍莫憯於欲利，悲莫痛於傷心，行莫醜於辱先，而詬莫大於宮刑。刑餘之人，無所比數，非一世也，所從來遠矣。昔衛靈公與雍渠載，孔子適陳；商鞅因景監見，趙良寒心；同子參乘，爰絲變色。自古而恥之。夫中材之人，事關於宦豎，莫不傷氣，況忼慨之士乎！」

從這些話，可知他的羞憤和傷心達到了何等程度。受刑之後不久，他又作「中書令」的官。對於著作事業，還是繼續努力；〈報任安書〉中有：

「所以隱忍苟活，幽糞土之中而不辭者，恨私心有所不盡，鄙沒世而文采不表於後也。古者富貴而名摩滅，不可勝記，唯倜儻非常之人稱焉。蓋西伯拘而演周易；仲尼戹而作春秋；屈原放逐，乃賦離騷；左丘失明，厥有國語；孫子臏腳，兵法修列；不韋遷蜀，世傳呂覽；韓非囚秦，說難孤憤；詩三百篇，大底賢聖發憤之所為作也：此人皆意有所鬱結，不得通其道，故述往事，思來者。及如左丘明無目，孫子斷足，終不可用，退論書策，以舒憤思，垂空文以自見。」

的話，說明了他在痛苦之中，希望立言傳世，垂名於久遠的心理。接著就說：

「僕竊不遜，近自託於無能之辭，網羅天下放失舊聞。考之行事，稽其成敗興壞之理，凡百三十篇；亦欲以究天人之際，通古今之變，成一家之言。草創未就，適會此禍。惜其不成，是以就極刑而無慍色。」

寫這封書信的時候，既說了「近自託於無能之辭」的話，又有了「百三十篇」的總數，他的初稿大概已經完成了。這封書信，據近人考證，作於征和二年（公元前九一年）；其時遷從武帝幸甘泉。甘泉在今陝西省淳化縣西北，距長安西北二百里，所以書中說「會東從上來」；次年正月武帝要幸雍，遷也將從行，所以書中說「僕又薄從上上雍」（「薄」是「近」和「迫」的意思，也就是「立刻要」）。如此說來，他的著作，從開始著手到初稿完成，共占了十幾年的時間；一部開創的大著作，十幾年的工夫自然是要的。他的死年不可知，大概在武帝末年或昭帝初年（武帝末年當公元前八七年）；年齡在六十歲左右。

〔指導大概〕

《史記》名稱的由來和體例

司馬遷所著的書，他自己並不稱為「史記」。原來「史記」這個名詞，在古代是記事之史的通稱。這在司馬遷書裡，就有許多證據。如〈周本紀〉裡說：「周太史伯陽讀史記曰：『周亡矣！』」這「史記」指周室所藏的記事之史；〈孔子世家〉裡說孔子「因史記，作春秋」，〈十二諸侯年表序〉裡說孔子「論史記舊聞，興於魯而次春秋」，這「史記」指孔子所見的記事之史；〈自序〉裡說：「諸侯相兼，史記放絕」，〈六國年表序〉裡說：「秦既得意，燒天下詩書，諸侯史記尤甚。」這「史記」指各國所有的記事之史；〈天官書〉裡說：「余觀史記考行事，百年之中，五星無出而不反逆行。」這「史記」指漢代的記事之史，從「百年之中」一語可以推知；〈自序〉裡說：「紬史記石室金匱之書」，這「史記」兼指漢代、秦代秦國（秦記獨存，見〈六國年表序〉），及殘餘的各國的記事之史，這些都是他著書的參考資料。司馬遷沒有把「史記」這個通稱作為自己的書的專名，也沒有給自己的書取一個統攝全部的別的專名；他在〈自序〉裡，只說「著十二本紀，……作十表，……作八書，……作三十世家，……作七十列傳，凡百三十篇，五十二萬六千五百字，為太史公書」而已。班固撰《漢書》，其〈藝文志〉承沿著劉歆的〈七略〉，稱司馬遷書為「太史公百三十篇」，沒有「書」字。他的父親班彪論史家著述，將太史公書與左氏、國語、世本、戰國策、楚漢春秋並舉（見《後漢書》〈班彪傳〉）。這可見在班氏父子當時，還沒有把司馬遷書稱為「史記」；但范曄《後漢書》〈班彪傳〉的敘述語中，卻有「司馬遷著史記」的話。據此推測，「史記」成為司馬遷書的專名，該是起於班范之間，從後漢到晉宋的時代。

一

《史記》一百三十篇，就體例而言，分為五類，就是：「本紀」、「表」、「書」、「世家」、「列傳」。**「本紀」**記載帝王的事蹟，從五帝（黃帝、帝顓頊、帝嚳、帝堯、帝舜）到漢武帝，有年的分年，沒有年的分代。**「表」**編排各代的大事，年代已經不可考的作「世表」，年代可考的作「年表」，變化太劇烈的時候作「月表」；並表列漢興以來侯王的封立和將相的任免。**「書」**敘述文化的各部門，如禮節、曆法、祭祀、水利、財政等，都分類歷敘，使讀者對於這些方面得到系統的知識。**「世家」**按國按家並按著年代世系，記載若干有重要事蹟的封建侯王。體例和「本紀」相同，不過「本紀」記的是統治天下的人，「世家」記的是統治一個區域的人。有這一點分別而已。**「列傳」**記載自古到漢或好或壞的重要人物，以及邊疆內外的各國狀態。這五類所包容，範圍很廣大，組織很完密；在漢朝當時，實在是一部空前的「中國通史」。自從有了《史記》，我國史書的規模就確定了，以後史家作史大多模仿它。現在所謂「二十四史」，除了《史記》以外的二十三史，體例都與《史記》相同（不過「世家」類，以後的史中沒有了。「書」一類自從《漢書》改稱了「志」，便一直沿用下去，都稱「志」而不稱「書」。「表」和「志」並非各史都有，其沒有這兩類的，便只有「紀」和「傳」了）。這種體例稱為「紀傳體」，與另外兩個重要史體「編年體」和「紀事本末體」相對待。

五類之中，「本紀」和「世家」兩類都有幾篇足以引起人疑問的，這裡簡略的說一說。先說「本紀」

方面。秦自莊襄王以上，論地位還是諸侯，應該入「世家」；遷卻作了〈秦本紀〉，這是一點。項羽並沒有得天下，成帝業；遷卻作了〈項羽本紀〉，這是二點。惠帝作了七年的天子，遷不給他作「本紀」，卻作了〈呂太后本紀〉，這是三點。以上三點疑問，看了〈自序〉的話，都可以得到解答。〈自序〉裡說：「略推三代，錄秦漢，上記軒轅，下至於茲，著十二本紀，既科條之矣。」「科條之」是科分條例，舉其大綱的意思；換句話說，十二本紀是全書的綱領。既要「錄秦漢」，自不得不詳及秦的先代。〈秦本紀〉裡說：「秦之先伯翳，帝顓頊之苗裔。」〈秦始皇本紀〉贊裡說：「秦之先伯翳，嘗有勳於唐虞之際。」都是說秦的由來久遠。〈秦始皇本紀〉贊裡又說：「自繆公以來，稍蠶食諸侯，竟成始皇。」〈自序〉裡說：「昭襄業帝，作業本紀第五。」都是說秦的帝業的由來。況且諸侯史記大多散失，獨有秦記保存著；要舉綱領，自宜將秦列入「本紀」了。項羽自為西楚霸王，「霸」是「伯」的借字——「伯長」的意思，「霸王」便是諸侯之長。他實際上為諸侯之長，所以〈項羽本紀〉贊裡說：「分裂天下而封王侯，政由羽出，號為霸王。」那自宜將他列入「本紀」了。惠帝當元年的時候，因為呂太后「斷戚夫人（高祖的寵姬）手足，去眼煇耳，飲瘖藥，使居廁中，命曰『人彘』」，便派人對太后說：「此非人所為。臣為太后子，終不能治天下。」遷既記載了這個話，下文又說：「孝惠以此日飲為淫樂，不聽政。」在元年，惠帝便不聽政了；惠帝即位以後，實際上綱紀天下的是呂太后。那自宜將她列入「本紀」了。**再說「世家」方面**。孔子並非侯王，應與老、莊、孟、荀同等，入「列傳」；遷卻作了〈孔子世家〉，這是一點。陳涉起自群盜，自立為陳王，六月而死，以後就沒有子孫傳下去了，這與封建侯王的情形不同，也應入「列傳」；遷卻作了〈陳涉世家〉，這是二點。〈外戚世家〉記載后妃，后妃與封建侯王更不相類，為什麼要為她們作「世家」？這是三點。以上三點疑問，也可以從〈自序〉得到解答。〈自序〉裡說：「二十八宿環北辰，三十輻共一轂，運行無窮，輔拂股肱之臣配焉，忠信行道，以奉主上，作三十世家。」這說明了「世家」所敘人物，都是對統治者盡了「輔拂（同『弼』字）股肱」的責任的。孔子不仕於周室，在周固非「輔拂股肱之臣」；但在漢朝人觀念中，孔子垂教乃是「為漢制作」，他的功勞，實在當代功臣之上；〈自序〉裡說：「為天下制儀法，垂六藝之統紀於後世。」便表示這個意思。那自宜將他列入「世家」了。漢室的興起，由於天下豪傑群起反秦，而反秦的頭一個，便是陳涉。〈高祖本紀〉裡說：「陳勝等起蘄，至陳而王，號為『張楚』，諸郡縣皆多殺其長吏，以應陳涉。」高祖便是響應陳涉的一個。〈陳涉世家〉裡說：「陳勝雖已死，其所置遣侯王將相竟亡秦，由涉首事也。」〈自序〉裡說：「天下之亂，自涉發難。」可見陳涉對於漢室雖沒有直接的功勞，間接的關係卻非常重大，如果陳涉不發難，也許就沒有漢室。那自宜將他列入「世家」了。至於后妃列入「世家」，是因為她們對於統治者輔弼之功獨大；換句話說，她們影響統治者最為深切。〈外戚世家〉開頭說「自古受命帝王，及繼體守文之君，非獨內德茂也，蓋亦有外戚之助焉。夏之興也以塗山，而桀之放也以末喜；殷之興也以有娀，紂之殺也嬖妲己；周之興也以姜原及大任，而幽王之禽也淫於褒姒。」便說明這層意思。

五類之中，「列傳」分量最多；體例並不一致，又可以分為三類，就是：「分傳」、「合傳」、「雜傳」。「分傳」是一篇敘一個人，如「孟嘗君」、「信陵君」、「李斯」、「蒙恬」等傳都是。**「合傳」是一篇敘兩個人或兩個人以上，或因事蹟關聯，不可分割，便敘在一起**，如〈廉頗藺相如傳〉是；或則時代雖隔，而精神相通，也便敘在一起，如〈屈原賈誼傳〉是。**「雜傳」是把許多人，其學業或技藝或**

治術或行為相類的，按照先後敘在一篇裡，計有〈刺客〉、〈循史〉、〈儒林〉、〈酷吏〉、〈游俠〉、〈佞幸〉、〈滑稽〉、〈日者〉、〈龜策〉、〈貨殖〉十篇，合了〈扁鵲倉公傳〉（該是「醫者列傳」，但遷並沒有標明），共十一篇。

二

《史記》中「本紀」、「世家」、「列傳」三類，都是敘述人物和他們的事蹟的，那些篇章並不是獨立的單位。一個人物的性行，一件事情的原委，往往散見在若干篇中，讀者要參看了若干篇才可以得其全貌；這由於作者認一百三十篇是整部的書。他期望讀者讀的時候，不僅抽讀一篇兩篇，而能整部的讀。其所以運用這樣作法，有幾層理由可以說的。

第一，一部《史記》包括若干人物的事蹟，這若干人物的事蹟，必然有若干共同的項目；若把每個人物的事蹟，都敘述在關於其人的篇章裡，必然有若干重複或雷同，就整部書看起來，便是浪費了許多可省的篇幅。所以作者把這些共同的事蹟，敘述在關於主角的篇章裡，同時連帶敘及與此有關的其他人物；而在關於其他人物的篇章裡，便節省筆墨，單說一句「見某篇」了事，有時連這一句也省去了。這叫做「互見」，其主要目的在於避免重複。例如管仲、晏嬰兩人的重要事蹟，都敘在〈齊世家〉裡；於是在〈管晏列傳〉裡，對於管仲，便只敘他與鮑叔的交情和他的政治主張兩點；對於晏嬰，便只敘他事齊三世，與越石父交和薦其御者為大夫三點。大概還以為管晏的重要事蹟，都與齊國關係極大，而管晏與齊國比較，自然齊國居於主位，所以敘在〈齊世家〉裡。〈齊世家〉裡既然敘了為避免重複起見，〈管晏列傳〉裡就不再敘了。若不明白這個「互見」的體例，單就「管晏列傳」求知管晏，那是不會得其全貌的。

第二，「互見」的體例不只在避免重複，又常用來寄託作者對於歷史人物的褒貶。作者認為某人物該褒，便在關於其人的篇章裡，專敘其人的長處。作者認為某人物該貶，便在關於其人的篇章裡，專敘其人的短處。遇到該褒的人確有短處，無可諱言，該貶的人確有長處，不容不說的時候，便也用「互見」的辦法，都給放到另外的篇章裡去。例如〈信陵君傳〉，前面既說「諸侯以公子賢，多客，不敢加兵謀魏十餘年」；末後又說「秦聞公子死，使蒙驁攻魏，拔二十城。初置東郡，其後秦稍蠶食魏，十八歲而虜魏王，屠大梁」，隱隱表示信陵君的生死，影響到魏國的存亡。這由於遷對信陵君太傾倒了，任著感情寫下去，以至「褒」得過了分寸。所以〈魏世家〉贊裡又說：「說者皆曰，魏以不用信陵君，故國削弱，余以為不然」。讀者若單看〈信陵君傳〉而不注意〈魏世家〉贊裡的話，對於遷的史識，就不免要發生誤會。又如〈信陵君傳〉寫信陵君的個性，先提明「公子為人仁而下士」，以下所敘許多故事，便集中在這一點；所以就文章論，這是一篇完整之作。但「仁而下士」只是信陵君個性的好的一方面；還有不甚高明的方面，卻在另外的篇章裡。〈范雎傳〉裡敘秦昭王要為范雎報仇，向趙國索取從魏國逃到平原君家裡的魏齊；魏齊往見趙相虞卿，虞卿便解了相印，與魏齊同到大梁，欲見信陵君；信陵君猶豫不肯見，魏齊怒而自剄。虞卿可以丟了高官，陪著朋友亡命；信陵君與魏齊同宗，偏偏顧忌著秦國，拒而不見，無怪要引起侯嬴的譏刺了。同傳裡又敘秦昭王把平原君騙到秦國，軟禁起來，向他要魏齊的頭；平原君只說：「貴而為友者為賤也，富而為交者為貧也。夫魏齊者，勝之友也，在固不出也，今又不在臣所。」平原君看重交情，表示得這麼勇決，以與信陵君的顧忌猶豫相對比，更可見出信陵君的「仁」並非毫無問題。讀者若單記著〈信陵君傳〉裡的「仁而下士」，對於信陵君的個性，就只知識了一半。

第三，「互見」的體例，又常用來掩護作者，以免觸犯忌諱。事實上是這樣，而在作者所處的地位，卻不容不說那樣，否則便觸犯忌諱；於是也用「互見」的辦法，使讀者參互求之，自得其真相。例如遷對於高祖、項羽兩人，他的同情似乎完全在項羽方面，但他是漢朝的臣子，不容不稱讚高祖，因此他寫兩人就運用「互見」的體例。大概從正面寫時，高祖是一個長者，而項羽是一個暴君；從側面寫時，便恰正相反。〈高祖本紀〉開頭說高祖「仁而愛人」，這是正面。在其他篇章裡，便常有相反的記載。〈張丞相傳〉裡記載周昌對高祖說「陛下即桀、紂之主也」；〈佞幸列傳〉裡直說「高祖至暴抗也」；此外見於〈張耳陳餘列傳〉、〈魏豹彭越列傳〉、〈淮陰侯列傳〉、〈酈生傳〉裡的，不一而足。從這許多記載，讀者可以見到高祖怎樣的暴而無禮，恰正是「仁而愛人」的反面。〈蕭相國世家〉裡記載蕭何請把上林中空地，讓人民進來耕種，高祖大怒，教廷尉論蕭何的罪，其後對蕭何說：「相國休矣！相國為民請苑，吾不許。我不過為桀紂主，而相國為賢相。吾故繫相國，欲令百姓聞吾過也。」「桀紂主」的話，高祖自己也說出來了，可見高祖連假裝「仁而愛人」的心思也並不存的。〈高祖本紀〉裡說：「懷王諸老將皆曰：『項羽為人剽悍滑賊。』」這是正面。在其他篇章裡，便也常有相反的記載。〈陳丞相世家〉裡記載陳平對高祖說：「項羽為人，恭敬愛人，士之廉節好禮者多歸之。」〈淮陰侯列傳〉裡記載韓信對高祖說：「項羽見人，恭敬慈愛，言語嘔嘔，人有疾病，涕泣分食飲。」便在〈高祖本紀〉裡，也還留著王陵的「項羽仁而愛人」一句話。陳平、韓信都是棄楚歸漢的人，王陵的母親在楚死於非命，他們三個人對於項羽，當然不會有過分的好評；把他們的話合起來看，項羽「恭敬愛人」該是真的，恰正是「剽悍滑賊」的反面。讀者若不把各篇參看，對於高祖、項羽兩人，就得不到真切的認識。

總結「互見」體例的作用

「互見」的體例具有避免重複、寄託褒貶、掩飾忌諱三種作用。《史記》是這樣，以後仿模《史記》的許多史書也是這樣。因凡屬「紀傳體」的史書，必須統看全部，才會得到人物及其事蹟的真相；倘若僅僅抽讀一篇兩篇，那所得的只是個朦朧而不切實的印象而已。所以，在欲知一點史實的人，「紀傳體」的史書並非必讀。現在有好些研究歷史的人，給大學生作了「中國通史」；給中學生讀的「中國通史」似乎還沒有，但編輯得完善一點的歷史教本，也足夠使中學生知道史實了。「紀傳本」的史書，就其性質而言，還只是一種材料；把它參互比觀、仔細鉤稽，是史學專家和大學史學系學生的工作，僅僅欲知一點史實的人是不能而且也不必去做的。還有「紀傳本」以人物為經，自不得不以紀事蹟為緯，即使不嫌重複，想不用「互見」的體例，事實上也辦不到。而在欲知史實的人，卻是事蹟重於人物。一件事蹟往往延續到若干年，**另外一種「編年體」為要編年，把整件事蹟分隔開來，看起來也不方便。所以宋朝袁樞在「紀傳體」和「編年體」之外，創立「紀事本末體」而作《通鑑紀事本末》**。他把一件大事作題目，凡司馬光《資治通鑑》中關於這件大事的記載，都鈔來放在一起；這樣，一件事蹟便有頭有尾，它的前因後果都容易看明白了。在舊式的史書中，「紀事本末體」比較適宜於一般欲知史實的人，這是應該知道的。

三

現在的《史記》並不是司馬遷當時的原樣，已經經過了許多人的增補和竄改。《漢書》〈司馬遷傳〉載了《史記》〈自序〉之文，接著說：「遷之自敘云爾，而十篇缺，有錄無書。」這是說整篇的缺失，而古代簡策，保存不易，零星的殘逸，也是可以想見的事。**修補《史記》的，以漢褚少孫為最早；又有馮商和孟柳，**「俱待詔，頗序列傳」（見《漢書》〈藝文志〉顏師古注）；東漢時有楊終，「受詔刪太史公書為十餘萬言」（見《後漢書》〈楊終傳〉）；唐劉知幾《史通》外篇〈古今正史〉中說「史記」之後，「豫向、向子歆，及諸好事者若馮商、衛衡、揚雄、史岑、梁審、肆仁、晉馮、段肅、金丹、馮衍、韋融、蕭奮、劉恂等相次撰續，迄於哀平，猶名『史記』」。這些增補刪削的本子，與原書混合起來是很容易的，著手混合的人也不一定為著存心作偽。現在的《史記》，惟褚少孫的補作低一格刊刻，或更標明「褚先生曰」，可以一望而知；此外的增補和竄改便不能辨別了。舊注中頗有辨偽的考證；歷代就單篇零句加以考證的，多不勝舉；清崔適作《史記探源》八卷，舉出偽竄之處特別多，雖未必完全可靠，但一般批評都認為當得「精博」兩字。

關於《史記》的注釋，宋裴駰的《史記集解》，唐司馬貞的《史記索隱》，唐張守節的《史記正義》，合稱「三注」，現在都附刊在「史記」裡。《史記集解》的序文中說：「考較此書（指《史記》），文句不同，有多有少，莫辯其實。而世之惑者，定彼從此，是非相貿，真偽舛雜。故中散大夫東莞徐廣，研核眾本，為作《音義》，具列異同，兼述訓解；粗有所發明，而殊恨省略。聊以愚管，增演徐氏，采經傳百家并先儒之說，豫是有益，悉皆抄內，刪其游辭，取其要實；或義在可疑，則數家兼列，……號曰《集解》：未詳則闕，弗敢臆說。」《史記索隱》的序文中說：「貞諛聞陋識，頗事鑽研，而家傳是書（指《史記》），不敢失墜。初欲改更舛錯，裨補疎遺，義有未通，兼重註述。然以此書殘缺雖多，實為古史，忽加穿鑿，難允物情。今止探求異聞，採摭典故，解其所未解，申其所未申者，釋文演註，又為述贊。凡三十卷，號曰《史記索隱》。」《史記正義》的序文中說：「守節涉學三十餘年，六籍九流，地里蒼雅，銳心觀採，評《史》《漢》，詮眾訓釋而作正義。郡國城邑，委曲申明，古典幽微，竊探其美，索理允愜，次舊書之旨，音解兼注，引致旁通。凡成三十卷，名曰《史記正義》。」看了以上所引，約略可以知道「三注」的大概。若作《史記》的研究，單看「三注」是不夠；因為關於《史記》任何方面的考據，從唐以後還有很多，就是現在也常有人發表新見，必須搜羅在一起，互相比觀，才談得到研究。若並不作研究而僅僅是閱讀，那不必全看「三注」；也可以全不看，只要有一部較好的辭書，如商務印書館《辭源》或中華書局《辭海》，就可以解決大部分疑難了。

四

《史記》的大概既已說明，才可以談到《史記菁華錄》。

現在中學裡自有歷史課程，或用教本，或由教師編撰講義，學生據以研修，便知道了從古到今的史實。《史記》不是僅僅欲知一點史實的人所宜，前面已經說過；若把它認為古史教本，給中學生研修，那在能力和時間上都超過了限度，無論如何是不應該的（事實上也沒有一個中學把 史記 作為歷史教本的）。但同樣一部書，往往可以從不同的觀點去看它。譬如《莊子》，就內容的觀點說，是一部哲學書，但就寫作技術的觀點說，卻是一部文學書；又如《水經注》，就內容的觀點說，是一部地理書，但就寫作技術的觀點說，卻是一部文學書。內容和寫作技術當然不能劃然分開——要了解內容必須明白它怎樣表達，要理會寫作技術必須明白它說些什麼；但偏重一方面，在一方面多用些工夫，那是可以的。從哲學的觀點讀《莊子》，必須弄清楚莊子思想的整個系統，以及它與當時別派思想的異同，它給與後來思想界的影響事項；從地理的觀點讀《水經注》，必須弄清楚古今的變遷，廣稽圖籍，知道什麼水道還與古來一樣，什麼水道卻不同了，又須辨別原著的是非，詳加考證，知道某處記載確鑿可靠，某處記載卻是作者的疏失。但從文學的觀點讀這兩部書，這些方面便不必過於精求，只須注重在詞句的運用、篇章的安排，以及人情事態的描寫等項就是了。**《史記》**也同上面所舉兩部書一樣，**就內容的觀點說，是一部歷史書；就寫作技術的觀點說，是一部文學書。認《史記》為歷史而讀它，固非中學生所能勝任；但認《史記》為文學而讀它，對於中學生卻未嘗不相宜。**《史記》的多數篇章，敘人敘事都是「文學的」，值得恆久的玩味。《二十四史》中的各史，不一定全是文學，但《史記》無疑的是文學的名著。中學生讀《史記》，目的並不在也能寫出像《史記》一般的古文，而在藉此訓練欣賞文學的能力和寫作記敘文的技術；換句話說，藉此養成眼力和手法，以便運用到閱讀和寫作方面去，得到切實的受用。

中學生讀文學名著，雖不宜貪多務博，廣事涉獵；也不能拘定一書，不再他求。因此，對於每一部書，不能通讀全部，只能節取其一部分；全部的分量往往太多了，非中學生的時力所能應付；所節取的一部分，當然是全書的精粹。教育部頒布的「中學國文課程標準」，在「實施方法概要」項的「教材標準」目下，初中的略讀部分列著「有詮釋之名著節本」一條，高中的略讀部分列著「選讀整部或選本之名著」一語，就是這個意思。現在提出的《史記菁華錄》，就是一種「名著節本」或「選本之名著」。

五

《史記菁華錄》是錢唐姚祖恩編的。他在卷首有一篇題辭，末書「康熙辛丑七夕後三日，苧田氏題」；卷尾又有一篇跋，末書「辛丑長至後三日閱訖題此」；據此可知他這部書的編成在清康熙六十年辛丑（公元一七二一年）。「苧田氏」是他的別號；幸而題辭後面有吳振棫的短跋：「此本為吾鄉姚公祖恩摘錄，比攜之入黔，中丞善化賀公見而善之，命校勘刊行，以惠學者。道光癸卯五月，錢唐吳振棫識。」才使我們知道編者的姓名和籍貫。但除此以外，我們對於姚祖恩便別無所知。「善化賀公」是賀長齡，曾做貴州巡撫。吳振棫曾做貴州布政使，此書原版就在任內刊刻，所以卷首書名旁邊署著「藩憲吳開雕」五字。「癸卯」是道光二十三年（公元一八四三年），據此可知此書行世快滿一百年。原版而外，各地刻本不少；最近在成都買到一部，是民國三年成都文明閣刻的。自從西洋印刷術流傳進來之後，又有些鉛印石印的本子。你一定要在某家書鋪子裡買到一部，往往不能如願；但如果隨時留心的話，卻很容易遇見此書，當然不限定那一種本子。

姚祖恩自題兩篇，就所記時日看，跋作在前。此跋說明他的編撰體例，現在全錄於後：

《史記》一書，學者斷不可不讀，而亦至不易讀者也。蓋其文洸洋瑋麗，無奇不備，匯先秦以上百家六藝之菁英，羅漢興以來創制顯庸之大略，莫不選言就班，青黃纂組，如遊禁籞，如歷鈞天，如夢前生，如泛重溟；以故譾材謏學無有能閱之終數卷者。前喆雖有評林，要亦丹黃粗及，全豹不呈。不揣荒陋，特採錄而詳閱之，務使開卷犂然，皆可成誦，間加論斷，必出心裁。密字蠅頭，經涉寒暑，幸可成編，固足為雪案之快觀也。若所刪節者，刊本具存，豈妨紬讀。世有三倉四庫爛熟胸中之士，吾又安能限之哉？

編者自出心裁，加以評註

這裡說他所採選的，都可以認為完整的篇章；如要看刪去的部分，自有整部的《史記》在那裡。採選之外，他又自出心裁，加以評註。題辭一篇，說明他編撰此書的用意，現在摘錄如下：

余少好龍門《史記》，循環咀諷，炙輠而味益深長。顧其夥頤奧衍，既不能束之巾笥；又往喆評林，迄無定本。嘗欲抽挹菁華，批導窾郤，使其天工人巧，刻削呈露；俾士之欲漱芳潤而傾瀝液者，瀾翻胸次，而龍門之精神眉宇，亦且鬱勃翔舞於尺寸之際，良為快事矣。……古人比事屬辭，事奇則文亦奇，事或紛糅，則文不能無冗蔓；故有精華結聚之處，即不能無隨事敷衍之處。掇其菁華而略其敷衍，而後知古人之作文甚苦，而我之讀之者乃甚甘也。今夫龍門之文得於善遊，夫人而能言之矣；則當其浮長淮，泝大江，極覽夫驚沙逆瀾，長風怒號，崩擊而橫飛者，吾於其書而掇取之；望雲夢之泱漭，覩九嶷之芊緜，蒼梧之野，巫山之陽，朝雲夕煙，靡曼綽約，吾於其書而掇取之；臨廣武之墟，歷鴻門之坂，訪潛龍之巷陌，思霸主之雄圖，鷹揚豹變，忼慨悲懷，吾於其文而掇取之；奉使巴岷，弔蠶叢魚鳧之疆，捫石棧天梯之險，縈紆晦窅，巉峭幽深，吾於其文而掇取之；適魯登夫子之堂，撫琴書，親杖履，雍容魚雅，穆如清風，吾於其文而掇取之。若夫後勝未來，前奇已過，於其中間，歷荒隄而經破驛，頑山鈍水，非其興會之所屬，斯逸而勿登焉。讀其文而可以知其遊之道如彼，則文之道誠不得不如此也。……凡《史記》舊文幾五十萬言，今掇其五之一；評註皆斷以鄙意，視他本為最評，約亦數萬言。龍門善遊，此亦如米海嶽七十二芙蓉，研山几案間臥遊之逸品也。因目之曰《史記菁華錄》云。

這裡說摘出一些部分，足以表現《史記》文字的「天工人巧」的，供學者研摩；又把遊覽比喻讀書。遊覽可以挑選那最勝之處，「頑山鈍水」，便捨棄不顧；讀書可以挑選那精粹之處，隨事敷衍的筆墨，便也捨棄不顧：這是文章家的看法，把《史記》認為文學書，與史學家的看法全然不同。其中「事奇則文亦奇」的「奇」字，與跋中「無奇不備」的「奇」字，在評註中也常常用到，並不是「奇怪」或「新奇」的意思。大概「事奇」的「奇」字指其事可供描寫而言，「文奇」的「奇」字指其文描寫得出而言。但站在史家的立場，不能專取那些可供描寫的材料；一事的過場脈絡，也不得不敘；趣味枯燥可是關係重要的事蹟，也不得不記。這些材料，在文章家看來，便是不奇的事；寫成文字，只是尋常的記敘文，便是不奇的文了。

六

此書選錄「本紀」三篇、「表序」三篇、「書」三篇、「世家」九篇、「列傳」三十三篇，共五十一篇。各篇之中，並不都加刪節，全錄的有十六篇（〈高祖功臣年表序〉、〈秦楚之際月表序〉、〈六國表序〉、〈蕭相國世家〉、〈伯夷列傳〉、〈司馬穰苴列傳〉、〈孟子荀卿列傳〉、〈信陵君列傳〉、〈季布欒布列傳〉、〈張釋之馮唐列傳〉、〈魏其武安侯列傳〉、〈李將軍列傳〉、〈汲鄭列傳〉、〈酷吏列傳〉、〈游俠列傳〉、〈滑稽列傳〉）。於「合傳」中全錄一人之傳的也有五篇（於〈老莊申韓列傳〉全錄「老子傳」，於〈屈原賈生列傳〉全錄「屈原傳」，於〈韓王信盧綰列傳〉全錄「盧綰傳」，於〈酈生陸賈列傳〉全錄「陸賈傳」而「酈生傳」有刪節，於〈扁鵲倉公列傳〉全錄「扁鵲傳」而「倉公傳」有刪節）。這些全錄的，該是編者所認為完整的篇章，文學的佳作。從此又可推知，凡加以刪節的，他必認為其中有「隨事敷衍之處」，非作者「興會之所屬」。如「本紀」一類，原是全書的綱領，從史學的觀點看，是極關重要的；但作者寫來，不能不平鋪直敘，有如記賬。所以十二「本紀」中，他只選了三篇，而且都加以刪節。於〈秦始皇本紀〉，只取了「議帝號」、「制郡縣」、「廢詩書」三節；這三節主要部分是議論，闊大而簡勁，其事對於後來又有極大關係，故而採選。於〈項羽本紀〉，刪去的部分就沒有〈秦始皇本紀〉那麼多，約占全篇的三分之一，都是敘述當時一般的戰爭情勢的。原來〈項羽本紀〉注重在描寫項羽這個人物，在十二「本紀」中，是並不拘守體例的一篇；從文章家看來，描寫項羽的部分都是好文章，敘述當時一般的戰爭情勢的部分，雖是史學家所不容忽略，然而非作者「興會之所屬」了。於〈高祖本紀〉，只取了開頭敘高祖微時的一節，和高祖還沛，酒酣作〈大風歌〉的一節；這兩節都是描寫高祖這個人物，採選的用意與〈項羽本紀〉相同。——其他各篇刪節，大致都是如此。

編者用從前人評點的辦法，把《史記》文字逐語圈斷；認為頗關緊要或文章佳勝的處所，便在旁邊加上連點或連圈。因為刊刻的不精審，就是原版也有很多地方把圈斷的圈兒刻錯了，其他翻刻排印的本子，也不能完全校正無誤，其加上連圈的部分，把一段文字一直圈下去，圈斷之處便無從辨別。因此，閱讀此書的時候，先得自下一番工夫，詳審文字的意義而加上句讀，不能全靠圈斷的圈兒。**閱讀古書，第一步原在明句讀；句讀弄清楚了，對於書中的意義才確切咬定，沒有含糊。**像此書似的單用一種圈兒作符號，語意未完的地方是圈兒，語意完足的地方也是圈兒，本來不很妥當。讀者自己下一番工夫，在語意未完的地方用「讀號」（「，」），在語意完足的地方才用「句號」（「。」），這是很有意思的一種練習，使你對於文中每一個字都不能滑過。至於文字旁邊的連點和連圈，也可以不必重視；因為加上這種符號由於編者的主觀，讀者若能讀得透澈，別有會心，也自有他的主觀；而這兩種主觀，從讀者方面說，以後者為要，前者只有拿來比照的用處罷了。

古人作文不分段，現在重印古書，往往給它分段。如果分得很精審的話，在讀者自是極大便利。此書除了刪去一段，下段另行開頭以外，仍照原樣不分段。因此，讀者在斷句之後，還得下一番分段的工夫。這番工夫也不是白用的，從這上邊，你可以練習解析文章的手段。分段的時候，可以參考此書的註，因為註中有時提到關於段落的話。如〈項羽本紀〉，此書節錄「初宋義所遇齊使者高陵君顯在楚軍」至「項羽由是始為諸侯上將軍，諸侯皆屬焉」為一段；但在其中「當陽君蒲將軍皆屬項羽」一句下註道：「以上一大段，總寫羽為上將軍之案。」便可知此處是一段之末，以下「項羽已殺卿子冠軍」可另作一段。又如同篇節錄敘「鴻門之會」的文字為一段；但在其中「乃令張良留謝」一語下註道：「張良留謝，自作一段讀。」便可知此處是一段之始，該與上一語「於是遂去」劃開。在註中沒有提到的地方，就得自出心裁，把每一段都分得極精審。

七

編者所加評註，篇中篇末都有。在篇中的，有的在文句之下，有的寫在書頁的上方，如所謂「眉批」。大致評註少數語句的，寫在文句之下，評註較長的一節的，寫在書頁的上方；但這個區別並不嚴格，只能說是編者下筆時隨便書寫的結果。在篇末的，是對於本篇的評論；所選五十一篇的後面，並不是每篇都有，只有二十四篇有。我們既選讀此書，對於這些評註，應當明白它的體例，辨別它的善否，選擇它的善者而利用它。以下便就這方面說。

通常所謂「註」，是解釋字義句義，凡讀者不易了悟之處，都把它申說明白；或考證故事成語，凡讀者見得生疏之處，都把它點清楚。這類的註，此書並不多，所以閱讀的時候，案頭應當備一部較好的辭書。但此書屬於這類的註，大體都明白扼要，可以閱看。如〈秦始皇本紀〉，「丞相綰、御史大夫劫、廷尉斯等」下註道：「秦初三公之職如此。」讀者便知丞相、御史大夫、廷尉是秦的「三公」，漢時「三公」是因襲秦制。又如〈項羽本紀〉，於「公將見武信君乎」下註道：「即項梁」；於「項王令壯士出挑戰」下註道：「獨騎相持，不用兵卒者，謂之挑戰」；於贊語「何興之暴也」上方註道：「暴字只是驟字義，言苟非神明之後，何德而致此驟興也。」讀者對於「武信君」、「挑戰」和「暴」字，或將迷惑，看了註語，便明白了。又如〈秦始皇本紀〉，於「人善其所私學，以非上之所建立」下註道：「人各以其所私學者為善也，長句曲而勁」；〈高祖本紀〉，於「高祖每酤，留飲酒，讎數倍」下註道：「始則索錢數倍常價，以其不瑣瑣較量也。」讀者於此等語句或將不明其義，看了「人各以其所私學為善」，便明白什麼是「人善其所私學」，看了「索錢數倍常價」，便明白什麼是「讎數倍」。不過也偶爾有解釋錯的。如〈項羽本紀〉，於「馬童面之，指王翳曰：『此項主也。』」下註道：「回面向王翳也」；把「回面向」解釋「面」字，把「之」認為稱代王翳，都是顯然的錯誤。這個「面」字向來認為用的反訓，是「背向」的意思；又有人說是「偭」的錯字。「偭」有「向」義，也有「背」義，〈離騷〉「偭規矩而改錯」的「偭」字，便是「背」義。用代名詞「之」字，所代的人或事物必然先見，沒有先見了「之」字，然後提出它所代的人或事物的；現在說「回面向王翳」，便是「之」字先見，王翳後出了。這個「之」字分明是稱代上一句「項王身亦被十餘創……」的「項王」；「面之」便是「背向項王」。

與文章相關的評註

除了前一類的註以外，多數的評註可以分為兩大類：一類是關於文章的，一類是關於事蹟的。現在先說前一類。前一類中又可以分為幾類。**一類是說明文章的段落，前面已經提及**，這裡不再說了。**又一類是說明文章的層次脈絡**。如〈秦始皇本紀〉，於「收天下兵，聚之咸陽，銷以為鍾金，金人十二，重各千石，置宮廷中」下註道：「一銷兵」；於「一法度衡石丈尺，車同軌，書同文字」下註道：「二同律一」；於「地東至海，暨朝鮮，西至臨洮羌中，南至北嚮戶，北據河為塞，並陰山，至遼東」下註道：

「三興地」；於「徙天下豪富於咸陽十二萬戶，諸廟及章臺上林，皆在渭南」下註道：「四建京」。看了這四註，對於這節文字便有了統括的觀念。又如〈項羽本紀〉，於「是時漢兵盛食多，項王兵罷食絕」下註道：「成敗大關目，提出大有筆力」；於張良、陳平說漢王語中的「楚兵罷食盡」下又註道：「再言之」；於「項王軍壁垓下，兵少食盡」下又註道：「三言之」；其上方又註道：「『兵罷食盡』之語凡三提之，正與項王『天亡我』之言呼應；史公力為項王占地步，其不肯以成敗論英雄如此，皆所謂『一篇之中，三致意焉』者也。」這提醒了讀者，由此可知屢敘兵罷食盡並不是無謂的贅筆。又如同篇，於「項王身亦被十餘創，顧見漢騎司馬呂馬童曰：『若非吾故人乎？』馬童面之，指王翳曰：『此項王也。』項王乃曰：『吾聞漢購我頭千金……』」的上方註道：「項王語本一片，中間別描呂馬童數筆，此來敘法。」看了此註，便知項王「吾聞漢購我頭千金……」的語與「若非吾故人乎」的話原是逕接的。知道逕接，項王當時的心情聲態更覺如在目前。又可以進而推求，為什麼要把呂馬童向王翳說的話插在中間？推求的結果，便知道移到後面去就安排不好，惟有插在中間，才表現出當時的生動的場面。這一類註都有用處，都該細看。

又一類是說明文章的作用。如〈項羽本紀〉，於「諸項氏枝屬，漢王皆不誅，乃封項伯為射陽侯」下註道：「合敘中見輕重法」；讀者便知特提項伯，其作用在顯示他是有恩於漢王的人，下文桃侯、平皋侯、玄武侯三人都無甚關係，所以只以「皆項氏，賜姓劉氏」了之。又如〈高祖本紀〉，於「呂公大驚，起迎之門。呂公者，好相人」下註道：「史公每用夾註法，最奇妙」，於下文「見高祖狀貌，因重敬之，引入坐」下又註道：「接上『迎之門』句。」讀者便知「呂公者，好相人」的作用是插注，「引入坐」的作用是回接。又如「阿渠書」，於「隨山浚川，任土作貢，通九道，陂九澤，度九山，然河菑衍溢，害中國也尤甚」下註道：「忽宕一筆，是史公文至此方從洪水獨抽出河來，以下皆言治河」；讀者便知「然河菑衍溢，害中國也尤甚」的作用從廣泛的洪水轉到單獨的河害。這一類註也有用處，由此可以養成仔細閱讀的習慣。

又一類是闡說文章的旨趣。如〈項羽本紀〉，於「梁父即楚將項燕，為秦將王翦所戮者也。項氏世世為楚將」的上方註道：「提出項燕王翦，以著秦項世仇，提出世為楚將，以著霸楚緣起。」又如同篇，於「項王渡淮，騎能屬者百餘人耳」的上方註道：「下皆子長極意摹神之筆，非他傳可比。」又如〈高祖本紀〉，於所選第一段的上方註道：「漢室定鼎，誅伐大事，皆詳於諸功臣世家列傳中，及〈高祖本紀〉，則多載其細微時事及他神異符驗，所以其文繁而不殺，盡而不滯；歎後世撰實錄者不敢復用此格，而因以竟可無傳之文也。」又如〈六國表序〉，於「獨有秦記」至「比與耳食無異，悲夫」的上方註道：「此段是正敘採秦記以著〈六國年表〉本意；然表記卑陋，為世儒聚道，下段故特舉『耳食』之弊，以見秦記之不可盡廢也；文義始終照應，一絲不走。」以上四例，從第一例，可知敘述項燕為王翦所戮和項氏世世為楚將，並非閒筆墨；從第二例，可以喚起閱讀時的注意，於項王戰敗自剄一大段，細辨其「極意摹神」之處；從第三例，可知〈高祖本紀〉內容的大概，以及其何以略於「誅伐大事」；從第四例，可知〈六國表序〉以「太史公讀秦記」開頭，以下以各國與秦並論，而側重於秦，皆所以說明「因秦記」作表的旨趣。這一類註都於讀者有幫助。

又一類是指出描寫的妙筆。如〈項羽本紀〉，於「項伯……欲呼張良與俱去，曰：『毋從俱死也』」

下註道：「十餘字耳，敘得情事俱盡，性情態色俱現，千古奇筆」；於「張良曰：『誰為大王為此計者』」下又註道：「從容得妙」；於「（沛公）曰：『鯫生說我曰』」下又註道：「急中罵語，皆極傳神」，於「良曰：『料大王士卒，足以當項王乎』」下又註道：「偏從容」；於「沛公默然曰：『固不如也，且為之奈何』」下又註道：「又倔強，又急遽，傳神之筆」，於「張良曰：『請往謂項伯，言沛公不敢背項王也』」下又註道：「到底從容，音節琅琅可聽，只如此妙」；於這段文字的上方又註道：「以一筆夾寫兩人，一則窘迫絕人，一則從容自如，性情鬚眉，躍躍紙上史公獨絕之文，左國中無有此文字」。沛公與張良計議是史實，但這些註語並不論史實而論文章；從文章看，沛公的窘迫和張良的從容都表現了出來，而註語把表現了出來之處給點醒了。又如〈高祖本紀〉，於「呂后與兩子居田中耨，有一老父過，請飲，呂后因餔之」下註道：「看他連敘兩個相人，無一筆犯複，古人不可及在此。」一個相人是呂公相高祖，一個相人是老父相呂后，孝惠和魯元。於「相魯元亦皆貴」下又註道：「相人凡換四樣筆，乃至一字不相襲，與城北徐公語又大不同。」所謂四樣筆，一是呂公相高祖，明說「臣少好相人，相人多矣，無如季相」；二是老父相呂后，讚稱「夫人天下貴人」；三是老父相孝惠，說明「夫人所以貴者，乃此男也」；四是老父相魯元，不復記其言語，只敘道：「相魯元亦皆貴。」這也是論文章，記敘同樣的事實，而文章能變化，確然值得玩味。後一註中所稱「城北徐公語」，指《戰國策》〈齊策〉「鄒忌修八尺有餘」一篇中的問答語而言。鄒忌問其妻：「我孰與城北徐公美？」妻答道：「君美甚，徐公何能及君也！」又問其妾：「吾孰與徐公美？」妾答道：「徐公何能及君也！」又問其客：「吾與徐公孰美？」客答道：「徐公不若君之美也。」每次問答語都不相同，向來認為文章能變化的好例。但與〈高祖本紀〉寫相人的這一節對比，便覺得《戰國策》問答語的變化僅在字句之間了。又如〈項羽本紀〉，「項王范增……乃陰謀曰：『巴蜀道險，秦之遷人皆居蜀。』乃曰：『巴蜀亦關中地也。』故「立沛公為漢王，王巴蜀漢中」一節，於「巴蜀亦關中地也」下註道：「『乃陰謀曰』、『乃曰』，一陰一陽，連綴而下，真繪水繪聲手。」經這一點明，便知道兩語一表私下的計議，一表公開的宣布，雖是簡單的敘述，也具有描寫的作用。又如〈陳涉世家〉，於「旦日，卒中往往語，皆指目陳勝」下道：「畫出情景。」經這一點明，便覺「指目陳勝」四字寫出一個繁複而生動的場面，讀者各自可以想像得之。又如〈信陵君列傳〉，於「當是時，魏將相賓客滿堂，待公子舉酒，市人皆觀公子執轡，從騎皆竊罵侯生」下註道：「方寫市中公子侯生，忽從家內插一筆，從騎插一筆，市人插一筆，神妙之筆，當面飛來，又憑空抹倒。」經這一點明，便覺這幾語看似突兀，而實則極入情理，以見所有的人都驚怪於公子的謙恭和侯生的驕蹇，於是「侯生視公子，色終不變」兩語接上去，才格外的有力——因為看似突兀，所以說「當面飛來」，因為下文仍歸到市中公子侯生，所以說「又憑空抹倒」。這一類註都足以啟發讀者，語句雖簡短。有時又不免抽象一點，但讀者據此推想開來，往往可以體會到描寫的佳處。

八

與事蹟相關的評註

以上所舉幾類的註，都是關於文章的。**現在再說關於事蹟的。這又可以分為幾類。一類是批評事蹟，**

與文章全無關係；但其語精警，於讀者知人論世頗有幫助。如〈項羽本紀〉，於「樊噲帶劍擁盾入項王軍門」一節的上方批道：「樊噲諫還軍霸上，及定天下後排闥問疾數語，俱有大臣作用。此段忠誠勇決，亦豈等閒可同。論世者宜分別觀之。」編者恐讀者但認樊噲為麤豪武夫，所以批注這一條，喚起讀者的注意。沛公攻進了咸陽，豔羨秦宮的富有，意欲就此住下來；樊噲勸他還軍霸上，他不聽；張良說樊噲的話是忠言，他才聽了：事見〈留侯世家〉（此書〈留侯世家〉沒有選錄這一節）。高祖在禁中臥病，不讓群臣進見；樊噲排闥直入，一班大臣也就跟了進去，卻見高祖枕著一個宦者躺在那裡；噲等於是流涕進諫，有「陛下病甚，大臣震恐，不見臣等計事，顧獨與一宦者絕乎！且陛下獨不見趙高之事乎？」的話：事見〈樊噲滕灌列傳〉（此書沒有選錄下〈樊噲滕灌列傳〉）。讀者若細味本篇樊噲對項王說一番話，再兼看那兩篇，對於樊噲這個人物，印象自當不同。又如〈廉頗藺相如列傳〉，於相如送璧先歸，庭對秦王一節的上方批道：「人臣謀國，祇是致身二字看得明白，即智勇皆從此生，而天下無難處之事矣。藺相如『完璧歸趙』一語，當奉使時，已自分璧完而身碎，璧歸趙而身不與之俱歸矣。此時隻身庭見，若有絲毫冀倖之情，即一字說不出。看其侃侃數言，有倫有脊，故知其明于致身之義者也。」這裡提出「致身」二字，解釋相如智勇的由來，很有見地。又如〈淮陰侯列傳〉，於諸將問韓信致勝之術，韓信答以「置之死地」一節的上方批道：「岳忠武論兵曰：『運用之妙，存乎一心。』夫心之精微，口不能言也，況于書乎。漢王嘗以十萬之兵，夾睢水陣，為楚所蹙，睢水為之不流；此與『置之死地』者何異，而敗衂至此。使泥韓信之言，其不至顛蹶輿尸，載胥及沫者幾何矣。此總難為死守訓詁者言也。」這一段以韓信背水陣與漢王夾睢水陣並論，兩回戰役情形相似，而一勝一敗，可見致勝的因素絕不止一個；韓信據兵法說由於「置之死地」這不過許多因素中的一個而已；因此歸結到韓信的話不可泥，自是頗為通達的議論。又如〈李將軍列傳〉，於文帝說李廣「惜乎子不遇時，如令子當高帝時，萬戶侯豈足道哉」的上方批道：「文帝『惜乎子不遇時』之言，非謂高帝時尚武而今偃武修文也。文帝時匈奴無歲不擾，豈得不倚重名將？帝意正以廣才氣跅弛，大有黥彭樊灌之風；當肇造區宇之時，大者王，小者侯，取之如探策矣。今天下已定，雖勒兵陷陣，要必束之于簿書文法之中；鰓鰓紀律，良非廣之所堪也，故歎惜之。此實文帝有鑒別人才處；廣之一生數奇，早為所決矣。」這一段發明文帝語意和李廣所以一生數奇，都很精闢。

又一類也是批評事蹟，也與文章全無關係，且所評只是編者一時的興會，說不上知人論世。這一類評註于讀者無甚益處，竟可不看；即使順便看了，也無須加以仔細研求。如〈項羽本紀〉，於項羽拔劍斬會稽守頭下批道：「如此起局，自然只成群雄事業。」這似乎說項羽不能取天下，成帝業，乃由於他起局的不正，未免把歷史大事看得太簡單太機械了。於項王以馬賜烏江亭長下批道：「以馬與長者，好處分。」於項王對呂馬童說「若非吾故人乎」下又批道：「尋一自剄好題目。」於項王「乃自剄而死」下又批道：「以身與故人，又好處分。」這些都是在小節目上說巧話，頗像從前人批評小說的格調，對於讀者實在沒有什麼啟發。又如〈絳侯周勃世家〉，於文帝勞軍細柳，「軍士吏被甲銳兵刃彀弓弩持滿」下批道：「作臨陣之態，豈非著意妝點，見才于人主乎？」於「天子先驅至，不得入」下又批道：「若先驅得入，則不能令天子親見軍容矣，其理可知。」於「都尉曰：『將軍令曰』」下又批道：「極意作態。」於「於是上乃使使持節詔將軍」下又批道：「此亦天子之詔也，天子未至則不受，至則受之，為其整肅之已見也，倨甚。」於「壁門士吏謂從屬車騎曰：『將軍約，軍中不得驅馳』」下又批道：「乃至以約束吏者約束天子，倨甚。」於「將軍亞夫持兵揖曰」下又批道：「倨甚。」於這一節文字的上方又批道：「細柳勞軍，千古美談。全謂亞夫之巧於自著其能，以邀主眷耳；行軍之要，固不在此也。何者？當時遣三將軍出屯備胡，既非臨陣之時，則執兵介胄，傳呼闢門，一何過倨。況軍屯首重偵探，豈有天子勞軍已歷兩塞，而亞夫尚未知之理？乃至先驅既至，猶閉壁門，都尉申辭，令天子亦遵軍令，不亦甚乎！然其持重之體迥異他軍，則錐處囊中，脫穎而出，亞夫之謀亦工矣。顧非文帝之賢，安能相賞於形跡之外哉？」這些評語以為亞夫有意做作，好像他預知文帝能夠賞識他那一套似的，未免是存心挑剔。從前有一部分翻案的史論就屬於這一類，都無關於史實的認識。

又一類是批評事蹟，卻與文章的了解或欣賞有關。這一類大致可看，看了之後，於事蹟，於文章，都可有進一步的體會。如〈項羽本紀〉，於「籍曰：『彼可取而代也』」下批道：「蠻得妙，與高祖語互看，兩人大局已定于此。」〈高祖本紀〉，於「觀秦皇帝，喟然太息曰：『嗟乎！大丈夫當如此也』」下批道：「與項羽語參看。」「兩人大局已定于此」的話雖浮游無根，但把兩語參看，確可見劉、項微時，正具一般的雄心；而兩語一表豳豪，一表闊大，也可從比較中見出。又如〈項羽本紀〉，於項王困於垓下，自為詩歌下批道：「英雄氣短，兒女情深，千古有心人莫不下涕。」〈留侯世家〉，於高祖欲立戚夫人子為太子，因張良計阻，不得如願，「戚夫人泣，上曰：『為我楚舞，吾為若楚歌』」下批道：「項羽垓下事情，高祖此時卻類之，英雄兒女之情，何必以成敗異也，讀之淒絕。」兩事很相類，若取這兩節文章對看，體會其文情，更吟味兩人所為詩歌的感慨意緒，自比單看一節有趣得多。又如〈魏其武安侯列傳〉，於篇首的上方批道：「敘魏其事，須看其段段與武安針鋒相對，豫為占地步處。」又道：「田蚡藉太后之勢以得侯，魏其詘太后之私以去位，此一異也；田蚡貴幸，鎮撫多賓客之謀，魏其賜環，投身赴國家之難，此二異也：田蚡居丞相之位，不肯詘於其兄，魏其受大將之權，必先進乎其友，此三異也；田蚡之狗馬玩好，偏徵郡國而未厭其心，魏其之賜金千斤，盡陳廊廡而不私于己，此四異也；魏其以強諫謝病，賓客語之莫來，田蚡以怙勢見疏，人主麾之不去，此五異也；凡此之類，皆史公著意推轂魏其，以深致痛惜之情；而田蚡之不值一錢，亦俱於反照處見之矣。」這些評語把兩人事蹟扼要提示，同時指出作者的文心，使讀者看下去，頭緒很清楚，並能領會於敘述中見褒貶的筆法。但這一類中也有不足取的。如〈留侯世家〉，於「子房始所見下邳圯上父老與太公書者，後十三年，從高帝過濟北，果見穀城山下黃石，取而葆祠之」「子房始所見下邳圯上父老與太公書者」下批道：「好結穴，諸傳所無。」他人並沒有老人授書事，他人傳中當然不會有此結筆；這不過是補敘餘事，回應前文而已，定要說是「諸傳所無」的「好結穴」，未免求之過深。又如〈張儀列傳〉，於蘇秦使舍人陰奉張儀，讓他得見秦惠王，既已達到目的，舍人辭去；張儀留他，舍人說：「臣非知君，知君乃蘇君；蘇君憂秦伐趙敗從約，以為非君莫能得秦柄，故感怒君」下批道：「此數語恐當日未必明明說出，若說出一毫無味矣。史公未檢之筆也，不可不曉。」因其明說無味，便認為「未檢之筆」，這純把作史看成作小說了。並且，不敘舍人說「蘇君憂秦伐趙敗從約」，下文張儀「吾又新用，安能謀趙乎」的話又怎能著拍？所以這個評語乃是不中節的吹求。

依據評註分類，取其精要

此書所選《史記》文字，其中二十四篇的篇末，有編者的評論，都就全篇而言。體例也不一律，或僅論事論人，或在論事論人之外兼論文章理法，或僅發表對於本篇的感想，現在各舉一例。〈商君列傳〉篇末評道：

> 商君變法一事，乃三代以下一大關鍵。由斯以後，先王之流風餘韻遂蕩然一無可考。其罪固不可勝誅，然設身處地，以一羇旅之臣，岸然排父兄百官之議，任眾怨，兼眾勞，以卒成其破荒特剏之功，非絕世之異才，不能為也。故吾以為古今言變法者數人：衛鞅，才子也；介甫，學究也；趙武靈王，雄主也；魏孝文帝，明辟也，其所見不同，而有定力則一。惟學究之害最深，以其執古方以殺人，而不知通其理也。

這一說商鞅廢古，罪不可勝誅，王介甫行新法，是執古方以殺人，都是從前讀書人的傳統見解，無甚意思。但說商鞅變法是三代以下一大關鍵，卻有識見。秦變法之後，立了許多新制度，後來傳給漢，於是秦漢的局面與三代大不相同；豈不是一大關鍵？〈秦楚之際月表序〉篇末評道：

> 題曰「秦楚之際」，試問二世既亡，漢國未建，此時號令所出，非項羽而誰？又當山東蠭起，六國復立，武信初興，沛公未兆，此時號令所出，非陳勝而誰？故不可言「秦」，不可言「楚」，

> 謂之「際」者，凡以陳、項兩雄也。表為兩雄而作，卻以記本朝剏業之由，故首以三家並起，而言下軒輊自明。次引古反擊一段，然後收歸本朝，作贊嘆不盡之語以結之。布局之工，未易測也。

這一段前半據史實發明立題的旨趣，後半就文章闡說全局的布置，都很精當，於讀者頗有幫助。又如〈信陵君列傳〉篇末評道：

> 不知文者當謂無奇功偉烈，便不足垂之青簡，照耀千秋。豈知文章予奪，都不關實事。此傳以存趙起，抑秦終；然竊符救趙，本未交兵，即逐秦至關，亦衹數言帶敘，其餘摹情寫景，按之無一端實事。乃千載讀之，無不神情飛舞，推為絕世偉人。文章有神，夫豈細故哉！

這一段點明〈信陵君列傳〉所以使人讚賞不已，不在信陵君的事功，而在文草描寫的精妙，確是見到之言。

關於此書的評註，前面已經談得很多。讀者若能依據前面所分類目，逐一比附；取其精要的，特別加以體會，略其膚泛的，不再多費思索，便是善於利用此書了。當然，在編者的評註以外，讀者自己若能有深入的心得，那是尤其可貴的。

卷　二

精讀指導舉隅

前言

在指導以前，先得令學生預習。預習原很通行，但是要收到實效，方法必須切實，考查必須認真。現在請把學生應做的預習工作分項說明於下。

一　通讀全文

理想的辦法，最好國文教本有兩種本子：一種是不分段落，不加標點的，供給學生預習時候用；一種是分段落，加標點的，待預習過後才拿出來對勘。這當然辦不到。可是，不用現成教本而用油印教材的，那就方便得多。印發的教材不給分段落，也不給加標點，令學生在預習時候自己用鉛筆去劃分段落，加上標點。到上課時候，由教師或幾個學生通讀全文，全班學生靜聽著，各把自己預習的成績拿來對勘；如果自己有錯誤，就用墨筆訂正。這樣，一份油印本就有了兩種本子的功用了。現在的書籍報誌都分段落，加標點，這從著者方面說，在表達的明確上很有幫助；從讀者方面說，閱讀起來可以便捷不少。可是，在練習精讀的時候，這樣的本子反而把學者的注意力減輕了。既已分了段落，加了標點在那裡，就隨便看下去，不再問為什麼要這樣分，這樣點，這是人之常情。在這常情裡，卻正錯過了很重要的練習機會。若要不放過這個機會，惟有令學者就一種一貫到底只有文字的本子去預習，在怎樣分、怎樣點上用一番心思。預習的成績當然不免有錯誤，然而不足為病。除了錯誤以外，凡是不錯誤的地方都是細心咬嚼過來的；這對於學者將是終身的受用。

假如用的是現成教本，或者雖用油印教材，而覺得一貫到底只印文字頗有不便之處，那就只得退一步設法，令學生在預習的時候，對於分段點句作一番考核的工夫。為什麼在這裡而不在那裡分段呢？為什麼這裡該用讀號而那裡該用句號呢？為什麼這一句該用驚歎號而不該用疑問號呢？這些問題，必須自求解答，說得出個所以然來。還有，現成教本是編輯員的產品，油印教材大都經教師加了工，「智者千慮，必有一失」，豈能完全沒有錯誤？所以，不妨再令學生注意，不必絕對信賴教本與教材的印刷格式；最要緊的是用自己的眼光通讀下去，看是不是應該這樣分段，這樣點句。

要考查這一項預習的成績怎樣，自然得在上課時候指名通讀。全班學生也可以藉此對勘，訂正自己的錯誤。**讀法通常當分為兩種：一種是吟誦，又稱為美讀；一種是宣讀，又可叫做論理的讀法**。無論文言白話，都可以用這兩種讀法來讀。對於文言，各地方人有他們的吟誦的聲調，彼此並不一致；但總之在傳出文字的情趣，暢發讀者的感興。白話一樣可以吟誦，大致與話劇演員念台詞差不多，按照國語的調子，在抑揚頓挫、表情傳神方面多用工夫，使聽者移情動容。現在有些小學校裡吟誦白話與吟誦文言差不多，那是把「讀」字呆看了。吟誦白話必須按照國語的調子，運用國語的調子十足到家，才是最好的白話的吟誦。為避免誤會起見，白話的吟誦不妨改稱為「說」，比通常說國語更為精粹的「說」。至於宣讀，只是依據著對於文字的理解，平正讀下去，用連貫與間歇表示出句子的組織與前句和後句的分界來。集會時候讀「總理遺囑」，便是宣讀的例子。這兩種讀法，宣讀是基本的一種；必須理解在先，然後談得到傳出情趣與暢發感興。並且，要考查學者對於文字理解與否，聽他的宣讀是最方便的一法。

譬如〈瀧岡阡表〉的第一句，假如宣讀作「嗚呼！惟我皇——考崇公卜——吉于瀧岡——之六十年，其子脩始——克表於其阡，非——敢緩也，蓋有待也。」這就顯然可以察出，讀者對於「皇考」、「崇公」、「卜吉」、「六十年」與「卜吉于瀧岡」的關係，「始」字、「克」字、「表」字及「非」字、「敢」字、「緩」字綴合在一起的作用，都沒有理解。所以，上課時候指名通讀，該令用宣讀法。

二　認識生字生語

通讀全文，在知道文字的大概；可是要能夠通讀下去沒有錯誤，非同時把每一個生字生語弄清楚了不可。在一篇文字裡，各人所認為生字生語的未必一致，只有各自選剔出來，倚賴字典辭典的翻檢，得到相當的認識。這裡所謂認識，該把它解作最廣義。僅僅知道生字生語的讀音與解釋，還不能算充分認識；必須熟習它的用例，知道它在某一種場合才可以用，用在另一種場合就不對了，這才真個認識了。

說到字典辭典，我們真慚愧，國文教學的被重視至少有二十年了，可是還沒有一本適合學生使用的字典、辭典出世。現在所有的，字典脫不了《康熙字典》的窠臼，辭典還是《辭源》稱霸，都與學習國文的學生不很相宜。通常英文字典有所謂「求解」、「作文」兩用的，學習國文的學生所需要的國文字典辭典也正是這一類。一方面知道了解釋，另一方面更知道該怎麼使用，這才使翻檢者對於生字生語具有徹底的認識。沒有這樣的字典辭典，學生做起預習工作來，效率就不會很大。但是，使用破爛的工具總比不使用工具好一點；目前既沒有更適用的，就只得把屬於《康熙字典》系統的字典與稱霸當世的《辭源》將就應用。這當兒，教師不得不多費一點心思，指導學生搜集用例，或者搜集了若干用例給學生，使學生自己去發現生字生語的正當用法（編按：發現原作「發見」）。

學生做預習工作，通行寫筆記，而生字生語的解釋，往往在筆記裡占大部分篇幅。這原是好事情，記錄下來，印象自然深一層，並且可以備往後的查考。但是，學生也有不明白寫筆記的用意的；他們以為教師要他們交筆記，所以不得不寫筆記。於是，有胡亂抄了幾條字典辭典的解釋就此了事的（編按：抄原作「鈔」）；有遺漏了真該特別注意的字語而僅就尋常字語解釋一下拿來充數的。前者胡亂抄錄，未必就是那個字語在本文裡的確切意義；後者隨意選剔，把應該注意的反而放過了；這對於全文的理解都沒有什麼幫助。這樣的筆記實在沒有意思；交到教師手裡，教師辛辛苦苦地把它看過，更提起筆來替它訂正，實際上對於學生卻沒有多大益處，因為學生並沒有真預習。所以，關於生字生語，須在平時使學生養成一種觀念與習慣，就是：必須把本文作依據，尋求那個字語的確切意義；又必須把與本文相類和不相類的若干例子作依據，發現那個字語的正當用法。至於生字生語的選剔，為防學生自己去做或許會有遺漏起見，不妨由教師先行盡量提示，指明這一些字語是必須弄清楚的。這樣，學生做預習工作才不至於是徒勞，寫下來的筆記也不至於是循例的具文。

要考查學生對於生字生語的認識程度怎樣，可以看他的筆記，也可以聽他的口頭回答。譬如〈瀧岡阡表〉第一句裡「始克表於其阡」的「克」字，如果解作「克服」或「克制」，那顯然是沒有照顧本文，隨便從字典裡取了一個解釋。如果解作「能夠」，那就與本文切合了，可見是用了一些心思的。但還得進一步研求：「克」字既然作「能夠」解，「始克表於其阡」可不可以寫作「始能表於其阡」呢？對於這個問題，如果僅憑直覺回答說，「意思也一樣，不過有點不順適」，那是不夠的。這須得去搜集「克」

字的用例，於是找到《尚書》裡的「克服俊德」，「先王克謹天戒，臣人克有常憲」，「不克畏死」，「不克開于民之麗」，《詩經》裡的「克咸厥功」，「克壯其猶」，「克配上帝」等語。再搜集「能」字的用例，於是找到《尚書》裡的「能官人」，「能事鬼神」，《詩經》裡的「能不我甲」，「能不我知」，《左傳》裡的「能用善人」，「能歆神人」，「能無從乎」，「能無貳乎」，「不能及子孫」，「不能事父兄」等語。從這些古代語句看來，可以知道「克」字與「能」字用法是一樣的，只有在「能不我甲」，「能無從乎」一類的句式裡，不能把「能」字換「克」字，作「克不我甲」，「克無從乎」。但是後來漸漸分化了，「能」字被認為常用字，直到如今；「克」字卻成為古字，在通常表示「能夠」意義的場合上就不大用它。這正同「其」字與「厥」字，「且」字、「寧」字與「憖」字的情形相仿，「其」字、「且」字、「寧」字至今還是常用字，「厥」字、「憖」字卻是不常用的古字了。在文句裡面，丟開常用字不用，而特地用那同樣的古字，這除了表示相當意義以外，往往還帶著鄭重、莊嚴、虔敬等等情味。如說「善保厥躬」、「憖固我疆」與「善保其躬」、「且固我疆」，情味上自有不同。「始克表於其阡」一語，用了「能」字的同義古字「克」字，見得作者對於「表於其阡」的事情看得非常鄭重，不敢隨隨便便著手，這正與全文的情味相應。若作「始能表於其阡」，就沒有那種情味，僅僅表明「方始能夠」「表於其阡」而已；所以直覺地看，也辨得出它有點不順適了。再看這一篇裡，用「能」字的地方很不少，如「吾何恃而能自守邪」，「然知汝父之能養也」，「吾不能知汝之必有立」，「故能詳也」，「吾兒不能苟合於世」，「汝能安之」。這幾個「能」字都不妨換作「克」字，但作者不用「克」字，因為這些語句都是傳述母語，無須帶有鄭重、莊嚴、虔敬等等情味；並且，用那常用的「能」

字，正切近於語言的自然。用這一層來反證，更可以見得「始克表於其阡」的「克」字，如前面所說，為著它有特別作用才用的了。——像這樣的討究，學生預習時候未必人人都做得來；教師在上課時候說給他們聽，也嫌繁瑣一點（編按：繁瑣原作「煩瑣」）。但簡單扼要地告訴他們，使他們心知其故，那是必須的。

學生認識生字生語，往往有模糊儱侗的毛病，用成語來說，就是「不求甚解」（編按：儱侗為含糊不清之意）。曾見作文本上有「笑顏逐開」四字，這顯然是沒有弄清楚「笑逐顏開」究竟是什麼意義，只知道在說到歡笑的地方彷彿有這麼四個字可以用，結果卻把「逐顏」兩字寫顛倒了。又曾見「萬巷空卷」四字，單看這四個字，誰也猜不出是什麼意義；但是連著上下文一起看，就知道原來是「萬人空巷」——把「人」字忘記了，不得不找一個字來湊數，而「卷」字與「巷」字字形相近，因「巷」字想到「卷」字，就寫上了「卷」字。這種錯誤，全由於當初認識的時候太疏忽了；意義不曾辨明，語序不曾念熟，怎得不鬧笑話？所以令學生預習，必須使他們不犯模糊儱侗的毛病；像初見一個生人一樣，一見面就得看清他的形貌，並且察知他的性情。這樣成為習慣，然後每認識一個生字生語，好像積錢似的，多積一個總是增加財富的總量。

三　解答教師所提示的問題

一篇文字，可以從不同的觀點去研究它。如作者意念發展的線索，文字後面的時代背景，技術方面布置與剪裁的匠心，客觀上的優點與疵病，這些就是所謂不同的觀點。對於每一個觀點，都可以提出問題，令學生在預習的時候尋求解答。如果學生能夠解答得大致不錯，那就真個做到了「精讀」兩字了——「精讀」的「讀」字原不是僅指「吟誦」與「宣讀」而言的。比較艱深或枝節的問題，估計起來不是學生所必須知道的，當然不必提出。但是，學生應該知道而未必能自行解答的，卻不妨預先提出，讓他們去動一動天君，查一查可能查到的參考書。他們經過了自己的一番摸索，或者是略有解悟，或者是不得要領，或者是全盤錯誤，這當兒再來聽教師的指導，印入與理解的程度一定比較深切，最壞的情形是指導者與領受者彼此不相應，指導者只認領受者是一個空袋子，不問情由把一些叫作知識的東西裝進去。空袋子裡裝東西進去，還可以容受；完全不接頭的頭腦裡裝知識進去，能不能容受卻是說不定的。

這一項預習的成績，自然也得寫成筆記，以便上課討論時候有所依據，往後更可以覆按、查考。但是，筆記有敷衍了事的與精心結撰的分別。隨便從本文裡摘出一句或幾句話來，就算是「全文大意」與「段落大意」；不眩不備列幾個項目，掛幾條線，就算是「表解」；沒有說明，僅僅抄錄幾行文字，就算是「摘錄佳句」；**這就是敷衍了事的筆記。**這種筆記，即使每讀一篇文字都做，做上三年六年，實際上還是沒有什麼好處。所以說，要學生作筆記自然是好的，但僅僅交得出一本筆記或許只是形式上的事情，要希望收到實效，不得不督促學生凡作筆記務須精心結撰。**所謂精心結撰也不須求其過高過深，只要寫下來的東西真是他們自己參考與思索得來的結果，就好了。**參考要有路徑，思索要有方法，這不單是知識方面的問題，而且是習慣方面的問題。習慣的養成在教師的訓練與指導。大概學生拿了一篇文字來預習，往往覺得茫然無從下手。教師要訓練他們去參考，指導他們去思索，最好給他們一種具體的提示。譬如讀〈瀧岡阡表〉，這一篇是作者敘述他的父親，就可以教他們取相類的文字歸有光的〈先妣事略〉來參考，看兩篇的取材與立意上有沒有異同；如果有的話，為什麼有。又如〈瀧岡阡表〉裡有敘述贈封三代的一段文字，好像很嚕囌（編按：指話多且瑣碎），就可以教他們從全篇的立意上思索，看這一段文字是不是不可少的；如果不可少的話，為什麼不可少。這樣具體地給他們提示，他們就不至於茫然無從下手，多少總會得到一點成績。時時這樣具體地給他們提示，他們參考與思索的習慣漸漸養成，寫下來的筆記再不會是敷衍了事的了。即使所得的解答完全錯誤，但在這以後聽教師或同學的糾正，一定更容易心領神會了。

上課時候令學生討論，由教師作主席、評判人與訂正人，這是很通行的辦法。但是討論要進行得有意義，第一要學生在預習的時候準備得充分，如果準備得不充分，往往會與虛應故事的集會一樣，或是等了好久沒有一個人開口，或是有人開口了卻只說一些不關痛癢的話。教師在無可奈何的情形之下，只得不再要學生發表什麼，就此一個人滔滔汩汩地講下去。這就完全不合討論的宗旨了。**第二還得在平時養成學生討論問題、發表意見的習慣**。聽取人家的話，評判人家的話，用不多不少的話表白自己的意見，用平心靜氣的態度比勘自己的與人家的意見，這些都要歷練的。如果沒有歷練，雖然胸中彷彿有一點準備，臨到討論時候是不一定敢於發表的。這種習慣的養成不僅是國文教師的事情，所有教師都得負責。不然，學生成為但能聽講的被動人物，任何功課的進步至少要減少一半。——學生事前既有充分的準備，平時又有討論的習慣，臨到討論時候才會人人發表意見，沒有老是某幾個人開口的現象。所發表的意見又都切合著問題，沒有胡扯亂說，全不著拍的現象。這樣的討論情形，在實際的國文教室裡似乎還不易見到；然而要做到名副其實的討論，卻非實現這樣的情形不可。

討論進行的當兒，有錯誤給予糾正，有疏漏給予補充，有疑難給予闡明，雖說全班學生都有份兒，但最後的責任還在教師方面。教師自當抱著客觀的態度，就國文教學應有的觀點說話。如現在已經規定要讀白話，卻說白話淡而無味，沒有讀它的必要；或者教師自己偏愛某一體文字，卻說除了某一體文字，其餘都不值一讀；都就未免偏於主觀，違背了國文教學應有的觀點了。講說起來，滔滔汩汩連續到三十五十分鐘，往往不及簡單扼要說這麼五分十分鐘容易使學生印入得深切。即使教材特別繁複，非滔滔汩汩連續到三十五十分鐘不可，也得在發揮完畢的時候，給學生一個簡明的提要。學生憑這個提要，再去回味那冗長的講說，就好像有了一條索子，把散開的錢都穿起來了。這種簡明的提要，當然要使學生寫在筆記簿上；但尤其重要的是寫在他們心上，而且要教它永不磨滅。

課內指導之後，為求涵咀得深，研討得熟，不能就此交代過去算數，還得有幾項事情要做。現在請把學生應做的練習工作分項說明如下。

吟誦

在教室內開始通讀，該令用宣讀法，前面已經說過。但在把一篇文字討究完畢以後，學生對於文字的細微曲折之處都弄清楚了，就不妨指名吟誦。或者先由教師吟誦，再令學生仿讀。在自修的時候，尤其應該吟誦；只要聲音低一點，不妨礙他人的自修。原來國文和英文一樣，是語文學科，不該只用心與眼來學習；須在心與眼之外，加用口與耳才好。**吟誦就是心、眼、口、耳並用的一種學習方法。**從前人讀書，多數不注重內容與理法的討究，單在吟誦上用工夫。這自然不是好辦法。現在國文教學，在內容與理法的討究上比從前注重多了；可是學生吟誦的工夫太少，多數只是看看而已。這又是偏向了一面，丟開了一面。惟有不忽略討究，也不忽略吟誦，那才全而不偏。吟誦的時候，對於討究所得的不僅理智地了解，而且親切地體會，不知不覺之間，內容與理法化而為讀者自己的東西了。這是最可貴的一種境界。學習語文學科，必須達到這種境界，才會終身受用不盡。

一般的見解，往往以為文言可以吟誦，白話就沒有吟誦的必要，這是不對的。只要看戲劇學校與認真演習的話劇團體，他們練習一句臺詞，不惜反覆訂正，再四念誦，就可以知道白話的吟誦也大有講究（白話的吟誦就是比通常說國語更為精粹的「說」，前面已經說過了）。多數學生所寫的白話，為什麼看起來還過得去，讀起來就少有生氣呢？原因就在他們對於白話僅用了心與眼，而沒有在口與耳方面多用工夫。多數學生登臺演說，為什麼有時意思還不錯，可是語句往往雜亂無次，語調往往不合格式呢？原因就在平時對於語言既沒有訓練，國文課內對於白話又沒有好好兒吟誦。所以這裡要特別提明，白話是與文言一樣需要吟誦的。白話與文言都是語文，要親切的體會白話與文言的種種方面，必須花（編按：花原作「化」）一番工夫去吟誦白話與文言。

吟誦的聲調，雖說各地方人未必一致，卻也有客觀的規律。聲調的差別，不外乎高低、強弱、緩急三類。高低是從聲帶的張弛而來的分別。強弱是從肺部發出空氣的多少而來的分別。緩急是聲音與時間的關係，在一段時間內，發音數少是緩，發音數多就是急了。吟誦一篇文字，無非依據了對於文字的了解與體會，錯綜地使用這三類聲調而已。大概文句之中的特別主眼，或是前後的詞彼此相關聯照應的，發聲都得高一點。就一句來說，如意義未完的文句，命令或絕叫的文句，疑問或驚訝的文句，都得前低後高。意義完足的文句，祈求或感激的文句，插入「何」、「什麼」一類疑問詞的疑問的文句，都得前高後低。再說強弱。表示悲壯、快活、叱責或慷慨的文句，句的頭部宜加強。表示不平、熱誠或確信的文句，句的尾部宜加強。表示莊重、滿足或優美的文句，句的中部宜加強。再說緩急。含有莊重、畏敬、謹慎、沉鬱、悲哀、仁慈、疑惑等等情味的文句，須得緩讀。含有快活、確信、憤怒、驚愕、恐怖、怨恨等等情味的文句，須得急讀。以上這些規律，都應合著文字所表達的意義與情感，所以依照規律吟誦，最合於語言的自然。關於上面所說的三類聲調，可以用符號來表示，如把「・」作為這個字發聲須高一點的符號，把「△」作為這一句該前低後高的符號，把「▽」作為這一句該前高後低的符號，把「∨」作為句的頭部宜加強的符號，把「∧」作為句的尾部宜加強的符號，把「◇」作為句的中部宜加強的符號，把「｜」作為急讀的符號，把「——」作為緩讀的符號，把「﹏」作為不但緩讀而且須搖曳生姿的符號。在文字上記上符號，練習吟誦就不至於漫無憑依。符號當然可以隨意規定，多少也沒有限制，但應用符號總之於教學上很有幫助的。

吟誦第一求其合於規律，第二求其通體純熟。從前書塾裡讀書，學生為欲早一點到教師跟前去背誦，往往把字句勉強記住。這樣強記的辦法是要不得的，不久之後連字句都忘記了，還哪裡說得上體會？令學生吟誦，要使他們看作一種享受而不看作一種負擔。一遍比一遍讀來入調，一遍比一遍體會得親切，並不希望早一點能夠背誦，而自然達到純熟的境界：抱著這樣享受的態度是最容易得益的途徑。

參讀相關的文字

精讀文字，每學年至多不過六七十篇。初中三年，所讀僅有兩百篇光景，再加上高中三年，也只有四百篇罷了。倘若死守住這幾百篇文字，不用旁的文字來比勘、印證，就難免化不開來與知其一不知其二的弊病。所以，精讀文字，只能把它認作例子與出發點；既已熟習了例子，占定了出發點，就得推廣開來，閱讀略讀書籍，參讀相關文字。這裡不談略讀書籍，單說所謂相關文字。譬如讀了某一體文字，而某一體文字很多，手法未必一樣，大同之中不能沒有小異；必須多多接觸，方能普遍領會某一體文字的各方面。又或者手法相同，而相同之中不能沒有個優劣得失；必須多多比較，方能進一步領會優劣得失的所以然。並且，課內精讀文字是用細磨細琢的工夫來研討的；而閱讀的練習，不但求其理解明確，還須求其下手敏捷，老是這樣細磨細琢，一篇文字研討到三四個鐘頭是不行的。參讀相關文字就可以在敏捷上歷練；能夠花一兩個鐘頭把一篇文字弄清楚固然好，更敏捷一點只花半個一個鐘頭尤其好。文字既與精讀文字相關，怎樣剖析、怎樣處理，已經在課內受到了訓練，閱讀求其敏捷當然是可能的。這種相關文字可以從古今來「類選」、「類纂」一類的書本裡去找。學生不能自己置備，學校的圖書室不妨多多陳列，供給學生隨時參讀。

請再說另一種意義的相關文字。夏丏尊先生在一篇說給中學生聽的題目叫做〈閱讀什麼〉的演講辭裡，曾經有以下的話：

> 諸君在國文教科書裡讀到了一篇陶潛的〈桃花源記〉，……這篇文字是晉朝人做的，如果諸君覺得和別時代人所寫的情味有些兩樣，要想知道晉代文的情形，就會去翻中國文學史；這時文學史就成了諸君的參考書。這篇文字裡所寫的是一種烏托邦思想，諸君平日因了師友的指教，知道英國有一位名叫馬列斯的社會思想家，寫過一本《理想鄉消息》，和陶潛所寫的性質相近，拿來比較；這時《理想鄉消息》就成了諸君的參考書。這篇文字是屬於記敘一類的，諸君如果想明白記敘文的格式，去翻看《記敘文作法》；這時《記敘文作法》就成了諸君的參考書。還有，這篇文字的作者叫陶潛，諸君如果想知道他的為人，去翻《晉書・陶潛傳》或陶集；這時《晉書》或陶集就成了諸君的參考書。

這一段演講辭裡的參考書就是這裡所謂另一種意義的相關文字。像這樣把精讀文字作為出發點，向四面八方發展開來，那麼，精讀了一篇文字，就可以帶讀許多書，知解與領會的範圍將擴張到多麼大呢？學問家的廣博與精深差不多都從這個途徑得來；中學生雖不一定要成學問家，但有利的途徑總該讓他們去走走的。

其次，關於聲調與語文法的揣摩，都是愈熟愈好。精讀文字既已到了純熟的地步，再取聲調與語文法相類似的文字來閱讀，純熟的程度自然更進一步。小孩子學說話，能夠漸漸純熟而沒有錯誤，不單是從父母方面學來的；他從所有接觸的人方面去學習，才會成功。在精讀文字以外，再令讀一些相類似的文字，比之於小孩子學說話，就是要他們從所有接觸的人方面去學習。

應對教師的考問

學生應對考問是很通常的事情，但對於應對考問的態度，學生未必一致。有盡其所知所能認認真真地應對的；有不負責任，敷敷衍衍地應對了完事的；有提心吊膽戰戰兢兢地只著眼於分數的多少的。以上幾種態度，自然第一種最可取。把所知所能盡量拿出來，教師就有了確實的憑據，知道哪一方面已經可以了，哪一方面還得加以督促。考問之後，教師按成績記下分數，原是備稽考用的；分數多不是獎勵，分數少也不是懲罰，可是少到不及格的時候，那就是學習成績太差，非趕緊努力不可。這一層，學生必須明白認識。否則誤認努力學習只是為了分數，把切己的事情看作身外的事情，就是根本觀念錯誤了。教師記下了分數，當然不是指導的終結，而是加工的開始。對於幾個不及格的學生，尤須個別設法，給他們相當的幫助。分數少一點本沒有什麼要緊；但分數少正表明學習成績差，這是熱誠的教師所放心不下的。

考問的方法很多，如背誦、默寫、簡縮、擴大、摘舉大意、分段述要、說明作法、述說印象，也舉不盡許多。這裡不想逐項逐項地細說，只說一個消極的原則，就是：不足以看出學生學習成績的考問方法最好不要用。譬如教了〈瀧岡阡表〉之後，卻考問學生說：「歐陽脩的父親做過什麼官？」這就是個不很有意義的考問。文字裡明明寫著「為道州判官，泗綿二州推官，又為泰州判官」，學生精讀了一陣，連這一點也不記得，還說得上「精讀」嗎？學生回答得出這樣的問題，也無從看出他的學習成績好到怎樣。所以說它不很有意義。

考問往往在精讀一篇文字完畢或者月考、期考的時候舉行；除此之外，通常不再顧及，一篇文字討究完畢就交代過去了。這似乎不很妥當。從前書塾裡讀書，既要知新，又要溫故，在學習的過程中，勻出一段時間來溫理以前讀過的，這是個很好的辦法。現在教學國文，應該採取它。在精讀幾篇文字之後，且不要上新的；把以前讀過的溫理一下，回味那已有的了解與體會，更尋求那新生的了解與體會，效益絕不會比上一篇新的來得少。這一點很值得注意，所以附帶在這裡說一說。

我所知道的康橋

徐志摩

＊編按：本指導文指出〈我所知道的康橋〉多處運用「排語」、「感覺印象」及「文言的詞藻」之技巧，形成一種節奏起伏的韻律美。另外，還提及其記敘手法，是採用依循時間的「順敘」法，但各段布局則是從空間關係書寫，以致使文章呈現多個觀點，且筆調充滿熱情，予人色彩濃重之感。

❶康橋的靈性全在一條河上。康河，我敢說，是全世界最秀麗的一條河水。河身多的是曲折。上游是有名的拜倫潭，當年拜倫常在那裡玩的。有一個老村子叫格蘭騫斯德，有一個果子園，你可以躺在纍纍的桃李樹蔭下吃茶，花果會掉入你的茶杯（編按：掉入原作「弔入」），小雀子會到你桌上來啄食，那真是別有一番天地。這是上游，下游是從騫斯德頓下去，河面展開，那是春夏間競舟的場所。上下河分界處有一個壩築，水流得很急。在星光下聽水聲，聽近村晚鐘聲，聽河畔倦牛芻草聲，是我康橋經驗中最神祕的一種：大自然的優美寧靜，調諧在這星光與波光的默契中，不期然的淹入了你的性靈。

❷這河身的兩岸都是四季常青最蔥翠的草坪。從校友居的樓上望去，對岸草場上，不論早晚，永遠有數十匹黃牛與白馬，脛蹄沒在恣蔓的草叢中，從容的在咬嚼。星星的黃花在風中動盪，應和著牠們尾鬃的掃拂。橋的兩端有斜倚的垂柳與椈蔭護住（編按：椈即「柏樹」）。水是徹底的清澄，深不足四尺，

勻勻的長著長條的水草。這岸邊的草坪又是我的愛寵，在清朝，在傍晚，我常去這天然的織錦上坐地，有時讀書，有時看水，有時仰臥著看天空的行雲，有時反仆著摟抱大地的溫輭。

3 但河上的風流還不止兩岸的秀麗。你得買船去玩。船不止一種：有普通的雙槳划船，有輕快的薄皮舟，有最別致的長形撐篙船。最末的一種是別處不常有的：約莫有二丈長，三尺寬，你站直在船梢上用長竿撐著走的。這撐是一種技術。我手腳太蠢，始終不曾學會。你初起手嘗試時，容易把船身橫住在河中，東顛西撞的狼狽。英國人是不輕易開口笑人的，但是小心他們不出聲的皺眉！也不知有多少次，河中本來悠閒的秩序叫我這莽撞的外行給搗亂了。我真的始終不曾學會。每回我不服輸跑去租船再試的時候，有一個白鬍子的船家往往帶譏諷的對我說：「先生，這撐船費勁，天熱累人，還是拏個薄皮舟溜溜吧！」我哪裡肯聽話，長篙子一點就把船撐了開去，結果還是把河身一段段的腰斬了去！

4 你站在橋上去看人家撐，那多不費勁，多美！尤其在禮拜天，有幾個專家的女郎，穿一身縞素衣服，裙裾在風前悠悠的飄著，戴一頂寬邊的薄紗帽，帽影在水草間顫動，你看她們出橋洞時的姿態，撚起一根竟像沒分量的長竿，只輕輕的不經心的往波心裡一點，身子微微的一蹲，這船身便波的轉出了橋影，翠條魚似的向前滑了去。她們那敏捷，那閒暇，那輕盈，真是值得歌詠的。

5 在初夏陽光漸煖時，你去買一支小船，划去橋邊蔭下躺著，念你的書或是做你的夢，槐花香在水面上飄浮，魚群的唼喋聲在你的耳邊挑逗。或是在初秋的黃昏，迎著新月的寒光，望上流僻靜處遠去。愛熱鬧的少年們攜著他們的女友，在船沿上支著雙雙的東洋綵紙燈，帶著話匣子，船心裡用軟墊鋪著，也開向無人跡處去享他們的野福——誰不愛聽那水底翻的音樂在靜定的河上描寫夢意與春光！

❻住慣城市的人不易知道季候的變遷。看見葉子掉知道是秋，看見葉子綠知道是春，天冷了裝爐子，天熱了拆爐子，脫下棉袍，換上夾袍，脫下夾袍，穿上單袍：不過如此罷了！天上星斗的消息，地上泥土裡的消息，空中風吹的消息，都不關我們的事。忙著哪，這樣那樣事情多著，誰耐煩管星星的移轉，花草的消長，風雲的變幻？同時我們抱怨我們的生活，苦痛、煩悶、拘束、枯燥，誰肯承認做人是快樂？誰不多少間咒詛人生？

❼但不滿意的生活大都是由於自取的。我是一個生命的信仰者，我信生活絕不是我們大多數人僅僅從自身經驗推得的那樣暗慘。我們的病根，是在「忘本」。人是自然的產兒，就比枝頭的花與鳥是自然的產兒，但我們不幸是文明的人，入世深似一天，離自然遠似一天。離開了泥土的花草，離開了水的魚，能快活嗎？能生存嗎？從大自然，我們取得我們的生命，從大自然，我們應分取得我們繼續的滋養。哪一株婆娑的大木沒有盤錯的根柢深入在無盡藏的地裡？我們是永遠不能獨立的。有幸福是永遠不離母親撫育的孩子，有健康是永遠接近自然的人們。不必一定與鹿逐遊，不必一定回「洞府」去，為醫治我們當前生活的枯窘，只要「不完全遺忘自然」一張輕淡的藥方，我們的病象就有緩和的希望。在青草裡打幾個滾，到海水裡洗幾次浴，到高處去看幾次朝霞與晚照——你肩背上的負擔就會輕鬆了去的。

❽這是極膚淺的道理，當然。但我要沒有過過康橋的日子，我就不會有這樣的自信。我這一輩子就只那一春，說也可憐，算是不曾虛度。就只那一春，我的生活是自然的，是真愉快的（雖則碰巧那也是我最感受人生痛苦的時期）。我那時有的是閒暇，有的是自由，有的是絕對單獨的機會。說也奇怪，竟像是第一次，我辨認了星月的光明，草的青，花的香，流水的殷勤。我能忘記那初春的睥睨（應作「睥睨」）嗎？

曾經有多少個清晨，我獨自冒著冷去薄霜鋪地的林子裡閒步——為聽鳥語，為盼朝陽，為尋泥土裡漸次蘇醒的花草，為體會最微細最神妙的春信。啊，那是新來的畫眉在那邊凋不盡的青枝上試牠的新聲！啊，這是第一朵小雪球花掙出了半凍的地面！啊，這不是新來的潮潤沾上了寂寞的柳條？

❾靜極了，這朝來水溶溶的大道，只遠處牛奶車的鈴聲點綴這周遭的沉默。順著這大道走去，走到盡頭，再轉入林子裡的小徑，往煙霧濃密處走去，頭頂是交枝的榆蔭，透露著漠楞楞的曙色。再往前走去，走盡這林子，當前是平坦的原野，望見了村舍，初青的麥田，更遠三兩個饅形的小山掩住了一條通道。天邊是霧茫茫的，尖尖的黑影是近村的教寺。聽，那曉鐘和緩的清音！這一帶是此邦中部的平原，地形像是海裡的輕波，默沉沉的起伏。山嶺是望不見的，有的是常青的草原與沃腴的田壤。登那土阜上望去，康橋只是一帶茂林，擁戴著幾處娉婷的尖閣。嫵媚的康河也望不見蹤跡，你只能循著那錦帶似的林木想像那一流清淺。村舍與樹木是這地盤上的棋子，有村舍處有佳蔭，有佳蔭處有村舍。這早起是看炊煙的時辰：朝霧漸漸的升起，揭開了這灰蒼蒼的天幕（最好是微霞後的光景），遠近的炊煙，成絲的，成縷的，成捲的，輕快的，遲重的，濃灰的，淡青的，慘白的，在靜定的朝氣裡漸漸的上騰，漸漸的不見，彷彿是朝來人們的祈禱參差的翳入了天聽。朝陽是難得見的，這初春的天氣。但它來時是起早人莫大的愉快。頃刻間這田野添深了顏色，一層輕紗似的粉糝上了這草，這樹，這通道，這莊舍。頃刻間這周遭瀰漫了清晨富麗的溫柔。頃刻間你的心懷也分潤了白天誕生的光榮。「春！」這勝利的晴空彷彿在你的耳邊私語。「春！」你那快活的靈魂也彷彿在那裡回響。

❿伺候著河上的風光，這春來一天有一天的消息。關心石上的苔痕，關心敗草裡的花鮮，關心這水

流的緩急，關心水草的滋長，關心天上的雲霞，關心新來的鳥語。怯伶伶的小雪球是探春信的小使。鈴蘭與香草是歡喜的初聲。窈窕的蓮馨，玲瓏的石水仙，愛熱鬧的克羅克斯，耐辛苦的蒲公英與雛菊——這時候春光已是縵爛在人間，更不煩殷勤問訊。

⑪瑰麗的春光！這是你野遊的時期。可愛的路政！這裡不比中國，哪一處不是坦蕩蕩的大道。徒步是一個愉快，但騎自轉車是一個更大的愉快。在康橋，騎車是普遍的技術，婦人，稚子，老翁，一致享受這雙輪舞的快樂（在康橋，聽說自轉車是不怕人偷的，就為人人都自己有車，沒人要偷）。任你選一個方向，任你上一條通道，順著這帶草味的和風，放輪遠去，保管你這半天的逍遙是你性靈的補劑。這道上有的是清蔭與美草，隨地都可以供你休憩。你如愛花，這裡多的是錦繡似的草原。你如愛鳥，這裡多的是巧囀的鳴禽。你如愛兒童，這鄉間到處是可親的稚子。你如愛人情，這裡多的是不嫌遠客的鄉人，你到處可以「掛單」借宿，有酪漿與嫩薯供你飽餐，有奪目的果鮮恣你嚐新。你如愛酒，這鄉間每「望」都為你儲有上好的新釀，黑啤如太濃，蘋果酒薑酒都是供你解渴潤肺的。……帶一卷書，走十里路，選一塊清淨地，看天，聽鳥，讀書。倦了時，和身在草緜緜處尋夢去——你能想像更適情更適性的消遣嗎？

⑫陸放翁有一聯詩句：「傳呼快馬迎新月，卻上輕輿趁晚涼，」這是做地方官的風流。我在康橋時雖沒馬騎，沒轎子坐，卻也有我的風流：我常常在夕陽西曬時，騎了車迎著天邊扁大的日頭直追。日頭是追不到的，我沒有夸父的荒誕，但晚景的溫存卻被我這裡偷嘗了不少。有三兩幅畫圖似的經驗至今還是栩栩的留著。只說看夕陽，我們平常只知道登山或臨海，但實際只須遼闊的天際，平地上的晚霞有時也是一樣的神奇。有一次我趕到一個地方，手把著一家村莊的籬笆，隔著一大田的麥浪，看西天的變幻。

有一次是正衝著一條寬廣的大道，過來一大群羊，放草歸來的，偌大的太陽在牠們後背放射著萬縷的金輝，天上卻是烏青青的，只賸這不可逼視的威光中的一條大路，一群生物！我心頭頓時感著神異性的壓迫，我真的跪下了，對著這冉冉漸翳的金光。再有一次是更不可忘的奇景。那是臨著一大片望不到頭的草原，滿開著豔紅的罌粟，在青草裡，亭亭的像是萬盞的金燈，陽光從褐色雲裡斜著過來，幻成一種異樣的紫色，透明似的不可逼視，剎那間，在我迷眩了的視覺中，這草田變成了……不說也罷，說來你們也是不信的！

⑬一別二年多了，康橋，誰知我這思鄉的隱憂！也不想別的，我只要那晚鐘撼動的黃昏，沒遮攔的田野，獨自斜倚在軟草裡，看第一個大星在天邊出現！

〔**指導大概**〕

這一篇是敘述景物的文字。要敘述景物，作者先得熟悉那景物。不然，材料就沒有了。敘述什麼呢？既已熟悉了那景物，敘述起來，手法卻不止一種。作者先在意念中畫下一張景物的平面圖，又在那圖上圈出值得敘述的若干點來，於是用文字代替顏料，按照方向與位置逐點逐點畫出來給讀者看，作者自己卻並不露臉，正像執著畫筆的畫家自身處在畫幅以外一樣：這是一種手法。作者當初在景物之中東奔西跑，左顧右盼，官能方面接受種種的感覺，心靈方面留下深深的印象，他覺得這一份受用不容一個人獨享，須得分贈給讀者，於是把當時的一切毫不走樣地敘述下來，他自己當然擔任了篇中的主人公：這又是一種手法。本篇採用的是後一種手法，那是一望而知的。

情景交融的自由度

本篇作者對於康橋的景物不只是熟悉，那比較熟悉更進一步，他簡直曾經沉溺在康橋的景物中間。因此，他告訴讀者的不單是康橋的景物，並且是景物怎樣招邀他，引誘他，他怎樣被景物顛倒與陶醉。換一句說，他告訴讀者的是他與康橋一番永遠不能忘記的交情。這就規定了他所採用的手法，也就使這篇文字必得在敘述之中，帶著抒情的氣氛。要是他採用前一種手法，冷靜地畫出一幅康橋來，那只好把那一番交情犧牲了。可是他不但不願意犧牲那一番交情，而且非常寶貴那一番交情，這篇文字可以說為了這一點才寫的。他就不得不用一種熱情的活潑的筆調：像對著一個極熟的朋友講述他的遊程，稱心隨意，無所不談，沒有一點拘束，談到眉飛色舞的時候，無妨指手畫腳，來幾聲出神的愉快的叫喚。這樣寫來，景物之中有作者，作者心中有景物，錯綜變化，把景物與心情混成一片，那一番交情也就在這上頭見出了。

因此，這篇文字的文體絕不能是嚴謹的，而必然是自由的。想到什麼就寫什麼，怎樣想到就怎樣寫，它差不多自由到這個地步。正統的古文家作遊記，當然不肯也不能用這種文體。現代作家對於文學的觀念雖說解放多了，但作起遊記來，也未必都會像這一篇的自由。大概本篇作者所以能寫成這樣的文體，一半從他的品性，一半從他的教養。他是個偏於感情的人，熱情奔放，往往自己也遏制不住。他通西洋文學，西洋文學中有所謂「散文」的一個部門，娓娓而談，舒展自如，在自來我國文學中是不很發達的。他那品性與教養交叉在一點，就產生了他的自由的文體。

但是，僅僅說想到什麼就寫什麼，怎樣想到就怎樣寫，是不夠的。果真這樣，一篇文字不將成為在古牆上亂爬的藤蔓嗎？原來控制還是需要的，線索還是不能沒有的；不過工夫到了純熟的地步，控制的痕跡不能在字裡行間顯明地看出；線索也若有若無，這就教人看來好像是完全自由的了。

現在試看，本篇是由什麼控制著的？不就是前面說起的作者與康橋的一番交情嗎？所以說河水，說草場，說船，說春景……等等，都不作客觀的敘述，而全從作者與它們的關係上出發。作者工夫純熟了，對於這種控制也許並不自覺；但研究這篇文字的人應該知道，如果沒有這種控制，文字也許會見得散漫。「散漫」與「自由」好像差得不遠，然而實際上是相去千萬里了。

意念發展的脈絡

再看，作者的意念怎樣發展而成為這一篇的形式。他要把康橋的種種告訴讀者，當然先得提起康橋。但康橋地方最吸引他的感興的是那條康河，提起康橋便想到了康河。在上游那個果子園裡吃茶的情景也想起來了，在上下河分界處那個壩築旁邊靜聽的經驗也想起來了。於是從河身想到河兩岸的草場，在草場上他享受到許多的快適，而河上坐船的快適，趣味又各別。想到船，他自己撐船的經驗立刻湧上了心頭，他只能「把船身橫住在河中，東顛西撞的狼狽」。看人家撐可不然了，尤其看「專家的女郎」撐，那印象真是不可磨滅的。這才回轉去想坐船的趣味，一一與在草場上坐的不同。——以上的線索雖然曲折，並不是一直的，但總之貼切著那條河。就寫成的文字說，便是從第一段到第五段。以下作者想開去了。他想到「住慣都市的人」不關心自然界的變化，同時不「肯承認做人是快樂」，或多或少不免「咒詛人生」。他以為這大都是自取其咎，正因離開了自然，才有這種「病象」，「只要『不完全遺忘自然』」，「病象就有緩和的希望」。這似乎想得太遠了，可是並不遠，只因他在康橋過過一春（本篇裡的「春」是照外國算法。指三四五三個月而言，須注意），與康橋有了一番深密的交情，他才對於上面那個「極膚淺的道理」有了「自信」。「星月的光明，草的青，花的香，流水的殷勤」，原是平時接觸慣的；然而在康橋「竟像是第一次」「辨認」，可見平時的接觸實在算不得接觸，而在康橋的「辨認」，給予他性靈上的補益是多麼大了。於是，他想到春朝的景色，在那景色中，彷彿聽到「晴空」與自己的「靈魂」互相應答，聲聲叫喚著「春！」他又想到春天的花信，從春光起初透露直到春光「縵爛在人間」、「一天有一天的消息」。他又想到春天騎著自轉車出去遊行（編按：原作「游行」），到處可以欣賞，到處可以休憩，到處有溫厚的人情與豐美的飲食，「適情」「適性」，其樂無比。他又想到春天傍晚，對著「遼闊的天際」看夕陽，「有三兩幅畫圖似的經驗」竟帶著神祕性，教他陷入迷離惝怳的境地。——以上是想了開去而回轉到康橋的春天，從康橋的春天推演出平列的四項來，就是朝景、花信、野遊與晚景。就寫成的文字說，便是從第六段到第十二段。以下是結束了。他所以把康橋的種種告訴讀者，原來因為康橋與他有這麼一番深密的交情，真像他自己的家鄉一樣；他與它「一別二年多」，禁不住起了「思鄉的隱憂」，他要讀者知道他懷著這麼一腔「隱憂」。口裡說「誰知我」，正是希望人家知道他。「思鄉」自然想回去；如果回到康橋，「看第一個大星在天邊出現」，那「隱憂」就消除了。這遠遠應接著開始的意念，他在開頭不是說「在星光下……是我康橋經驗中最神祕的一種」嗎？就寫成的文字說，便是末了一段。

文字多用排語，筆調充滿熱情

以上說明了這篇文字雖則自由，可不是漫無控制的自由，稍稍用心一點看，線索也很分明。現在試看：**本篇熱情的活潑的筆調是怎樣構成的？閱讀這篇文字，一定會立刻注意到，它使用著許多「排語」**（編按：排語即「排比」）。在開頭第一段，「花果會掉入你的茶杯，小雀子會到你桌上來啄食」，與「在星光下聽水聲，聽近村晚鐘聲，聽河畔倦牛芻草聲」，就是兩組排語。第二段裡有「在清朝，在傍晚」，與「有時讀書，有時看水，有時仰臥著看天空的行雲，有時反仆著摟抱大地的溫軟」兩組。第四段裡有「那多不費勁，多美！」與「她們那敏捷，那閒暇，那輕盈」兩組。以下幾段裡還有很多，也不須逐一指出。人對於某事物有熱烈深切的感觸的時候，往往會一而再，再而三地申說。所以文字裡使用著排語，足以表示出熱情。這樣再三申說當然是嚴謹與平板的反面，所以又足以表示出活潑。讀者讀了這種排語，自會引起一種感覺：彷彿一面經作者盡興指點，一面聽作者娓娓談說。試看第八段裡「啊，那是新來的畫眉在那邊凋不盡的青枝上試牠的新聲！啊，這是第一朵小雪球花掙出了半凍的地面！啊，這不是新來的潮潤沾上了寂寞的柳條？」那一組，讀者讀了，不是彷彿覺得自己也置身其境，一同在那裡聽畫眉的新聲，一同在那裡發現第一朵的小雪球花，一同在那裡看新來的潮潤沾上了寂寞的柳條嗎？——這一節是說作者使用排語，是構成他那熱情的活潑的筆調的一個因素。

本篇裡出現了許多「你」字，這也會立刻注意到。「你」是誰？無論誰讀到這篇文字，作為這篇文字的讀者，這個「你」就是他。再推廣開來說，這個「你」也就是作者自己，也就是「我」。為什麼指稱著讀者，「你」呀「你」地敘述呢？為什麼分身為二，把自己也稱為「你」呢？一般文字原是認讀者作對象的，提起筆來寫文字，就好比面對著讀者說話，雖不用「你」字，實則隨處有「你」含在裡頭。現在明用「你」字，就見得格外親切，彷彿作者與讀者之間有著親密的友誼，向來是「爾汝相稱」的。以上是對於前一個問題的解答。這篇文字所寫的原是作者自己在康橋的經驗，但作者不想專有那經驗，他拿來貢獻給讀者，於是在某一些地方用「你」字換去了「我」字。這使讀者讀了更覺得歡喜高興，禁不住凝神想道：「如果身在康橋，這一份受用完全是我的呀！」以上是對於後一個問題的解答。像這樣使用「你」字，並不是作者故意使花巧，語言中原來有這種習慣的。作者適當應用這種習慣，也是構成他那熱情的活潑的筆調的一個因素。

第三個因素可以說的是：他多從感覺印象上著筆。那些感覺印象曾經深深地打動他，他就把它們照樣寫出來，筆調之中自然含著許多情趣，見得活潑生動了。譬如第一段裡的「花果掉入茶杯」、「小雀子到桌上來啄食」，這是個包含著視覺、聽覺、觸覺、味覺、嗅覺的複雜印象。若不是那果子園花樹果樹多，花果怎麼會掉入茶杯呢？若不是那地方「魚鳥忘機」，小雀子怎麼敢到桌上來啄食呢？可見那裡真是個花木繁茂、魚鳥忘機的去處，真是個怡情適性、大可心醉的去處。但是作者不用這一套平板的說明，他只把「花果掉入茶杯」、「小雀子到桌上來啄食」寫出來，這不但報告了實況，並且帶出了他當時被感動的心情。讀者讀到這裡，也就得到個情趣豐足的印象，與讀那平板的說明完全兩樣。又如第三段裡的「不出聲的皺眉」，這是個視覺印象。看見「不輕易開口笑人的」人在那裡「不出聲的皺眉」，將怎樣地窘急與羞愧呢？本已是「東顛西撞的狼狽」，又看見有人在那裡「不出聲的皺眉」，更將狼狽到何等程度呢？這些意思是可想而知的，作者都不寫，他只寫「不出聲的皺眉」那個印象。就憑這六個字，作者當時窘急羞愧的狼狽情形如在目前了。此外寫感覺印象的地方還有很多，不再提出來說。總之，作者多從心理方面著筆，又是構成他那熱情的活潑的筆調的一個因素。

上一節說的是外界事物給予作者印象很深的，作者就把它照樣寫出來。還有一種是事物本身本來沒有某種情意或動作，但作者情緒上感覺上好像它有，就把那種情意或動作歸給它。這樣的寫法，事物便蒙上了作者的情緒與感覺的色彩，寫事物也就是寫心情，「心」與「物」混成一片，當然與嚴謹地客觀地敘述事物不相同了。本篇用這樣寫法的地方也不少。如第一段的末一句，「大自然的優美寧靜，調諧在這星光與波光的默契中，不期然的淹入了你的性靈」。星光與波光並沒有性靈，怎麼會像「相對忘言」的兩個朋友那樣「默契」呢？「大自然的優美寧靜」又不是江水河水，「性靈」又不是田地城鎮，那「優美寧靜」怎麼會「淹入」「性靈」呢？原來這都是作者當時的感覺，這感覺又從作者當時閒適、舒快到近於神祕的情緒而來。依他當時的情緒，好像星光與波光靜靜無聲，互相照映，其間自有一種「默契」；又好像「優美寧靜」是充滿在宇宙間的大水，沒有一處不淹到，連他的性靈也被「淹入」了：這樣，他就用了「默契」與「淹入」兩個詞。又如第八段裡的「啊，這是第一朵小雪球花掙出了半凍的地面！」小雪球花只是應著自然的節候，順著本有的生機，開出來罷了，它何嘗「掙」？原來這也是作者的感覺，這感覺又從他那愛活動愛奮鬥的性情而來。他在半凍的地面看見了第一朵的小雪球花，他想像它也是愛活動愛奮鬥的；它要掙扎出來，一定經歷了許多艱難辛苦；但結果竟被它掙扎出來了，那又是何等的成功，何等的歡喜。他下一個「掙」字，差不多分享了小雪球花那一份成功與歡喜了。此外如說「魚群的唼喋聲在你的耳邊『挑逗』」（第五段），花草在泥土裡漸次「蘇醒」（第八段），克羅克斯是「愛熱鬧的」，蒲公英與雛菊是「耐辛苦的」（第十段），都是這種寫法。這又是構成他那熱情的活潑的筆調的一個因素。

文言詞藻營造濃豔之感

本篇的筆調是熱情的活潑的，前面說過了。若用圖畫來比，它的彩色是濃重的。畫有白描，有淡彩，有丹碧濃鮮的設色；本篇就好比末了一種，它絕不是白描和淡彩。這濃重又是怎樣構成的呢？第一，由於使用排語。使用排語正如畫畫時候一筆一筆地加濃。第二，由於多寫感覺印象。感覺印象多，猶如畫面上布滿了景物，少有空白處所，自然見得濃重。第三，由於多用文言裡的形容詞與副詞，就是所謂「詞藻」。如用「葱翠」來形容「草坪」，用「恣蔓」（應作「滋蔓」）來形容「草叢」（第二段），用「婆娑」來形容「大木」，用「盤錯」來形容「根柢」（第七段），用「娉婷」來形容「尖閣」，用「嫵媚」來形容「康河」（第九段），如說裙裾「悠悠」的飄著（第四段），說經驗「栩栩」的留著（第十二段），這些詞藻都是紅綠青黃的顏料，把這篇文字塗成濃重的一幅。白話文裡使用文言的詞藻，原有討論餘地，且留在後面說。這裡只說僅就文言而論，少用詞藻就見得清淡，多用詞藻就見得絢爛；現在把文言的詞藻用入白話文，彩色當然見得濃重了。

然而本篇裡也有用白描法的，可以舉出兩處說。一處是第三段末了敘述「租船再試」時候的情景。那老船家說：「先生，這撐船費勁，天熱累人，還是拏個薄皮舟溜溜吧！」這個話多麼樸素，然而那老船家又像殷勤又像瞧不起人的心情，已經完全描出。以下作者說「我哪裡肯聽話，長篙子一點就把船撐了開去」，用個「一點」與「就」，作者當時急於「再試」與不愛聽老船家囉嗦的心情（編按：囉嗦原作「嚕囌」），以及當時活動的姿態，就在這上頭傳出來了。又一處是第四段敘述「專家的女郎」撐船出橋洞時候的姿態。那長竿「竟像沒分量的」，「往波心裡一點」，只是「輕輕的，不經心的」，在有過撐船經驗可是不曾學會撐船的作者看來，是多麼可以羨慕呢？「船身便波的轉出了橋影，翠條魚似的向前滑了去」，那輕巧敏捷與「把河身一段段的腰斬了去」是何等顯明的對照呢？以上兩處也是寫的感覺印象，可是讀起來並不覺得濃豔，這裡頭該有個緣故。原來這兩處只像平常談話一樣，不用什麼詞藻，也不用什麼特殊語調，可是對於當時的印象，把捉得住，又表現得出，所以成為兩節白描的好文字。

一　說明

閱讀敘述文字，不能沒有時間觀念。那事件是什麼時候發生的呢？那景物是什麼時候顯現在作者眼前的呢？這些都得辨清楚。如果不辨清楚，就摸不清全篇的頭緒。現在就本篇說，讀者須得問：這裡所寫的康橋，是作者某一天某一回所接觸的不是？要回答這問題，於是逐段看下去。第一段裡說的果子園裡的情景與星光下的經驗，不是限於某一天的；第二段裡說的草場上的景物，不是限於某一天的；第三段裡說的自己撐船，第四段裡說的看人家撐船，也不是限於某一天的。第九段說的朝景，可不是某一回的朝景；第十段說的花信，可不是某一回的花信；第十一段說的野遊，可也不是某一回的野遊。全篇之中，只有第十二段裡說的三幅「畫圖似的經驗」是屬於某一回的，都特地用「有一次」來點醒，雖然沒有說明是何年何月何日。如果把敘述某一天某一回的經驗稱為「專敘」，那麼敘述不限於某一天某一回的經驗便是「泛敘」。作者對於所寫的事物太熟悉了，接觸的機會不止一次兩次，也分不清某一種經驗是某一天某一回的了，只覺得種種經驗各自累積起來，成為許多濃密的團結；那自然只有不限定時間，採用「泛敘」的方法。本篇的情形就是這樣。如果是一個短期旅行的遊客，到康橋地方匆匆地遊覽一週，提起筆來寫遊記；他就不得不用「專敘」的方法，單把他遊覽那一天的經驗敘述下來了。除了這個，他還有什麼可以敘述的呢？「專敘」的時候，常常用「某月某日」，「……的時候」，「……之後」一類時間副語，來點醒以下所說的事件、景物或經驗所屬的時間。

閱讀敘述文字，要有時間和空間觀念

本篇裡也有用這一類時間副語的地方，如「不服輸跑去租船再試的時候」（第三段），「在禮拜天」（第四段），「在初夏陽光漸煖時」（第五段），「在康橋時」，「在夕陽西曬時」（第十二段）。但在「不服輸跑去租船再試的時候」前面加上個「每回」，在「在夕陽西曬時」前面加上個「常常」，這就成為「泛敘」了。此外三語，只要辨別上下文的語氣，便知道也不是「專敘」。「在禮拜天」一語是用「尤其」承接著前面「你站在橋上去看人家撐」一語的；而「你站在橋上去看人家撐」是假設語氣，「在初夏陽光漸煖時，你去買一支小船」也是假設語氣，兩語裡都含有「如果」、「假使」的意思⋯⋯假設語氣當然不會是「專敘」。至於「在康橋時」一語占著一春的時間，下面的「沒馬騎，沒轎子坐，卻也有我的風流」，又是經常的情形，所以也只是「泛敘」而不是「專敘」。

閱讀敘述文字，又不能沒有空間觀念。作者敘述那事件那景物，是不是站定在一個觀點上的呢？

如果站定在一個觀點上，那所寫的只是這個觀點上所能觀察到的一切；觀點如有轉換，文字中一定先行交代明白，然後再寫新觀點上所能觀察到的一切。如果不站定在什麼觀點上，那就比較自由，只憑記憶逐項逐項地敘述出來，更不管它們是從哪一個觀點上觀察到的。本篇就時間方面說既是「泛敘」，那麼所寫康橋的種種，當然不會是站定在什麼觀點上觀察到的了。原來它寫的是情緒中的康橋，而不是眼界中的康橋。但這是就本篇大體說。若在非表明空間關係不可的地方，雖說是「泛敘」，也不得不站定一個觀點來寫。如第二段裡的「對岸草場上……勻勻的長著長條的水草」，第九段裡的「康橋只是一帶茂林……有佳蔭處有村舍」，都是登高遠望的景；第四段裡的「有幾個專家女郎……翠條魚似的向前滑了去」是橋上眺望的景；如果不是登高，不在橋上，所見也就兩樣；這便有了空間關係，須得站定一個觀點來寫。以上三節寫景文字之前，第二段裡有「從校友居的樓上望去」一語，第九段裡有「從那土阜上望去」一語，第四段裡有「站在橋上看人家撐」一語，都是用來表示站定的觀點的。又如第九段的開頭，敘述春朝遊行時候所見的景色：「靜極了……點綴這周遭的沉默」是大道上的景，「頭頂是交枝的榆蔭，透露著漠楞楞的曙色」是林子裡的景，「當前是平坦的原野……尖尖的黑影是近村的教寺」是林子外的景；大道上，林子裡，林子外，景色不一，這便有了空間關係，不得不站定一個觀點又轉換一個觀點來寫。

這一節最初的觀點原在大道上，有「順著這大道走去」一語可以證明；以下用「走到盡頭，再轉入林子裡的小徑」兩語，就把觀點轉換到林子裡去了；以下用「走盡這林子」一語，又把觀點轉換到林子外去了。至於第十二段裡的三幅「畫圖似的經驗」，就時間方面說既是「專敘」，自然得敘明當時站定的觀點。「我趕到一個地方」、「正衝著一條寬廣的大道」、「臨著一大片望不到頭的草原」三語，都是用來表示當時站定的觀點的。若是匆匆遊覽過後寫一篇「專敘」的遊記，站定觀點與轉換觀點的敘述就不會這麼少了。

二　聯想

現在再把本篇值得注意值得體會的地方逐一提出來說一說（前面已經說過了的，就不再說了）。

第一段敘康河，分上游下游來說，原是最平常的方式，地理教本所常用的。可是**敘上游就說到那個果子園**，用複雜的感覺印象來描寫那裡的豐美與安靜，把康橋的佳勝突然湧現在讀者面前，這就不平常了。**敘下游只說它是「春夏間競舟的場所」**，以下便說到上下河分界處的那個壩築，說到星光之下在那個壩築旁邊聽各種聲音的神祕經驗，這也不平常。作者並不是寫地理書，他要寫的是他情緒中的康橋：讀者只要讀這第一段，就可以感覺到了。

第三段開頭說明三種船，把撐篙船排在最後，是有意的，用來引起下面的自己撐船。說明三種船的部分，文字是靜的；過渡到自己撐船，文字就是動的了。試看「把船身橫住在河中，東顛西撞的狼狽」，旁觀的英國人在那裡「不出聲的皺眉」，河中悠閒的秩序「給搗亂了」，以至「租船再試」，經老船家勸告，不肯聽話，「把船撐了開去」，哪一處不是活生生的動態？不說英國人在旁邊「不出聲的皺眉」，而說「小心他們不出聲的皺眉」，可見因他們「皺眉」而更顯得「狼狽」，那經驗正不止一次兩次了。不說船還是橫著前進，而說「還是把河身一段段的腰斬了去」，這是用更具體的說法，把「橫著前進」化成個更具體的視覺印象。

第四段裡「穿一身縞素衣服……帽影在水草間顫動」是對於「專家的女郎」的形容語（形容語不妨去掉，這裡如果去掉這形容語，就成「有幾個專家的女郎，你看她們……」）。說衣服又說到裙裾的飄揚，說帽子又說到帽影的顫動，這是加工描繪。描繪的結果，使讀者覺得但看這四語，便是一幅鮮明的生動的圖畫。本段末一句裡的「敏捷」、「閒暇」、「輕盈」是作者主觀的批評，但與前面所敘的姿態都有照應。如果再來一個「美麗」，那就沒有照應了；因為前面只敘那幾個女郎撐船時候的動態，並沒有敘她們的面貌與身材怎樣美麗。

第五段末一語裡的「水底翻的音樂」，指在河上開話匣子而言。話匣子所奏的音樂，聲音在河面發生回響，再傳播開來，這便是「水底翻的音樂」。聽這種音樂，物理上既與平時開話匣子不同，環境上、心情上也全不一樣，所以在少年們的感覺中，這種音樂是「描寫夢意與春光」的。

穿插議論文，不顯突兀

第六、七兩段可以說是插入本篇的一篇議論文，它的題目是「人不要完全遺忘自然」。第六段先說「住慣城市的人」的通常情形，分兩點，一點是不關心「季候的變遷」，又一點是抱怨生活，不「承認做人是快樂」。對於前一點，用具體的說法。僅僅從葉子的長落、爐子的裝卸、衣服的更換，知道「季候的變遷」，足見那關心真是有限得很了。「星星」、「花草」、「風雲」環繞在周圍，可是一樣也不去理睬，足見對於自然全沒交涉了。於是第七段說一般人所以有這種情形，由於「忘本」。人的「本」是什麼呢？「人是自然的產兒」，人從大自然取得生命，這說明了人的「本」是自然。花草離不開泥土，魚離不開水，大木的根柢深入無盡藏的地裡，這些都是比況，比況人絕不能離開了大自然而生活，也得像大木一樣，把生命的根柢深入大自然裡。然後歸結到作者所提出的意見：「只要『不完全遺忘自然』一張輕淡的藥方，我們的病象就有緩和的希望」。本篇是抒情的敘述文字，如果插入一小篇嚴格的議論文（就是說完全用抽象的說法，由演繹、歸納、類推等方法而達到結論的議論文），那是很不相稱的。現在這兩段多用具體的說法，語調自由活潑，又與純理智的說理文字不同，所以插在中間與各段一致，並不覺得不調和。

第八段末了三句，開頭都用了驚歎詞「啊」，以下指點用「那是」「這是」「這不是」，值得細辨。畫眉的新聲比較遠，小雪球花與柳條近在面前，「那」與「這」表明實際上的遠近之分，這是一。「那」與「這」不重複，用了兩個「是」來一個「不是」，又見得有變換，這是二。這樣三句連在一起讀，自然引起一種感覺，彷彿春信是四面襲來，不可抵禦的了，這是三。

第九段裡敘到「尖尖的是近村的教寺」，以下接一句「聽，那曉鐘和緩的清音！」教誰聽呢？也可以說教自己聽，也可以說教讀者聽。但是在寫文字的時候，作者並不正在望見那教寺的「尖尖的黑影」，至於讀者讀這篇文字，是不拘於什麼地點什麼時間的，怎麼能教自己聽又教讀者聽呢？原來這是排除了空間與時間觀念的說法。說起近村的教寺，彷彿鐘聲已經在那裡送過來了，於是向自己並向讀者提示道：「聽，那曉鐘和緩的清音！」前面提及的第八段末了三句，情形也正相同。說起春信，彷彿春信就從四面襲來了，於是一邊指點，一邊提示，說出這麼三句來。

又，本段裡用「朝來人們的祈禱參差的翳入了天聽」譬喻炊煙「漸漸的上騰，漸漸的不見」，這是用聽覺印象表現視覺印象。朝來有許多的人作祈禱，想像他們的祈禱聲音一一上達上帝的聽官，正與炊煙上騰而沒入天際相似，於是來了這錯綜的印象。以下連用三個「頃刻間」，把時間說得極急促，表示初曉景色的刻刻變換。末了兩句，「勝利的晴空」與「快活的靈魂」呼喚著「春！」互相應答，把清早尋春的人的歡喜心情完全表達出來。若說「春來了」，或是「這已經是春天了」，反而見得累贅失神。當時只有一個渾然的感覺「春！」而已，而感得歡喜的就在這個渾然的感覺，所以單說「春！」字是最完足的了。兩個「春！」字的位置也可以注意。如果放在「私語」與「回響」之後，說話的力量就側重在「勝利的晴空」與「快活的靈魂」。現在放在前面，隨後解釋一個是「晴空」的「私語」，一個是「靈魂」的「回響」，力量就側重在「春！」的那一聲呼喚方面了。本段敘述了春朝的晴色，歸結到「春！」這個渾然的感覺無所不在，自然該把力量側重在「春！」的那一聲呼喚方面才對。

第十段專說「伺候著河上的風光」，也就是探河上的春信。明說「關心」的若干裡固然是春信所在，「小雪球」與「鈴蘭與香草」也是報告春消息的使者。以下列舉「蓮馨」、「石水仙」、「克羅克斯」、「蒲公英與雛菊」，可是沒有說那些花兒怎麼樣，只用一個「破折號」便接說「這時候」，表示提起那些花兒，意念立刻想到那些花兒開放的時候。那些花兒開放了，此外還有沒有提到的許多花兒也開放了，那春信還待你去「探」嗎？所以說「更不煩殷勤問訊」。

第十一段開頭的「瑰麗的春光！」與「可愛的路政！」是兩句讚歎句，形式上沒說明「春光」與「路政」怎樣，好像都不成一句話。其實是說明了的，只要倒轉來，就是「春光瑰麗」與「路政可愛」，不過成為尋常的表明句了。讚歎句自有這樣的一種形式，如「偉大的時代！」「好漂亮的人物！」都是口頭常常說的。以下說騎著自轉車出遊，連用五個「你如愛」，傳出了眉飛色舞，津津樂道的神情。這裡把「花」、「鳥」說在前，把「兒童」、「人情」、「酒」說在後，一種解說是：「花」、「鳥」是自然，親近「兒童」接受「人情」是人事，而「酒」又是從「飽餐」與「嘗新」聯想起來的。但是還可以有一種解說：說「花」、「鳥」、「兒童」的話短，說「人情」與「酒」的話長，短的在前，長的在後，正是語言的自然。試把長句調在前面，吟誦起來，讀到後面的短句，就會覺得氣勢不順了。本段裡的「每『望』」等於說「每家酒店」。「望」是「望子」，酒店的市招。

第十二段作者引陸放翁的一聯詩句，有記錯的地方。現在把全首抄在這裡：「醉眼朦朧萬事空，今年痛飲瀼西東。偶呼快馬迎新月，卻上輕輿御晚風。行路八千常是客，丈夫五十未稱翁。亂山缺處如橫線，遙指孤城翠靄中。」題目是「醉中到白崖而歸」。詩中有「痛飲瀼西東」的話，該是放翁通判夔州的時候作的。所以作者說「這是做地方官的風流」。同段敘述三幅「圖畫似的經驗」，哪個在前，哪個在後，本來可以隨便。現在排成這樣形式，也為要先短後長。並且，前兩個經驗是說清楚的，後一個卻沒有說清楚，也得把它放在最後才順。再看第三個經驗的敘述，作者為什麼會「感著神異性的壓迫」，「對著這冉冉漸翳的金光」「跪下」呢？原來這由於對「偉大」、「莊嚴」的一種虔敬情緒。「一條大路，一群生物」，背後「放射著萬縷的金輝」，從一群生物在大路上走，聯想到一切生物在生命的大路上走；從太陽放射萬縷金輝，聯想到賦予生命支配生命的「宇宙的力」；這就覺得眼前景物便是宇宙的「偉大」、「莊嚴」的具體表現，不由得虔敬地「跪下」了。再說第三個經驗，「這草田變成了」什麼呢？讀者沒有作者的經驗，當然無從猜測，但可以說定，那也是帶著「神異性」的。不然，作者為什麼說「說來你們也是不信的」呢？

末一段若即若離地回顧第一段的「星光」，作為結束。若是終止在第十二段，話便沒有說完，這是很容易辨明的。

凡上口的，即可寫入白話文

本篇是白話文，但參用了許多文言的字眼。除了前面所舉文言的詞藻外，如「裙裾」、「唼喋」、「睥眤」（應作「睥睨」）、「閒步」、「清蔭」、「美草」、「巧囀」等，都是文言的字眼。白話文裡用入文言的字眼，與文言用入白話的字眼一樣，沒有什麼可以不可以的問題，只有適當不適當，或是說，效果好不好的問題。要討論這個問題，可以從理想的白話文該是怎樣的想起。

白話文依據著白話，是誰都知道的。既說依據著白話，是不是口頭用什麼字眼，口頭怎樣說法就怎樣寫法呢？那可不一定。如果一個人口頭說話一向是非常精密的，自然不妨完全依據著他的說話寫他的白話文。但一般人的說話往往是不很精密的，有時字眼用得不切當，有時語句沒有說完全，有時翻來覆去，說了再說，無非這一點意思。這樣的說話，在口頭說著的時候，因為有發言的聲調、面目與身體的表情等幫助，仍可以使聽話的對方理會，收到說話的效果。可是，照樣寫到紙面上去，發言的聲調、面目與身體的表情等幫助就沒有了，所憑藉的只是紙面上的文字；那時候能不能也使閱讀文字的對方理會，收到作文的效果，是不能斷定的。所以在寫白話文的時候，對於說話，不得不作一番洗鍊的工夫。洗是洗濯的洗，就是把說話裡的一些渣滓洗去。鍊是鍊銅鍊鋼的鍊，就是把說話鍊得比平常說話精粹。

渣滓洗去了，鍊得比平常說話精粹了，然而還是說話（這就是說，一些字眼還是口頭的字眼，一些語調還是口頭的語調，不然，寫下來就不成其為白話文了）：依據這種說話寫下來的，才是理想的白話文。

文字寫在紙面，原是教人看的，看是視覺方面的事情。然而一個人接觸一篇文字，實在不只是視覺方面的事情。他還要出聲或不出聲地念下去，同時聽自己出聲或不出聲地念。所以「閱」「讀」兩個字是連在一起拆不開的。現在就閱讀白話文說，讀者念與聽所依據的標準是白話，必需文字中所用的字眼與語調都是白話的，他才覺得順適調和，起一種快感。不然，好像看見一個人穿了不稱他的年齡、體態、身分的服裝一樣，雖未必就見得這個人不足取，但對於他那身服裝，至少要起不快之感。而不快之感是會減少讀者與作品的親和力的，也就是說，會減少作品的效果的。

把以上兩節話綜合起來，就是：**白話文雖得把白話洗鍊，可是經過了洗鍊的必須仍是白話**；這樣，就體例說是純粹，就效果說，可以引起讀者念與聽的時候的快感。反過來說，如果白話文裡有了非白話的（就是口頭沒有這樣說法的）成分，這就體例說是不純粹，就效果說，將引起讀者念與聽的時候的不快之感。到這裡，可以解答前面所提出的問題了。白話文裡用入文言的字眼，實在是不很適當的足以減少效果的辦法。那麼，本篇作者為什麼在本篇裡參用許多文言的字眼呢？這由於作者文言的教養素深，而又沒有要寫純粹的白話文的自覺，不知不覺之間，就把許多文言字眼用進去了。教他另用一些白話的字眼來調換文言的字眼，他未必不可能，他只是沒有想到要不要調換。

本篇裡不單是字眼，就是語調也是非白話的，如第九段裡的「想像那一流清淺」與第十段裡的「更不煩殷勤問訊」兩語便是。這兩語都是詞曲的調子，如果用在詞曲裡，是很調和的；現在用在白話文裡，就不調和了。「想像那一流清淺」，這樣的說法，白話裡是絕沒有的。「更不煩殷勤問訊」之下，白話裡必得有個「了」字。作者把詞曲的調子用入白話文，原由如前面所說，也只是個不自覺。這種情形，不只本篇有，初期白話文差不多都有；因為一般作者文言的教養素深，而又沒有要寫純粹的白話文的自覺，大都與本篇作者相同。但是，理想的白話文是純粹的，現在與將來的白話文的寫作是要把寫得純粹作目標的，必須知道這兩點，才可以閱讀初期白話文而不受初期白話文這方面的影響。

或者有人要問：現在國文課裡，文言也要讀，這就有了文言的教養；既然有了文言的教養，寫起白話文來，自然而然會有文言成分從筆頭溜出來，像本篇作者一樣。怎樣才可以檢出並排除這些文言成分，使白話文純粹呢？這是有辦法的，只要把握住一個標準，就是「上口不上口」。一些字眼與語調，凡是上口的，說話中間有這樣說法的，都可以寫進白話文，都不至於破壞白話文的純粹。如果是不上口的，說話中間沒有這樣說法的（這裡並不指杜撰的字眼與不合語文法的話句而言），那便是文言成分，不宜用入純粹的白話文。譬如約朋友出去散步，絕不會說「我們一同去閒步一回」。走到一處地方，頭上是新鮮的樹蔭，腳下是可愛的草地，也絕不會說「這裡頭上有清蔭，腳下有美草」。可見「閒步」、「清蔭」、「美草」是不上口的。又如「你只能循著那錦帶似的林木想像那一流清淺」一語，在口頭說起來，大概是「你只能沿著那錦帶似的林木想像那清淺的河流」。可見「想像那一流清淺」是不上口的。只要把握住「上口不上口」這個標準，即使偶爾有文言成分從筆頭溜出來，也不難檢出了。

到這裡，還可以進一步說。譬如董仲舒有句話道：「正其誼不謀其利，明其道不計其功。」這明明是文言的語調。可是，「從前董仲舒有句話道：『正其誼不謀其利，明其道不計其功。』」這樣的說法卻是口頭常有的；口頭常有就是上口，上口就不妨照樣寫入白話文。又如「知其不可而為之」一語出於《論語》，語調也明明是文言的。可是，「某人做某事是知其不可而為之」。這樣的說法，卻是口頭常有的；口頭常有就是上口，上口就不妨照樣寫入白話文。前一例裡的「正其誼不謀其利，明其道不計其功」所以上口，因為說話說到這裡，不得不引用原文。後一例裡的「知其不可而為之」所以上口，因為說話本來有這麼一個法則，有時可以引用成語。在「引用」這一個條件之下，口頭說話既不排斥文言成分，純粹的白話文當然可以容納文言成分了。這與前一節話並不違背；前一節話原是這樣說的：凡是上口的，說話中間有這樣說法的，都可以寫進白話文，都不至於破壞白話文的純粹。

現在再就字眼說。如《易經》裡的「否」與「泰」兩個字，表示兩個觀念，平常說話是絕不用的，當然是文言字眼。可是經學或者哲學教師解釋這兩個觀念的時候，口頭不能不說「這樣就是否」與「這樣就是泰」的話；他也許還要說「經過了否的階段，就來到泰的階段」。在這些語句裡，「否」與「泰」兩個字上口了；就把這些語句寫入白話文，那白話文還是純粹的。試看這兩個字怎麼會上口的呢？原來與前面所說一樣，也是由於「引用」。

適當引用文言，可收積極之效

在小說或戲劇的對話裡，如果適當地引用一些文言成分，不但沒有妨礙，並且可以收到積極的效果。如魯迅的小說〈孔乙己〉裡，敘述孔乙己在喝酒時候，把作為酒菜的茴香豆給圍住他的孩子吃，一人一顆。孩子吃完了一顆，還想吃第二顆，眼睛都望著碟子。孔乙己就著急說：「不多了，我已經不多了。」又看一看豆，自己搖頭說：「不多不多！多乎哉？不多也。」」這裡的「多乎哉？不多也。」是從《論語》的「君子多乎哉？不多也。」引用來的。從這兩句的引用，可以使讀者讀了宛如聽見了孔乙己的口吻，因而想到他原來是這麼一個讀過幾句書，半通不通，卻愛隨便胡謅的傢伙：這就是所謂積極的效果。然而這兩句所以能放在孔乙己的對話裡，也因為事實上確然有一種人愛把書句放在口頭亂說的，故而與「上口」的標準並無不合，這節對話還是純粹的白話文。

以上對於純粹的白話文說得很多，無非希望現在與將來的白話文的寫作要把寫得純粹作目標的意思。以下再回到本篇來說。

需看出文句缺失處

本篇裡有少數字句是不很妥適的。

如第一段裡「倦牛芻草聲」的「**芻**」字，是個文言字眼且不必說；即就文言說，或作割草的意思，如「芻蕘」，或作飼養牲畜的意思，如「芻豢」，卻沒有作嚼草的意思的。這裡就上下文看，作牛在那裡嚼草的意思，是用錯的。又如第二段裡「尾鬃的掃拂」的「**掃拂**」兩字，分開來都是口頭常用的字眼，合起來就不順口了。這裡所以要用「掃拂」兩字，原來因為說「尾鬃的掃」或「尾鬃的拂」都收不住，非用一個複音節語不可。但「掃拂」並不是一個口頭習用的複音節語，作者卻沒有注意到這一層。同段裡又有「**反仆**」兩字，「仆」原是個文言字眼，口頭說起來就是「跌倒」。跌倒並沒有規定的形式，無所謂「正」，也無所謂「反」。現在說「反仆」，與上一語的「仰臥」相對，表示胸腹著地、背心向天的意思，這是錯誤的。

第七段裡「**入世深**似一天，**離自然遠**似一天」兩語，是可以討論的。這兩語表示「入世深」與「離自然遠」的程度同時並進，但按照口頭的語調，應說「入世一天深似一天，離自然一天遠似一天」。若照這樣說，每一語裡在前的「一天」指在後的一天，在後的「一天」指在後的一天之前的一天；用個「似」字，表示前後兩天程度的比較，「深似」就是「深過」，「遠似」就是「遠過」，若寫文言，就是「深於」、「遠於」。現在每一語裡既然只用一個「一天」，那就無所謂前後兩天程度的比較，「似」字顯然是多餘的。去掉「似」字，「作入世深一天，離自然遠一天」，便妥適了。同段裡的「有幸福是永遠不離母親撫育的孩子，有健康是永遠接近自然的人們」兩語，「福」字「康」字之下都省掉一個不應該省的「的」字。大概在這樣的句式裡，「是」字近於「等於」，表示在前的什麼等於在後的什麼。「的」就是「的人」，用了「的」字，「有幸福」與「有健康」才有屬主，屬主才可以與下面的「孩子」與「人們」相等。若照原文不用「的」字，那麼，「有幸福」與「有健康」是「事」，「孩子」與「人們」是「人」，「事」怎麼能與「人」相等呢？

文言字眼「**翳**」字，在本篇裡用了兩次，都用得不妥適。「翳」是遮蔽的意思。說「彷彿是朝來人們的祈禱，參差的遮蔽入天聽」（第九段），是講不通的；說「對著這冉冉漸遮蔽的金光」（第十二段），同樣地講不通。原來遮蔽這個動作是及物的，說遮蔽必然有被遮蔽的東西。現在並沒有被遮蔽的東西，而把遮蔽這個動作歸到「祈禱」與「金光」自身，當然講不通了。如果說「沒入了天聽」或者「送入了天聽」，說「冉冉漸消的金光」或者「冉冉漸隱的金光」，便講得通了；因為「沒」、「送」、「消」、

「隱」等動作都是不及物的，本該歸到「祈禱」與「金光」自身的。

第十一段裡指稱「**愉快**」作「一個」，照通常說法，應該是「一種」。「愉快」、「哀悲」、「道德」、「智慧」一類抽象事物，是沒有個體的，沒有個體，所以不能用個體單位的「個」字。這些事物卻是有種類可分的，有種類可分，所以可以用種類單位的「種」字。現在人說話與寫白話文，對於這種單位名稱，有隨便使用的傾向，這是不妥當的，應該留意。

閱讀一篇文字，一味讚美，處處替作者辯護，這種態度是不對的。至於吹毛求疵，硬要挑剔，也同樣地不對。**文字如有長處，必須看出它的長處在哪裡；文字如有缺點，又必須看出它的缺點在哪裡：這才是正當的態度**。惟有抱著這樣正當的態度，多讀一篇才會收到多讀一篇的益處。

藥

魯迅

*編按：魯迅的作品〈藥〉，採用當時還很新穎的西洋小說寫法，加上文筆又很含蓄，對當時的學生而言，是比較陌生的。本指導文從魯迅寫作的目的、如何表現主題思想、描寫人物的特點和情節結構等方面，做了一番詳細的解說，讓讀者能夠明瞭文意，進而領會魯迅寫作的深刻用意。

一

❶秋天的後半夜，月亮下去了，太陽還沒有出，只剩下一片烏藍的天；除了夜遊的東西，什麼都睡著。華老栓忽然坐起身，擦著火柴，點上遍身油膩的燈盞，茶館的兩間屋子裡，便彌滿了青白的光。

❷「小栓的爹，你就去麼？」是一個老女人的聲音。裡邊的小屋子裡，也發出一陣咳嗽。

「唔。」老栓一面聽，一面應，一面扣上衣服；伸手過去說，「你給我罷。」

華大媽在枕頭底下掏了半天，掏出一包洋錢，交給老栓，老栓接了，抖抖的裝入衣袋，又在外面按了兩下；便點上燈籠，吹熄燈盞，走向裡屋子去了。那屋子裡面，正在窸窸窣窣的響，接著便是一通咳嗽。老栓候他平靜下去，才低低的叫道，「小栓……你不要起來。……店麼？你娘會安排的。」

❸老栓聽得兒子不再說話，料他安心睡了；便出了門，走到街上。街上黑沉沉的一無所有，只有一

條灰白的路，看得分明。燈光照著他的兩腳，一前一後的走。有時也遇到幾隻狗，可是一隻也沒有叫。天氣比屋子裡冷得多了；老栓倒覺爽快，彷彿一旦變了少年，得了神通，有給人生命的本領似的，跨步格外高遠。而且路也愈走愈分明，天也愈走愈亮了。

❹老栓正在專心走路，忽然吃了一驚，遠遠裡看見一條丁字街，明明白白橫著。他便退了幾步，尋到一家關著門的鋪子，蹩進檐下，靠門立住了。好一會，身上覺得有些發冷。

❺「哼，老頭子。」

「倒高興……。」

老栓又吃一驚，睜眼看時，幾個人從他面前過去了。一個還回頭看他，樣子不甚分明，但很像久餓的人見了食物一般，眼裡閃出一種攫取的光。老栓看看燈籠，已經熄了。按一按衣袋，硬硬的還在。仰起頭兩面一望，只見許多古怪的人，三三兩兩，鬼似的在那裡徘徊；定睛再看，卻也看不出什麼別的奇怪。

❻沒有多久，又見幾個兵，在那邊走動；衣服前後的一個大白圓圈，遠地裡也看得清楚，走過面前的，並且看出號衣上暗紅色的鑲邊。——一陣腳步聲響，一眨眼，已經擁過了一大簇人。那三三兩兩的人，也忽然合作一堆，潮一般向前趕；將到丁字街口，便突然立住，簇成一個半圓。

❼老栓也向那邊看，卻只見一堆人的後背，頸項都伸得很長，彷彿許多鴨，被無形的手捏住了的，向上提著。靜了一會，似乎有點聲音，便又動搖起來，轟的一聲，都向後退；一直散到老栓立著的地方，幾乎將他擠倒了。

❽「喂！一手交錢，一手交貨！」一個渾身黑色的人，站在老栓面前，眼光正像兩把刀，刺得老栓縮小了一半。那人一隻大手，向他攤著；一隻手卻撮著一個鮮紅的饅頭，那紅的還是一點一點的往下滴。

❾老栓慌忙摸出洋銀，抖抖的想交給他，卻又不敢去接他的東西。那人便焦急起來，嚷道，「怕什麼？怎的不拿！」老栓還躊躇著；黑的人便搶過燈籠，一把扯下紙罩，裹了饅頭，塞與老栓；一把抓過洋錢，捏一捏，轉身去了。嘴裡哼著說，「這老東西……。」

❿「這給誰治病的呀？」老栓也似乎聽得有人問他，但他並不答應；他的精神，現在只在一個包上，彷彿抱著一個十世單傳的嬰兒，別的事情，都已置之度外了。他現在要將這包裡的新的生命，移植到他家裡，收穫許多幸福。太陽也出來了；在他面前，顯出一條大道，直到他家中，後面也照見丁字街頭破匾上「古口亭口」這四個黯淡的金字。

二

⓫老栓走到家，店面早經收拾乾淨，一排一排的茶桌，滑溜溜的發光。但是沒有客人；只有小栓坐在裡排的桌前吃飯，大粒的汗，從額上滾下，夾襖也帖住了脊心，兩塊肩胛骨高高凸出，印成一個陽文的「八」字。老栓見這樣子，不免皺一皺展開的眉心。他的女人，從灶下急急走出，睜著眼睛，嘴唇有些發抖。

「得了麼？」

「得了。」

⑫兩個人一起走進灶下，商量了一會；華大媽便出去了，不多時，拿著一片老荷葉回來，攤在桌上。老栓也打開燈籠罩，用荷葉重新包了那紅的饅頭。小栓也吃完飯，他的母親慌忙說：

「小栓——你坐著，不要到這裡來。」

一面整頓了灶火，老栓便把一個碧綠的包，一個紅紅白白的破燈籠，一同塞在灶裡；一陣紅黑的火焰過去時，店屋裡散滿了一種奇怪的香味。

⑬「好香！你們吃什麼點心呀？」這是駝背五少爺到了。這人每天總在茶館裡過日，來得最早，去得最遲，此時恰恰蹩到臨街的壁角的桌邊，便坐下問話，然而沒有人答應他。「炒米粥麼？」仍然沒有人應。老栓匆匆走出，給他泡上茶。

⑭「小栓進來罷！」華大媽叫小栓進了裡面的屋子，中間放好一條凳，小栓坐了。他的母親端過一碟烏黑的圓東西，輕輕說：

「吃下去罷，——病便好了。」

⑮小栓撮起這黑東西，看了一會，似乎拿著自己的性命一般，心裡說不出的奇怪。十分小心的拗開了，焦皮裡面竄出一道白氣，白氣散了，是兩半個白麵的饅頭。——不多工夫，已經全在肚裡了，卻全忘了什麼味；面前只剩下一張空盤。他的旁邊，一面立著他的父親，一面立著他的母親，兩人的眼光，都彷彿要在他身裡注進什麼又要取出什麼似的；便禁不住心跳起來，按著胸膛，又是一陣咳嗽。

⑯「睡一會罷，——便好了。」

小栓依他母親的話，咳著睡了。華大媽候他喘氣平靜，才輕輕的給他蓋上了滿幅補釘的夾被。

三

⑰店裡坐著許多人，老栓也忙了，提著大銅壺，一趟一趟的給客人沖茶；兩個眼眶，都圍著一圈黑線。

「老栓，你有些不舒服麼？——你生病麼？」一個花白鬍子的人說。

「沒有。」

「沒有？——我想笑嘻嘻的，原也不像……」花白鬍子便取消了自己的話。

⑱「老栓只是忙。要是他的兒子……」駝背五少爺話還未完，突然闖進了一個滿臉橫肉的人，披一件玄色布衫，散著紐扣，用很寬的玄色腰帶，胡亂捆在腰間。剛進門，便對老栓嚷道：

「吃了麼？吃了麼？老栓，就是運氣了你！你運氣，要不是我信息靈……」

⑲老栓一手提了茶壺，一手恭恭敬敬的垂著；笑嘻嘻的聽。滿座的人，也都恭恭敬敬的聽。華大媽也黑著眼眶，笑嘻嘻的送出茶碗茶葉來，加上一個橄欖，老栓便去沖了水。

⑳「這是包好！這是與眾不同的。你想，趁熱的拿來，趁熱吃下。」橫肉的人只是嚷。

「真的呢，要沒有康大叔照顧，怎麼會這樣……」華大媽也很感激的謝他。

「包好，包好！這樣的趁熱吃下。這樣的人血饅頭，什麼癆病都包好！」

華大媽聽到「癆病」這兩個字，變了一點臉色，似乎有些不高興；但又立刻堆上笑，搭訕著走開了。

這康大叔卻沒有覺察，仍然提高了喉嚨只是嚷，嚷得裡面睡著的小栓也合伙咳嗽起來。

㉑「原來你家小栓碰到了這樣的好運氣了。這病自然一定全好；怪不得老栓整天的笑著呢。」花白鬍子一面說，一面走到康大叔面前，低聲下氣的問道，「康大叔——聽說今天結果的一個犯人，便是夏家的孩子，那是誰的孩子？究竟是什麼事？」

㉒「誰的？不就是夏四奶奶的兒子麼？那個小傢伙！」康大叔見眾人都聳起耳朵聽他，便格外高興，橫肉塊塊飽綻，越發大聲說，「這小東西不要命，不要就是了。我可是這一回一點沒有得到好處，連剝下來的衣服，都給管牢的紅眼睛阿義拿去了。——第一要算我們栓叔運氣；第二是夏三爺賞了二十五兩雪白的銀子，獨自落腰包，一文不花。」

㉓小栓慢慢的從小屋子走出，兩手按了胸口，不住的咳嗽；走到灶下，盛出一碗冷飯，泡上熱水，坐下便吃。華大媽跟著他走，輕輕的問道，「小栓你好些麼？——你仍舊只是肚餓？……」

㉔「包好，包好！」康大叔瞥了小栓一眼，仍然回過臉，對眾人說，「夏三爺真是乖角兒，要是他不先告官，連他滿門抄斬。現在怎樣？銀子！——這小東西也真不成東西！關在牢裡，還要勸牢頭造反。」

「啊呀，那還了得。」坐在後排的一個二十多歲的人，很現出氣憤模樣。

「你要曉得紅眼睛阿義是去盤盤底細的，他卻和他攀談了。他說，這大清的天下是我們大家的。你想：這是人話麼？紅眼睛原知道他家裡只有一個老娘，可是沒有料到他竟會那麼窮，榨不出一點油水，已經氣破肚皮了。他還要老虎頭上搔癢，便給他兩個嘴巴！」

「義哥是一手好拳棒，這兩下，一定夠他受用了。」壁角的駝背忽然高興起來。

㉕「他這賤骨頭打不怕，還要說可憐可憐哩。」

花白鬍子的人說，「打了這種東西，有什麼可憐呢？」

康大叔顯出看不上他的樣子，冷笑著說，「你沒有聽清我的話；看他神氣，是說阿義可憐哩！」

聽著的人的眼光，忽然有些板滯；話也停頓了。小栓已經吃完飯，吃得滿身流汗，頭上都冒出蒸氣來。

㉖「阿義可憐——瘋話，簡直是發了瘋了。」花白鬍子恍然大悟似的說。

「發了瘋了。」二十多歲的人也恍然大悟的說。

店裡的坐客，便又現出活氣，談笑起來。小栓也趁著熱鬧，拚命咳嗽；康大叔走上前，拍他肩膀說：

「包好！小栓——你不要這麼咳。包好！」

「瘋了。」駝背五少爺點著頭說。

四

㉗西關外靠著城根的地面，本是一塊官地；中間歪歪斜斜一條細路，是貪走便道的人，用鞋底造成的，但卻成了自然的界限。路的左邊，都埋著死刑和瘐斃的人，右邊是窮人的叢冢。兩面都已埋到層層疊疊，宛然闊人家裡祝壽時候的饅頭。

㉘這一年的清明，分外寒冷；楊柳才吐出半粒米大的新芽。天明未久，華大媽已在右邊的一座新墳

前面，排出四碟菜，一碗飯，哭了一場。化過紙，呆呆的坐在地上；彷彿等候什麼似的，但自己也說不出等候什麼。微風起來，吹動他短髮，確乎比去年白得多了。

㉙小路上又來了一個女人，也是半白頭髮，襤褸的衣裙；提一個破舊的朱漆圓籃，外掛一串紙錠，三步一歇的走。忽然見華大媽坐在地上看他，便有些躊躇，慘白的臉上，現出些羞愧的顏色；但終於硬著頭皮，走到左邊的一座墳前，放下了籃子。

㉚那墳與小栓的墳，一字兒排著，中間只隔一條小路。華大媽看他排好四碟菜，一碗飯，立著哭了一通，化過紙錠；心裡暗暗地想：「這墳裡的也是兒子了。」那老女人徘徊觀望了一回，忽然手腳有些發抖，蹌蹌踉踉退下幾步，瞪著眼只是發怔。

㉛華大媽見這樣子，生怕他傷心到快要發狂了；便忍不住立起身，跨過小路，低聲對他說：「你這位老奶奶不要傷心了，——我們還是回去罷。」

㉜那人點一點頭，眼睛仍然向上瞪著；也低聲吃吃的說道，「你看，——看這是什麼呢？」

華大媽跟了他指頭看去，眼光便到了前面的墳，這墳上草根還沒有全合，露出一塊一塊的黃土，煞是難看。再往上仔細看時，卻不覺也吃一驚；——分明有一圈紅白的花，圍著那尖圓的墳頂。

㉝他們的眼睛都已老花多年了，但望這紅白的花，卻還能明白看見。花也不很多，圓圓的排成一個圈，不很精神，倒也整齊。華大媽忙看他兒子和別人的墳，卻只有不怕冷的幾點青白小花，零星開著，便覺得心裡忽然感到一種不足和空虛，不願意根究。那老女人又走近幾步，細看了一遍，自言自語的說，「這沒有根，不像自己開的。——這地方有誰來呢？孩子不會來玩；——親戚本家早不來了。——這是

怎麼一回事呢?」他想了又想,忽又流下淚來,大聲說道:

「瑜兒,他們都冤枉了你,你還是忘不了,傷心不過,今天特意顯點靈,要我知道麼?」他四面一看,只見一隻烏鴉,站在一株沒有葉的樹上,便接著說,「我知道了。——瑜兒,可憐他們坑了你,他們將來總有報應,天都知道;你閉了眼睛就是了。——你如果真在這裡,聽到我的話,——便教這烏鴉飛上你的墳頂,給我看罷。」

34 微風早經停息了;枯草支支直立,有如銅絲。一絲發抖的聲音,在空氣中愈顫愈細,細到沒有,周圍便都是死一般靜。兩人站在枯草叢裡,仰面看那烏鴉;那烏鴉也在筆直的樹枝間,縮著頭,鐵鑄一般站著。

35 許多的工夫過去了,上墳的人漸漸增多,幾個老的小的,在土墳間出沒。

36 華大媽不知怎的,似乎卸下了一挑重擔,便想到要走;一面勸著說,「我們還是回去罷。」

37 那老女人嘆了一口氣,無精打采的收起飯菜;又遲疑了一刻,終於慢慢地走了。嘴裡自言自語的說,「這是怎麼一回事呢?……」

38 他們走不上二三十步遠,忽聽得背後「啞——」的一聲大叫;兩個人都竦然的回過頭,只見那烏鴉張開兩翅,一挫身,直向著遠處的天空,箭也似的飛去了。

一九一九年四月

〔指導大概〕

本篇是短篇小說，正題旨是親子之愛，副題旨是革命者的寂寞的悲哀。這故事是在清朝的末年，那時才有革命黨；本篇第三段「這大清的天下是我們大家的」一句話，表示了革命黨的主張，也表示了朝代。這故事是個小城市的故事，出面的人物也都是小城市的人物。那時代的社會還是所謂封建的社會；這些人物，這些人物的思想，自然充滿了封建社會的色彩。從華老栓到夏四奶奶，都是如此。

故事只是這樣，小茶館的掌櫃華老栓和華大媽夫婦只有小栓一個兒子，像是已經成了年。小栓生了癆病，總不好。老夫婦撿到一個秘方，人血饅頭可以治好癆病。老栓便託了劊子手康大叔；當然，得花錢。剛好這一個秋天的日子，殺一個姓夏名瑜的革命黨，老栓去向康大叔買回那人血饅頭，讓小栓吃了。小栓可終於沒有好，死了。那夏瑜是他的三伯父夏三爺告了密逮著的。夏瑜很窮，只有一個老母親，便是夏四奶奶。他在牢裡還向管牢的紅眼睛阿義宣傳革命，卻挨了兩個嘴巴。夏三爺告密，官廳賞了二十五兩銀子。一般人沒有同情那革命黨的。他是死刑犯人，埋在西關外官地上；華家是窮人，小栓也埋在那裡。第二年清明，華大媽去上墳，夏四奶奶也去。夏四奶奶發現兒子墳上有一個花圈，卻不認識是什麼，以為他讓人冤枉死了，在特意顯靈呢。華大媽瞧著夏四奶奶發怔，過去想安慰她；看見花圈，也不認識，只覺得自己兒子墳上沒有，「感到一種不足和空虛」㉝。她終於勸著夏四奶奶離開了墳場。

人血饅頭帶出故事情節

本篇從「秋天的後半夜」❶老栓忙著起來去等人血饅頭開場。第一段說到饅頭到了手為止。第二段說老栓夫婦商量著燒那饅頭，直到看著小栓吃下去。第三段康大叔來到茶館裡，和老栓夫婦談人血饅頭；從饅頭談到了那革命黨。這卻只是茶客們和他問答著，議論著。這兩段裡都穿插著小栓的病相。第一段的時間是後半夜到天明；第二、三段只是一個早上。第四段是第二年清明節的一個早上，華大媽去上兒子的墳，可見小栓是死了。夏四奶奶也去上兒子的墳，卻有人先已放了一個花圈在那墳上。第一段裡，主要的是老栓的動作；第二段裡是華大媽的。第三段裡主要是康大叔和茶客們的對話。第四段裡主要的卻是夏四奶奶的動作。

老栓和華大媽都將整個兒的心放在小栓的身上，放在小栓的病上。人血饅頭只是一個環；在這以前可能還試過許多方子，在這以後，可能也想過一些法子。但只這一環便可見出老夫婦愛兒子的心專到怎樣程度，別的都不消再提了。魯迅先生沒有提「愛」字，可是全篇從頭到尾都見出老夫婦這番心。他們是窮人。不等到第四段說小栓埋在「窮人的叢冢」[27]裡我們才知道，從開始一節裡「華老栓」這名字，和「遍身油膩的燈盞」、「茶館的兩間屋子」，便看出主人公是窮人了。窮人的錢是不容易來的，更是不容易攢的。華大媽枕頭底下那一包洋錢，不知他夫婦倆怎樣辛苦才省下來的。可是為了人血饅頭，為了兒子的病，他們願意一下子花去這些辛苦錢。「華大媽在枕頭底下掏了半天」，才掏出那包錢。老栓「抖抖的裝入衣袋，又在外面按了兩下」[2]。他後來在丁字街近處的那家鋪子門邊站著的時候，又「按一按衣袋，硬硬的還在」[5]。這些固然見出老夫婦倆錢來得不易，他們可並不是在心疼錢。他們覺得兒子的命就在那人血饅頭上，也就在這包錢上；所以慎重的藏著，慎重的裝著，慎重的守著。這簡直是一種虔敬的態度。

老栓夫婦是忙人，一面得招呼茶客們，一面還得招呼小栓的病。他們最需要好好的睡。可是老栓去等饅頭這一夜，他倆都沒有睡足，也沒有睡好；所以第二天早上兩個人的眼眶都圍上一圈黑線⑰⑲。那花白鬍子甚至疑心老栓生了病⑰。這一夜老栓其實不必起來得那麼早，連華大媽似乎都覺得他太早了一些，所以帶點疼惜的說，「你就去麼？」②但是這是關係兒子生命的大事，他怎敢耽誤呢！大概他倆惦記著這件大事，那上半夜也沒有怎樣睡著，所以第二天才累得那樣兒。老栓出了門，到了丁字街近處那家關著門的鋪子前面立住，「好一會」④，才有趕殺場的人「從他面前過去」⑤，他確是太早了一些。這當兒華大媽也不會再睡。她惦記著，盼望著；而且這一早收拾店面是她一個人的事兒，老栓出門前不是叫了小栓「你不要起來。……店麼？你娘會安排的」②。「老栓走到家，店面早經收拾乾淨，一排一排的茶桌，滑溜溜的發光」⑪，可見她起來也是特別早的。兩夫婦一個心，只是為了兒子。

老栓是安分良民，和那些天剛亮就起來趕殺場的流浪漢和那些劊子手不是一路。他們也看出他的異樣，所以說，「哼，老頭子。」「倒高興。……」⑤「這老東西……」⑨，他膽兒小，怕看殺人，怕見人血，怕拿人血饅頭。他始終立在那鋪子的檐下，不去看殺場。固然他心裡只有兒子的病，沒心趕熱鬧去；害怕可也是一半兒。他連那些去看殺人和那殺人的人的眼光都禁不起⑤⑧，他甚至看見那殺人的地方——丁字街——，聽見譏諷他也來看殺人的話，都「吃一驚」④⑤，何況是殺人呢？人血饅頭是那劊子手送到他面前來的。他還不敢接那「鮮紅的饅頭」⑧，是那劊子手扯下他的燈籠罩，塞給他，他才拿著的。這人血饅頭本該「趁熱的拿來，趁熱吃下」⑳，可是老栓夫婦害怕這麼辦。「兩個人一齊走進灶下商量了一會」⑫，才決定拿一片老荷葉「重新包了那紅的饅頭」⑫，和那「紅紅白白的破燈籠，一同塞在灶裡」⑫，燒了給小栓吃。他們不但自己害怕，還害怕小栓害怕，所以才商量出這個不教人害怕的辦法來。他們硬著頭皮去做那害怕的事兒。拿那害怕的東西，只是為了兒子。但他們要盡可能的讓兒子不害怕，一來免得他不敢吃，二來免得他吃下去不舒服。所以在重包饅頭的時候，華大媽「慌忙說：『小栓——你坐著，不要到這裡來。』」⑫。她正是害怕小栓看見「那紅的饅頭」⑫。——但那是人血饅頭，能治病，小栓是知道的。

老栓夫婦唯一關心的是小栓的病。老栓起來的時候，小栓醒了，「裡邊的小屋子裡，也發出一陣咳嗽」②，他出門的時候，吹熄燈盞，特地走向裡屋子去。小栓又是一遍咳嗽。老栓「候他平靜下去，才低低的叫」他不要起來，店面由他娘收拾去②。「聽得兒子不再說話，料他安心睡了」③，老栓才出了門。一個做父親的這樣體貼兒子，也就算入微了。母親自然更是無微不至。重包饅頭時華大媽的那句話，上節已引過了。她和小栓說話，給小栓做事，都是「輕輕」的。第二段第三段裡見了三回：一回是「輕輕說」⑭，一回是「候他氣喘平靜，才輕輕的給他蓋上了滿幅補釘的夾被」⑥，又一回是「輕輕的問道」㉓，老栓固然也是「低低的叫」，但那是在夜裡，在一個特殊境地裡。華大媽卻常是「輕輕」的，老是「輕輕」的，母親的細心和耐性是更大了。

親子之愛是全文主旋律

老栓夫婦是粗人，自然盼望人血饅頭治好小栓的病，而且盼望馬上治好。老栓在街上走的時候，「彷佛一旦變了少年，得了神通，有給人生命的本領似的，跨步格外高遠」③。他的高興，由於信和望。

他拿到那饅頭的時候，聽得有人問他話。「但他並不答應；他的精神，現在只在一個包上，彷彿抱著一個十世單傳的嬰兒，別的事情，都已置之度外了。他現在將這包裡的新的生命，移植到他家裡，收穫許多幸福」⑩。這是一種虔敬的信和望。華大媽的信和望和老栓其實不相上下。「老栓走到家」的時候，她「從灶下急急走出，睜著眼睛，嘴唇有些發抖」，問「得了麼？」⑪只這半句話，便是她的整個兒的心。後來她和小栓說，「吃下去罷，——病便好了」⑭。又說，「睡一會罷，——病便好了」⑯。她盼望小栓的病便會好的。所以小栓又在吃飯的時候，她便「跟著他走，輕輕的問道，『小栓你好些麼？——你仍舊只是肚餓？』」㉓「仍舊」這個詞表示她的失望，也就是表示她的盼望。她不高興「聽到『癆病』這兩個字」⑳，也由於她的盼望；她盼望小栓不是「癆病」。她知道他是，可是不相信他是，不願意他是，更不願意別人說他是，「癆病」。老栓和她一樣的盼望小栓不是「癆病」，可是他走到家，看見小栓坐著吃飯的樣子，「不免皺一皺展開的眉心」⑪。他是男人，自然比華大媽容易看清楚現實些，也比她禁得住失望些。但是他倆對於那個人血饅頭卻有著共同的信和望。小栓吃下那饅頭的時候，「一面立著他的父親，一面立著他的母親，兩人的眼光，都彷彿要在他身裡注進什麼又要取出什麼似的」⑮。

老兩口子這早上真高興。老栓一直是「笑嘻嘻的」。那花白鬍子說了兩回：一回在康大叔來到茶館之前，他說，「我想笑嘻嘻的，原也不像……（生病）」⑰。一回在康大叔來到之後，他說，「怪不得老栓整天的笑著呢」㉑。老栓如此，華大媽可想而知。康大叔來到的當兒，老栓「笑嘻嘻的聽」，華大媽也「笑嘻嘻的送出茶碗茶葉來，加上一個橄欖」⑲；他倆的笑出於本心。後來康大叔說出「癆病」那兩個字，華大媽聽到「變了一點臉色」，「但又立刻堆上笑，搭訕著走開了」⑳，那笑卻是敷衍康大叔的。

敷衍康大叔，固然也是害怕得罪這個人，多一半還是為了兒子。她謝康大叔的那一句話[20]，感激是真的。他們夫婦倆這早上只惦著饅頭，只惦著兒子；很少答別人的話——自然，忙也有點兒。老栓不答應路上人的問話，上文已提過了。燒饅頭的時候，駝背五少爺接連問了兩回，老夫婦都沒有答應；雖然「老栓匆匆走出，給他泡上茶」。花白鬍子問，「老栓，你有些不舒服麼？——你生病麼？」他也只答了「沒有」一兩個字，就打住了。連康大叔來，他都沒有說一句話。這早上他夫婦答別人的話只有華大媽的一句和他的半句。奇怪的是，他們有了那麼一件高興的事兒，怎麼不趕緊說給人家聽呢？——特別在花白鬍子向老栓探聽似的問著的時候。也許因為那是一個秘方，吃了最好別教人家知道，更靈驗些；也許因為那是一件罪過，不教人家知道，良心上責任輕些。若是罪過，不但他倆，小栓也該有分兒。所以無論如何，總還是為了兒子。

小栓終於死了。不用說，老夫婦倆會感到種種「不足和空虛」。但第二年清明節，去上墳的卻只有華大媽一個人。這是因為老栓得招呼店面，分不開身子。他倆死了兒子，可還得活下去。茶館的生意是很忙的。第三段裡說，「店裡坐著許多人，老栓也忙了，提著大銅壺，一趟一趟的給客人沖茶」[17]，駝背五少爺也說，「老栓只是忙」[18]，他一個人是忙不開的，得華大媽幫著。所以這一日「天明未久」[28]，她便去上墳，為的是早點回來，好幹活兒。她在小栓墳前「哭了一場，化過紙，呆呆的坐在地上；彷彿等候什麼似的，但自己也說不出等候什麼」[28]。兒子剛死在床上，也許可以不相信，也許還可以痴心妄想的等候他活轉來；兒子死後，也許可以等候他到夢裡相見。現在是「天明未久」在兒子的墳前，華大媽心裡究竟在等候著些什麼呢？或者是等候他「顯點靈」罷？「微風起來，吹動他短髮，確乎比去年白得多了」㉘。半年來的傷心日子，也夠她過的了。華大媽如此，老栓也可想而知。她後來看著夏四奶奶在哭，「心裡暗暗地想，『這墳裡的也是兒子了』」㉚。所以在夏四奶奶發怔的時候，「便忍不住立起身，跨過小路，低聲」勸慰㉛。這種同情正是從「兒子」來的。後來見夏家兒子墳頂上「分明有一圈紅白的花」圍著㉜，「忙看他兒子和別人的墳，卻只有不怕冷的幾點青白小花，零星開著」㉝。夏家兒子的墳確有些與眾不同，小栓的似乎相形見絀。這使她「忽然感到一種不足和空虛，不願意根究」㉝。她是在羨慕著，也妒忌著，為了墳裡的兒子。但是她還同情的陪著夏四奶奶，直到「上墳的人漸漸增多」㉟，才「想到要走」㊱。她早就該回茶館幫老栓幹活兒，為了同病相憐，卻耽擱了這麼久，將活兒置之度外。她整個兒的心，還是在「兒子」身上。——以上是親子之愛正題旨。

側寫革命者的悲哀

副題旨是革命者的寂寞的悲哀。這只從側面見出。那革命黨並沒有出面，他的故事是在康大叔的話裡，和夏四奶奶的動作裡。故事是從那人血饅頭引起的。第三段裡那花白鬍子一面和老栓說（那時華大媽已經「搭訕著走開了」⑳），「原來你家小栓碰到了這樣的好運氣了」，「一面走到康大叔面前，低聲下氣的問道，『康大叔——聽說今天結果的一個犯人，便是夏家的孩子，那是誰的孩子？究竟是什麼事？』」㉑從這幾句話裡可以見出那位革命黨的處決，事先是相當秘密的；大家只知道那是「夏家的孩子」，犯了不尋常的死罪而已。難怪康大叔剛進茶館「便對老栓嚷道」：——「你運氣，要不是我信息靈……」⑱。那「信息」自然也是秘密的。他回答花白鬍子的第一問：「誰的？不就是夏四奶奶的兒子麼？那個小傢伙！」接著說：「這小東西不要命，不要就是了。我可是這一回一點沒有得到好處；連剝下來的衣服，都給管牢的紅眼睛阿義拿去了。——第一要算我們栓叔運氣；第二是夏三爺賞了二十五兩雪白的銀子，獨自落腰包，一文不花。」㉒這些話並不是回答花白鬍子，只是沒有得到什麼好處，自己有點牢騷罷了。夏三爺獨得「二十五兩雪白的銀子」，康大叔羨慕這個。他自然不會忘記老栓的那包洋錢，可是比起「二十五兩雪白的銀子」，那就不算什麼了。何況那是「一手交錢，一手交貨」⑧。而且是他「照顧」⑳老栓的，怎能算是他的好處！他說「信息靈」，他說運氣了老栓⑱，「第一要算我們的栓叔運氣」，都是要將人情賣在老栓的身上。但就故事的發展說，這一節話卻是重要的關鍵。那革命黨是不出面的。他的故事中的人物，全得靠康大叔的嘴介紹給讀者。這兒介紹了夏四奶奶，第四段裡那老女人便有著落了。那兒不提起「夏四奶奶」，是給華大媽留地步；那一段主要的原是夏四奶奶的動作，假如讓華大媽分明的知道了那老女人就是夏四奶奶，她必露出一番窘相。那會妨礙故事的發展。但她聽了那老女人「他們都冤枉了你」㉝一番話之後，好像也有些覺得了；「似乎卸了一挑重擔」那一句便是從這裡來的。這裡又介紹了牢頭紅眼睛阿義和那告官的夏三爺；這些是那片段的故事的重要角色。但康大叔並沒有直接回答花白鬍子的第二問。他只說「這小東西也真不成東西！關在牢裡，還要勸牢頭造反」㉔。「關在牢裡，還要勸牢頭造反」，沒「關在牢裡」的時候，不用說是在「造反」了；這還不該殺頭之罪嗎？不但他該殺頭，夏三爺要是「不先告官」，連他也會「滿門抄斬」呢㉔。這就是回答了花白鬍子了。至於詳細罪狀，必是沒有「告示」；大約只有官知道，康大叔也不會知道的。

康大叔提到那革命黨，口口聲聲是「那個小傢伙」㉒，「這小東西」㉒㉔，「賤骨頭」㉕。那革命黨向紅眼睛阿義說過「這大清的天下是我們大家的」；康大叔說這不是「人話」㉔。一面他還稱讚「夏三爺真是乖角兒」㉔。紅眼睛阿義是第一流人，第一是想得好處。他原知道那革命黨「家裡只有一個老娘，可是沒有料到他竟會那麼窮，榨不出一點油水，已經氣破肚皮了；他還要老虎頭上搔癢，便給他兩個嘴巴」㉔。這兒借著阿義的口附帶敘述了那革命黨家中的情形。康大叔和阿義除了都想得到好處之外，還都認為革命黨是「造反」，不但要殺頭，而且有「滿門抄斬」之罪。他們原是些做公的人，這樣看法也是當然。那熱心的革命黨可不管這個，他宣傳他的。阿義打他，他並不怕，還說「可憐可憐」呢㉕。革命者的氣概從此可見。但是一般人是在康大叔、阿義這一邊兒。那二十多歲的茶客聽到說「勸牢頭造反」，道，「呵呀，那還了得！」「很現出氣憤模樣」㉔。那駝背五少爺聽到「給他兩個嘴巴」，便「忽然高興起來」，說，「義哥是一手好拳棒，這兩下，一定夠他受用了」㉔。那花白鬍子聽到康大叔「還要說可憐可憐哩」㉕那句話，以為那革命黨是在向阿義乞憐了，便看不上他似的道，「打了這種東西，有什麼可憐呢？」㉕經康大叔矯正以後，他「恍然大悟似的說」，「阿義可憐，——，瘋話，簡直是發了瘋了」。那二十多歲的人「也恍然大悟的說」，「發了瘋了」。那駝背五少爺後來也「點著頭說」，「瘋了」㉖。他們三個人原先怎麼也想不到「可憐可憐」是指阿義說的，所以都是「恍然大悟」的樣子。那三個茶客代表各種年紀的人。他們也都相信「造反」是大逆不道的；他們和康大叔和阿義一樣，都覺得「那小東西也真不成東西」㉔，而且「簡直是發了瘋了」。——「瘋子」這名目是「吃人」的巧妙的藉口；這是封建社會的「老譜」。〈狂人日記〉裡也早已說過了的。——這就無怪乎夏家的親戚早不上他家來了㉝。（夏四奶奶「親戚本家早不來了」這句話裡的「來」字不大清楚；若說「來往」，就沒有歧義了。）其實就是夏四奶奶，她對於革命黨的意見，也還是個差不多。不過她不信她兒子是的。她說，「瑜兒，他們都冤枉了你」，又說，「可憐他們坑了你」。她甚至疑心他墳頂上那「一圈紅白的花」是「特意顯靈」要她知道的。她是愛她的兒子，可是並沒有了解她的兒子。革命者是寂寞的，這樣難得了解和同情的人！幸而，還不至於完全寂寞，那花圈便是證據。有了送花圈的人，這社會便還沒有死透，便還是有希望的。魯迅先生在《吶喊・自序》裡說，他不願意抹殺人們的希望，所以「不恤用了曲筆憑空添上」一個花圈在瑜兒的墳上。這是他的創作的態度。第四段是第一個故事的結尾，尤其是第二個故事的結尾。這裡主要的是夏四奶奶的動作；可是用了「親子之愛」這個因子，卻將她的動作和華大媽的打成一片了。

正、副題旨糅合，發展意念

通常說短篇小說只該有「一個」題旨，才見得是「經濟的」。這句話不能呆看。正題旨確乎是只能有「一個」，但正題旨以外不妨有副題旨。副題旨若能和正題旨錯綜糅合得恰到好處，確有賓主卻又像不分賓主似的，那只有見得更豐厚些，不會鬆懈或枝蔓的。這一篇便可以作適當的例子。再有，小說雖也在敘述文和描寫文類裡，跟普通的敘述文和描寫文卻有些不同之處。它得有意念的發展。普通的敘述文和描寫文自然也離不了意念；可得跟著事實，不能太走了樣子，意念的作用不大。小說雖也根據事實，卻不必跟著事實；不但選擇有更多的自由，還可以糅合融鑄，發展作者的意念。這裡意念的作用是很大的。題旨固然是意念的發展，取材和詞句也都離不了意念的發展。即使是自然派的作家，好像一切客觀，其實也還有他們的意念。不然，他們為什麼寫這種那種故事，為什麼取這件那件材料，為什麼用這些那些詞句，而不寫、不取、不用別的，就難以解釋了。這種意念的發展在短篇小說裡作用尤其大。短篇小說裡意念比較單純，發展得恰當與否最容易見出。所謂「經濟的」便是處處緊湊，處處有照應，無一閒筆；也便是意念發展恰到好處。本篇題旨的發展，上文已經解析。取材和詞句卻還有可說的。

取材自封建社會、迷信風俗

本篇副題旨的取材，《吶喊・自序》裡的話已夠說明。魯迅先生的創作是在「五四」前後所謂啟蒙時代（本篇作於民國八年四月）。他的創作的背景大部分是在清末民初的鄉村或小城市裡。所謂農村的社會或封建的社會，便是這些。魯迅先生所以取材於這些，一方面自然因為這些是他最熟悉的，一方面也因為那是一個重新估定價值的時代，他要以智慧的光輝照徹愚蠢的過去。他是浙江紹興人，他卻無意於渲染地方的色彩；這是他在〈我的創作經驗〉一文裡曾經暗示了的①。本篇的正題旨發展在人血饅頭的故事裡，正因為那故事足以表現農村的社會——愚蠢的過去。這故事包括三個節目：看殺頭，吃人血，坐茶館。看殺頭的風俗代表殘酷。至少是麻木不仁。《吶喊・自序》裡說日俄戰爭時在日本看到一張幻燈片，是日本人捉著了一個替俄國做偵探的中國人，正在殺頭示眾，圍著看熱鬧的都是些中國人。魯迅先生很可憐我們同胞的愚蠢，因此改了行，學文學，想著文學也許有改變精神的用處。本篇描寫那

①——指〈我怎麼做起小說來〉一文，這篇文章最初登在上海天馬書店一九三三年出版的《創作的經驗》一書裡，後來收在《南腔北調集》。

殺場的觀眾，還是在這種情調裡。這是從老栓的眼裡看出：「老栓也向那邊看，卻只見一堆人的後背；頸項都伸得很長，彷彿許多鴨，被無形的手捏住了的，向上提著」[7]。這些觀眾也真夠熱心的了。

吃人血的風俗代表殘酷和迷信。老栓拿到那饅頭的時候，「似乎聽得有人問他，『這給誰治病的呀？』」[10]可見人血饅頭治癆病還是個相當普遍的秘方，這也就是風俗了。老栓和華大媽都信仰這個秘方，到了虔誠的程度。小栓也差不多，他撮起那燒好的黑饅頭，「似乎拿著自己的性命一般」[15]。康大叔說了四回「包好！」[20][24][26]兩回是向老栓夫婦說的，兩回是向小栓說的。雖然不免「賣瓜的說瓜甜」，但相信也是真的。那花白鬍子也向老栓說，「原來你家小栓碰到了這樣的好運氣了。這病自然一定全好」[21]。一半兒應酬康大叔和老栓夫婦，至少一半兒也相信。可是後來小栓終於死了！——老栓夫婦雖然相信，卻總有些害怕；他們到底是安分良民，還沒有那分兒殘酷。他們甚至於感覺到這是一樁罪過似的。老栓方面，上文已提過了。第四段裡說，「華大媽不知怎的，似乎卸下了一挑重擔，便想到要走」[36]。原來她聽了夏四奶奶向墳裡的兒子一番訴說之後，似乎便有些覺得面前的老女人是誰，她那墳裡的兒子又是誰了。想著自己兒子吃過人家兒子的血，不免是一樁罪過，這就是她良心上的「一挑重擔」。在兩人相對的當兒，夏四奶奶雖然根本未必知道血饅頭這回事，可是華大媽的擔子卻有越來越重的樣子。「上墳的人漸漸增多，幾個老的小的，在土墳間出沒」[35]。夏四奶奶的注意分開了，不只在墳裡的兒子和面前的華大媽身上了，華大媽這才「似乎卸下了一挑重擔」。老栓夫婦的內疚若是有的，那正是反映吃人血的風俗的殘酷的。〈狂人日記〉裡不斷提起吃人，固然是指著那些吃人的「仁義道德」說的，可也是指著這類吃人的風俗說的。那兒有「一直吃到徐錫麟」的話，徐錫麟正是革命黨。那兒還說「去年城裡殺了犯人，還有一個生癆病的人用饅頭蘸著血舐」。這些都是本篇的源頭——附帶說一句，本篇的「夏瑜」似乎影射著「秋瑾」；秋瑾女士也是紹興人，正是清末被殺了的一位著名的革命黨。這人血饅頭的故事是本篇主要的故事，所以本篇用「藥」作題目。這一個「藥」字含著「藥」（所謂「藥」）「藥？」「藥！」三層意思。

坐茶館，談天兒，代表好閒的風氣。茶客們有些沒有職業的，可以成天的坐著，駝背五少爺便是例子。「這人每天總在茶館裡過日，來得最早，去得最遲」⓭，可以算是茶客的典型。那時就是有職業的人，在茶館裡坐一個上午或一個下午也是常見的。這些人閒得無聊，最愛管閒事。打聽新聞，議論長短，是他們的嗜好，也是他們的本領。沒有新聞可聽，沒有長短可論的時候，他們也能找出些閒話來說著。本篇第二段裡燒饅頭的時候，駝背五少爺問，「好香！你們吃什麼點心呀？」沒有人答應。可是他還問，「炒米粥麼？」仍然沒人答應，他這才不開口了。找人搭話正是茶客們的脾氣。第三段裡那花白鬍子看見老栓眼眶圍著一圈黑線，便問，「老栓，你有些不舒服麼？——你生病麼？」老栓回答「沒有」。他又說，「沒有？——我想笑嘻嘻的，原也不像……」這是「取消了自己的話」。這些都是沒話找話的廢話。康大叔來到以前，駝背五少爺提到小栓，那是應酬老栓的。康大叔來到以後，花白鬍子也提到小栓，那是應酬大叔和老栓的。這裡面也有多少同情，但找題目說話，也是不免的。花白鬍子向康大叔一問，這才引起了新聞和議論。那些議論都是傳統的，也不負責任的。說來說去，無非是好閒就是了。

人物、境地、事件描繪得宜

本篇的節目，大部分是用來暗示故事中人物的心理的，從上文的解析裡可以見出。但在人物、境地、事件的安排上也不忽略。這些也都是意念的發展。第一段和第四段的境地都是靜的，靜到教人害怕的程度。老栓走到街上，「街上黑沉沉的一無所有」；「有時也遇到幾隻狗，可是一隻也沒有叫」③。夜的街真太靜了，忽然來了個不出聲的人，狗也害怕起來，溜過一邊或躲在一邊去了；老栓吃了兩回驚，一半是害怕那地方，那種人，一半也是害怕那靜得奇怪的夜的街。甚至那殺場，也只「似乎有點聲音」，也只「轟的一聲」⑨；這並不足以打破那奇怪的靜。這個靜是跟老栓的害怕，殺頭和吃人血的殘酷應合著的。第四段開場是「層層疊疊」的「叢冢」㉗中間，只放著兩個不相識的女人。那也是可怕的靜，雖然是在白天。所以華大媽和夏四奶奶開始搭話的時候都是「低聲」㉛㉜；「低聲」便是害怕的表現。後來夏四奶奶雖然「大聲」向她的瑜兒說了一番話㉝，但那是向鬼魂說的，也不足以打破那個靜。那時是：「微風早已停息了；枯草支支直立，有如銅絲。一絲發抖的聲音，在空氣中愈顫愈細，細到沒有，周圍便都是死一般靜。兩人站在枯草叢裡，仰面看那烏鴉；那烏鴉也在筆直的樹枝間，縮著頭，鐵鑄一般站著」㉞。那「一絲發抖的聲音」便是夏四奶奶那節話的餘音。後來「上墳的人漸漸增多」，可是似乎也沒有怎樣減除那個靜的可怕的程度。本篇最後一節是這樣：「他們走不上二三十步遠，忽聽得背後『啞——』的一聲大叫；兩個人都竦然的回過頭，只見那烏鴉張開兩翅，一挫身直向著遠處的天空，箭也似的飛去了」。這「竦然的」一面自然因為兩人疑心鬼魂當場顯靈，一面還是因為那墳場太靜了。這個靜是應合著那叢冢和那兩個傷心的母親的。配著第一段第四段的靜的，是第二段第三段的動；動靜相變，恰像交響曲的結構一般。

小栓的病這節目，只在第二段開始寫得多一些；那是從老栓眼中見出他的瘦。但在本篇前三段裡隨時都零星的穿插著。咳嗽、肚餓、流汗，構成他的病相。咳嗽最明顯，共見了五次②⑮⑳㉓㉖；「肚餓」從吃飯見，流汗也是在吃飯的時候；這兩項共同見了兩次⑪㉕。這樣，一個癆病鬼就畫出來了。康大叔是劊子手；他的形狀，服裝，舉動，言談，都烘托出來他是一個什麼樣的人。他那「像兩把刀」的「眼光」，那「大手」⑧，那「滿臉橫肉」⑱，高興時便「塊塊飽綻」的㉒，已經夠教人認識他了，再加「披一件玄色布衫，散著紐扣，用很寬的玄色腰帶，胡亂捆在腰間」⑱，便十足見出是一個凶暴的流浪漢。他將那人血饅頭送到老栓面前的時候，說的話⑧⑨，以及「攤著」「一隻大手」⑧，以及「搶過燈籠，一把扯了紙罩，裹了饅頭，塞與老栓，一手抓過洋錢，捏一捏」⑨的情形，也見出是一個粗野的人。他到了茶館裡，一直在嚷⑱⑳，在「大聲」說話㉒。他說話是不顧到別人的。他沒有顧老栓夫婦忌諱「癆病」這兩個字。華大媽「搭訕著走開了」，他還「沒有覺察，仍然提高喉嚨只是嚷，嚷得裡面睡著的小栓也合伙咳嗽起來」⑳。第三段末尾，小栓又在咳嗽，「康大叔走上前拍他的肩膀說：——『包好！小栓——你不要這麼咳。包好！』」這都是所謂不顧別人死活，真粗心到了家。他又是個唯我獨尊的人，至少在這茶館裡。那花白鬍子誤會了「可憐」的意思，他便「顯出看不上他的樣子，冷笑著說，『你沒有聽清我的話』」㉕。在本篇裡，似乎只有康大叔是有性格的人，別的人都是些類型。本篇的題旨原不在鑄造性格，這局面也是當然的。

第三段裡茶客們和康大叔的談話是個難得安排的斷片或節目。這兒似乎很不費力的從正題旨引渡到副題旨，上文也已提到了。談話本可以牽搭到很遠的地方去；但是慢慢的牽搭過去，就太不「經濟的」。這兒卻一下就搭上了。副題旨的發展裡可又不能喧賓奪主，冷落了正題旨。所以康大叔的話裡沒將老栓撂下；小栓更是始終露著面兒。茶客參加談話的不能太多，太多就雜亂了，不好收拾了；也不能全是沒露過面的，不然前後就打成兩橛了。這兒卻只有三個人；那駝背五少爺和花白鬍子是早就先後露了面的⑬⑰，只加了那「一個二十多歲的人」㉔。「這些人都恭恭敬敬的」⑲「聳起耳朵」㉒聽康大叔的話。「恭恭敬敬的」，也許因為大家都有一些害怕這個粗暴的人；「聳起耳朵」，因為是當地當日的新聞，大家都愛聽。——那花白鬍子去問康大叔的時候，「低聲下氣的」㉑，也是兩方面都有點兒。這樣，場面便不散漫，便不漏了。但是談話平平的進行下去，未免顯得單調。這兒便借著「可憐可憐」那句話的歧義引出一番波折來。康大叔「冷笑著」對花白鬍子說明以後，「聽著的人的眼光忽然有些板滯；話也停頓了」㉕。這是討了沒趣；是滿座，不止那三個人。可是花白鬍子和那二十多歲的人「恍然大悟」，將罪名推到那革命黨身上以後，大家便又輕鬆了，——不是他們沒有「聽清」康大叔的話，是那革命黨「發了瘋了」，才會說那樣出人意外的話。於是「店裡的坐客便又現出活氣，談笑起來」。但這個話題也就到此而止。那悟得慢一些的駝背五少爺「點著頭說」的半句「瘋了」，恰巧是個尾聲，結束了這番波折，也結束了這場談話。

鋪陳用語別有用意

詞句方面，上文已經提到不少，還有幾處該說明的。第一段末尾，「太陽也出來了；在他面前，顯出一條大道，直到他家中，後面也照見丁字街頭破匾上的『古口亭口』這四個黯淡的金字」。這些並不是從老栓眼裡看出；這是借他回家那一條大道描寫那小城市。匾已破了，那四個金字也黯淡了；其中第二個字已經黯淡到認不出了。這象徵著那小城市也是個黯淡衰頹的古城市；那些古舊的風俗的存在正是當然。第二段小栓吃下那饅頭，「卻全忘了什麼味」⑮。他知道這是人血饅頭，「與眾不同」，準備著有些異味；可是沒有，和普通的燒饅頭一樣。燒饅頭的味是熟習的，沒有什麼特別值得注意，所以覺得「全忘了什麼味」。這兒小栓似乎有些失望似的。第三段「這康大叔卻沒有覺察」⑳，「康大叔」上加「這」字是特指。「康大叔」這稱呼雖已見於華大媽的話裡⑳，但在敘述中還是初次出現，加「這」字表示就是華大媽話裡的那個人，一方面也表示就是那凶暴粗野的流浪漢劊子手。又，「夏三爺賞了二十五兩雪白的銀子」，是官賞了他銀子。第四段夏四奶奶「見華大媽坐在地上看他，便有些躊躇，慘白的臉上現出些羞愧的顏色；但終於硬著頭皮，走到左邊的一座墳前，放下了籃子」㉙。這兒路的「右邊是窮人的叢冢」，小栓的墳便在其中，「左邊都埋著死刑和瘐斃的人」㉓。夏四奶奶窮，不能將兒子埋在別處，便只得埋在這塊官地的左邊墳場裡。可她不願意人家知道她兒子是個死刑的犯人。她「天明未久」㉔，就來上墳，原是避人的意思。想不到華大媽比她還早，而且已經上完了墳，「坐在地上看他」。這一來她兒子和她可都得現底兒了。她躊躇，羞愧，便是為此。但既然「三步一歇的走」來了㉙，哪有回去的道理，到底還是上墳要緊，面子上只好不管了；所以她「終於硬著頭皮走」過去了。後來她「大聲」說的一番話㉝，固然是給她兒子說的，可也未嘗沒有讓華大媽聽聽的意思，——她兒子是讓人家「冤枉了」「坑了」，他實在不是一個會犯罪的人。第四段主要的是夏四奶奶的動作。這裡也見出她的親子之愛，她的（和華大媽的）迷信。但本段重心還在那個花圈上。魯迅先生有意避免「花圈」這個詞，只一步一步的烘托著。從夏四奶奶和華大媽的眼睛裡看，「紅白的花……也不很多，圓圓的排成一個圈，不很精神，倒也整齊」。又從夏四奶奶嘴裡說：「這沒有根，不像自己開的！」[33]這似乎夠清楚了。可是有些讀者總還猜不出是什麼東西。也許在那時代那環境裡，這東西的出現有些意外，讀者心理上沒有準備著，所以便覺得有點晦。若是將「花圈」這個詞點明一下，也許更清楚些。夏四奶奶卻看得那花圈有鬼氣，兩回「自言自語的說」，「這是怎麼一回事呢？」[33][37]但她的（和華大媽的）迷信終於只是迷信，那烏鴉並沒有飛上她兒子的墳頂，卻直向著遠處的天空飛去了。[33][38]

魯迅先生關於親子之愛的作品還有〈明天〉和〈祝福〉，都寫了鄉村的母親。她們的兒子一個是病死了，一個是被狼銜去吃了；她們對於兒子的愛都是很單純的。可是〈明天〉用親子之愛做正題旨；〈祝福〉卻別有題旨，親子之愛的故事只是材料。另有挪威別恩孫的《父親》，有英譯本和至少六個中譯本。那篇寫一個鄉村的父親對於他獨生子的愛，從兒子受洗起到準備結婚止，二十四五年間，事事都給他打點最好的。兒子終於過湖淹死了。他打撈了整三日三夜，抱著屍首回去。後來他還讓一個牧師用兒子的名字捐了一大筆錢出去。別恩孫用的是粗筆，句子非常簡短，和魯迅先生不同，可是不缺少力量。關於革命黨的，魯迅先生還有著名的〈阿Q正傳〉，那篇後半寫著光復時期鄉村和小城市的人對於革命黨的害怕和羨慕的態度，跟本篇是一個很好的對照。這些都可以參看。

談新詩（第五段節錄）

胡適

＊編按：本指導文從《談新詩》的主旨——做新詩的方法，須用「具體的做法」，點明具體性在新詩裡所占的重要地位，並舉例說明「具體」的三個意義，最後以「詩的具體性（愈偏向具體的，愈有詩意詩味）便是文學」作結。其獨到的見解，對提升讀者解讀新詩的能力大有助益。

❶有許多人曾問我做新詩的方法，我說，做新詩的方法根本上就是做一切詩的方法；新詩除了「詩體的解放」一項之外，別無他種特別的做法。

❷這話說得太籠統了。聽的人自然又問，那麼做一切詩的方法究竟是怎樣呢？

❸我說，詩須用具體的做法，不可用抽象的說法。凡是好詩，都是具體的；愈偏向具體的，愈有詩意詩味。凡是好詩，都能使我們腦子裡發生一種——或許多種——明顯逼人的影像。這便是詩的具體性。

❹李義山詩「歷覽前賢國與家，成由勤儉敗（破）由奢」，這不成詩。為什麼呢？因為他用的是幾個抽象的名詞，不能引起什麼明瞭濃麗的影像。

❺「綠垂風折筍，紅綻雨肥梅」是詩。「芹泥垂（隨）燕嘴，蕊粉上蜂鬚」是詩。「四更山吐月，殘夜水明樓」是詩。為什麼呢？因為他們都能引起鮮明撲人的影像。

❻「五月榴花照眼明」是何等具體的寫法！

「雞聲茅店月，人跡板橋霜」是何等具體的寫法！

「枯藤老樹昏鴉，小橋流水人家，古道西風瘦馬，夕陽西下，——斷腸人在天涯！」這首小曲裡有十個影像，連成一串，並作一片蕭瑟的空氣，這是何等具體的寫法！

❼以上舉的例都是眼睛裡的影像。還有引起聽官裡的明瞭感覺的。例如上文引的（蘇東坡送彈琵琶的詞）「呢呢兒女語，燈火夜微明，恩冤爾汝來去，彈指淚和聲」，是何等具體的寫法！

❽還有能引起讀者渾身的感覺的。例如姜白石詞，「暝入西山，漸喚我一葉夷猶乘興。」這裡面「一葉夷猶」四個雙聲字，讀的時候使我們覺得身在小舟裡，在鏡平的湖水上盪來盪去。這是何等具體的寫法！

❾再進一步說，凡是抽象的材料，格外應該用具體的寫法。看《詩經》的「伐檀」：

坎坎伐檀兮，置之河之干兮，
河水清且漣漪，——
不稼不穡，胡取禾三百廛兮！
不狩不獵，胡瞻爾庭有懸貆兮！

社會不平等是一個抽象的題目，你看他卻用如此具體的寫法。

❿又如杜甫的〈石壕吏〉，寫一天晚上一個遠行客人在一個人家寄宿，偷聽得一個捉差的公人同一

個老太婆的談話。寥寥一百二十個字，把那個時代的徵兵制度、戰禍、民生痛苦，種種抽象的材料，都一齊描寫出來了。這是何等具體的寫法！

⓫再看白樂天的《新樂府》那幾篇好的，如〈折臂翁〉、〈賣炭翁〉、〈上陽宮人〉都是具體的寫法。那幾篇抽象的議論，如〈七德舞〉、〈司天臺〉、〈采詩官〉——便不成詩了。

⓬舊詩如此，新詩也如此。

⓭現在報上登的許多新體詩，很多不滿人意的。我仔細研究起來，那些不滿人意的詩犯的都是一個大毛病——抽象的題目用抽象的寫法。

⓮那些我不認得的詩人做的詩，我不便亂批評。我且舉一個朋友的詩做例。傅斯年君在《新潮》四號裡做了一篇散文，叫做〈一段瘋話〉，結尾兩行說道：「我們最當敬重的是瘋子，最當親愛的是孩子。瘋子是我們的老師，孩子是我們的朋友。我們帶著孩子，跟著瘋子走，走向光明去。」

有一個人在北京《晨報》裡投稿，說傅君最後的十六個字是詩不是文。後來《新潮》五號裡傅君有一首〈前倨後恭〉的詩——一首很長的詩。我看了說，這是文，不是詩。

⓯何以前面的文是詩，後面的詩反是文呢？因為前面那十六個字是具體的寫法，後面的長詩是抽象的題目用抽象的寫法。我且抄那詩中的一段，就可明白了：

倨也不由他，恭也不由他！——
你還赧他。

向你倨，你也不削一塊肉；向你恭，你也不長一塊肉。
況且終竟他要向你變的，理他呢！

這種抽象的議論是不會成為好詩的。

16 再舉一個例。《新青年》六卷四號裡面沈尹默君的兩首詩。一首是〈赤裸裸〉：

人到世間來，本來是赤裸裸，
本來沒污濁，卻被衣服重重的裹著，這是為什麼？
難道清白的身不好見人嗎？那污濁的，裹著衣服，就算免了恥辱嗎？

他本想用具體的比喻來攻擊那些作偽的禮教，不料結果還是一篇抽象的議論，故不成為好詩。還有一首〈生機〉：

刮了兩日風，又下了幾陣雪。
山桃雖是開著卻凍壞了夾竹桃的葉。
地上的嫩紅芽，更殭了發不出。
人人說天氣這般冷，

草木的生機恐怕都被摧折；
誰知道那路旁的細柳條，
他們暗地裡卻一齊換了顏色！

這種樂觀，是一個很抽象的題目，他卻用最具體的寫法，故是一首好詩。

⑰我們徽州俗話說人自己稱讚自己的是「戲臺裡喝采」。我這篇〈談新詩〉，常引我自己的詩做例，也不知犯了多少次「戲臺裡喝采」的毛病。現在且再犯一次，舉我的〈老鴉〉做一個「抽象的題目用具體的寫法」的例罷：

我大清早起，
站在人家屋角上啞啞的啼。
人家討嫌我，
說我不吉利：——
我不能呢呢喃喃討人家的歡喜！

〔指導大概〕

本文（指〈談新詩〉第五段，下同）是說明文。胡先生在這一段文字裡所要說明的是「做新詩的方法」，其實也「就是做一切詩的方法」[1]。新詩和舊詩以及詞曲不同的地方只在詩體上，只在「詩體的解放」上[1]，根本的方法是一致的。胡先生在本篇（指〈談新詩〉全文，下同）第二段裡說：「中國近年的新詩運動可算得是一種『詩體的大解放』。因為有了這一層詩體的解放，所以豐富的材料、精密的觀察、高深的理想、複雜的感情，方才能跑到詩裡去。」他又「用歷史進化的眼光來看中國詩的變遷」，說「詩的進化沒有一回不是跟著詩體的進化來的」。他說從「三百篇」到現在詩體共經過四次解放：騷賦是第一次，五七言詩是第二次，詞曲是第三次，新詩是第四次。解放的結果是逐漸合於「語言之自然」。他在本篇第四段裡說新詩的音節是「和諧的自然音節」。又說，「詩的音節全靠兩個重要分子：一是語氣的自然節奏；二是每句內部所用字的自然和諧」。這第二個分子也就是「內部的組織——層次、條理、排比、章法、句法」。本篇作於民國八年。這二十多年來新詩的詩體也曾經過種種的嘗試，但照現在的趨勢看，胡先生所謂「合語言之自然」同「和諧的自然音節」還是正確的指路標；不過詳細的節目因時因人而異罷了。

做新詩須用具體的方法

做新詩的方法，乃至做一切詩的方法，積極的是「須要用具體的做法」，消極的是「不可用抽象的說法」[3]；但這裡積極的和消極的只是一件事的兩面兒，並不是各不相關的。可是怎樣是「具體的做法」呢？

從本文所舉的例子看，似乎有三方面可說。一方面是引起明瞭的影像或感覺，一方面是從特殊的個別的事件暗示一般的情形，另一方面是用喻說理。本文所說「明顯逼人的影像」❸，「明瞭濃麗的影像」❹，「鮮明撲人的影像」❺，都是「詩的具體性」❸；這些都是「眼睛裡起的影像」❼。「還有引起聽官裡的明瞭感覺的」❼，「還有能引起讀者渾身的感覺的」，也該是「詩的具體性」。關於「眼睛裡起的影像」，本文的例子都是寫景的，或描寫自然的。這些多是直陳，顯而易見。寫人、寫事便往往不能如此，雖然有時也借重「眼睛裡起的影像」。那兒需要曲達，曲達當然要複雜些。「眼睛裡起的影像」是文學的，也是詩的，一個主要源頭。「聽官裡的感覺」和「渾身的感覺」，在文學裡、詩裡，到底是不常有的。胡先生有〈什麼是文學〉一篇小文，說文學有三要件：一是「明白清楚」，叫做「懂得性」，二是「有力能動人」，叫做「逼人性」，三是「美」，是前二者「加起來自然發生的結果」。那文中所謂「明白清楚」和「逼人」，當然不限於「眼睛裡起的影像」，可還是從「眼睛裡起的影像」引申出來的。「眼睛裡起的影像」在文學裡、在詩裡的重要性，由此可見一斑。

從引起明瞭的影像或感覺「再進一步說，凡是抽象的材料，格外應該用具體的寫法」❾。這兒「抽象的材料」是種種的情形或道理，「具體的寫法」是種種的事件或比喻。從特殊見一般，用比喻說道理，都是曲達，比直接引起影像或感覺要複雜些，所以說是「再進一步」。文中又提出「抽象的題目」這名字。大概本文所謂「抽象的材料」有廣狹二義；廣義的「材料」包括著「題目」，狹義的和「題目」對立著。就本文所舉的例子說，「前倨後恭」⓯，「作偽的禮教」，「樂觀」⓰，獨行其是，不屈己從人（〈老鴉〉的「題目」）⓱，都是「抽象的題目」。還有「社會不平等」❾，文中雖也說是「抽象的題目」，但就性質而論，實在和第十節裡的唐代徵兵制度、戰禍、民生痛苦是一類，該跟第十一節說到的白樂天的《新樂府》裡的種種都歸在狹義的「抽象的材料」裡。從中國詩的傳統看，寫這種狹義的「抽象的材料」的多到數不清的程度；但寫「抽象的題目」的卻不常見。全詩裡有一兩處帶到「抽象的題目」的並不缺少，如古詩十九首的「青青陵上柏，磊磊澗中石。人生天地間，忽如遠行客。」「四顧何茫茫，東風搖百草。所遇無故物，焉得不速老！」「去者日以疎，生者日以親。出郭門直視，但見丘與墳；古墓為田，松柏摧為薪；白楊多悲風，蕭蕭愁殺人。」「生年不滿百，常懷千歲憂。」這些都是些「人生不常」的大道理，可只輕描淡寫的帶過一筆，戛然而止，並不就道理本身確切的發揮下去。所以全詩專寫一個「抽象的題目」的也就稀有；偶然有，除了一些些例外，也都是些迂腐的膚廓的議論，不能算「雅音」。可是新詩，特別在初期，寫「抽象的題目」的卻一時甚囂塵上。胡先生便是提倡的一個人；本文所舉的新詩的例子，可以作證。這大概是從西洋詩的傳統裡來的。胡先生在《嘗試集・自序》裡曾說過中國說理的詩極少，並引歐洲善於說理的大詩人撲蒲等作榜樣，可以作這句話的注腳。但是西洋詩似乎早已不寫這種「抽象的題目」了；中國的新詩也早已改了這種風氣了。

本篇舉出新詩的好處，也就是勝於舊詩和詞曲的地方，有「豐富的材料」、「精密的觀察」、「曲折的理想」、「複雜的感情」、「寫實的描畫」等項（第二段）。這些其實也就是詩的標準。舊詩和詞曲正因為材料不夠豐富的，觀察不夠精密的，理想不夠曲折的，感情不夠複雜的，描畫不夠寫實的，胡先生才說是不如新詩。但這些還不是詩的根本標準，「具體的寫法」似乎才是的。用「具體的寫法」的是詩⑤，用「抽象的寫法」的不成詩④。用「具體的寫法」的文是詩不是文，用「抽象的寫法」的詩是文不是詩⑭。還有，「凡是好詩，都是具體的」③⑪⑯；「抽象的寫法」不會成為好詩⑪⑬⑮⑯。是詩不是詩，是文還是詩，是好詩不是好詩：這三個根本問題的判別，按胡先生的意思說，「具體的寫法」即使未必是唯一的標準，至少也是最主要的標準——說那是詩的根本標準，大概不會錯的。但「具體的」和「抽象的」又各有不同的程度。文中說，「愈偏向具體的，愈有詩意詩味」③。又舉沈尹默先生的「赤裸裸」，說「他本想用具體的比喻來攻擊那些作偽的禮教，不料結果還是一篇抽象的議論，故不成為好詩」⑯。用「具體的寫法」有時也會不成為好詩，甚至於會不成詩，這是「具體的」還沒達到相當的程度的緣故。「抽象的題目」比狹義的「抽象的材料」更其是「抽象的」，從上節所論可以看出。不過成篇的「抽象的議論」⑪⑲的「抽象的」程度卻趕不上「幾個抽象的名詞」④。「具體的」和「抽象的」都不是簡單的觀念；它們都是多義的詞。這兒得弄清楚這兩個詞的錯綜的意義，才能討論文中所舉的哪些「是詩」和「不成詩」。

一　說明

「具體的」第一義——明瞭的影像或感覺

就本文而論，「具體的」第一義是明瞭的影像或感覺。所謂明瞭的影像或感覺其實只是某種景物或某種境地的特殊的性質；某種景物所以成為某種景物，某種境地所以成為某種境地，便在這特殊的性質或個性上。如「綠垂風折筍，紅綻雨肥梅」（杜甫，陪鄭廣文遊何將軍山林十首之五）是暗示風雨後濃麗而幽靜的春光；「芹泥隨燕嘴，蕊粉上蜂鬚」（杜甫，徐步）是暗示晴明時濃麗而寂寞的春光；「四更山吐月，殘夜水明樓」（杜甫，月）是暗示水邊下弦月的清亮而幽靜[5]；「五月榴花照眼明」（韓愈，題張十一旅舍．榴花三詠之一）是暗示張十一旅舍夏景的明麗而寂寞；「雞聲茅店月，人跡板橋霜」（溫庭筠，商山早行）是暗示秋晨的冷寂和行旅的辛苦。還有那首小曲，是「天淨沙」小令，相傳是馬致遠作的，文中說明「這首小曲裡有十個影像，連成一串，並作一片蕭瑟的空氣」[6]。這兒濃麗、幽靜、寂寞、清亮、明麗、冷寂、辛苦，乃至「蕭瑟的空氣」，都是景物的個性或特殊性，原都是抽象的。——有人說這種詩句有繪畫的效用，也許有點兒。但這種詩句用影像作媒介，繪畫用形和色作媒介，更直接的引起感覺。兩者究竟是不同的。所以詩裡這種句子不能用得太多；太多了便反而減少強度，顯得瑣碎、囉唆，怪膩煩人的。詩要不自量力的一味去求繪畫的效用，一定是吃力不討好。這種「具體的寫法」著重在選擇和安排。選擇得靠「仔細的觀察」作底子，並且觀察的範圍愈廣博愈好。安排得走「寫實的描畫」的路，才不至於落在濫調或熟套裡。當然，還得著重「經濟的」。以上幾個例子，文中說「都是眼睛裡起的影像」[7]，但「雞聲」並不是的。一般的說，「眼睛裡起的影像」似乎更鮮明些，更具體些，所以取作題材的特別多。

文中又引蘇東坡的〈水調歌頭〉詞。這在本篇第四段裡有詳細的說明。那兒說：「蘇東坡把韓退之的聽琴詩（聽穎師彈琴）改為送彈琵琶的詞，開端是『呢呢兒女語，燈火夜微明。恩冤爾汝來去，彈指淚和聲』。他頭上連用五個極短促的陰聲字，接著用一個陽聲的『燈』字，下面『恩冤爾汝』之後，又用一個陽聲的『彈』字。」「燈」（ㄉㄥ）是「ㄉ」聲母（子音）的字，「彈」（ㄊㄢ）是「ㄊ」聲母的字，摹寫琵琶的聲音；又把這兩個陽聲字和「呢呢兒女語」「爾汝來去」九個陰聲字參錯夾用，更顯出琵琶的抑揚頓挫。陽聲字是有鼻音「ㄣ」「ㄥ」收聲的字，陰聲字是沒有鼻音收聲的字。這裡九個陰聲顯得短促而抑，兩個陽聲顯得悠長而揚。本文引這個例，說是「引起聽官的明瞭感覺的」❼。摹聲本是人類創製語言的一個原始的法子，但這例裡的摹聲卻已不是原始的。「ㄉ」「ㄊ」聲母的字似乎暗示琵琶聲音的響亮，那九個陰聲字和兩個「ㄉ」「ㄊ」聲母的陽聲字參錯夾用，似乎暗示琵琶曲調高低快慢的變換來得很急驟。韓退之的聽琴詩開端是「呢呢兒女語，恩冤相爾汝；忽然變軒昂，勇士赴敵場」。歐陽脩以為像聽琵琶的詩，蘇東坡因此將它改成那首水調歌頭。歐陽脩的意見大概是不錯的，韓退之那首詩若用來暗示琵琶的聲音和曲調的個性或特殊性，似乎更合適些，蘇東坡的詞便是明證。所謂「聽官裡的明瞭感覺」其實也是暗示某種抽象的性質的，和「眼睛裡起的影像」一樣。至於姜白石的〈湘月〉詞句「暝入西山，漸喚我一葉夷猶乘興」，文中以為「能引起讀者渾身的感覺」。「這裡面『一葉夷猶』四個雙聲字，讀的時候使我們覺得身在小舟裡，在鏡平的湖水上盪來盪去」❽。

雙聲字是聲母（子音）相同的字。「一葉夷猶」可以說同是「一」聲母，所以說是雙聲字。胡先生的意思大概以為這四個字聯成一串，嘴裡念起來、耳裡聽起來都很輕巧似的，暗示著一種舒適的境地；配合句義，便會「覺得身在小舟裡，在鏡平的湖水上盪來盪去」。在這種境地裡，筋肉寬舒，心神閒適；所謂「渾身的感覺」便是這個。舒適還是一種抽象的性質；不過這例裡字音所摹示的更複雜些就是了。運用這種摹聲的方法或技巧，需要一些聲韻學的智識和舊詩或詞曲的訓練，一般寫作新詩的，大概都缺少這些；這是這種方法或技巧沒有發展的一個原因。再說字音的暗示力並不是獨立的，暗示的範圍也不是確定的，得配合著句義，跟著句義走。句義還是首要，字音的作用通常是不大顯著的。這是另一個原因。還有些人也注重字音的暗示力，他們要使新詩的音樂性遮沒了意義，所謂「純詩」。那是外國的影響。但似乎沒見甚麼成就便過去了；外國這種風氣似乎也過去了。

本篇第二段裡，胡先生曾舉他自己的〈應該〉作例，說「這首詩的意思神情都是舊體詩所達不出的」。那詩道：

他也許愛我，——也許還愛我，——
但他總勸我莫再愛他。
他常常怪我；
這一天，他眼淚汪汪的望著我，
說道：「你如何還想著我？
想著我，你又如何能對他？
你要是當真愛我，
你應該把愛我的心愛他，
你應該把待我的情待他。」
他的話句句都不錯；——
上帝幫我！
我「應該」這樣做！

這裡好像是在講道理，可是這道理只是這一對愛人中間的道理，不是一般的；「應該」只是他倆的「應該」，不是一般人的。這道理，這「應該」，是伴著強度的感情——他倆強度的愛情——的，不只是冷冰冰的一些概念。所以是具體的，不是抽象的。本文所舉「具體的寫法」的例子中，乍看像沒有這一種，細看知道不然。這是暗示愛情和禮教和理智的衝突——愛情上的一種為難。「衝突」或「為難」是境地的特殊性或個性，是抽象的。這首詩從頭到尾是自己對自己說的一番話，比平常對第三者的口氣自然更親切些，更具體些。那引號裡的一節是話中的話。人的話或文字，即使是間接引用，只要有適當的選擇和安排，也能引起讀者對於人或事（境地）的明瞭的影像。而通常所謂描摹口吻，口吻畢肖，便是話引起了讀者對於人的明瞭的影像。——從以上各節的討論，便知本文「具體的」第一義還是暗示著某種抽象的性質，並不只是明瞭的影像或感覺。

「具體的」第二義——特殊或個別的事件

本文「具體的」第二義是特殊的或個別的事件，暗示抽象的一般的情形的。文中所謂「抽象的材料」（狹義）便是這一般的情形。「伐檀」所暗示的「社會不平等」[9]是「詩人時代」一般的情形。胡先生在《中國古代哲學史》裡也說到這篇詩。他說：「封建時代的階級雖然漸漸消滅了，卻新添了一種生計上的階級。那時社會漸漸成了一個貧富很不平均的社會，富貴的太富貴了，貧苦的太貧苦了。」「有些人對著黑暗的時局腐敗的社會，卻不肯低頭下心的忍受。他們受了冤屈，定要作不平之鳴的。你看那『伐檀』的詩人對於那時的『君子』，何等冷嘲熱罵！」又，杜甫的〈石壕吏〉[10]：

暮投石壕村，有吏夜捉人，老翁踰牆走，老婦出門看。
吏呼一何怒！婦啼一何苦！聽婦前致詞：「三男鄴城戍。一男附書至，二男新戰死。生者且偷生，死者長已矣！室中更無人，惟有乳下孫。有孫母未去，出入無完裙。老嫗力雖衰，請從吏夜歸，急應河陽役，猶得備晨炊。
夜久語聲絕，如聞泣幽咽。——天明登前途，獨與老翁別。

胡先生在〈論短篇小說〉裡說：「這首詩寫天寶之亂，只寫一個過路投宿的客人夜裡偷聽得的事並安插一句議論，能使人覺得那時代徵兵之制的大害，百姓的痛苦，壯丁死亡的多，差役捉人的橫行：一一都在眼前。捉人捉到了生了孫兒的祖老太太，別的更可想而知了。」

白樂天的《新樂府》[11]有序說：「首句標其目，卒章顯其志，『詩三百』之義也。其辭質而徑，欲見之者易諭也。其言直而切，欲聞之者深誡也。其事覈而實，使采之者傳信也。其體順而肆，可以播於樂章歌曲也。總而言之，為君為臣為物為事而作，不為文而作也。」〈新豐折臂翁〉的「標目」是「戒邊功」，那詩道：

「新豐老翁八十八，頭鬢眉鬚皆似雪。玄孫扶向店前行，左臂憑肩右臂折。
問翁臂折來幾年，兼問致折何因緣。翁云貫屬新豐縣，生逢聖代無征戰；慣聽梨園歌管聲，不識旗鎗與弓箭。無何天寶大徵兵，戶有三丁點一丁。點得驅將何處去？五月萬里雲南行。聞道雲南有瀘水，椒花落時瘴煙起。大軍徒涉水如湯，未過十人二三死，村南村北哭聲哀，兒別爺孃夫別妻；皆云前後征蠻者，千萬人行無一回。

是時翁年二十四，兵部牒中有名字。夜深不敢使人知，偷將大石搥折臂。張弓簸旗俱不堪，從茲使免征雲南。骨碎筋傷非不苦，且圖揀退歸鄉土。此臂折來六十年，一肢雖廢一身全。至今風雨陰寒夜，直到天明痛不眠。痛不眠，終不悔，且喜老身今獨在。不然當時瀘水頭，身死魂孤骨不收，應作雲南望鄉鬼，萬人冢上哭呦呦。

老人言，君聽取。君不聞開元宰相宋開府，不賞邊功防黷武？又不聞天寶宰相楊國忠，欲求恩幸立邊功？邊功未立生人怨，請問新豐折臂翁。」

〈論短篇小說〉裡說這是《新樂府》中最妙的一首。「看他寫『是時翁年二十四……偷將大石搥折臂』，使人不得不發生『苛政猛於虎』的思想」。又說：「只因為他有點迂腐氣，所以處處要把做詩的『本意』來做結尾（所謂「卒章顯其志」）；即如『新豐折臂翁』篇末加上『君不見開元宰相宋開府』一段，便沒有趣味了。」但〈賣炭翁〉卻不如此。這一首「標目」是「苦宮市」，詩道：

「賣炭翁，伐薪燒炭南山中，滿面塵灰煙火色，兩鬢蒼蒼十指黑。賣炭得錢所何營？身上衣裳口中食。可憐身上衣正單，心憂炭賤願天寒。

夜來城外一尺雪，曉駕炭車輾冰轍。牛困人飢日已高，市南門外泥中歇。兩騎翩翩來是誰？黃衣使者白衫兒，手把文書口稱『勅』，迴車叱牛牽向北。一車炭重千餘斤，宮使驅將惜不得；半匹紅紗一丈綾，繫向牛頭充炭直。」

這是宮官仗勢低價強買老百姓辛苦做成靠著營衣食的東西。買炭如此，買別的也可想而知。《新樂府》的具體性，這兩首便可代表，〈上陽白髮人〉從略。這兩首和杜甫的〈石壕吏〉也都是從特殊的或個別的事件暗示當時一般的情形。

白樂天的《新樂府》標明「樂府」，序裡又說明他作那些詩的用意；他是採取「詩三百之義」的。他取「詩三百之義」，不止於「首句標其目，卒章顯其志」，並且真個要做到〈詩大序〉裡解釋「風」詩的話，「下以風刺上，主文（按舊解，是合樂的意思）而譎諫，言之者無罪，聞之者足以戒」。杜甫的〈石壕吏〉等詩也是樂府體，不過不「標目」、「顯志」，也不希望合樂罷了。在漢代，樂府詩大部分原是民歌，和三百篇裡的風詩確有相同的地方。但風詩多是抒情詩，樂府卻有不少敘事詩。〈伐檀〉是抒情的，〈石壕吏〉、〈新豐折臂翁〉、〈上陽白髮人〉都是敘事的。風詩大部分只是像〈詩大序〉說的「情動於中而形於言」，並不是「譎諫」，樂府也只如此。固然也有「卒章顯其志」的，如《魏風．葛屨》的「維是褊心，是以為刺」，〈孔雀東南飛〉的「多謝後世人，戒之慎勿忘」之類，可是很少。

杜甫的樂府體的敘事詩也只是「情動於中而形於言」；同〈伐檀〉一類的風詩和漢樂府的一些敘事詩一樣，都只是從特殊的或個別的事件，暗示或見出一般的情形。這一般的情形滲透在那特殊的個別的事件裡，並不是分開的，所謂「暗示」，要顯得是無意為之。白樂天的《新樂府》卻不如此。他是有意的「借」特殊的個別的事件來暗示——有時簡直是表明——一般的情形。這有意的「借」，使他往往忽略事件的本身，結果還是抽象的議論。如本文所舉的〈七德舞〉，「標目」是「美撥亂，陳王業」，是歌頌唐太宗的功德的，詩中列舉了太宗許多事實，但都是簡單的輪廓，具體的不夠程度，又夾雜了些抽象的說明，弄得那些簡單的具體的事實都成了那些抽象的道理的例子。〈司天臺〉、〈采詩官〉兩首更其如此。現在只舉〈采詩官〉，「標目」是「鑑前王亂亡之由」：

「采詩歌，采詩聽歌導人言。言者無罪聞者誡，下流上通上下泰。周滅秦興至隋氏，十代采詩官不置。郊廟登官讚君美，樂府豔詞悅君意。若求興諭規刺言，萬句千章無一字。不是章句無規刺，漸及朝廷絕諷議。諍臣杜口為冗員，諫鼓高懸作虛器。一人負扆常端默，百辟入門兩自媚。夕郎所賀皆德音，春官每奏唯祥瑞。君之堂兮千里遠，君之門兮九重閟。君耳唯聞堂上言，君眼不見門前事。貪吏害民無所忌，奸臣蔽君無所畏。君不見厲王、胡亥之末年，群臣有利君無利！君兮君兮願聽此：欲開壅蔽達人情，先向歌詩求諷刺！」

這裡只有「君之堂兮千里遠」四語可以算是「具體的寫法」，別的都是些概念的事實和抽象的議論。白樂天原偏重在抽象的道理，所謂「迂腐氣」；他的《新樂府》不違背他的意旨，但是不成詩。〈新豐折臂翁〉和〈賣炭翁〉是詩；可是〈折臂翁〉結尾表明「本意」，「便沒有趣味了」。「本意」是主，故事是賓，打成兩橛，兩邊兒都不討好；「本意」既不能像用散文時透徹的達出，詩也只是手段，不是目的，降低了身分，讓人不重視。白樂天在《新樂府》序裡也明說這些詩和一般的詩不同；所以他編集時別稱為「諷諭詩」。但他之所以成為大詩人，卻並不在這些「諷諭詩」上。

本文引李義山詩「歷覽前賢國與家，成由勤儉敗（破）由奢」，說「這不成詩」，「因為他用的是幾個抽象的名詞，不能引起什麼明瞭濃麗的影像」❹。這是「詠史」詩，全詩是：

「歷覽前賢國與家，成由勤儉敗（破）由奢。何須琥珀方為枕？豈得真珠始是車？運去不逢青海馬，力窮難拔蜀山蛇。幾人曾預〈南薰曲〉？終古蒼梧哭翠華！」

這裡第一聯是抽象的道理，以下三聯倒都是具體的事例。第二聯譏刺服用的「奢」，第三聯引用漢武帝和秦惠王的故事的片段，說好邊功的終必至於耗盡民財，無所成就而止。這自然也是「奢」。第四聯引舜的〈南薰曲〉，那歌曲的末二語是「南風之時兮，可以阜吾民之財兮！」舜自己「土階茅茨」，卻想著「阜民之財」；這才是一位「勤儉」的帝王，值得永遠的慕念。舜的「成」是不消說的，中二聯所說的「奢」的事例也都暗示著「破」的意思。這大概是諷刺當時的詩。只可惜首聯的抽象的道理破壞了「詩的具體性」，和〈新豐折臂翁〉的短處差不多。不同的是這一聯只靠「勤」、「儉」、「奢」幾個極寬泛的概念作骨子，那是上文引過的幾首白樂天的詩裡都沒有的。這種高度的抽象的名詞卻能將李義山的「本意」明快的達出，不過比白樂天那幾首裡的概念的事實和抽象的議論是更其散文的，更其抽象的了。

「具體的」第三義——比喻

本文「具體的」第三義是比喻，用來說道理的。這道理便是文中所謂「抽象的題目」。「抽象的題目」大都是高度抽象的概念。舊詩和詞曲裡也寫這種「抽象的題目」，但只是興之所至，帶說幾句，很少認真闡發的。這種是「理語」，卻不算「抽象的議論」，因為有「理趣」的緣故。就上文所舉古詩十九首的例子看：第一例「陵上柏」、「澗中石」都是具體的材料，用來和「人生」比較的，「遠行客」是比喻，這當然不會是「抽象的議論」；第二例「所遇無故物，焉得不速老！」是從「四顧何茫茫，東風搖百草」而來的感慨；第三例「去者日以疎，生者日以親」是從「出郭門直視，但見丘與墳……」而來的感慨。這些是抽象的道理，可是用迫切的口氣說出，極「經濟的」說出，便帶了情感的暈光，不純然是冷冰冰的道理了。因此，這兩例裡抽象的和具體的便打成一片了；第四例「人生不滿百，常懷千歲憂」，也是迫切的口氣，「經濟的」手段，也是帶了情韻的道理。這些也都和「抽象的議論」不一樣。

又如，陶淵明〈庚戌歲九月中於西田穫早稻〉詩開端道，「人生歸有道，衣食固其端。孰是都不營，而以求自安！」說得太迫切了，又極「經濟的」，便不覺得是散文的議論了。胡先生在《白話文學史》裡說淵明的詩裡雖也有哲學，但那是他自己從生活裡體驗得來的哲學，所以覺得親切。這話是不錯的。謝靈運〈從斤竹澗越嶺溪行〉詩結尾道：「情用賞為美，事昧竟誰辨！觀此遺物慮，一悟得所遣。」「情用賞為美」也是靈運遊山玩水體驗得來的道理，這是「片言居要」，不是「抽象的議論」。但下面三語卻是的。——全詩寫一個「抽象的題目」的極罕見，我們願意舉一個特別的然而熟悉的例。這是朱熹的

〈觀書有感〉，詩道：

> 半畝方塘一鑑開，天光雲影共徘徊。問渠那得清如許？為有源頭活水來。

這兒「抽象的題目」似乎是「讀書可以明理定心」。朱熹〈答江端伯書〉說：「為學不可以不讀書。而讀書之法，又當熟讀沈思，反覆涵泳。銖積寸累，久自見功；不惟理明，心亦自定。」這一節話可以用來說明本詩的意旨——就是那「抽象的題目」。本詩是用比喻說道理——還是那「抽象的題目」——；那「水塘」的比喻是一套兒，卻分為三層，每層又各有「喻體」和「喻依」。鏡子般清亮的「半畝方塘」是喻依，喻體是方寸的心。這是一。「天光雲影」是喻依，喻體是種種善惡的事物，這是二。「源頭活水」是喻依，喻體是「銖積寸累」的知識，這是三。喻依和喻體配合起來見出意旨。第一層的意旨是定下的心，第二層是心能分別是非，第三層是為學當讀書。這兒每層的喻體和喻依都達到水乳交融的地步，而三層銜接起來，也像天衣無縫似的。這是因為這一套喻依裡滲透了過去文學中對於自然界的情感，和作者對於自然界的情感；他其實並不是「用」比喻說道理，而是從比喻見出或暗示道理——這道理是融化在情感裡的。所以本詩即使單從字面的意義看，也不失為一首情景交融，有「具體性」的詩。

本文引傅斯年先生〈前倨後恭〉的詩，說是「抽象的題目用抽象的寫法」，結果是「抽象的議論」[15]。又引沈尹默先生〈赤裸裸〉的詩，說「他本想用具體的比喻」，「結果還是一篇抽象的議論」[16]。〈前倨後恭〉裡也並非沒有用具體的材料，如文中所引的一段裡便有「你也不削一塊肉」，「你也不長一塊肉」的句子。再說全詩似乎用的是「對稱」的口氣，意思也是要使這首詩成為具體的一番話。但那些「話料」沒有經過適當的選擇，多是概念的，便不能引起讀者對於詩中境地的明瞭的影像。這其實是具體的不夠程度。

〈赤裸裸〉裡用的「衣服」的比喻也是一套兒，卻有三方面：「赤裸裸」、「沒污濁」的「清白的身」是喻依，自然而率真的人性是喻體，這是一。「重重的裹著」的「衣服」是喻依，禮教是喻體，這是二。「污濁的」身是喻依，罪惡是喻體，這是三。全詩的意旨在「攻擊那些作偽的禮教」。這裡「清白的」和「污濁的」都是抽象的詞；三個喻依中間，有兩個只是概念，不成其為喻依。這還是具體的不夠程度。還有那三個問句，「這是為什麼？」、「難道……不好見人嗎？」、「就算免了恥辱嗎？」也是表明的，不是暗示的；這裡缺少了那情感的暈光，便成了散文，不是詩了。關於「具體的」和「抽象的」的程度，本文雖然提出，可沒有確切說明。我們在上文裡已經補充了一些，這裡還想找補一點兒。本文第五六節所引的例子，胡先生似乎以為它們有同等的「具體性」，細看卻有些分別。「紅綻雨肥梅」，「四更山吐月，殘夜水明樓」，「五月榴花照眼明」，這幾句裡「肥」字「吐」字，第二個「明」字，似乎都是新創的比喻。這些比喻增加影像的活潑和明瞭的程度，也就是增加了詩的「明白清楚」和「逼人性」，所以比別的例子更具體些。

二　聯想

詩的具體性便是文學

本文舉了兩首「抽象的題目用具體的寫法」的成功的新詩。這兩首詩都反映著我們的啟蒙時代。一首是沈尹默先生的〈生機〉[16]。這詩裡「冷的天氣」、「草木」、「生機」，都是喻依，喻體依次是惡劣的環境、人事、希望；全詩的意旨是「樂觀」。**另一首是胡先生自己的〈老鴉〉**，這兒只引了第一節[17]。「老鴉」是喻依，喻體是社會改革者；「啞啞的啼」、「不吉利」、「呢呢喃喃」（的燕子），是喻依，喻體依次是苦口良言、不合時宜、同流合污的人。全詩的意旨是獨行其是，不屈己從人。這首詩全是老鴉自述的話，這是增加「具體性」的一個法子。但這兩首詩的喻依並沒有多少文學的背景，而作者們滲進去的情感也不大夠似的；單從字面的意義看，沈先生對於「草木」的態度，胡先生對於「老鴉」的態度，好像都嫌冷淡一些。他們兩位還是「用」比喻說道理，不是從比喻見出或暗示道理；所以不免讓讀者將那些喻體和喻依分成兩截看。還有，〈生機〉那一首也欠「經濟」些。那時新詩剛在創始，這也無怪其然。從那時起，漸漸的，漸漸的，喻體和喻依能夠達到水乳交融的地步的作品，就多起來了。

本文論到「詩的具體性」，說「愈偏向具體的，愈有詩意詩味」[13]。胡先生在〈什麼是文學〉裡說，「達意達得好，表情表得妙」的便是文學。詩自然也不外乎此。所謂「達意達得好，表情表得妙」，便是選擇並安排種種的材料，使情意的效力增加到最大的限度。這種種材料是描寫的、確切的，也就是具體的。因為「確切」，便不能是尋常的表明而該是特殊的暗示了。這種「描寫的確切」不在使人思而在逼人感。這需要「精密的觀察，高深的理想，複雜的感情」，以及「寫實的描畫」——這需要創造的工夫。那增加到最大限度的情意的效力，便是「詩意詩味」。這種「詩意詩味」卻並不一定在詩的形式裡。本文提到有一個人在北京《晨報》裡投稿，說傅斯年先生〈一段瘋話〉最後的十六個字是詩不是文[14]。那十六個字是：

「我們帶著孩子，跟著瘋子走，走向光明去。」

胡先生也承認這是詩，因為是「具體的寫法」[15]。這該是「具體的」第三義；暗示「社會改革者不合時宜，只率性獨行其是」的意旨。由此可見詩和文的分界並不是絕對的。就形式上說，從前詩有韻，文無韻，似乎分得很清楚。但歌訣也有韻；駢文雖不一定有韻，卻有律，和近體詩是差不多的。到了新詩，既不一定有韻，更不一定有律，所有的好像只是「行」罷了。但是分行不像韻和律那樣有明白的規則可據，只是靠著所謂「自然的音節」。我們所能說的只是新詩的詞句比白話散文「經濟」些，音節也整齊些緊湊些罷了。這界線其實是不很斬截的。就內容上說，文是判斷的、分析的，詩不然。但文也有不判斷不分析而依於情韻的，特別是駢文；古文和白話文裡也都有。傅先生的那一句便是白話文的例子。這兒我們所能說的只是，特別私人的，特別強度的，情感，寫成詩合宜些。但這界線也是不很斬截的。

胡先生在〈什麼是文學〉裡說到他不贊成純文學雜文學的分別；配合本文的討論，他大概也不贊成詩文的絕對的分別。本來，這個分別不是絕對的。還有，本篇將舊詩和詞曲都叫做「詩」，這也不是傳統的觀念。從前詞是「詩餘」，曲是「詞餘」——不過曲雖叫做「詞餘」，事實上卻占著和詞同等的地位。詩和詞曲不但形式不同，而且尊卑有別；詩是有大作用的，詞曲只是「小道」，只是玩意兒。這種尊卑的分別似乎不是本質的而是外在的。本篇將它打破也有道理。

本篇所謂「詩」，具體的說，包括從「三百篇」到「新詩」，範圍是很大的。抽象的說，詩的根本標準是「具體性」，所謂「詩意詩味」；這是抽象的「是詩」或「不成詩」的分界，卻不是具體的詩和文的分界。——其實「具體性」也不限於詩。演說、作論文，能多用適當的例子和適當的比喻，也可以增加效力。即如本文，頭緒不多，也不複雜，只因選擇了適當的例子，適當的安排進去，便能明白起信。不過這種「具體性」趕不上「詩的具體性」那麼確切和緊張，也不帶情韻罷了。

第二期抗戰開端告全國國民書

蔣中正

＊編按：本指導文從議論文的角度，剖析議論文的寫作方式，以及作者寫作之目的。從原文的題目至每個段落的鋪陳，皆有詳細的論述。甚至連字詞、成語的用法，也一一為讀者釋疑，期使讀者不致一知半解，能確實明瞭文意。

❶敵寇在魯南會戰以前，即已揚言進圖武漢。迨犯豫失利，侵皖受阻，乃傾其海陸空軍全力沿江進犯。激戰五月，我將士浴血奮鬥，視死如歸，民眾同仇敵愾，踴躍效命。犧牲愈烈，精神益振，使敵軍死亡超過前期作戰一年以來之總數。敵人計無復之，乃不得不掩飾其失策，以發動華南之侵佔。於是粵海告警，羊城遭燹。自茲抗戰地區擴及全國，戰局形勢顯有變遷。臨此成敗勝負轉移之關鍵，特為我全國同胞概述抗戰經過之事實與將來之目標，重加闡明而申告之。

❷第一，吾同胞須認識當前戰局之變化與武漢得失之關係。我國抗戰根據，本不在沿江沿海淺狹交通之地帶，乃在廣大深長之內地，而西部諸省，尤為我抗戰之策源地，此為長期抗戰根本之方略，亦即我政府始終一貫之政策也。武漢地位在過去十閱月抗戰工作之重要性，厥在掩護我西部建設之準備與承接南北交通之運輸。故保衛武漢之軍事，其主要意義，原在於阻滯敵軍西進，消耗敵軍實力，準備後方交通，運積必要武器，遷移我東南與中部之工業，以進行西南之建設。蓋惟西北西南交通經濟建設之發

展，始為長期抗戰與建國工作堅實之基礎，亦唯西北西南交通路線開闢完竣，而後我抗戰實力，及經濟建設所需之物質，始得充實，而供給不虞其缺乏。今者我中部及東南之人力物力，多已移殖於西部諸省，西部之開發與交通建設，已達初步基礎，此後抗戰乃可實施全面之戰爭，而不爭區區之點線。同時我武漢外圍五閱月之苦戰惡鬥，已予敵人莫大之打擊，而植我民族復興之自信心與發揚我軍攻守戰鬥再接再厲之新精神。故我守衛武漢之任務已畢，目的已達。

❸且自敵人侵粵以後，粵漢交通既被截斷，則武漢在一般局勢上，重要性顯已減輕。至就軍事言之，武漢在戰事上之價值，本不在其核心之一點，而實在其外圍之全面。今我在武漢外圍鄂豫皖贛主要之地區，遠及敵人後方之冀魯遼熱察綏蘇浙各幹線，均已就持久作戰之計劃，配置適宜之根據與兵力，一切部署悉已完成。如此，不唯無需於武漢之核心，且在抗戰之戰略上言，亦不能斤斤於核心據點之保守，而反不注意於發展全面之實力。

❹敵人用意在包圍武漢，殲滅我主力，使我長期作戰陷於困頓，以達其速戰速決之目的。因此，我軍之方略，在空間言，不能為狹小之核心而忘廣大之國；以時間言，不能為一時之得失而忽久長之計。故決心放棄核心，而著重於全面之戰爭。茲因疏散人口，轉移兵力，皆已完畢，作戰之部署，重新布置業經完成，乃即自動放棄武漢三鎮核心之據點，而確保武漢四周外圍之兵力，使我軍作戰轉入主動有利之地位。

❺今後武漢雖已被敵人佔領，然其耗費時間五閱月，死傷人數數十萬，而其所得者，若非焦土，即為空城！繼今以往，全面抗戰到處發展，真正戰爭從新開始（編按：應作「重新」），而我軍行動，進

戰退守，不惟毫無拘束，無所顧慮，且可處置自由，更能立於主動地位。敵人對於佔領之地，不惟一無所得，且亦一無所有。往昔敵軍本已深陷泥淖，無以自拔；今後又復步步荊棘，其必葬身無地矣！

❻吾同胞須知此次兵力之轉移，不僅為我國積極進取、轉守為攻之轉機，且為徹底抗戰、轉敗為勝之樞紐！決不可誤認為戰事之失利與退卻。蓋抗戰軍事勝負之關鍵，不在武漢一地之得失，而在保持我繼續抗戰持久之力量。

❼第二，吾同胞應深切記取我抗戰開始時早已決定之一貫的方針，從而益堅其自信。所謂一貫之方針者，一曰持久抗戰，二曰全面抗戰，三曰爭取主動。以上三義者，實為我克敵制勝之必要因素，而實決定於抗戰發動之初。年餘以來，一循此旨，未嘗稍渝。自今以後，亦必本此意旨，貫徹始終。

❽蓋暴敵自九一八發動侵略，猖狂恣肆，野心日張，我中樞為保衛國家，已察知最後犧牲關頭無可避免，故早已於西部奠立今日對敵持久抗戰之基礎。凡我同胞，應知今日之抗戰，即為完成建國永久之基礎，又應知不經此次長期之抗戰，絕不能獲得建國自由之時期！凡茲由統一而抗戰建國之一貫政策，與必經之革命程序，早已確立於先，深信必能貫徹始終，以克底於成。吾同胞試重新檢取中正日常之所言與所行，而與十個月來戰事經過相印證，即可瞭然於抗敵戰事之特質，與我方決策之基點。在戰事初發之時，中正在廬山講演，即謂「戰事既起，唯有拚全民族之生命，犧牲到底，再無中途停頓妥協之理」，又說明「戰端一開，地無分南北，人不分老幼，皆應抱定犧牲一切之決心」，此即持久抗戰與全面戰爭之說明也。去年雙十節，更明告我同胞「此次抗戰，非一年半載可了，必經非常之困苦與艱難，始可獲得最後之勝利！」此猶恐我同胞當時未明戰事必經長期與必發展至全面之意義，故具體指陳，以

供全國之省察也。

❾及後首都淪陷，人心震撼，中正又昭告同胞以「此次抗戰為國民革命過程中所必經，為被侵略民族對侵略者爭取獨立生存之戰爭，與通常交戰國勢均力敵者戰爭，大異其趣。我之抗戰，惟求我三民主義之實現。與國民革命之完成，故憑藉不在武器與軍備，而在強毅不屈之革命精神，與堅忍不拔之民族意識！」更復說明「戰爭成敗之關鍵，繫於主動被動成分之多寡，我之所以待敵者，即為久戰不屈，使敵愈深入而愈陷於被動」，此則更就此次戰事之特質，充分指明抗戰到底與爭取主動之必然結果也。

❿夫唯我國在抗戰之始，即決心持久抗戰，故一時之進退變化，絕不能動搖我國抗戰之決心。唯其為全面戰爭，故戰區之擴大，早為我國人所預料，任何城市之得失，絕不能影響於抗戰之全局。且亦正唯我之抗戰為全面長期之抗戰，故必須力取主動。敵我之利害短長，正相懸殊，我唯能處處立於主動地位，然後可以打擊其速決之企圖，消滅其宰割之妄念！以我土地之廣，人民之眾，物產之富，戰區面積愈大，我主動之地位愈堅，必使敵人之進退動止，依於我之戰略而陷於被動地位。而我之攻守取舍，則決不受制於敵。今後之軍事行動，已不復如在上海南京作戰時，困於地形與其他關係，而不得不受若干被動之牽制。敵人無論如何進攻與封鎖，皆不能動搖吾人主動之方略與戰術，最後勝利，更可操券以俟。

⓫惟望吾全國軍民共矢持久不屈之決心，執行全面攻擊之戰略，不餒不撓，努力奮鬥；則抗戰彌久，精力彌充；戰區愈廣，敵力愈分；縱不問國際變化之如何，而敵人必以久戰疲竭而覆敗，蓋中正前已言之，我國抗戰絕非如普通歷史上兩國交綏爭雄圖霸之戰爭。以我之抗戰，在敵寇為欲根本吞併我國家與滅亡我民族；在我國則絕不能容許我國家民族之獨立生存有絲毫之危害。故我之抗戰，在主義上

言，實為民族戰爭；由完成國民革命之使命而言，亦即為革命戰爭。革命戰爭者，非時間與空間所能限制，非財政、經濟與交通上外來之阻難所得而限制，更非毒氣、炸藥等一切武器之懸殊，與傷亡犧牲之慘重，所得而限制。革命戰爭無時限，戰爭目的達到之日，始為戰爭之終結。革命戰爭無前方後方區域之限制，整個國境，隨處皆得為我軍之戰場。革命戰爭不計較有形兵力之優劣，亦不畏犧牲挫折與傷亡之嚴重，更不因物質供給之缺乏，而影響於作戰。即令武器、經濟全無供給，海上交通全被封鎖，而我三民主義之民族意識與革命精神不斷煥發，必可奮鬥到底，以迄於成功！何況我軍武器早已充實，交通斷無封鎖之患耶！蓋民族的國民革命之長期戰爭，未有不得到最後之勝利，此古今中外之歷史，如美，如法，如俄，如土，對侵略與壓迫者之長期抗戰，終能獲得國家獨立與民族自由之一日，即其明證也。而且於此次戰爭之過程中，益可證明敵寇侵略之暴力愈肆，吾人之抵抗力亦愈強；戰爭中傷亡消耗愈大，而我新生力之發展，以及我創造力與建設力之恢復，亦必愈速。

12 故我全國同胞，當此抗戰轉入重要關鍵之時，但須追憶我抗戰開始所定之方略，與我國府移駐重慶時之宣言，則決不因當前局勢之變化，而搖動其對於抗戰之信心。必須認清持久抗戰與全面戰爭之真諦，則必能以更大努力承接戰區擴大之新局勢，而益勵其奮鬥與決心。自今伊始，必須更哀戚，更堅忍，更踏實，更刻苦，更猛勇奮進，以致力於全面之戰爭與抗戰根據地之充實，而造成最後之勝利！語有云：「行百里者半九十」，最後之成功，必賴於最艱辛之努力與大無畏之奮鬥！又云：「寧為玉碎，毋為瓦全」，必須我人抱最大之決心，而後整個民族乃能得徹底之解放！國家存亡，抗戰成敗之關鍵，全繫於此，願與我全國同胞共勉之！

〔指導大概〕

本篇是議論文。議論文是表示作者的主張的一種文字。所謂主張，就是說某一事情必須這樣幹才行，某一道理必須這樣理解才不錯，如果那樣幹，那樣理解，就不對了。所以議論文題目的基本形式應該是：「××應當這樣」或「××不應當這樣」。一般議論文或者為要改從簡略，或者為要吸引讀者的注意，或者為要標明作文的作用，寫定題目往往不取這種基本形式。但讀者細看全文之後，一定可以指出若照基本形式，它的題目該是什麼。如本篇，若照基本形式，便該是如下的兩個題目：「在放棄武漢之今日，吾同胞須認識當前戰局之變化與武漢得失之關係」，與「在放棄武漢之今日，吾同胞應深切記取我抗戰開始時早已決定之一貫的方針，從而益堅其自信」。現在不用這樣題目而作「第二期抗戰開端告全國國民書」，意在標明作這篇文字的作用。

議論文應闡明理論及表示意志

主張「××應當這樣」或「××不應當這樣」，作者自己一定依照著身體力行，這在理論上是當然的，同時作者又必切望讀者也依照著他的主張身體力行。不然，他為什麼要把自己的主張寫成文字呢？既要使讀者信從他的主張，就非把讀者說服不可。說服是理智方面的事情。就作者說，必須把所以作這樣主張的根據有條有理地披露在讀者面前，其間是非利害，毫不含糊，凡有可疑可駁之處，逐一把它解釋清楚，總之要達到正確合理，無可懷疑，才歇。就讀者說，讀著作者的文字，自己的思想按著作者的途徑一路推索，到末了，覺得不但作者作這樣主張，無論什麼人按著這途徑推索，也必作這樣主張，於是起了信念，「中心誠服」。這可見「說」的方面的「說」，與「服」的方面的「服」，都是憑著理智的。主張的建立與接受固然憑著理智，如上面所說；但貫徹主張，卻是意志方面的事情。就作者說，如果自己不能貫徹，便是立言不誠；如果不能使讀者貫徹，便是立言失效，不誠與失效都是與立言的本旨相違反的。就讀者說，如果信服了作者的主張而不求貫徹，在道德上也是不誠；在實際上便是失計；不誠與失計都是與聽人言論的本旨相違反的。所以「說」的方面「說」了，「服」的方面「服」了，絕不能就此為止，必須共同奮勉，以求貫徹主張。而奮勉是憑著意志的。

從上一節話，可知寫作一篇議論文必須有闡明理論的部分，又應當有表示意志的部分。不闡明理論，就無從教讀者信服。不表示意志，就無從見出作者自己的奮勉，與希望讀者也同樣奮勉。從上一節話，又可知閱讀一篇議論文，在推索的時候，應該純粹運用理智；而在信服了作者的主張以後，又該樹立意志。不運用理智，就無從辨別作者所說的話合理與否；不樹立意志，就無從貫徹自己所信服的作者的主張。

以上所說，對於任何議論文都合得上。如「人應當愛國」或「人應當恪守道德」是議論文的題目，作者作這樣題目的議論文，他自己當然是「愛國」或「恪守道德」的，他在文中必須說明「應當愛國」或「應當恪守道德」的緣故，又必須或暗或明表示自己「愛國」或「恪守道德」的意志，並勉勵讀者也樹立同樣的意志。讀者讀這樣題目的議論文，假定他對於這種問題從來沒有推索過，他必須憑理智讀下去，推索「愛國」或「恪守道德」到底應當不應當；如果認為應當的話，他必須從此為始，有意識地來「愛國」或「恪守道德」。「人應當愛國」或「人應當恪守道德」還是一般性的題目，至於特殊性的題目的議論文，作者寫作與讀者閱讀，尤其應當如以上所說。如本篇便是特殊性的題目的議論文，它所論的是關係整個民族生死存亡的一件大事——抗戰，而且是當放棄了武漢，在識見短淺意志薄弱的人看來，好像前途很是黯淡的時候，論及這件大事，若不把明澈的理論作根據，怎麼能說服全國國民？若不在字裡行間彌漫著一種強固的意志，怎麼能振起全國國民的精神，使大家從信服而進到實踐，一致努力，應付這件大事？關於這兩點，本篇完全做到，且留在後面細說。現在只說讀者讀這篇文字，絕不能像讀尋常文字一樣，粗率地讀下去，讀過了也就完事，在實踐方面一點不生影響。讀者必須站在整個民族的立場上，把篇中的理論深切體會，又必須立定意志，在實踐方面貫徹篇中所示的主張：這樣才算真個閱讀了這篇文字。

本篇是民國二十七年十月三十一日發表的。自從二十六年七月七日盧溝橋事變發生，我國與敵寇開戰，到那時候，我國的抗戰已經經過了十五個月有餘了。在那十五個月有餘的時間中，在北方是平津作戰不久，就被敵寇占領，在南方是上海血戰三個月，我軍終於撤退，隨後首都淪陷了，徐州淪陷了。到二十七年十月下旬，連作為全國中心的武漢也放棄了。這在識見短淺意志薄弱的人看來，好像我國的抗戰並無一貫的方針，以致節節失敗，淪陷區域那麼廣大。若作這樣想，對於「抗戰必勝」的信念自然不免動搖。本篇的目標就在克服這種動搖心理，所以把「早已決定之一貫的方針」作為全篇的骨幹，從事實上說明武漢的放棄是根據著「一貫方針」的，更從理論上闡明要達到最後勝利必須把握著「一貫的方針」。

先從題目說起。題目中有「第二期抗戰」五個字，什麼叫做「第二期抗戰」？同年十一月二十五日發表的〈南嶽會議訓詞〉裡有一節說得很清楚。「自從去年七月七日我們和敵人開戰，直到現在，已經十七個月了，從盧溝橋事變起到武漢退軍岳州淪陷為止，這是我們抗戰第一時期。從前我們所說自開戰到南京失陷為第一期，魯南會戰到徐州撤退為第二期，保衛武漢為第三期，這種說法都不適當，應即改正。我們這次抗戰依照預定的戰略政略來劃分，可以說只有兩個時期：第一個時期就是我剛才所講的截至現在止這以前的十七個月的抗戰，從今以後的戰爭，才是第二期。」這裡「預定的戰略政略」就是「一貫的方針」，從這幾句話看，可知「第二期抗戰」與「第一期抗戰」必然有不同之點，而且前後兩期必然都合於「一貫的方針」。不同之點在哪裡？怎樣都合於「一貫的方針」？讀了本篇第五節就可以知道。

本篇原分三段，現在為稱說便利起見，又分為若干節。第一節就是原來的第一段，是本篇的發端。第二節到第六節就是原來的第二段，是從事實上說明武漢的放棄是根據「一貫的方針」的部分。第七節到第十二節就是原來的第三段，是從理論上闡明要達到最後勝利必須把握「一貫的方針」的部分（注意：以下凡稱「段」都指原來的段，凡稱「節」都指現在所分的節）。第二第三兩段，開頭標明「第一」「第二」，好像兩段是並立的。其實第二段說明事實所根據的理論也就是第三段的理論，所以第三段的範圍比第二段來得廣大，第二段原可包含在第三段裡。只因放棄武漢是當前最需要認識它的意義的一件事情，所以特別作一段，並且放在前面。從此可知開頭標明「第一」、「第二」，並不表示兩段並立，只是表示關於認識的步驟：從切近的事實的認識，進到深遠的理論的認識。

第三段的理論共有三項，就是第七節裡的「一曰持久抗戰，二曰全面抗戰，三曰爭取主動」。所有關於抗戰的努力都根據這三項議論，所以這便是「一貫的方針」。先記住了這一層，然後來看二段的各節。在第二節裡說「我們抗戰根據，本不在沿江沿海淺狹交通之地帶，乃在廣大深長之內地」。這裡下個「本」字，就表明我國的方針原是持久抗戰、全面抗戰的意思。所以隨即用表語點醒，說「此為長期抗戰根本方略，亦即我政府始終一貫之政策也」。既說抗戰根據不在沿江沿海淺狹交通的地帶，為什麼保衛武漢要激戰五月，作重大的犧牲呢？這因為武漢地位在當時自有它的重要性，就是「掩護我西部建設之準備，與承接南北交通之運輸」。如果西部建設沒有基礎，南北交通不相連接，實力不充足，呼應不靈便，那就根本談不到持久抗戰與全面抗戰。一方面保衛武漢，一方面才可以進行西部的種種建設。可見竭力保衛武漢正是實施持久抗戰與全面抗戰的必要步驟。到本篇發表的時候，西部的種種建設大致就緒了，實力既有準備，呼應亦已靈便，此後才可以再接再厲，真個「持久」，不爭點線，真個「全面」。所以本節的末了說「故我守衛武漢之任務已畢，目的已達」。

議論文對疑點必須解釋

或者有人要想，武漢究竟是全國的重鎮，南北交通的樞紐，若不放棄，總該比放棄好一點吧。這樣想頭更是一種疑點，議論文對於讀者可能發生的疑點是必須解釋的。第三第四節就針對著這種疑點，說明武漢不能不放棄，若不放棄，就是違反了「一貫的方針」。第三節先從一般局勢說，武漢交通既被截斷，武漢地位的重要性，在事實上已經減輕。次從軍事策略說，為要發動全面抗戰，既在武漢外圍與更遠的敵人後方配置了適宜的根據與兵力，武漢這一個核心據點，在事實上已沒有保守的必要。第四節更從敵寇的用意說，他們包圍武漢，原想殲滅我國的主力，達到速戰速決的目的。我國若用主力保守武漢，爭這個核心據點，那就正中了敵寇的惡計。萬一主力真被殲滅，抗戰怎麼能繼續「持久」？又怎麼能發動「全面」？文中說，「因此，我軍之方略，在空間言，不能為狹小之核心而忘廣大之國；以時間言，不能為一時之得失而忽久長之計」。這裡兩個「不能」，表示按照「一貫的方針」，這樣辦法是不對的。並且，敵寇來包圍武漢，是預料我軍將用主力保守這個核心據點說，我軍若真個用主力保守這個核心據點，就處於被動的地位。或者保守而終於保守不住，臨時倉皇撤退，那更處於被動的地位了。處處於被動的地位，是與「一貫的方針」中的第三項「爭取主動」相違反的。到這裡，武漢在事實上不需保守，以及按照「一貫的方針」又不宜保守，都已說明。反轉來想，不就是在當時情勢之下，惟有放棄武漢，才可以實施持久抗戰全面抗戰，才可以爭取主動地位嗎？對於讀者可能發生的疑點既經解釋清楚，於是第四節的後半就報告自動放棄武漢的事實。這裡雖沒有這事實根據著「一貫的方針」的明文，但只要是細心的讀者，沒有不能體會出來的。

第五節是估量放棄了武漢之後，敵寇方面怎麼樣，我國方面又怎麼樣。敵寇進攻武漢，損失重大，而所得「若非焦土，即為空城」，實在「不惟一無所得，且亦一無所有」，泥足愈陷愈深，前途自然不堪設想。我國放棄武漢，西部的種種建設已經有了基礎，武漢的外圍，以及更遠的各區已經有了配置，軍事又已經處於完全自由的主動地位，這正是「真正戰爭重新開始」，前途當然未可限量。從「真正戰爭」四個字，可見從七七事變起到放棄武漢止，這期間內的抗戰只是「持久抗戰」、「全面抗戰」、「爭取主動」的準備工作。從此以後的抗戰，才真個能夠「持久抗戰」、「全面抗戰」、「爭取主動」了，所以說「重新開始」。以前是準備，以後是實踐。第一期抗戰與第二期抗戰的不同之點就在於此，把放棄武漢來劃分抗戰時期的緣故也就在於此。沒有以前的準備，以後的實踐便不可能。沒有以後的實踐，以前的準備便沒有意義。必須前後兩期一貫努力，才可以貫徹「一貫的方針」，這就可見前後兩期都是合於「一貫的方針」的。

以上從第二節到第五節都從事實立論，而立論的根據全在「一貫的方針」的三項。無論是誰，只要承認那「一貫的方針」是合理的。必然會得到與以上四節同樣的認識。於是第六節用告誡的口氣，回顧到第二節開頭，作一個提要式的結束，喚起讀者的注意。第二節開頭說「吾同胞須認識當前戰局之變化與武漢得失之關係」。對於「當前戰局之變化」應該怎樣認識呢？看了前面四節所論的，就知道「不僅為我國積極進取轉守為攻之轉機，且為徹底抗戰轉敗為勝之樞紐」！對於「武漢得失之關係」應該怎樣認識呢？看了前面四節所論的，就可以知道「決不可誤認為戰事之失利與退卻。蓋抗戰軍事勝負之關鍵，不在武漢一地之得失，而在保持我繼續抗戰持久之力量」。本篇第二段要讀者認識的就是這兩層。

第二段立論的根據既全在「一貫的方針」，如果有人以為「一貫的方針」是不合理的，那麼，他對於一切的話全不信從了。為說服讀者，使無論何人都得承認那「一貫的方針」是合理的起見，本篇就有闡明「一貫的方針」的必要。第三段的前半，從第七節到第十節，就是為這個必要而寫作的。於是議論的範圍推展得廣大了，本來論一地的戰局，現在推展到整個戰事的方針了。

第七節提明「一貫的方針」是什麼。文中在「一貫的方針」上頭加「我抗戰開始時早已決定之」的形容語，又說「實決定於抗戰發動之初」，這該注意。抗戰是關係整個民族生死存亡的一件大事，絕不是可以枝枝節節隨便應付的，我國所以斷然發動抗戰，實因預先決定了「一貫的方針」：這層意思，就在這兩語裡表示出來。以下第八第九兩節裡，引用以前發表的議論，便是確然預先決定的證明，也便是確然一貫的證明。

第八節上半從九一八事件說起，說明敵寇侵略與我國建國的關係。敵寇是我國的最大障礙，他們侵略的兇燄不經撲滅，我國便無從建國。所以「今日之抗戰，即為完成建國永久之基礎」，「不經此次長期之抗戰，決不能獲得建國自由之時期！」這是站在整個民族立場上的說法。無論是誰，只要站在整個民族立場上，懷抱著建國的熱望，考慮著當前的情勢，也必作同樣說法。於是「一貫的方針」就從這樣的論斷裡推衍出來。若非撲滅敵寇侵略的兇燄，建國就不可能，所以抗戰必然是持久的，絕沒有「中途停頓妥協之理」。若非整個民族一致努力，勝利就不可能，所以抗戰必然是全面的，人人「皆應抱定犧牲一切之決心」。我國的目的惟在獲得建國的自由，這種自由非獲得不可，否則便是整個民族的滅亡，所以抗戰不比尋常戰事，它有它的「特質」。「持久抗戰」與「全面抗戰」，是應合著這種「特質」的必然的方針。

第九節上半又引首都淪陷以後所發表的文告，把抗戰的「特質」詳細說明。這因為在第八節裡雖提到「特質」而沒有詳細說明的緣故。讀者只要站在整個民族的立場上想，就會相信這說明是絕對正確的。我們是被侵略的民族，敵寇是侵略者，這是理論的出發點。對於這出發點，誰都不會否認。我們懷抱著最高理想的三民主義，進行著爭取自由解放的國民革命，最終目的無非在擺脫被侵略的地位，建立獨立的國家。但侵略者是我們的死對頭，他們的侵略使我們的主義不得實現，使我們的革命不得完成。我們這方面是非完成不可，如第十一節裡所說的「絕不能容許我國家民族之獨立生存有絲毫之危害」，他們那方面是非侵略非阻撓我們的實現與完成不可，如第十一節所說的「欲根本吞併我國家與滅亡我民族」，這其間就含著絕對的衝突。所以說「此次抗戰為國民革命過程中所必經」。抗戰既然發動了，但我們的武器與軍備不如敵寇，是無須諱言的，將憑什麼來抗戰呢？我們有「強毅不屈之革命精神，與堅忍不拔之民族意識」，都是比武器與軍備更可靠的憑藉。這個話似乎偏於主觀，其實並不主觀，是從這樣的推論而來的：「三民主義之實現，與國民革命之完成」，是我們非達到不可的目標，現在為求達到這個目標而抗戰，武器與軍備比得上敵寇，固然最好，就是不如敵寇，也沒有中途停頓的道理。如果中途停頓，便是放棄了非達到不可的目標，這在我們被侵略民族的革命精神與民族意識上是不容許的。可見革命精神與民族意識比武器與軍備更為堅強，是更可靠的憑藉了。是國民革命過程中的必經階段，把革命精神與民族意識作為憑藉，這便是抗戰的「特質」。然而武器與軍備到底是決定勝敗的重要因素，我們的武器與軍備既不如敵寇，自該另有一個取勝之道，那便是「爭取主動」。我們的武器與軍備雖不如敵寇，只要本著我們的革命精神與民族意識，隨時隨地爭取主動地位，就可以「久戰不屈，使敵愈深入而愈陷於被動」。這「爭取主動」又是應合著抗戰「特質」的必然的方針。

立論根據全在抗戰的「特質」

以上把「一貫的方針」的三項都闡明了。讀者讀到這裡，應該把這三項的關係想一想。抗戰原是一件整個的事情，分割不開的，現在說「持久」，說「全面」，只是觀點的不同。就時間的觀點說，便是「持久抗戰」。就空間的觀點說，便是「全面抗戰」。「持久」而不「全面」，或「全面」而不「持久」，都與這回戰事的「特質」不相應合，事實上也不可能。要「持久」而處於被動地位，結果必然無法「持久」；要「全面」而處於被動地位，結果也必然不成「全面」。這更與這回戰事的「特質」不相應合了。所以無論就時間空間的觀點說，都必須「爭取主動」。「爭取主動」是根本，惟有把握住這個根本，才真能做到「持久」與「全面」。「持久抗戰」、「全面抗戰」、「爭取主動」三項的關係，大概如以上所說。

於是第十節論及「一貫的方針」對於抗戰信心的影響，以及對於將來戰事的關係。打仗打了一年有餘，其間進退變化很多，戰區幾乎擴大到我國的一半，可是抗戰信心絕不動搖，何以能夠如此呢？因為我們有我們的「一貫方針」，早經認定了抗戰是「持久」的，「全面」的。就當前情形看，似乎勝敗之數還不能預料，可是就抗戰信心說，「最後勝利可操券以俟」，何以能夠如此呢？因為我們有我們的「一貫方針」，早經決定了「爭取主動」的戰略。在「地廣、人眾、物豐」的條件之下，用「爭取主動」的戰略，支持「持久」的「全面」的戰爭，將來戰事的結果必然與所具的信心一致，還有可以懷疑的嗎？

以上從第七節到第十節闡明關於「一貫的方針」的理論，立論的根據全在抗戰的「特質」。無論何人，只要承認抗戰確然有這種「特質」，自然會相信這回抗戰非發動不可，同時也自然會相信所謂「一貫的方針」是最合理的方針。而對於抗戰的「特質」，在整個民族中間，是沒有一個人不承認的，除非他忘記了自己的國家民族，不希望國家民族的獨立生存。關於「一貫的方針」的理論既被承認，前面第二段對於戰局變化、武漢撤退的兩層認識，當然是堅不可破的論斷，不容辯難的了。

第十一節開頭用勉勵的口氣勸告全國軍民，意思是直承上文的。上文說到今後我方已處於主動地位，「最後勝利可操券以俟」。但真正得到最後勝利，還在我方繼續不斷地努力奮鬥，惟繼續不斷地努力奮鬥，敵寇才會「以久戰疲竭而覆敗」。敵寇的覆敗就是我方的勝利。這個勝利是必然可以得到的，這個「必然」就包蘊在我方抗戰的「特質」裡頭。於是依據著「特質」，給抗戰正名：「我之抗戰，在主義上言，實為民族戰爭，由完成國民革命之使命而言，亦即為革命戰爭」。又依據著「特質」，把民族的國民革命戰爭與尋常戰爭所以不同之點詳細說明。尋常戰爭沒有革命精神與民族意識作為原動力，一受到時間、空間、物質上的種種限制，就會氣衰力竭，被迫終止。現在我方民族的國民革命戰爭的原動力是革命精神與民族意識，終極的目標是實現三民主義，完成國民革命，建立獨立國家，不達到目標，是無論如何不肯也不能終止的，所以不受時間、空間、物質上的種種限制。而民族的國民革命戰爭的必然得到最後勝利，從美法俄土的先例，可以得到證明。民族的國民革命戰爭的必然能夠再接再厲，不受限制，從此次抗戰的過程，又可以得到證明。歸結以上的意思，就可知我方走的是最正當最穩妥的道路，只要把握著「一貫的方針」，繼續不斷地努力奮鬥，最後勝利是必然可以得到的。

第十二節與第六節方式相同，回顧到第七節開頭，作一個提要式的結束，喚起讀者的注意。第七節開頭說「吾同胞應深切記取我抗戰開始早已決定之一貫的方針，從而益堅其自信」。「一貫的方針」早已決定於抗戰開始的時間，如果有人因為當前局勢變化，而起了動搖心理，一定是他對於「一貫的方針」還沒有「深切記取」。然而這是非「深切記取」不可的。「深切記取」了之後，那麼，目前是「第二期抗戰開端」，抗戰已達到真能「持久」真能「全面」的階段，我方又已處於「主動」的地位，一切正依著應合抗戰「特質」的「一貫的方針」進行，誰還不「益堅其自信」？本篇第三段期望於讀者的，就是從「深切記取」進到「益堅其自信」。又因抗戰究竟是一件非常艱苦的工作，最後勝利雖是必然的，但贏取最後勝利，全國同胞人人抱最大的決心，作最大的努力，所以第十二節後半用勉勵語結束，表示所以要發表這篇文告的意思，在期望全國同胞人人都接受這種勉勵。

字裡行間瀰漫強固意志

前面說過，一篇議論文必須有闡明理論的部分，又應當有表示意志的部分。本篇第二段根據著「一貫的方針」說明武漢在當時不需且不宜保守，第三段根據著抗戰的「特質」，說明「一貫的方針」是最合理的必能取勝的方針：這都是所謂闡明理論的部分。同時表示意志的部分也就參雜在裡頭，現在逐一指出來。如第二節裡說：「我武漢外圍五閱月之苦戰惡鬥，已予敵人莫大之打擊，而植我民族復興之自信心與發揚我軍攻守戰鬥再接再厲之新精神。」「自信心」已「植」，「新精神」已「發揚」，這是事實。可是這話裡也包含著將抱著這種「自信心」與「新精神」來應付今後的戰爭的意思。說到「將抱著」，便是表示意志了。又如第四節裡說：「我軍之方略在空間言，不能為狹小之核心而忘廣大之國，以時間言，不能為一時之得失而忽久長之計」。這裡兩個「不能」，是理智的考索，同時也是意志的流露。原來不忘「廣大之國」，不肯「忽久長之計」，都是從關顧全局、抗戰到底的意志而來的。以下「決心放棄核心」的「決心」兩字，更像「壯士斷腕」似的，表示出權衡利害輕重，非這麼辦不可的堅強意志。第六節裡「決不可誤認為……」的「決」字，也與「決心」兩字有同樣作用。又如第七節裡說：「年餘以來，一循此旨，未嘗稍渝」。這是報告事實。然而，如果沒有貫徹「一貫的方針」的意志，怎麼能「一循此旨」而「未嘗稍渝」呢？以下說：「自今以後，亦必本此意旨，貫徹始終」。是關於將來的話。將來的一切還沒有成為事實，而預先要約說「本此意旨，貫徹始終」，並且在上頭加個「必」字，這不憑意志又憑什麼？又如第八節裡說：「凡茲由統一而抗戰而建國之一貫政策，與必經之革命程序，早已確立於先，深信必能貫徹始終，以克底於成。」「確立於先」固是理智考索的結果，而「深信必能貫徹始終，以克底於成」，卻是偉大意志的堅強表現。意志的表現在「言」與「行」兩方面，所以下文又教讀者「取中正日常之所言與所行，而與十六個月來戰事經過相印證」。關於抗戰的言論是最足以看出意志的「言」，關於抗戰的策劃是最足以看出意志的「行」；「言」與「行」既相一致，「貫徹始終」的意志的堅強，自然可以證明了。又如第九節裡說：「我之抗戰惟求三民主義之實現，與國民革命之完成」。第十一節裡又給抗戰正名，說「實為民族戰爭，亦即為革命戰爭」。這表明此次抗戰根本上是意志的戰爭，而「革命精神」與「民族意識」都是我整個民族的意志的另一個名稱。惟其如此，所以「革命精神」與「民族意識」可以作為抗戰的憑藉。惟其如此，所以「一時之進退變化，絕不能動搖我國抗戰之決心」，「任何城市之得失，絕不能影響於抗戰之全局」（第十節）。惟其如此，所以時間、空間、物質上的種種限制，都不能限制我方，我方惟知「戰爭目的達到之日，始為戰爭的終結」（第十一節）。又如第十二節裡說：「自今伊始，必須更哀戚，更堅忍，更踏實，更刻苦，更猛勇奮進」。這顯然是激勵意志的話。再就全篇來看，第二段教讀者對於當前戰局須有兩層認識，第三段教讀者須從深切記取「一貫的方針」進到「益堅其自信」。「益堅其自信」當然是意志方面的事情，而有了兩層認識之後，不是也就「益堅其自信」嗎？所以說本篇的整個目標就在激勵全國國民的意志，也未嘗不可。第十二節末了說：「願與我同胞共勉之」。見得個人的意志就是全國同胞的意志，凡以上表示的部分，都是包括個人與全國同胞而言的。彼此既有這樣共同的意志。除了「共勉」以求貫徹而外，當然再沒有問題了。前面說過，本篇字裡行間瀰漫著一種強固的意志，看了這裡所指出的，就可以完全明白了。

一　說明

應用文多數是理智的

本篇就性質說，是議論文，若就作用說，便是應用文。應用文與普通文相對。凡是文字，都是作者感到有寫出的必要才寫成的，作者對於一種事物或事理，覺得有話要向大家說，而且覺得非說不可，這才提起筆來寫文字。在這意義上，原可以說一切文字都是應用的。可是有一種文字是專門應付實際事務的，寫作的情形與其他文字不同。作者寫其他文字，或者想報告自己的經驗，或者想抒述自己的心情，或者想發表自己的意見，原都是有作用的；然而究竟要寫不要寫，全憑作者的自由，作者面前並沒有實際事務逼迫著他，使他非寫不可。應付實際事務的文字卻不然；實際事務臨到面前，你就非寫不可，沒有寫也可不寫也可的自由。譬如，有事情要與不在面前的朋友接洽，就得寫書信；與別人有法律交涉，就得寫狀子；出去調查了某種事情，就得寫報告書：寫書信、狀子、報告書之類都為著應付實際事務，並非作者有意要寫文字，然而不得不寫。這類文字特別叫做應用文。對於應用文而言，其餘的文字都叫做普通文。應用文與普通文的分別既經認明，本篇為什麼是應用文，也就可以瞭然了。原來本篇是為著應付當前一件最重大的實際事務——抗戰進入第二期——而寫作的。

應用文大多數是理智的，如前面所舉的書信、狀子、報告書三種，除了書信可以攙入感情的成分以外，都非絕端理智不可。理智的文字總求把要說的話有條有理地說清楚，使對方正確地理會，所以寫得明白是一個總目標。要寫得明白，須沒有閒事雜物使讀者亂意，沒有不普通的字句使讀者分心。因此，所用的字眼和語句就得是概念的、抽象的、普通的，而不得是感覺的、具體的、特殊的。惟有概念的抽象的普通的字句，才可以使它的意義限於所說，而不含蓄或者混雜有別的意思。若用感覺的、具體的、特殊的字句，那就無論如何簡單，讀者總可以作多方面的觀察，下多方面的解釋，而且不免有各自經驗所得的印象感想混雜在內，要憑它純粹傳達一個意思，就很不容易了。懂得了這個道理，便可以明白本篇為什麼寫成這樣形式。本篇的話都是概念的，別的且不說，「一貫的方針」裡的「持久抗戰」、「全面抗戰」、「爭取主動」三項便是三個概念。本篇的話都是抽象的，如說「我將士浴血奮鬥，視死如歸，民眾同仇敵愾，踴躍效命」（第一節），如說「今者我中部及東南之人力物力，多已移殖於西部諸省」（第二節），便是例子，此外不需再舉。若用具體寫法，就得描寫「浴血奮鬥」與「踴躍效命」的情況，記載人力物力移殖到西部諸省的事實了。本篇的話又都是普遍的，雖然是文言，所用字眼與語句都和白話很少差異，中間不用純文藝作品裡常用的那些修辭技巧，如果翻作白話出來，就是一篇明白易曉的演說。為什麼要這樣寫？就因為本篇是應用文，而應用文的字句，除了少數種類以外，原則上應該是概念的、抽象的、普通的。

上一節說如果把本篇翻作白話說出來，就是一篇明白易曉的演說。本篇與演說相似，還可以舉出兩點來說。第一、第二段說明對於放棄武漢應有兩層認識，到末了第六節作一個提要式的結束，第三段闡明要達到最後勝利必須把握著「一貫的方針」，到末了第十二節又作一個提要式的結束：這樣逐段結束，提示要旨，是演說裡常用的而且有效的方法。聽者聽著演說者長篇大論的發揮，或許不能夠照顧前後，體會出它的主要意義。演說者自己來一個提要式的結束，使聽者依據了這個再去回味先前所聽到的，那自然沒有含糊或誤會的弊病了。本篇第六節、第十二節的用意也是如此。第二，本篇把抗戰的「特質」分作幾處說，在第八節、第九節都說到一點，而在第十一節說得最詳細：這樣反覆稱說，不避繁複，也是演說裡常用的而且有效的方法。演說者向聽者演說，只求其暢達，不求其簡鍊，為欲使聽者認識深刻起見，對於同一事物，正不妨說了一段簡略的，再來一段詳細的。聽者既聽得一點不含糊，又一遍一遍地深印腦筋，演說的效果自然不同尋常了。本篇把抗戰的「特質」分作幾處說，也可以用同樣的說法來解釋。

二 聯想

成語不能改動或杜撰

本篇字語，都明白易曉。現在只提出少數應當注意的來說一說。

第二節裡「厥在掩護……」的「**厥**」字，古代使用它的時候，多數與「其初」、「其物」的「其」字相當。此外還有好幾種用法，其中的一種，用得與「乃」字相當；這裡便是這種用法，若改作「乃在掩護……」，意義也一樣。若說白話，便是「是在掩護……」。

本篇裡用了四個「**蓋**」字，用法相同，都是提示的口氣，表明下文是說明上文的。第二節「蓋惟西北西南……供給不虞其缺乏」，是對為什麼要「進行西南之建設」的說明。第八節「蓋暴敵……以克底於成」，是對於「一貫的方針」為什麼「決定於抗戰發動之初」的說明。第十一節「蓋中正前已言之……交通斷無封鎖之患耶」，是對於為什麼能使敵寇「久戰疲竭而覆敗」的說明。同節「蓋民族的國民革命……即其明證也」，是對於為什麼「必可奮鬥到底，以迄於成功」的說明。

第五節末一語「其必葬身無地矣」的「**其**」字，意義與「殆」字「將」字相近。如說「其庶幾乎」、「其此之謂歟」，「其」字都是「殆」字義。說「今殷其淪喪」、「其始播百穀」，「其」字都是「將」字義。這裡說敵寇「必葬身無地」，而「必葬身無地」還是將來的事情，所以用個「其」字，表示這是對於將來的推斷。

第十節開頭的「**夫**」字，是承接上文而推廣開來的口氣。前面八節說明了「持久抗戰」與「全面抗戰」，第九節說明了「爭取主動」，「一貫的方針」的三項都說過了，以下要推廣開來論到「一貫的方針」對於抗戰信心的影響，以及對於將來戰事的關係，所以用「夫」字開頭。

第十節末語裡「操券」兩字是成語。「券」是契券，分為左右，雙方各執其一，以為憑信；契券在手，事情沒有不成的了，所以事情必成，稱為「操券」。也可以說「操左券」或「操右券」，而「操左券」用得更普通。「操券以俟」一語，若翻作白話，不能說「拿著契券來等待」，因為白話裡沒有這樣的說法。只須翻作「有把握」就是了。

第十二節裡「自今伊始」的「伊」字，是古代的虛字，沒有實義。「伊始」就是「始」，加上「伊」

字，就有了兩個音，念起來順口。如「草創伊始」、「開辦伊始」，都是現在常用的。

第十二節裡用了兩句成語。「行百里者半九十」一句，出於《戰國策．秦策》，說一件事情做了百分之九十，還只能算做到一半，餘下的百分之十，所需的努力奮鬥正與在前的百分之九十相當。「寧為玉碎，毋為瓦全」一句，是南北朝時的常用語，說屈辱苟安不如英勇犧牲；屈辱苟安，雖「全」而價值好比「瓦」，英勇犧牲，雖「碎」而價值好比「玉」。如果不用成語，這些意思就得用好些語句，至少像上面所寫的，才能表達。可見引用成語的作用，在用少量的字句表達多量的意思。這裡有一點必須注意，就是：成語是大家公認的，不能把它改動，或仿照著它來杜撰。如說「行百里者半九十五」，意義上豈不更切一點，然而把成語改動了，大家不承認。「寧為玉碎，毋為瓦全」，雖也可以作「寧可玉碎，不能瓦全」，或「寧當玉碎，安求瓦全」，但「玉碎」「瓦全」是無論如何不能拆開的；如說「寧為玞碎，毋為磚全」，便是杜撰了，大家不承認。成語不宜翻譯，緣故也就在此。如作「走一百里路程的，走到九十里，只能算走了一半」，「寧可像玉一般地碎裂，不要像瓦一般地完全」，又如把前面的「操券以俟」譯作「拿著契券來等待」，人家看了，只認為你自己的話，不知道原是成語的翻譯，就不能完全領會你所要表達的意思了。

瀧岡阡表

歐陽脩

＊編按：本文指出《瀧岡阡表》是作者為亡故父母所作的墓表，透過對其母的敘述，刻畫出其父廉潔好施、宅心仁厚的形象。首段的「有待」兩字，是全篇的線索，對後面的文字具有領起的作用。文中使用「互文」和「逐層遞進」的修辭方法，以營造生動多變化的美感，讓讀者留下深刻的印象。

❶嗚呼！惟我皇考崇公卜吉於瀧岡之六十年，其子脩始克表於其阡；非敢緩也，蓋有待也。

❷脩不幸，生四歲而孤。太夫人守節自誓，居窮，自力於衣食，以長以教，俾至於成人。太夫人告之曰：「汝父為吏，廉而好施與，喜賓客；其俸祿雖薄，常不使有餘，曰：『毋以是為我累。』故其亡也，無一瓦之覆，一壠之植，以庇而為生。吾何恃而能自守邪？吾於汝父，知其一二，以有待於汝也。自吾為汝家婦，不及事吾姑，然知汝父之能養也。汝孤而幼，吾不能知汝之必有立，然知汝父之必將有後也。吾之始歸也，汝父免於母喪方逾年，歲時祭祀，則必涕泣曰：『祭而豐，不如養之薄也！』閒御酒食，則又涕泣曰：『昔常不足而今有餘，其何及也！』吾始一二見之，以為新免於喪適然耳；既而其後常然；至其終身，未嘗不然。吾雖不及事姑，而以此知汝父之能養也。汝父為吏，嘗夜燭治官書，屢廢而歎。吾問之，則曰：『此死獄也，我求其生不得爾！』吾曰：『生可求乎？』曰：『求其生而不得，

則死者與我皆無恨也。矧求而有得邪！以其有得，則知不求而死者有恨也。夫常求其生，猶失之死，而世常求其死也！』回顧乳者劍汝而立於旁，因指而歎曰：『術者謂我歲行在戌將死；使其言然，吾不及見兒之立也。後當以我語告之。』其平居教他子弟常用此語，吾耳熟焉，故能詳也。其施於外事，吾不能知。其居於家，無所矜飾，而所為如此。是真發於中者邪！嗚呼！其心厚於仁者邪！此吾知汝父之必將有後也。汝其勉之！夫養不必豐，要於孝；利雖不得博於物，要其心之厚於仁。吾不能教汝，此汝父之志也。」脩泣而志之，不敢忘。

❸先父少孤力學；咸平三年進士及第，為道州判官，泗綿二州推官，又為泰州判官。享年五十有九。葬沙溪之瀧岡。

❹太夫人姓鄭氏，考諱德儀，世為江南名族。太夫人恭儉仁愛而有禮，初封福昌縣太君，進封樂安、安康、彭城三郡太君，自其家少微時，治其家以儉約，其後常不使過之。曰：「吾兒不能苟合於世，儉薄，所以居患難也。」其後脩貶夷陵，太夫人言笑自若，曰：「汝家故貧賤也，吾處之有素矣。汝能安之，吾亦安矣。」自先公之亡二十年，脩始得祿而養。又十有二年，列官于朝，始得贈封其親。又十年，脩為龍圖閣直學士尚書吏部郎中，留守南京，太夫人以疾終於官舍，享年七十有二。

❺又八年，脩以非才入副樞密，遂參政事。又七年而罷。自登二府，天子推恩褒其三世。故自嘉祐以來，逢國大慶，必加寵錫：皇曾祖府君累贈金紫光祿大夫太師中書令，曾祖妣累封楚國太夫人；皇祖府君累贈金紫光祿大夫太師中書令兼尚書令，祖妣累封吳國太夫人；皇考崇公累贈紫光祿大夫太師中書令兼尚書令，皇妣累封越國太夫人。今上初郊，皇考賜爵為崇國公，太夫人進號魏國。

❻於是小子脩泣而言曰：「嗚乎！為善無不報，而遲速有時，此理之常也。惟我祖考積善成德，宜享其隆，雖不克有於其躬，而賜爵受封，顯榮褒大，實有三朝之錫命：是足以表見於後世而庇賴其子孫矣。」乃列其世譜，具刻於碑；既又載我皇考崇公之遺訓，太夫人之所以教人而有待於脩者，並揭於阡；俾知夫小子脩之德薄能鮮，遭時竊位，而幸全大節，不辱其先者，其來有自。

❼熙寧三年，歲次庚戌，四月辛酉朔十有五日乙亥，男推誠保德崇仁翊戴功臣觀文殿學士特進行兵部尚書，知青州軍州事兼管內勸農使、充京東東路安撫使，上柱國樂安郡開國公，食邑四千三百戶，食實封一千二百戶脩表。

〔指導大概〕

這篇文字，通體只有一條線索，就是一個「待」字。為什麼直到父親葬了六十年，才給他作墓表呢？因為有所等待。為什麼要等待？因為作者的母親說過「有待於汝」的話。母親的「有待於汝」不是漫無憑依的空希望，她根據著父親的孝行與仁心，知道這樣的人該會有好兒子，能夠具有同樣的孝行與仁心，並且能夠顯榮他的父母祖先——就是所謂「有後」。在父親下葬的那年，作者才只有五歲，當然不能作墓表。後來長大起來，而且「食祿」了，「列官于朝」了，他還是不作，因為母親所等待的還沒有確切的著落；直到「天子推恩褒其三世」，三代都受了皇帝的贈封，作者覺得「是足以表見於後世而庇賴其子孫矣」（編按：表見即「表現」），換一句說，母親所等待的有了確切的著落了，他才動手作墓表。他以為「天子推恩褒其三世」是自己「幸全大節」的憑證，而自己所以能夠「幸全大節」由於不負母親的等待，也就是不背父親的遺訓，總之是所謂「不辱其先」，真成了個好兒子。這並不是誇張自己，只是見得父親具有孝行與仁心而果真「有後」，果真有好兒子，乃是「為善無不報」的「理之常」。要表揚父親，還有比這個更值得敘述的嗎？所以必須等待到這時候才來作墓表。——作者的意念是依著這樣一條線索發展的。

意念發展線索決定取材範圍

意念發展的線索既已成立，同時就把取材的範圍也規定了。這一篇文字屬於碑誌類，所謂碑誌類，是就它刊刻的方式而言，實際上也就是傳記。傳記敘述一個人的生平有牽涉得很廣的，為什麼這一篇僅敘父親的孝行與仁心兩端呢？還有，作者在四歲時候，父親就去世了，對於父親的生平，當然只能間接地從母親方面得知；但是母親對於父親的生平，平日一定瑣瑣屑屑講得很多，為什麼這一篇僅敘母親講到父親的孝行與仁心的一番話呢？原來作者認為孝行與仁心是父親的兩大「善」，只此兩端，就足以表見父親的全貌。他在文字的第六段裡有「俾知夫小子脩……」的話，所謂「俾知」，使什麼人知道呢？不是要使子孫與世人知道嗎？要使子孫與世人知道什麼？不是說父親的兩大「善」影響了他，果然使他「幸全大節，不辱其先」，可見這兩大「善」是人生的至寶嗎？這就使這篇文字在敘述以外，自然而然帶著教訓意味。大凡含有教訓意味的文字，是排斥那沒有教訓意味的成分的；所以這一篇僅敘父親的孝行與仁心兩端。並且，作者受父親的影響，是從母親特別把父親的兩大「善」教訓他而來的；惟有把母親當時的教訓摹聲傳神地敘述下來，才見得他的受影響為什麼會這麼深切。這好像是寫母親，其實正是出力地具體地寫父親。若再加上母親平日瑣瑣屑屑講到父親生平的旁的話，那就使這一番話比較不顯著，把它的力量減弱了；所以這一篇僅敘母親講到父親的孝行與仁心的一番話。——以上是說取材的範圍受著意念發展的線索的限制。

不只第二段的取材如上面所說，再看第四段裡敘述母親「治其家以儉約」；當作者被貶謫的時候，母親說過「汝能安之，吾亦安矣」的話；這都與第二段裡所敘父親的話「毋以是為我累」相應合，見得母親是真能夠體驗父親的志概，本著父親的志概訓練兒子的。寫母親也就是寫父親，所以這些材料要取。再看第五段，說了「天子推恩褒其三世」，以下就直接第七段的「於是小子脩泣而言曰」，似乎也沒有什麼不可以。但是「天子推恩褒其三世」是作者「幸全大節」的憑證，如果就此一筆敘過，未免把這種憑證看得太不鄭重了，把朝廷的寵錫看得太不恭敬了；所以要把三代所受的贈封逐一記下來，以表鄭重與恭敬。可見這一段關於三代受贈封的文字，也是從作者意念發展的線索而來的。

自來傳記文字很多，作者意念發展的線索不同，取材範圍也就不一樣。如歸有光的〈先妣事略〉，是從一種「孺慕」的意念發展開來的；所以只取日常瑣屑作材料，使全篇帶著抒情的情調，而沒有什麼教訓意味。歐陽脩這一篇的第二段雖然紆徐曲折，摹聲傳神，也像是抒情的文字，但他把這一段作為全篇的主要材料，是著眼於它的教訓意味的；所以這一段與其他各段統看，就不覺得什麼抒情的情調，只覺得作者在那裡向人說教。歐陽脩是上承唐朝的韓愈而提倡古文的；他占很高的官位，有許多文人做他的門人，受他的提拔，他是當時文壇的盟主。韓愈開始以文字為教，主張為文須得傳堯舜禹湯文武周公孔孟之道，也就是漢朝以來我國的傳統倫理觀念。歐陽脩當然也作這樣想。在尋常的題目之下，如一篇遊記一篇短序之類，自然不妨隨便一點；但現在遇到的卻是個非常嚴重的題目——要敘述自己的父親。以文壇盟主的資格，作這樣非常嚴重的題目，若作來沒有「傳道」的作用，豈不是自己取消自己的主張？於是他抓住父親的孝行與仁心兩端，以為全篇的主要材料，因為「孝」與「仁」正是我國最重要的傳統倫理觀念。他又把母親預料父親「有後」，到後來果真「有後」，可見「為善無不報」，作為全篇的線索，這「為善無不報」也正是我國的傳統倫理觀念。既敘述了父親，又有了「傳道」的作用，從歐陽脩當時的觀點與立場著想，沒有比這樣下筆再得體的了。看一篇文字，要知道作者的觀點與立場，要知道他處在怎樣的一種思想環境與現實環境之中，才會得到客觀的理解。倘若不能抱這樣的態度，只憑讀者自己的主觀見解去評判，那就難以理解得透切。如說這一篇第五段歷記三代所受的贈封，誇耀虛飾的榮顯，酸味十足；又說第六段表明為善果真有報，近於一種迷信的因果論，與無知的積善老婆婆的見解不相上下；這就是憑現代的人的主觀見解去評判古人的文字了。這樣評判固然也是一種研討，但對於作者為什麼要這樣取材，這樣下筆，並沒有得到理解卻是真的。

說明各段大意與作用

現在請把各段的大意與作用來說一說（編按：「請」為客氣用語）。第一段從作表延遲說起，標出「待」字。第二段說明「待」字的來由在母親「有待於汝」的話；而母親這個話是有根有據的，那根據在父親的孝行與仁心。於是敘述母親所講關於父親的孝行與仁心的一番話，也就安排了本篇的主要材料。第三段記父親的官職、年歲與葬地，是傳記一類文字的格式。到這裡，敘述父親的生平的部分完畢了。第四段敘母親，而著眼於母親能夠體驗父親的志概，能夠隨時本著父親的志概訓練兒子，可以說是從旁面敘父親。這段裡因為敘「得祿而養」母親，用了「自先公之亡二十年」作為時間副語；以下就順次下去，連用「又十有二年」，「又十年」，來表明自己進官與母親去世的時間。第五段開頭用「又八年」，緊接上段，而敘的是自己「登二府」，三代受贈封的事情，這表明母親所謂「有待於汝」的有了著落了。於是來了第六段，見得這才是可以作墓表的時候了。作墓表不但記敘一個人的生平而已，更得使子孫與世人得到一種教訓，才有意義；所以先前不作，直到這個時候才作。第七段記作表的年月，並署名。年月日文字這樣完備，可省的也不省是表示鄭重。這是做父親的墓表，所以自稱「男修表」。名字上面寫自己的官銜，從「推誠」到「特進」，是榮銜，非實官；觀文殿學士本來是官名，但非曾執政者不授，也是榮銜；從「行兵部尚書」到「安撫使」，是現任的官職；「上柱國」是勳位；「樂安郡開國公」是爵號；「食邑」「食實封」若干戶，是祿秩，與封爵連在一起的，只表示秩，非俸給的數目。

第二段所敘母親的一番話最長，也最關緊要。這一番話又可以分為六節。從「汝父為吏」到「以有待於汝也」是一節，說明她處在寡居窮困的境地「而能自守」，只因她對於父親知道一二，有待於她的兒子。以下到「然知汝父之能養也」是一節，到「然知汝父之必將有後也」又是一節，這兩節就是所謂「知其一二」。從什麼方面知道的呢？第四節到「而以此知汝父之能養也」為止，第五節到「此吾知汝父之必將有後也」為止，說明了知道的所以然。末了一節是結論，她說從「汝父之志」看來可見養親最重要的是孝，待物最重要的是「其心厚於仁」。這裡第二節說「能養」，第三節說「必將有後」，第四節承接「能養」說，第五節承接「必將有後」說，第六節用「孝」與「其心厚於仁」雙承「能養」與「必將有後」，層次極為清楚整齊。

第三段開頭是「先公少孤力學」一語，「少孤」敘他的境遇，「力學」敘他的努力，都只是抽象說法；如果沒有這四個字，好像也沒有多大關係。可是沒有這四個字，開頭一語就成「先公咸平三年進士及第」，語氣見得急促了。現在用這四個字，語氣就見得舒緩；「力學」又與「進士及第」有了照應。並且，「少孤力學」是抽象說法，而第二段母親口裡稱述父親全是具體說法；一面具體，一面抽象，也有錯綜的趣味。

第四段第二句實在是「太夫人自其家少微時，治其家以儉約」，「恭儉仁愛而有禮，初封福昌縣太君，進封樂安、安康、彭城三郡太君」三語是插進去的，作為對於「太夫人」的形容語。所以要把這三語插進去的緣故，第一，與前面所說加用「少孤力學」四字一樣；作「太夫人自其家少微時」，嫌其急促，插入這三語，語氣就舒緩了。第二，太夫人被封為「福昌縣太君，進封樂安、安康、彭城三郡太君」本來在作者「列官于朝」之後，但「始得贈封其親」一語之下是接不上母親被封為什麼的（若要在這裡敘明母親被封為什麼什麼，就得像現在作文一樣，把這個話括在括弧裡頭了，而從前作文是沒有這個格式的）。正好前面有個可以安插的地方，所以就把它提到前面去了。

第四段裡的「又十年」，指宋仁宗皇祐四年，與以下的「脩為龍圖閣直學士尚書吏部郎中，留守南京」，都是「太夫人以疾終於官舍」的時間副語，表明作者任這些官職的時候，母親去世了。若以為作者「為龍圖閣直學士尚書吏部郎中，留守南京」，是皇祐四年才開始的事情，那就錯了。原來作者除龍圖閣直學士，在前此八年（仁宗慶曆四年）；落龍圖閣直學士，在前此七年（慶曆五年）；復龍圖閣直學士，在前此三年（皇祐元年）；知應天府，兼南京留守司事，授尚書吏部郎中，在前此二年（皇祐二年）；都不是皇祐四年才開始的。

第六段裡「既又載我皇考崇公之遺訓，太夫人之所以教而有待於脩者」兩語，是歸結全篇的話，很關重要。全篇的主要目標當然在記載父親的遺訓，但父親的遺訓所以會在作者人生上發生影響，卻在母親本著遺訓訓練兒子，期待兒子。沒有父親的遺訓，母親將本著什麼來訓練兒子，這是不可知的。沒有母親的訓練，父親的遺訓會不會在作者人生上發生影響，也很難說定。遺訓與母親的訓練是二而一的，惟有這兩項合併在一起，才收到真實的效果——就是兒子果真能夠「幸全大節，不辱其先」。這裡所指出的兩語就表明這個二而一。同時也點醒了本篇敘述手法的所以然。原來本篇從母親的口吻敘述父親的遺訓，又敘述母親的儉約安貧，無非要表明母親能夠本著遺訓訓練兒子。所以說，這兩語是歸結全篇的話。

體會言外之意

以上把全篇的取材、布局、照應各方面大略說過了。大概讀一篇文字，僅能逐句逐句照字面解釋，是不夠的；必須在解釋字面之後，更從文字以外去體會，才會得到真切意義。現在請把本篇須得加意體會的地方提出來說一說。

第二段母親的話的第一節裡，提起父親的「毋以是為我累」一語，為什麼「有餘」反而是「累」呢？因為欲求「有餘」，或許會傷「廉」，或許會損害「好施與」的品性，這是對於自身的「累」。「有餘」

而傳到兒子手裡，或許使兒子慣於席豐履厚，不能居患難，安貧賤，這是對於兒子的「累」；對於兒子的「累」也就是自己的「累」。這些「累」都是要不得的，所以說「毋以是為我累」。同節裡有「無一瓦之覆，一壠之植」兩語，這等於說沒有房屋與田地，但比起「無屋舍田畝」來，卻具體得多，印象深刻得多。「一瓦」、「一壠」都是最低限度，最低限度的財產也沒有，可見窮困真到了極點了。第三節「然知汝父之必將有後也」一語，如果去掉「將」字，作「必有後也」，文意也順適。但「必有後也」是斷定口氣，加入「將」字就是期望口氣；這裡承上文的「有待於汝」，作期望口氣尤合於說話當時的神情。

第四節敘述父親的話，說「祭而豐，不如養之薄也」，又說「昔常不足而今有餘，其何及也」，都從一句簡單的話，表出父親追慕不已的孝思。祭祀是人子的一件大事，固然要求其豐盛；但是，如果不是死後的祭祀而是生前的奉養，即使比較菲薄一點，在人子是何等的快慰呢？在奉養的時候，因為手頭「不足」，不得好好兒奉養；現在手頭「有餘」了，偏偏又無法奉養，在人子是何等的深恨呢？這兩層意思，從這兩句簡單的話裡表達出來，父親的孝思如何深切也就可想而知了。再看在「御酒食」上頭加上一個「閒」字，見得所謂「有餘」也是有限得很的，不過比往時稍稍寬裕一點而已。稍稍寬裕一點，就想到不及拿來奉養，那孝思真是沒有一刻不在心上的了。同節「至其終身未嘗不然」一語，是找足一句的說法。每逢祭祀，每對酒食，總是要涕泣而歎息，這樣直到他臨死；說他的孝思沒有一刻不在心上，還有可以懷疑的嗎？死後的追慕尚且如此，那麼，生前的奉養雖因「不足」而菲薄一點，但必然純本於孝思，是不問可知的了。所以本節的末了說「以此知汝父之能養也」。

第五節裡母親問「生可求乎？」以下父親回答的一番話，層次很多，言外還有意思，必須仔細體會。

這一段話開頭說「求其生而不得，則死者與我皆無恨也」，並不直接回答說「生」的可求不可求，只是提出一個原則來：法官必須勞費心思替將死的罪犯尋一條生路。即使各個罪犯都尋不到生路，但那一番心思是不得不勞費的；因為惟有這樣做，在法官是盡了他的職責，良心上沒有什麼抱恨；在罪犯是自己犯了實罪，雖死也沒有什麼抱恨。以下接說「矧求而有得邪」，用的是反問感歎的語氣。假定求而總是不得，但為彼此不致抱恨起見，尚且非求不可；現在實際上又「求而有得」，怎麼能不求呢？這就回答了「生可求乎」的問語；見得「生」是可求的，而且非求不可的。以下接說「以其有得，則知不求而死者有恨也」，這是推開來想。從「求而有得」著想，可見偶爾疏忽一件案子，也許正冤枉一個罪犯，將使他抱恨而死。那麼，做法官的還可以偶爾疏忽一件案子嗎？以下接說「夫常求其生，猶失之死，而世常求其死也」，這是對於當時一般法官的感慨。「常求其生」指自己說；像自己這樣存心，這樣審慎，說不定還有考核與判斷的錯誤，因而把不該受死罪的罪犯冤枉處死。而一般法官對於案子只是隨便處理，一味疏忽；那不但是不替罪犯尋生路，簡直是專把罪犯趕上死路去了。說著這樣感慨的話，他自己絕不願像一般法官那樣隨便與疏忽，那意思也就表明了。

接著父親歎息說恐怕見不到兒子的成立，「後當以我語告之」，以下母親又說「教他子弟常用此語」；這裡的「我語」、「此語」不能呆看。「我語」、「此語」該是指前面的話而言，而前面的話是說法官必須盡心替罪犯尋生路，以求彼此無恨；難道父親料定兒子與「他子弟」將來都要作法官嗎？這就是呆看了。原來「我語」、「此語」是指像前面的話那樣的存心而言；兒子與「他子弟」將來固然不一定作法官，但那樣的存心是無論作什麼都必要的，所以說「後當以我語告之」，所以「教他子弟常用此語」。以下母親讚歎父親，用推進一層的說法，先說「其施於外事，吾不能知」；這不但按照實際情形說，她自己處在家裡，不能知道父親在外面的情形；同時還表出一種料想，也許父親在外面，更有許多教人感服的事情，只是她不能知道，故而也無從說起了。在外面做事而能教人感服，也許還有點「矜飾」的意味，並不完全出於自然；於是推進一層說，在家裡是絕對用不到「矜飾」的，而父親能那樣地認真盡責，可見他的存心是完全出於自然的了。存心完全出於自然，怎麼就歸結到「此吾知汝父之必將有後也」呢？中間好像缺少了一座過渡的橋梁。原來過渡的橋梁就是「為善無不報」；這「為善無不報」是「理之常」，人人所有的信念，不煩言而可知，所以把它省略了。

第六節開頭說「汝其勉之」，明明是教訓語，以下卻又說「吾不能教汝」，而用「此汝父之志也」來結束；見得所謂「養不必豐，要於孝，利雖不得博於物，要其心之厚於仁」，只是從「知其一二」的父親的性行上體驗出來的一點道理；就為體驗出來了這點道理，她才有以教兒子，她才有待於兒子。倘若沒有這一節話，以上幾節僅僅說明了「汝父之能養」、「汝父之必將有後」，與兒子的關係還淺。現在有了這一節，見得她的教訓也就是「汝父之志」，她所謂「有待於汝」，是期待「汝父之志」在兒子的人生上發生優善的影響，這與兒子的關係就深切多了。

第四段敘母親的話「吾兒不能苟合於世，儉薄所以居患難也」；意思是說「不能苟合」必然常「居患難」，習慣了「儉薄」，「居患難」就安之若素了。這個話正與父親「毋以是為我累」的話正反相應；父親的意思是豐厚（有餘）要成累，母親的意思是儉薄就沒有什麼累。以下「汝家故貧賤也……」兩句是承接上文，用敘述來加倍描寫。「汝能安之，吾亦安矣」一句，雖只有八個字，可是把母親與兒子融融泄泄，「居患難」而心胸曠然的情境，都表現出來了。作者的母親畫荻教子，自來稱為賢母的模範。讀本篇所敘母親的一些話，真像看見了這位賢母，聽到了她的溫恭慈愛的口吻。

第六段「為善無不報」之下，加「而遲速有時」五字，作為對於「報」字的副語，與下文相應；這是文字的周密處。「我祖考積善成德，宜享其隆」，但「不克有於其躬」，這就像是「不報」。然而到後來「賜爵受封，顯榮褒大，實有三朝之錫命」，可見並不是「不報」，只是「報」得「遲」一點罷了。這就是所謂「遲速有時」。若不在上文把這一層先行點明，下文「不克有於其躬」就未免有點突兀了。末句的末了說「小子脩」「德薄能鮮，遭時竊位」，「德」與「能」都不行，原不該有什麼發展，而現在竟得發展，無非遭遇時世，竊居高位而已：把自己說得這樣地平凡，只是要反襯下文的「全大節」與「不辱其先」。「全大節」與「不辱其先」不是容易做到的事情，而平凡的自己居然能夠做到，那是經過了許多奮勉的工夫而來的。下一個「幸」字，所以表明奮勉成功的意思。若把這「幸」字解作通常的「僥倖」，意味就差一點了。平凡的自己何所憑藉而能奮勉呢？憑藉的是父親的遺訓與母親的訓練；把成功的原由都歸到父母身上，這就是所謂「其來有自」。

一　說明

釐清字詞解釋

現在把本篇所用的字與詞、語，應該提出來說明的，逐一說明於下：

關於墳墓的刻石，通常有兩種，一種是「墓表」，也稱「墓碑」；一種是「墓誌銘」。一般的見解，「墓表」所以彰其人，立在墳上，供瞻仰的人觀看；「墓誌銘」埋在墳中，將來時候或許陵谷變遷，發現（編按：原作「發見」）的人就可以知這墳中埋的是誰。但姚鼐《古文辭類纂》的序文裡說：「誌者，識也。或立石墓上，或埋之壙中，古人皆曰誌。為之銘者，所以識之之辭也。然恐人觀之不詳，故又為序。世或以石立墓上曰碑曰表，埋乃曰誌，及分誌銘二之，獨呼前序曰誌者，皆失其義。」這是說關於墳墓的刻石，不管它立在墳上或是埋在墳中，「古人皆曰誌」；他是不承認有「墓表」與「墓誌銘」的分別的。

「嗚呼」是歎詞，或僅表感歎，或在感歎之外兼表傷痛或讚美的意思。本篇裡用了三個「嗚呼」。第一段裡的「嗚呼」僅表感歎，感歎作表的延遲。第二段裡的「嗚呼」就兼表讚美了，讚美父親「其心厚於仁」。第六段裡的「嗚呼」也兼表讚美，讚美祖考的「實有三朝之錫命」。從此又可見「於是小子脩泣而言曰」的「泣」字是感慰的「泣」，不是傷痛的「泣」。

本篇裡用了兩個「惟」字，一個在第一段，一個在第六段。**這兩個「惟」字不是「惟獨」，沒有實義，只是古代的發語詞**——在說話開頭的時候，帶出一個沒有實義的字來，以助語氣。去掉「惟」字，作「我皇考」、「我祖考」，意思也一樣。現在加用這古代的發語詞，見得稱說自己的「皇考」與「祖考」，語氣更莊敬一點。

「皇」字是對於先代的敬稱。篇首初提到父親，當然該莊敬；第五段敘述父親受朝廷的贈賜，第六段說到父親的遺訓，也非莊敬不可；所以都用「皇考」。第三段裡的「先公少孤力學」，第四段裡的「自先公之亡二十年」，都只是尋常敘述語；所以不用「皇考」而用「先公」。第五段裡稱曾祖為「皇曾祖」，稱祖父為「皇祖」，理由與前面所說一樣。

「崇公」是賜爵崇國公的簡稱。在「皇考」之下，又稱父親的賜爵，也所以表示莊敬。除了對於自己的祖先以外，對於其他的人不稱他的名字而稱他的官位、封爵、謚號，也都表示莊敬的意思。

「卜吉」，就是下葬；但是說「卜吉」見得當時是鄭重其事，占卜了「吉兆」而下葬的，正與全句鄭重、莊敬的情味相一致。第三段裡敘及葬地，僅是尋常敘述語，所以用「葬」字就夠了。

「克」字與「能」字的分辨，在「前言」裡已經提到，這裡不再說。現在只說第六段裡「雖不克有於其躬」一語的「不克」。這一語說祖考「不克」在生前「享其隆」，而「享其隆」是一件大事，提及的時候應該鄭重、莊敬的；所以不作「不能」而作「不克」。

本篇裡用了許多「也」字，這些「也」字可以分為三類。「非敢緩也」、「故其亡也」、「吾之始歸也」、「此死獄也」、「汝家故貧賤也」等語裡的「也」字是一類，**表示語氣到此稍稍頓一頓，話還沒有說完**。「蓋有待也」、「以有待於汝也」、「然知汝父之能養也」、「然知汝父之必將有後也」、「不如養之薄也」、「而以此知汝父之能養也」、「則死者與我皆無恨也」、「則知不求而死者有恨也」、「而世常求其死也」、「吾不及見兒子之立也」、「故能詳也」、「此吾知汝父之必將有後也」、「此汝父之志也」、「儉薄所以居患難也」、「此理之常也」等語裡的「也」字是一類，表示語氣到此完足，一句話已經說完。第三段裡「其何及也」一語的「也」字又是一類，與「邪」字相當，是反問與感歎的語氣。如果說白話，「非敢緩也」作「並不是敢於遲緩」，「此死獄也」作「這是一件該判死罪的案子」，「汝家故貧賤也」作「你家本來貧賤」，都只須稍稍頓一頓就是，不須再用什麼語助詞。「故其亡也」

作「所以他去世的時候」，「吾之始歸也」作「我嫁過來的時候」；這裡值得注意，白話裡的時間副語「……的時候」，文言裡可作「……也」。「所以當他入學的時候」可作「方其入學也」，「與你碰見的時候」可作「與君之相遇也」。再說**第二類「也」字**。「蓋有待也」作「是有所等待」，「以有待於汝也」作「因此對於你有所等待」，**都只在聲調上表示語氣完足，末了不需再用什麼語助詞**。「然知汝父之能養也」作「然而知道你父親是能夠奉養的」，「然知汝父之必將有後也」作「然而知道你父親是一定會有好子孫的」，「則知不求而死者有恨也」作「就知道不經仔細考求而被處死刑的有怨恨了」，「吾不及見兒之立也」作「我見不到兒子的成立了」；從這裡可以知道，白話裡的「是……的」與「了」兩種斷定語氣，在文言裡就是「也」字。**再說第三類「也」字**。「其何及也！」白話作「還哪裡來得及呢！」**這「也」字正是白話裡的「呢」**。所以，「什麼緣故呢？」文言作「何也？」「什麼人呢？」文言作「誰也？」

「蓋有待也」的「蓋」字，與「乃」字意義相近，作「乃有待也」也可以。全句說白話，是「並不是敢於遲緩，是有所等待」。可見白話裡這樣語氣之下的「是」字，文言作「蓋」字或「乃」字。所以「並不是不願意做，是沒有能力做」，文言作「非不願為也，蓋無其能也」。「這不是遠山，是停著的雲」，文言作「是非遠山也，乃停雲也」。

「自力於衣食」一語，照樣說作白話是「自己盡力對於衣食」，或「自己盡力在衣食方面」，都不很順適。這**只須說「自己盡力謀衣食」就可以了**。又如下文「新免於喪」，白話就是「新近除服」。那「於」字都不必譯作「對於」或「在」字放在話裡的。

「以長以教」的「長」字作「長養」解，所以與「教」字處同等的地位。被「長」被「教」的都是作者。

「以長以教」，以什麼來長養兒子教訓兒子呢？原來是以「自力於衣食」。因為「自力於衣食」已經說在前面，「以」字之下就可以直接「長」字「教」字了。這與「以庇而為生」一語情形完全相同。原來是「以一瓦之覆，一壠之植，庇而為生」，但為要說明沒有「一瓦之覆，一壠之植」，必須把這兩語提在前面，才加得上一個「無」字；兩語既已提在前面，「以」字之下就可以直接「庇而為生」了。明白了這個，也就可以明白「俾至于成人」「俾知夫小子脩……」兩語的句法。「俾」就是「使」，使那一個「至於成人」，使什麼人知道，語中都不點明，必然已經提在前面了。不錯，已經提在前面了；對於「俾至于成人」的「俾」字是「脩不幸」的「脩」字，對於「俾知夫小子脩……」的「俾」字是「是足以表見於後世而庇賴其子孫矣」一語裡的「後世」與「子孫」。

本篇裡用了四個「邪」。「邪」就是「耶」。「吾何恃而能自守邪？」「矧求而有得邪！」都是反問口氣，「邪」字與白話裡的「呢」字相當。「是真發於中者邪！」「其心厚於仁者邪！」都是讚歎口氣，「邪」字與白話裡的「啊」字相當。後面兩語說作白話，就是「這真是從心裡發出來的啊！」「他的心裡仁道很厚的啊！」

「祭而豐，不如養之薄也」，說作白話，就是「祭得豐厚，不如供養得菲薄」。又如「讀而勤」、「學而有成」、「為吏而廉」一類的語句，白話就是「讀得勤快」、「學習得有成就」、「做官做得廉潔」；這些「而」字都與白話裡的「得」字相當。「養之薄」本來也可以作「養而薄」，現在不用「而」

字而用「之」字，叫做**「互文」——就是說，錯綜地使用作用相同的字，以避免重複**。這「之」字並不與「我的」、「你的」的「的」字相當，而與上語的「而」字作用相同。**「互文」常常用在語式相同的兩語裡**。「而」字與「之」字可為「互文」之外，其他「互文」還有很多。如陶潛〈歸去來辭〉裡的「舟遙遙以輕颺，風飄飄而吹衣」兩語語式相同，「以」字與「而」字是「互文」。

「閒御酒食」的御字，與白話裡的「用」字相當。白話說「請用飯」，比較「請吃飯」恭敬一點。文言說「御酒食」，也比較「進酒食」恭敬一點。

本篇裡用了許多「其」字，多數「其」字都是尋常用法，在白話裡就是「他的」。只有兩個比較不尋常，現在提出來說一說。一個是「其何及也」的「其」字。這一語說作白話，就是「還哪裡來得及呢！」「其」字與白話的「還」字正相當。再從《左傳》裡摘出一些語句來看，如「其何不濟？」「其何以免乎？」「其何以報君？」「其何後之有？」說作白話，就是「還有什麼不成功呢？」「還從什麼方法避免呢？」「還拿什麼報答你呢？」「還會有什麼後代呢？」可見在反問或感歎的語句裡，「其」字用在開頭，語氣與白話裡說「還」字一樣。又一個是「汝其勉之」的「其」字。這「其」字表示命令與期望的意思。不說「汝勉之」而說「汝其勉之」，更見懇切叮嚀的心懷。《尚書》裡有「帝其念哉！」「嗣王其監於茲！」的語句，《左傳》裡有「吾子其無廢先君之功！」的語句，「其」字的用法都與「汝其勉之」一語相同。

「吾始一二見之，以為新免於喪適然耳；既而其後常然；至其終身，未曾不然」一句裡，連用「適然」、「常然」、「未嘗不然」，逐層遞進，把父親沒有一刻不存著孝思說到極點。凡要使讀者聽者的感興逐漸達到頂點，用這種逐層遞進的說法是很有效的。

「以為新免於喪適然耳」的「耳」字，與尋常作「而已」或「罷了」意義的「耳」字不同。它與「也」字相當，放在語句的末了，表示語氣到此停頓。所以這一語若作「以為新免於喪適然也」，語調是一樣的。說作白話，就是「以為他新近除服偶而這樣」，無論用「耳」用「也」，都不須再找什麼語助詞來譯它了。「我求其生不得爾」的「爾」字，與這個「耳」字，完全相同；也與「也」字相當，也是放在語句的末了，表示語氣到此停頓。「我求其生不得爾」，也可以作「我求其生不得也」。再就本篇用「也」字的語句來看，有些「也」字也可以換作「耳」字；如「蓋有待也」也可以作「蓋有待耳」，「以有待於汝也」也可以作「以有等於汝耳」。可見「也」、「耳」兩字是常常可以通用的。不過用「也」字語氣重一點，用「耳」或「爾」字語氣輕一點，這是分別所在。

「矧」字與「況」字意義相同。有人說，這兩個字，語氣有緩急的分別，「況」字語氣緩，「矧」字語氣急。這種分別，現在也不能辨明；只覺得「況」字是常用字，「矧」字是比較不常用的字罷了。

本篇裡用了三個「夫」字。「夫常求其生」，「夫養不必豐」兩語裡的「夫」字是一類，放在語首，表示提示的意思。白話裡沒有與這個「夫」字相當的字；說這兩語，就是「常常給他尋生路」，「奉養不一定要豐盛」，開頭都不須用什麼語詞，只須發聲前低後高就是了。「俾知夫小子脩……」一語裡的「夫」字又是一類，放在動詞底下，沒有意義，只把上面那動詞拖得舒緩一點。白話裡也沒有與這個「夫」字相當的字。這樣的「夫」字當然不妨去掉；所以這一語也可作「俾知小子脩……」。

「猶失之死」一語裡，「失之」兩字是相連的；凡是說話說得不對，做事做得錯誤，文言都可用「失之」兩字來表示。這一語說作白話，就是「尚且會弄錯了教人冤枉死」。文言為什麼縮得這樣簡短呢？因為「猶失之死」與上一語「常求其生」句法相同，成為對偶，而對偶的語句，往往可以簡縮而見意的。

「劍」字的來源，在《禮記．曲禮上》。〈曲禮〉上的文句是：「長者……負劍辟咡詔之，則掩口而對。」鄭注說：「負，謂置之於背；劍，謂挾之於旁。」孔疏說：「劍，謂挾於脅下，如帶劍也」。可見這「劍」字是把小兒挾在脅下的意思。本篇各本有異文若干處，這個「劍」字，一本作「抱」字。有人說，作「劍」字表示「乳者」把作者挾在脅下，看主人在燈下辦公事，情態很生動；若作「抱」字，就覺得直致了。但這「劍」字是僻字（僻字與古字不同，古字是現在不常使用的字，僻字是向來就少經使用的字），就本篇全體看，使用僻字的就只有這一處，未免見得不調和。並且，用「劍」字就生動，用「抱」字就直致，也只是從愛好僻字而來的主觀看法。所以，作者當時用的如果真是「劍」字，在全篇用字須求調和這一點上是可議的。

作者的父親死在宋真宗大中祥符三年，那年正是「庚戌」，與術者的話相應。作者所以要把「歲行在戌將死」的話敘下來，就為事實與預言相應的緣故。至於這是偶合還是術者真有預知的本領，這問題在現代人當然很容易想起；但在作者當時是不成問題的。

「吾耳熟焉」的「焉」字與「之」字相當，指稱上一語裡的「此語」。這四個字說作白話，就是「我聽熟了這個話」。《左傳》裡有「公使讓之，且辭焉」的語句，《孟子》裡有「堯之於舜也，使其子九男事之，二女女焉」的語句，「辭焉」就是「辭之」，「女焉」就是「女之」。可見「焉」字與「之」字常常通用的。

作者「貶夷陵」是宋仁宗景祐三年的事情。按年譜，景祐元年，「授宣德郎，試大理評事，兼監察御史，充鎮南軍節度，掌書記館閣校勘」。景祐三年，「是歲，天章閣待制權知開封府范沖淹言事忤宰相，落職，知饒州。公切責司諫高若訥，若訥以其書聞，五月戊戌，降為峽州夷陵縣令」。

作者初入仕「得祿而養」是宋仁宗天聖八年的事情。按年譜，天聖七年，「是春，公……試國子監為第一，補廣文館生。秋，赴國學解試，又第一」。天聖八年，「正月，試禮部，……公復為第一。三月，御試崇政殿，公申科第十四名。五月，授將仕郎，試祕書省校書郎，充西京留守推官」。

「列官于朝」，指宋仁宗慶曆二年作者「知太常禮院」而言。

作者「拜樞密副使」是宋仁宗嘉祐五年的事情。「參知政事」是嘉祐六年的事情。

「又七年」，指宋英宗治平四年。按年譜，治平四年，「二月，……御史彭思永蔣之奇以飛語汙公，上察其誣，斥之。公力求去。三月壬申，除觀文殿學士，轉刑部尚書，知亳州。……五月甲辰，至亳」。這就離開了中央而充外任了。

「實有三朝之錫命」的「實」字，不是「實在」而是「果然」。「果」本來是「木實」，有「果然」一義，自然「實」也可以作「果然」了。如在敘述一個學生怎樣怎樣用功之後，接著說「每試實列前茅」，在敘述人家怎樣怎樣對我有好感之後，接著說「實慰我心」，這些「實」字都是「果然」。

以上說到的一些文言虛字，固然要分析、比較，確切地知道它們所表示的意義與語氣；但是要熟習它們並且使用它們，非加工吟誦不可。從吟誦入手，所得到的才是習慣，而不僅是知識。

二　聯想

敘述人物的手法

讀過了這篇文字，可以想起許多問題。譬如，碑誌傳記的文字，目的在敘述人物，從這篇文字看來，敘述人物的主要手法是什麼呢？第一是抉出那個人品性與行為上的特點（編按：抉有「挖、挑」之意），憑那些特點來表見他的全貌。本篇作者以為孝行與仁心是父親的兩大「善」，是父親的特點，所以著眼在此，其他不再敘述。第二是用具體寫法。本篇作者不用一些抽象詞語來形容父親的孝與仁而用父親在祭祀與進酒食的時候怎樣追慕，在辦公事的時候怎樣用心，來表現父親的孝與仁；這就是用具體寫法。

又如，具體寫法與抽象寫法，方法上與效果上有什麼不同呢？抽象寫法只憑作者主觀的意見：如作者覺得某人能夠孝順他的父母，就說他「能孝其親」；覺得某人的孝行真是做到極點了，就說他「孝行純篤」；這裡「能孝」與「純篤」都是作者主觀的意見。具體寫法就不然。如「祭而豐，不如養之薄也！」「昔常不足而今有餘，其何及也！」本是本篇作者父親常說的兩句話；關於「求其生」的意見，本是本篇作者父親某一夕說起的一番話；作者覺得就是這幾句話，已可充分地見到父親的孝行與仁心了，於是把它們記下來。還有說話當時的背景，「祭而豐……」一句是「歲時祭祀」的時候說的，「昔常不足……」一句是「閒御酒食」的時候說的，「求其生而不得……」一段是「夜燭治官書，屢廢而歎」的時候說的；在那樣背景中，說那樣的話，父親的孝行與仁心真是宛然如見了。這裡只有選取材料（就是言語、行動、背景等）的時候多少摻有作者主觀的意見，待材料選定之後，作者的任務只是敘事與記言罷了。這種手法叫做表現，意思是使所寫的人物自己顯示在讀者面前。以上是兩種寫法方法上的不同。抽象寫法只能教人家知道些什麼。如前面所舉的例子，說某人「能孝其親」或「孝行純篤」；但某人怎樣「能孝」，他的孝行怎樣「純篤」，卻是無法知道的。具體寫法在教人家知道些什麼以外，還能教人家感到些什麼。如本篇敘述父親的話與說話當時的背景，那背景與說話構成一種真切的境界，顯示一個生動的人物，可供讀者自己用心靈去探索與認識。探索與認識的結果，不但知道作者的父親曾經說過那些話而已，並且感到作者父親真是個盡孝盡仁的人。以上是兩種寫法效果上的不同。

又如，凡是碑誌傳記文字，是不是或多或少都用具體寫法的呢？所謂抉出人物的特點，這特點是不是專指那人的長處而言呢？這類文字，有的帶教訓意味，有的卻不帶，這帶與不帶由什麼而分別呢？想到這些問題，就可以各就方便，取若干篇碑誌傳記來看。又如，這篇文字紆徐而莊敬，風格與它相近的文字，作者還有哪些篇呢？人家說作者「文備眾體」，作者的文字工作，涉及的方面到底有多少呢？想到這些問題，就可以取作者的全集來看。又如，本篇所用的一些文言虛字，在本篇裡作這樣意義這樣語氣，能不能從其他文篇中得到印證呢？本篇所用的一些修辭方法，如逐層遞進的說法與對偶句裡用互文，能不能從其他文篇中找到例子呢？想到這些問題，就得隨時留意，以免錯過發現的機會。

封建論

柳宗元

*編按：本文針對柳宗元反封建的背景，以及所引證的事跡歷周秦漢唐四代，先加以說明。繼而指出「封建是聖人意」，為當時封建論者主要的論據，而柳宗元反封建，首先就得打破此一論據。文中對作者指摘政制缺失援引歷史事證，有其觀點與態度的剖析，此外對於辯論文的特點、非難語氣的運用，以及行文徵引的剪裁要點，與詞語的運用，都有精闢的見解與說明。

❶天地果無初乎？吾不得而知之也。生人（民）果有初乎？吾不得而知之也。然則孰為近？曰，有初為近。孰明之？由封建而明之也。彼封建者，更古聖王堯舜禹湯文武而莫能去之。蓋非不欲去之也，勢不可也。勢之來，其生人（民）之初乎？不初無以有封建；封建非聖人意也。

❷彼其初與萬物俱生，草木榛榛，鹿豕狉狉。人不能搏噬，而且無毛羽，莫克自奉自衛——荀卿有言，必將「假物」以為用者也。夫「假物」者必爭。爭而不已，必就其能斷曲直者而聽命焉。其智而明者，所伏必眾。告之以直而不改，必痛之而後畏。由是君長刑政生焉。故近者聚而為群。群之分，其爭必大。大而後有兵有德。又有大者，眾群之長又就而聽命焉，以安其屬。於是有諸侯之列。則其爭又有大者焉。德又大者，諸侯之列又就而聽命焉，以安其封。於是有方伯連帥之類。則其爭又有大者焉。德又大者，

方伯連帥之類又就而聽命焉，以安其人（民）。然後天下會於一。是故有里胥而後有縣大夫，有縣大夫而後有諸侯，有諸侯而後有方伯連帥，有方伯連帥而後有天子。自天子至於里胥，其德在人（民）者，死必求其嗣而奉之。故封建非聖人意也，勢也。

❸夫堯舜禹湯之事遠矣，及有周而甚詳。周有天下，裂土田而瓜分之，設五等，邦群后；布履星羅，四周於天下，輪運而輻集，合為朝覲、會同，離為守臣、扞城。然而降於夷王，害禮傷尊，下堂而迎覲者。歷於宣王，挾中興復古之德，雄南征北伐之威，卒不能定魯侯之嗣。陵夷迄於幽厲，王室東徙，而自列為諸侯矣。厥後問鼎之輕重者有之，射王中肩者有之，伐凡伯、誅萇弘者有之。天下乖盭，無君君之心。余以為周之喪久矣，徒建空名於公侯之上耳。得非諸侯之盛強，末大不掉之咎歟？遂判為十二，合為七國，威分於陪臣之邦，國殄於後封之秦。則周之敗端，其在乎此矣。

❹秦有天下，裂都會而為之郡邑，廢侯衛而為之守宰。據天下之雄圖，都六合之上游，攝制四海，運於掌握之內。此其所以為得也。不數載而天下大壞，其有由矣：亟役萬人（民），暴其威刑，竭其貨賄，負鋤梃謫戍之徒，圜視而合從，大呼而成群。時則有判人（民）而無叛吏。人（民）怨於下而吏畏於上；天下相合，殺守劫令而並起。咎在人（民）怨，非郡邑之制失也。

❺漢有天下，矯秦之枉，徇周之制，剖海內而立宗子，封功臣。數年之間，奔命扶傷而不暇；困平城，病流矢。陵遲不救者三代。後乃謀臣獻畫，而離削自守矣。然而封建之始，郡邑居半。時則有叛國無叛郡。秦制之得，亦以明矣。繼漢而帝者，雖百代（世）可知也。

❻唐興，制州邑，立守宰。此其所以為宜也。然猶桀猾時起，虐害方域者，失不在於州而在於兵。

時則有叛將而無叛州，州縣之設，固不可革也。

⑦或者曰，封建者，必私其土，子其人（民），適其俗，修其理（治），施化易也。守宰者，苟其心，思遷其秩而已，何能理（治）乎？余又非之：

⑧周之事跡斷可見矣。列侯驕盈，黷貨事戎。大凡亂國多，理（治）國寡。侯伯不得變其政，天子不得變其君。私土子人（民）者百不有一。失在於制，不在於政。周事然也。

⑨秦之事跡亦斷可見矣。有理（治）人（民）制而不委郡邑是矣；有理（治）人（民）之臣而不使守宰是矣。郡邑不得正其制，守宰不得行其理（治）；酷刑苦役，而萬人（民）側目。失在於政，不在於制。秦事然也。

⑩漢興，天子之政行於郡不行於國，制有守宰，不制其侯王。侯王雖亂，不可變也；國人雖病，不可除也。及夫大逆不道，然後掩捕而遷之，勒兵而夷之耳。大逆未彰，姦利浚財，怙勢作威，大刻於民者，無如之何。及夫郡邑，可謂理（治）且安矣。何以言之？且漢知孟舒於田叔，得魏尚於馮唐，聞黃霸之明審，覩汲黯之簡靖，拜之，可也，復其位，可也，臥而委之以輯一方，可也。有罪得以黜，有能得以賞——朝拜而不道，夕斥之矣；夕受而不法，朝斥之矣。設使漢室盡城邑而侯王之，縱令其亂人（民），戚之而已；孟舒魏尚之術莫得而施，黃霸汲黯之化莫得而行。明譴而導之，拜受而退已違矣。下令而削之，締交合從之謀周於同列，則相顧裂眥，勃然而起。——幸而不起，則削其半；削其半，民猶瘁矣。曷若舉而移之，以全其人（民）乎？漢事然也。

⑪今國家盡制郡邑、連置守宰，其不可變也固矣。善制兵，謹擇守，則理（治）平矣。

⑫或者又曰，夏商周封建而延，秦郡邑而促，——尤非所謂知理（治）者也。魏之承漢也，封爵猶建；晉之承魏也，因循不革。而二姓陵替，不聞延祚。今矯而變之，垂二百祀，大業彌固——何繫於諸侯哉？

⑬或者又以為，殷周，聖王也，而不革其制，固不當復議也。是大不然。夫殷周之不革者，是不得已也。蓋以諸侯歸殷者三千焉，資以黜夏，湯不得而廢；歸周者八百焉，資以勝殷，武王不得而易。徇之以為安，仍之以為俗，湯武之所不得已也。夫不得已，非公之大者也；私其力於己也，私其衛於子孫也。秦之所以革之者，其為制，公之大者也，其情私也；私其一己之威也，私其盡臣畜於我也。然而公天下之端自秦始。

⑭夫天下之道理（治）安，斯得人者也。使賢者居上，不肖者居下，而後可以理（治）安。今夫封建者，繼世而理（治）。繼世而理（治）者，上果賢乎？下果不肖乎？則生人（民）之理（治）亂未可知也。將欲利其社稷，以一其人（民）之視聽，則又有世大夫世食祿邑，以盡其封略。聖賢生於其時，亦無以立於天下。封建者為之也。豈聖人之制使至於是乎？吾固曰；非聖人之意也，勢也。

〔指導大概〕

本篇是議論文，而且是議論文中的辯論文。辯論的題目是封建制和郡縣制的得失。辯論的對象是魏代的曹冏，他作〈六代論〉，晉代的陸機，他作〈五等論〉，都是擁護封建的人；還有唐代的杜佑等。曹、陸的理論，《文選》裡有；杜佑等的意見，載在《唐書．宗室傳贊》裡——那「贊」裡也節錄了本篇的文字。本篇著重實際的政制，所以歷引周秦漢唐的事跡作證。但實際的政制總得有理論的根據；曹、陸都曾舉出他們理論的根據。柳宗元是反對封建的，他也有他的政治哲學作根據，這便是「勢」。他再三的說，「封建非聖人意也，勢也」❶❷⓮。這是全篇的主旨。柳宗元生在安史亂後，又親見朱泚、朱滔、李希烈、王武俊、吳少誠、吳元濟、王承宗諸人作亂。這些都是「藩鎮」，都是軍閥的割據。篇中所謂「叛將」，便指的這些人。他們委任官吏，截留稅款，全不把朝廷放在眼裡。這很像「春秋時代」強大的諸侯。柳宗元反對封建，是在這一種背景裡。他是因為對於當時政治的關心才引起了對於封建制的歷史的興趣；所以引證的事實一直到唐代，而且對於當時的局面還建議了一個簡要的原則⓫，供執政者參考。——柳宗元是唐朝的臣子，照例得避本朝帝王的諱。太宗諱「世民」，文中「世」作「代」，「民」作「人」——文中有兩個「民」字❿，大概是傳刻的人改的。高宗諱「治」，文中作「理」。當時人都得如此，不獨柳宗元一個。今在想著該是避諱的字下，都用括弧註出應作的本字，也許看起來明白些。

辯明封建的論據

曹、陸都以為封建是「聖人意」。〈六代論〉說：「夫與人共其樂者，人必憂其憂；與人同其安者，人必拯其危。先王知獨治之不能久也，故與人共治之，知獨守之不能固也，故與人共守之。」〈五等論〉也說：「夫先王知帝業至重，天下至曠；曠不可以偏制，重不可以獨任；任重必於借力，制曠終乎因人。於是乎立其封疆之典，財（同「裁」）其親疏之宜，使萬國相維以成盤石之固，宗庶雜居而定『維城』

之業。」共憂樂，同安危，便是封建制的理論的根據。曹、陸都說這是「先王知」，可見是「聖人意」。這是封建論者共同的主要的論據。柳宗元反對封建，得先打破這個論據。這是本篇主要的工作❶—❻。

「封建非聖人意也，勢也」便是針對著曹、陸的理論而發的。柳宗元還說：「彼封建者，更古聖王堯舜禹湯文武而莫能去之。蓋非不欲去之也，勢不可也。」❶那麼，不但「封建非聖人意」，聖人並且要廢除封建，只是「勢不可」罷了。說到「勢」，便得從封建起源或社會起源著眼，這便是所謂「生人（民）之初」❶。柳宗元似乎不相信古傳的「天作君師」說（孟子引逸尚書）；他以為「君長刑政」起於「爭」。人與人因物資而爭，其中「智而明者」給他們「斷曲直」，施刑罰，讓他們息爭。這就是「君長」。有「君長刑政」然後有秩序，然後有「群」。群與群又因物資相爭，息爭的是兵強德大的人；於是乎有諸侯。諸侯相爭，息爭的是德大的人；於是乎有方伯連帥。方伯連帥相爭，息爭的是德更大的人；於是乎有天子。「然後天下會於一」❷。群的發展是自小而大，自下而上。這是柳宗元的封建起源論、社會起源論，也就是他的政治哲學。所謂「勢」，就指這種自然的發展而言。他的理論大概是從荀子來的。《荀子・禮論篇》說：「人生而有欲。欲而不得，則不能無求。求而無度量分界，則不能不爭，爭則亂，亂則窮。先王惡其亂也，故制禮義以分之。」〈君道篇〉又說：「君者，何也？曰，能群也。」這便是「君長刑政」起於「爭」的道理，不過說得不成系統罷了。「假物」也是借用《荀子・勸學篇》「君子……善假於物」的話，篇中已提明荀卿。至於那種層次的發展，是恰和《墨子・尚同篇》所說翻了個個兒。〈尚同篇〉以為「正長」、「刑政」起於「亂」；而封建的社會的發展是自天子至於「鄉里之長」，是自大而小，自上而下。柳宗元建立了他的封建起源論、社會起源論，接著就說「自天子至於里胥，其德在人（民）者，死『必』求其嗣而奉之」❷。這是說明封建的世襲制的來由，但未免太簡單化了些。

可是社會的自然發展是「勢」，聖人的「不得已」也是「勢」。篇中論湯武不革除封建制的緣故道：「蓋以諸侯歸殷者三千焉，資以黜夏，湯不得而廢；歸周者八百焉，資以勝殷，武王不得而易。徇之以為安，仍之以為俗，湯武之所不得已也。」⓭「徇之以為安，仍之以為俗」，不免是姑息，不免是妥協。所以接著便說：「夫湯武之不得已，非公之大者也；私其力於己也，私其衛於子孫也」⓭。這種「不得已」出於私心，雖然也是「勢」，卻跟那聖人也無可奈何的「生人（民）之初」的「勢」不一樣。但是無論怎麼樣，封建「非聖人之意」是一定的。在封建的世襲制下，「世大夫世食祿邑，以盡其封略；聖賢生於其時，亦無以立於天下」⓮。聖人哪會定下這種不公的制度呢？

本篇除辯明「封建非聖人意也，勢也」這個主旨以外，還設了三個難。末一難是「殷周，聖王也，而不革其制，固不當復議也」。柳宗元便舉出「湯武之所不得已」來破這一難，已見上。中一難是「夏商周封建而延，秦郡邑而促」⓬。六代論開端就說「昔夏殷周之歷世數十，而秦二世而亡」；杜佑也以為封建制「主祚常永」，郡縣制「主祚常促」。但這也是封建論者一般的意見，因為周歷年八百，秦二世而亡，可以作他們的有力的證據。柳宗元卻只舉魏晉唐三代作反證。魏晉兩代，封建制還存著，「而二姓陵替，不聞延祚」；唐代改了郡縣制，「垂二百祀，大業彌固」⓬。可見朝代的長短和封建是無關的。頭一難是：「封建者，必私其土，子其人（民），適其俗，修其理（治），施化易也。守宰者，苟其心，思遷其秩而已，何能理（治）乎？」❼這也是〈五等論〉裡一層主要的意思，而且是陸機自己的見解——他那「共憂樂，同安危」的論據是襲用曹冏的。這裡他說：「五等之君為己思治，郡縣之長為利圖物。何以徵之？蓋企及進取，仕子之常志；修己安民，良士之所希及。夫進取之情銳而安民之譽遲。是故侵百姓以利己者，在位所不憚，損實事以養民者，官長所夙夜也。君無卒歲之圖，臣挾一時之志。五等則不然，知國為己土，眾皆我民，民安己受其利，國傷家嬰其病。故前人欲以垂後，後嗣思其堂構；為上無苟且之心，群下知膠固之義。」共憂樂，同安危，是從治者方面看，「施化」的難易是從受治者方面看。這後一層的重要僅次於前者，也是封建論者一種有力的論據。所以本篇列為頭一難。別的兩難，柳宗元只簡單的駁了過去；只對於這一難，卻歷引周秦漢唐的事跡，證明它的不正確。他對於「共憂樂，同安危」那個論據，除建立了新的替代的「勢」的理論外，也曾引周秦漢唐的事跡作證。這一難的重要性由此可見。篇中兩回引周秦漢唐的事跡，觀點卻不同。一回著重在「制」，在治者；一回著重在「政」，在被治者。但從實際的政治裡比較封建制和郡縣制的得失，卻是一樣的。

指摘政制缺失與朝代考量

照全篇所論，封建制有三失。一是「諸侯盛強，末大不掉」，天子「徒建空名於諸侯之上」[3]。二是「列侯驕盈，黷貨事戎；大凡亂國多，理（治）國寡」[8]。三是「繼世而理（治）」，君長的賢不肖未可知，「生人（民）之理（治）亂未可知」[14]。因為「末大不掉」，便有陸機說的「侵弱之辱」，「土崩之困」；本篇論周代的末路「判為十二，分為七國，威分於陪臣之邦，國殄於後封之秦」[3]，正是這種現象。因為「列侯驕盈，黷貨事戎」，便不免「姦利浚財，怙勢作威，大刻於民」的情形[10]。而這兩種流弊大半由於「繼世而理（治）」，便是所謂「世襲」。「生人（民）之初」，各級的君長至少是「智而明者」，此外「有兵有德」；愈是高級的君長德愈大❷。雖然在我們看，這只是個理想，但柳宗元自己應該相信這是真的，他也應該盼望本篇的讀者相信這是真的。那麼，封建制剛開頭的時候，該是沒有什麼弊病的。弊病似乎起於「其德在人（民）者，死必求其嗣而奉之」❷。這就是「繼世而理（治）」。「繼世而理（治）」的嗣君不必是「智而明者」，更不必「有德」。這種世襲制普遍推行，世君之下，又有「世大夫」，使得「聖賢生於其時，亦無以立於天下」⓮。這不是和「生人（民）之初」、「智而明者」「有德」者作君長的局面剛剛相反了嗎？

自然，事實上世襲制和封建制是分不開的，是二而一的。可是柳宗元直到篇末才將「繼世而理（治）」的流弊概括的提了一下，似乎也太忽略了這制度的重要性了？不，他不是忽略，他有他的苦衷。他生在君主世襲的時代，怎能明目張膽的攻擊世襲制呢？他只能主張將無數世襲的「君長」歸併為一個世襲的天子，他只能盼望這個世襲的天子會選賢與能去作「守宰」。篇中所論郡縣制之得有二。一是「攝制四海，運於掌握之內」❹，便是中央集權的意思。二是陸機所謂「官方（宜也）庸（同「用」）能」；按本篇的說法，便是「孟舒魏尚之術」可得而施，「黃霸汲黯之化」可得而行❿——一方面也便是聖賢有以立於天下⓮。但本篇重在「破」而不在「立」，封建之失，指摘得很詳細，郡縣之得，只略舉綱目罷了。

本篇論歷代政制的得失，只舉周秦漢唐四代。「堯舜禹湯之事遠」❸，所以存而不論。堯舜禹湯時代的史料留傳的太少，難以考信，存而不論是很謹慎的態度。「及有周而甚詳」❸，從周說起，文獻是足徵的。不但文獻足徵，周更是封建制的極盛時期和衰落時期。這裡差不多可以看見封建制的全副面目。這是封建制的最完備最適當的代表。而周代八百年天下，又是封建論者所豔羨的，並且是他們憑藉著起人信心的實證。秦是第一個廢封建置郡縣的朝代；這是一個革命的朝代。可是二世而亡，留給論史家許多爭辯。封建論者很容易的指出，這短短的一代是封建制的反面的鐵證。反封建論者像柳宗元這樣，卻得很費心思來解釋秦的亡並不在郡縣制上——郡縣固然亡，封建還是會亡的。漢是封建和郡縣兩制並用；郡縣制有了長足的發展，封建制也經過幾番修正，漸漸達到名存實亡的地步。年代又相當長。這是郡縣制成功的時代，也是最宜於比較兩種制度的得失的時代。

所以本篇說，「繼漢而帝者，雖百代（世）可知也」5。漢可以代表魏晉等代；篇中只將魏晉帶了一筆，並不詳敘，便是為此。漢其實也未嘗不可代表唐。但柳宗元是唐人，他固然不肯忽略自己的時代；而更有關係的是安史以來的「藩鎮」的局面，那不能算封建卻又像封建的，別的朝代未嘗沒有這種情形，卻不像唐代的顯著和深烈，這是柳宗元所最關心的。他的反封建，不但是學術的興趣，還有切膚之痛。就這兩種制度本身看，唐代並不需要特別提出；但他卻兩回將本朝跟周秦漢相提並論，可見是怎樣的鄭重其事了。《唐書・宗室傳贊》說杜佑、柳宗元論封建：「深探其本，據古驗今而反復焉」。杜佑的全文不可見；以本篇而論，這卻是一個很確切的評語。「深探其本」指立封建起源論，「據古驗今而反復」正指兩回將唐代跟周秦漢一併（編按：原作「一並」）引作論證。

以政與制為不同觀點著墨

篇中兩回引證周秦漢唐的事跡，觀點雖然不同，而「制」的得失須由「政」見，所論不免有共同的地方，評為「反復」是不錯的。第一回引證以「制」為主，所以有「非郡邑之制失」❹，「徇周之制」，「秦制之得」❺，「州縣之設，固不可革」❻等語。這裡周制之失是「末大不掉」❸，秦制之得是「攝制四海，運於掌握之內」❹；漢代兼用兩制，「有判國而無叛郡」❺，得失最是分明。秦雖二世而亡，但「有叛人（民）而無叛吏」❹，可見「非郡邑之制失」。唐用秦制，雖然「桀猾時起，虐害方域」，但「有叛將而無叛州」，可見「失不在於州而在於兵」❻。兵原也可以息爭，卻只能用於小群小爭。群大了，爭大了，便得「有德」，而且得有大德。「藩鎮」是大群，有大爭；而有兵無德，自然便亂起來了。——這番徵引是證明「封建非聖人意也，勢也」那個主旨。第二回引證以「政」為主，所以有「侯伯不得變其政」，「失在於制，不在於政」❽，「失在於政，不在於制」❾，「天子之政行於郡不行於國」❿等語。周雖失「政」，但「侯伯不得變其政，天子不得變其君」，上下牽掣，以至於此。所以真正的失，還「在於制，不在於政」。秦制是「得」了，而郡邑無權，守宰不得人；二世而亡，「失在於政」。「漢興，天子之政行於郡不行於國」，「侯王雖亂，不可變也；國人雖病，不可除也」。「及夫郡邑，可謂理（治）且安矣」❿。

篇中接著舉出孟舒、魏尚、黃霸、汲黯幾個賢明的守宰。「政」因於「制」，由此可見。至於唐「盡制郡邑，連置守宰」⓫，「制」是已然「得」了，只要「善制兵，謹擇守」，便會「理（治）平」⓫，不致失「政」。這就是上文提到的柳宗元向當時執政者建議的簡要的原則了。——這番徵引是證明郡縣的守宰「施化易」而「能理（治）」❼，回答那第一難。郡縣制的朝代雖也會二世而亡，雖也會「桀猾時起，虐害方域」❾，但這是沒有認真施行郡縣制的弊病，郡縣制本身並無弊病。封建制本身卻就有弊病，「政」雖有一時的得失，「侵弱之辱」、「土崩之困」終久是必然的。——篇中徵引，第一回詳於周事，第二回詳於漢事。這因為周是封建制的代表，漢是「政」因於「制」的實證的緣故。唐是柳宗元自己的時代，他知道的事跡應該最多，可是說的最少。一來是因為就封建、郡縣兩制而論，唐代本不占重要的地位，用不著詳其所不當詳。二來也許是因為當代人論當代事，容易觸犯忌諱，所以還是概括一些的好。

得人，天下便能理（治）安

政制的作用在求「理（治）平」[11]或「理（治）安」[10][14]，這是「天下之道」。「理（治）安」在乎「得人」，「使賢者居上，不肖者居下，而後可以理（治）安」[14]。郡縣制勝於封建制的地方便在能擇守宰，能進賢退不肖，賞賢罰不肖。「且漢知孟舒於田叔，得魏尚於馮唐，聞黃霸之明審，覩汲黯之簡靖，拜之，可也，復其位，可也，臥而委之以輯一方，可也。有罪得以黜，有能得以賞——朝拜而不道，夕斥之矣；夕受而不法，朝斥之矣。」[10]這正是能擇人，能擇人才能「得人」。但如孟舒、魏尚，本都是罷免了的，文帝聽了田叔和馮唐的話，才知道他們的賢能，重行起用，官復原職。可見知人善任，賞罰不差，也是不容易的。這不但得有賢明的君主，還得有賢明的輔佐。「謹擇守」[11]只是個簡要的原則，實施起來，得因時制宜，斟酌重輕，條目是無窮盡的。能「謹」擇守宰，便能「得人」，天下便能「理（治）安」了。「得人」真可算是一個不變的道理；縱貫古今，橫通四海，為政都不能外乎此，不過條目隨時隨地不同罷了。柳宗元說郡縣制是「公之大者」[13]，便是為此。封建之初，雖然是「其德在人（民）

者」，死了才「求其嗣而奉之」❷，但後來卻只是「繼世而理（治）」。「繼世而理（治）者，上果賢乎？下果不肖乎？」⓮這只是私天下，家天下。「賢聖生於其時，亦無以立於天下，封建者為之也」⓮。湯武雖是「聖王」，而不能革除封建制，也不免有私心；他們是「私其力於己也，私其衛於子孫也」。秦始皇改封建為郡縣，其實也出於另一種私心；這是「私其一己之威」，「私其盡臣畜於我」。可是從天下後世看，郡縣制使賢不肖各居其所，使聖賢有以立於天下，確是「公之大者」。所以說「公天下之端自秦始」⓭。向來所謂「公天下」，原指堯舜傳賢，對禹傳子的「家天下」而言。那是整個兒的「以天下與人」。但堯舜之事太「遠」了，太理想了。本篇著重實際的政制，所以存而不論。就實際的政制看，到了柳宗元的時代，郡縣制確是「公之大者」。他將新的意義給予「公天下」這一語，而稱「公天下之端自秦始」，也未嘗沒有道理。

議論文不管是常理，是創見，總該自圓其說，所謂「持之有故，言之成理」。最忌的是自相矛盾的毛病。議論文的作用原在起信；不能自圓其說，甚至於自相矛盾，又怎麼能說服別人呢？本篇開端道：「天地果無初乎？吾不得而知之也。生人（民）果有初乎？吾不得而知之也，然則孰為近？曰，有初為近。孰明之？由封建而明之也。」上面的兩答，好像是平列的；下面的兩問兩答卻偏承著「生人（民）果有初乎？」那一問說下去，將「天地果無初乎？」一問撇開了。按舊來的看法，這一問原是所謂陪筆，這樣撇開正是很經濟的。可是我們覺得「無初」一問既然在篇首和「有初」一問平列的提出，總該交代一筆，才好撇開去。照現在這樣，不免使人遺憾。篇中又說，「群之分，其爭必大；大而後有兵有德」。接著卻只說「德又大者」，更不提「有兵」一層。論到世襲制，也只說「其德在人（民）者，死必求其嗣而奉之」❷。柳宗元不提「有兵」的用意，我們是可以看出的，上文已見。他這兒自然也是所謂省筆；可是邏輯的看，他是並沒有自圓其說的。——前一例是邏輯的不謹嚴，廣義的說，不謹嚴也是沒有自圓其說的一目。

又，篇中說：「彼封建者，更古聖王堯舜禹湯文武而莫能去之。蓋非不欲去之也，勢不可也。勢之來，其生人（民）之初乎？」❶後面卻又說，「殷（湯）周（武）之不革者，是不得已也」⓭。這「不得已」雖也是「勢」，卻跟那「生人（民）之初」的「勢」大不相同。這就未免自相矛盾了。篇中又說，「魏之承漢也，封爵猶建，晉之承魏也，因循不革；而二姓陵替，不聞延祚」⓬。這是回答那第二難。但魏晉只是郡縣、封建兩制兼用，而郡縣更見側重。用這兩代來證明「秦郡邑而促」，似乎還比用來反證「夏商周封建而延」合適（編按：原作「合式」）些。那麼，這也是自相矛盾了。韓愈給柳宗元作墓誌，說他「議論證據今古，出入經史百子，踔厲風發，率常屈其座人」。五百家註柳集說：「韓退之文章過子厚而議論不及；子厚作封建論，退之所無。」長於議論的人，精於議論的文，還不免如上所述的毛病，足見真正嚴密的議論文還得有充分的邏輯的訓練才成。

一　說明

辯論文需留意「非難」語氣

本篇全文是辯論，是非難。開端一節提出「封建非聖人意」，已是一「非」；所以後面提出第一難時說「余『又』非之」❼。這兩大段大體上是「反復」的。反復可以加強那要辯明的主旨，並且可以使文字的組織更顯得緊密些。這兩段裡還用了遞進的結構。論封建的起源時，連說「又有大者」、「又大者」，一層層升上去，直到「天下會於一」。接著從里胥起又一層層升上去，直到天子。論漢代政制時說：「設使漢室盡城邑而侯王之，縱令其亂人（民），戚之而已。……明譴而導之，拜受而退已違矣。下令而削之，締交合從之謀周於同列，則相顧裂眥，勃然而起——幸而不起，則削其半；削其半，民猶瘁矣。」❿也是一層層升上去，不過最高一層又分兩面罷了。遞進跟反復是一樣的作用，可以說是「異曲同工」。本篇的組織偏重整齊，反復和遞進各是整齊的一目。篇中還用了許多偶句，從開端便是的，總計不下三十處，七十多語。又用了許多排語，如「周有天下」❸、「秦有天下」❹、「漢有天下」❺；「周之事跡斷可見矣」❽、「秦之事跡斷可見矣」❾；「周事然也」❽、「秦事然也」❾、「漢事然也」❿；「有叛人（民）而無叛吏」❹、「有叛國而無叛郡」❺、「有叛將而無叛州」❻；「失不在於州，而在於兵」❻、「失在於制，不在於政」❽、「失在於政，不在於制」❾等等。偶句和排語也都可以增強組織的。柳宗元在朝中時，作文還沒有脫掉六朝駢儷的規矩；本篇偏重整齊，多半也是六朝的影響。

本篇是辯論文，而且重在「破」，重在非難。凡關鍵的非難的句子，總是毫不猶疑，斬釘截鐵。如開端的「封建非聖人意也」❶❷，結尾的「非聖人意也」⓮，論秦亡說「非郡邑之制失也」❹；回答第二難說「尤非所謂知理（治）者也」⓬；回答第三難說「是大不然」⓭，都是斬截的否定的口氣。這些是柳宗元的信念。他要說服別人，讓他自己的信念取別人的不同的或者相反的信念而代之，就得用這樣剛強的口氣。要不然，遲遲疑疑的，自己不能堅信，自己還信不過自己，又怎能使別人信服呢？若是短小精悍的文字，有時不妨竟用這種口氣一貫到底。但像本篇這樣長文，若處處都用這種口氣，便太緊張了，使讀者有受威脅之感。再則許多細節，作者本人也未必都能確信不疑，說得太死，讓人挑著了眼兒，反倒減弱全文的力量。這兒便得斟酌著摻進些不十分確定的、商榷或詰難的口氣，可不是猶疑的口氣。這就給讀者留了地步，也給自己留了地步，而且會增加全文的情韻或姿態。在本篇裡，如「勢之來，其生人（民）之初乎？」❶「得非諸侯之盛強，末大不掉之咎歟？」「則周之敗端，其在乎此矣。」❸「不數載而天下大壞，其有由矣。」❹「曷若舉而移之，以全其人（民）乎？」❿便都是商榷的口氣。如「何繫於諸侯哉？」⓬「繼世而理（治）者，上果賢乎？下果不肖乎？」「豈聖人之制使至於是乎？」⓮便都是詰難的口氣。

行文徵引需剪裁得宜

本篇徵引周秦漢唐四代的事跡，而能使人不覺得有糾纏不清或瑣屑可厭的地方。這是因為有剪裁。一代的事跡往往浩如煙海，徵引時當然得有個選擇。選擇得按著行文的意念。這裡需要的是判斷，是眼光。所取的事跡得切合那意念，或巧合那意念；前者是正鋒，後者只是偏鋒。這是剪裁的第一步。所取的事跡是生料，還得融鑄一番。或引申一面，或概括全面，或竟加以說明；總得使熟悉那些事跡的讀者能領會到精細的去處，而不熟悉的讀者也能領會到那意念，那大旨。這後一層是很重要的。因為熟悉史事的讀者究竟比不熟悉的讀者少得多；一般不熟悉史事而讀書明理的讀者，作者是不得不顧到的。大概簡單些的事❹，直陳就行了，複雜些的就得加以概括或說明。這是剪裁的第二步。本篇秦代的事比較少些，比較簡單些；但只第一回徵引可以算是直陳的❹，第二回便以說明為主了❾。唐代的事雖不少，卻也只概括的敘了幾句❻⓫，這緣由上文已見。周漢兩代的事都繁多而複雜，最需要第二步的剪裁的便是這些。

篇中第一回徵引周事甚詳，便不得不多用說明的語句。如「然而降於夷王，害禮傷尊，下堂而迎覲者」❸，「下堂而迎覲者」是「害禮傷尊」，說明了對於一般讀者更方便些。又如「厥後問鼎之輕重者有之，射王中肩者有之，伐凡伯、誅萇弘者有之；天下乖盭，無君君之心」。有了後二語，即使不熟悉上面的三件事，也可以知道它們的性質和徵引的用意。又如「遂判為十二，合為七國，威分於陪臣之邦，國殄於後封之秦；則周之敗端，其在乎此矣」，「周之敗端」也是說明語。這一節也參用概括的敘述，如說周初的封建，只用「周有天下，……離為守臣、扞域」一長句。又如「歷於宣王，挾中興復古之德，雄南征北伐之威，卒不能定魯侯之嗣」，也是的。——末一語在不熟悉史事的讀者，可以「概括化」為「卒不能定諸侯之嗣」，意思還是明白的。篇中徵引漢事，多作概括語。如「數年之間，奔命扶傷而不暇；困平城，病流矢」❺，上面接著「漢有天下」，敘的自然是高祖了。這裡前二語概括了數年間諸王叛變的事跡，後二語舉了兩個最利害的例子，只要知道了這兩件事是數年間最利害的例子，一般的讀者也就算懂得了。下面緊接著「陵遲不救者三代；後乃謀臣獻畫，而離削自守矣」，寥寥二語裡也概括了許多事跡。又如「且漢知孟舒於田叔，……臥而委之以輯一方，可也」一長句❿，連舉了六個人名，似乎會使一般的讀者感到困難。但說「知」，說「得」，說「明審」、「簡靖」，又說「拜之」，「復其位」，「臥而委之以輯一方」，這些說明的詞句，再加上上下文，那六個人名也不會妨礙一般的讀者了解大意的。

詞語解說及語氣、語意分析

篇中有些詞句，也許需要討論。如「不初無以有封建」❶，「不初」等於「不是生人（民）之初」，「初」是名詞作動詞用；「無以」是熟語。全句翻成白話是，「不是生民之初，沒理由會有封建」，或「不是初民社會不會有封建」。這句話若用文言的肯定語氣，該作「有初而後有封建」，但不及雙重否定的斬截有斤兩。「周有天下，裂土田而瓜分之，設五等，邦群后；布履星羅，四周於天下，……」句讀是照舊傳。有人在「邦」字斷句，將「群后」屬下句。這樣，「周……設五等邦」「群后布履星羅，……」好像容易講解些，也合於文法些。但「五等」是成詞，「五等邦」罕見；本篇還有六朝駢儷的規矩，「設五等，邦群后」二語正是相偶的。至於文法，駢體和詩自有它們的規律，跟一般的文法原有不同的去處。所以我們覺得還是舊傳的句讀理長些。——「履」是「所達到的地界」，「布履」是「分布的地界」。

「據天下之雄圖，都六合之上游」❹，寫秦的形勢。這兒「雄圖」的「圖」是版圖，不是謀略。「六合」原指天地四方，這兒只是宇內或天下的意思。——「六合」用在這裡實在不妥貼；只因上一語有了「天下」，只得另找一詞對偶。這是駢體的毛病。——「負鋤梃謫戍之徒」❹一語，從賈誼〈過秦論〉的「鋤耰棘矜」、「謫戍之眾」變出，但不是駢體的句子而是「古文」的句子。這種句法，以前似乎沒有，大概是當時的語言的影響。——韓愈提倡「古文」，主要的其實也只是教人照自然的語氣造句行文罷了。這一語裡「負鋤梃」是形容「謫戍之徒」的，翻成白話的調子該是「負鋤梃的謫戍之徒」；按文法說，「負鋤梃」下似乎該有個「之」字。但一語兩個「之」字，便嫌囉嗦，句子顯得不「健」似的，「古文」裡這樣兩「之」的句法極罕見。這些地方不宜拘守那並未十分確定的文法，只消達意表情明白而有力就成。況且「負鋤梃」這樣句法後來也成了用例了。

「繼漢而帝者，雖百代（世）可知也」❺，襲用《論語》「其或繼周者，雖百世可知也」；不過孔子的話只是理想，柳宗元卻至少有唐代作證。「有理（治）人（民）之制而不委郡邑是矣。有理（治）人（民）之臣而不使守宰是矣」❾，是說明「秦之事跡」的。第一語「理（治）人（民）之制」就指的郡縣制；可是郡邑無權。第二語「理（治）人（民）之臣」泛指賢能之士；賢能不在位，守宰不得入。「幸而不起，則削其半；削其半，民猶瘁矣」❿，「削其半」是被朝廷「削其半」，「民猶瘁矣」是說那被削的一半的人民在被削以前，和那未被削的一半的人民，總之是吃苦的。「將欲利其社稷，以一其人（民）之視聽，則又有世大夫世食祿邑，以盡封略」⓮，前二語只是「為施政的便利，求制度的一貫」的意思。——以上是句。「所伏必眾」❷，伏，服也。「圜視而合從」❹（編按：合從即「合縱」），「圜視」一出在賈誼的〈治安策〉裡，就是「睜圜了眼看著」，表示驚愕的神氣；「合從」借用六國合從的事跡，表示「叛秦」的意思。「戚之而已」❿，戚，憂也，又憤恨也。這些是「實詞」，「告之以直而不改，必痛之而後畏」❷，兩「之」字泛指上句裡「所伏」的人——指其中的有些人。「秦制之得，亦以明矣」❺，「以」和「已」通用。「私有力於己也，私其衛於子孫也」，「私其一己之威也，私其盡臣畜於我也」⓭，四「其」字都相當於白話的「那」字。這些是「半實詞」，「彼其初與萬物俱生」❷，「其」等於「之」：這裡用較古的「其」，是鄭重的語氣。「秦有天下，裂都會而為之郡邑，廢侯衛而為之守宰」❹，兩「之」字也只是增強語氣的詞。「及夫大逆不道」，「及夫郡邑，可謂理（治）且安矣」❿，兩「及夫」都是「至於」的意思，但第一個指時間說，第二個指論點說。「且漢知孟舒於田叔……」⑩，「且」只是發端詞，和「夫」字一樣。這兒用「且」，也許是有意避開上面兩個「及夫」裡的「夫」字——那兩個「夫」字可是增強「及」字的語氣的。這些是「虛詞」。

作者論述態度在曹、陸之間

篇中除襲用《論語》一句外，還襲用賈誼〈過秦論〉和〈六代〉、〈五等〉兩論的詞句不少。如「秦有天下」一節④，便多出於〈過秦論〉。其中「負鋤梃」二語上文已論。「據天下之雄圖，都六合之上游，攝制四海，運於掌握之內」，也是檃括〈過秦論〉的詞句。〈過秦論〉說：「秦孝公據殽函之固，擁雍州之地，……有席卷天下，包舉宇內，囊括四海，并吞八荒之心。」又說，「及至始皇，奮六世之餘烈，振長策而御宇內，吞二周而亡諸侯，履至尊而制六合，執敲朴以鞭笞天下。」都是這四語所本——這兒「六合」這個詞是很妥貼的。〈六代論〉漢景帝時七國之亂，有「所謂『末大必折，尾大難掉』」一語。這是引用《左傳》，本篇用「末大不掉」③，大約還是〈六代論〉的影響。這兒將原來兩語合為一語，自然是求變化。但「末大必折」本說樹木枝幹太大，根承不住，是會斷的。現在這樣和另一語拼合起來，各存一半，便不但失去原來兩語的意義，而且簡直是語不成義了。

篇中「矯秦之枉，徇周之制」⑤，出於〈五等論〉的「漢矯秦枉」、「秦因循周制」；而「不數載而天下大壞，其有由矣」④的句調也出於同論的「周之不競，有自來矣」——這兩句都是總冒下文的。〈六代論〉的作者曹冏是魏少帝的族祖。那時少帝年幼。曹冏歷舉夏殷周秦漢魏六代的事，主張封建宗室子弟，「強幹弱枝，備萬一之慮」，作成此論，想感悟當時的執政者曹爽。曹爽沒有採納他的意見。此論純為當時而作。〈五等論〉論「八代之制」，「秦漢之典」——「八代」指五帝三王而言。陸機是說古來聖王立「五等」治天下，「漢矯秦枉，大啟侯王，境土踰溢，不遵舊典」，於是乎有「過正之災」，卻「非建侯之累」。他也是封建制的辯護人，可是似乎純然出於歷史的興趣，不關時政。本篇只引周秦漢唐的事跡，韓愈所謂「證據今古」，跟曹的重今，陸的述古，都是同而不同；柳宗元的態度是在曹陸之間。

封建制、郡縣制的得失，主要的是中國實際政制問題，不獨漢唐為然。明末的顧炎武還作了九篇〈郡縣論〉。他說：「知封建之所以變而為郡縣，則知郡縣之敝而將復變。然則將復變而為封建乎？曰，不能。有聖人起，寓封建之意於郡縣之中，而天下治矣。」又說：「封建之失，其專在下；郡縣之失，其專在上。……有司之官凜凜焉救過之不給，以得代為幸，而無肯為其民興一日之利者。民烏得而不窮？國烏得而不弱？」他主張「尊令長之秩，而予之以生財治人之權，罷監司之任，設世官之獎，行辟屬之法——所謂寓封建之意於郡縣之中」（論一）。我們看了他這番話，也許會覺得不倫不類，但他也是衝著時代說的。那時流寇猖獗，到哪裡打劫哪裡（編按：即流寇流竄到哪裡就打劫到哪裡之省語），如入無人之境一般；守土的「令長」大都聞風逃亡，絕少盡職抵抗的人。顧炎武眼見這種情形，才有提高令長職權，創設世官制度那番議論。就是我們民國時代，在國民革命以前，也還有過聯省自治和中央集權的討論，參加的很不少，那其實也在封建制和郡縣制的得失的圈子裡。

alinea 01 ——

自己的國文課
略讀與精讀的祕訣

作者　朱自清、葉聖陶
發行人　王春申
總編輯　張曉蕊
書系主編　官子程
主編　邱靖絨
特約編輯　楊蕙苓
校對　吳美滿
封面設計　陳威伸
出版發行　臺灣商務印書館股份有限公司
231023 新北市新店區民權路108-3號5樓
電話　(02)8667-3712 傳真：(02)8667-3709
讀者服務專線　0800056196 郵撥：0000165-1
E-mail　ecptw@cptw.com.tw
網路書店網址　www.cptw.com.tw
臉書　facebook.com.tw/ecptw

局版北市業字第 993 號
初版一刷：2016 年 12 月
初版三・三刷：2022 年 11 月
定價：新台幣 450 元

本書重新匯編以下兩書而成：
《精讀指導舉隅》臺一版一刷：1969 年 2 月 / 臺二版一刷：2009 年 7 月
《略讀指導舉隅》臺一版一刷：1969 年 12 月 / 臺二版一刷：2009 年 10 月

自己的國文課：略讀與精讀的祕訣 / 朱自清, 葉聖陶著;
-- 初版 . -- 新北市：臺灣商務, 2016.12
面；　公分 . -- (alinea)

ISBN 978-957-05-3065-0(平裝)

1. 閱讀法

019.1　　105020946